PUBLICATIONS
DE
L'ÉCOLE DES LANGUES ORIENTALES VIVANTES

IIe SÉRIE — VOLUME III

CHRONIQUE DE CHYPRE

TRADUCTION FRANÇAISE

VIENNE. — TYP. ADOLPHE HOLZHAUSEN,
IMPRIMEUR DE LA COUR I. & R. ET DE L'UNIVERSITÉ.

CHRONIQUE DE CHYPRE

PAR

LÉONCE MACHÉRAS

TRADUCTION FRANÇAISE

PAR

E. MILLER

MEMBRE DE L'INSTITUT
PROFESSEUR A L'ÉCOLE DES LANGUES ORIENTALES VIVANTES

ET

C. SATHAS

PARIS
ERNEST LEROUX, ÉDITEUR
LIBRAIRE DE LA SOCIÉTÉ ASIATIQUE,
DE L'ÉCOLE DES LANGUES ORIENTALES VIVANTES ETC.
28, RUE BONAPARTE, 28,

1882

AVERTISSEMENT.

L'introduction placée en tête du volume de texte contenant tous les renseignements nécessaires pour connaître l'auteur et son ouvrage, nous nous contenterons de dire ici quelques mots sur la traduction française.

Nous avons publié la Chronique de Machéras d'après les deux manuscrits de Venise et d'Oxford, de manière à les reproduire exactement l'un et l'autre, par conséquent sans chercher à constituer un texte unique. C'était là le fait de la traduction française qui, en comparant entre elles ces deux copies infidèles et défectueuses, a dû s'attacher à retrouver autant que possible le récit même de l'auteur, qui maintenant est beaucoup plus complet, grâce aux nombreuses lacunes comblées par le manuscrit d'Oxford.

Ce travail comportait des difficultés de plus d'un genre. Le dialecte chypriote, dans lequel l'ouvrage est écrit, est très difficile à comprendre, sans compter que les copistes l'ont défiguré, au point de le rendre souvent inintelligible. L'auteur a un style bizarre et n'est pas commode à traduire. Les Chypriotes modernes eux-mêmes ne le comprennent pas, non-seulement à cause des mots étrangers qu'il introduit dans son récit, mais aussi et surtout à cause des termes du vieux dialecte dont il se sert et qui sont oubliés aujourd'hui[1]. La construction de sa phrase est désespérante. Il n'a aucune espèce de notions grammaticales. Il ne tient compte d'aucune règle; il confond tout, genre, nombre, cas, et souvent on ne sait pas s'il parle d'un ou de plusieurs personnages et même quel est celui dont il est question. Sans doute, on pourrait mettre tous ces défauts sur le compte de ses copistes qui sont très inintelligents et qui ont certainement apporté un fort contingent à la masse d'erreurs grammaticales qui fourmillent dans cet ouvrage; mais Machéras ne doit pas être à l'abri de tout reproche, parce que, comme il nous l'apprend lui-même, son

---

[1] Tels sont les mots κελεφὸς, ἀγελάρχης, λαμπαχίον, βαχλιώτης, φαρράσης, βαδίος, etc.

langage laissait beaucoup à désirer et n'était point compréhensible pour ses contemporains. «Nous[1] étions obligés alors, dit-il, de savoir la langue hellénique et la syriaque pour écrire à l'empereur et au patriarche. Les enfants apprenaient donc ces deux langues, afin de pouvoir entrer à l'office de la chancellerie secrète. Mais après que les Lusignans eurent fait la conquête de l'île, on a commencé à apprendre le français, en faisant un mélange tel que personne ne peut comprendre notre langage.» Rappelons d'ailleurs, comme nous l'avons dit dans l'introduction, que le solécisme est un produit du sol chypriote.

Quoi qu'il en soit et grâce à la connaissance spéciale du dialecte chypriote que possède M. Sathas, nous avons pu rendre possible la lecture de ce document important. Les répétitions de mots y sont perpétuelles ; malgré les efforts que nous avons faits pour les éviter, nous n'y sommes pas toujours parvenus, parce que nous avons craint d'être obscurs. Avec un écrivain pareil, il ne s'agit pas de faire du style, mais bien de dire ce qu'il raconte, d'une manière aussi claire que possible.

Il y avait une autre difficulté qui nous a paru d'une nature insurmontable. Nous voulons parler des noms propres qui abondent dans la chronique de

---

[1] Voy. p. 87 de la trad.

Machéras. Les noms occidentaux y sont tellement estropiés que la plupart du temps il est impossible de les reconnaître. Et cela s'explique facilement. Les Grecs ne possèdent pas certains sons de notre langue; ainsi ils ne savent comment exprimer notre ch, *notre* g *doux et notre* j[1] *et ils ont recours à des à peu près qui varient suivant le caprice de l'écrivain. Aussi n'y a-t-il pas lieu de s'étonner de rencontrer cette phrase sous la plume d'Anne Comnène : «Ma langue se refuse à prononcer ces sons barbares et inarticulés.» Et cependant il s'agit là des noms les plus harmonieux de la langue française!*

La plus grande incertitude règne dans l'orthographe de ces noms qui varie sans cesse. Ainsi le nom français Badin se trouve écrit des quatre manières suivantes : Πατῆς, Βατῆς, Πατὶν, Πατί. *Les copistes ont fait leur travail avec la plus grande négligence. Ils donnent des prénoms différents au même personnage, ajoutent ou omettent la particule nobilière de* (ντὲ), *quelquefois la joignent au nom de manière à le rendre méconnaissable, en un mot semblent prendre à tâche de multiplier les difficultés. Nous*

---

[1] Dans la Chronique de Machéras, le nom de Jean est toujours écrit Τζουαν. Cette orthographe τζ doit être signalée à l'attention de ceux qui voudraient la proscrire pour adopter la forme τσ.

AVERTISSEMENT.

avons rendu ces noms à leur orthographe régulière quand il s'agissait de personnages connus; quant aux autres, nous les avons reproduits à peu près tels qu'ils se trouvent écrits dans le grec, bien que beaucoup d'entre eux soient évidemment corrompus. M. de Mas Latrie, si profondément versé dans l'histoire de Chypre au moyen âge, a bien voulu nous aider dans cette partie de notre travail, mais il l'a fait avec une excessive réserve, n'osant pas corriger ces noms dont la plupart concernent des personnages inconnus. Il aura, sans doute, l'occasion d'en déterminer plusieurs lorsqu'il publiera le second volume de son Histoire de Chypre. En attendant, nous lui offrons ici le témoignage de notre gratitude pour le concours utile qu'il a bien voulu nous prêter.

On est souvent embarrassé pour l'orthographe de certains noms propres, géographiques ou autres, venant du grec. Le sigma σ se prononce toujours comme une lettre double, quelle que soit d'ailleurs l'orthographe. Nous disons bien en français Parnasse, Halicarnasse, etc., bien que ces noms s'écrivent souvent en grec avec un seul sigma. Mais s'ensuit-il qu'il faille toujours suivre cette règle? L'usage viendrait singulièrement la contrarier. Ainsi les noms Ἀσία, Ἀσπασία, Λευκοσία etc. se prononcent Assia, Aspassia, Leucossia etc., mais en français nous disons Asie,

Aspasie, Leucosie etc. D'où l'on voit qu'il n'y a point de règle pour l'orthographe de ces noms qui est laissée à l'arbitraire pour les cas non consacrés par l'usage.

La chronologie de Machéras laisse quelquefois à désirer. Chercher à rectifier les dates fausses nous eut entraîné beaucoup trop loin. Nous devons toutefois prévenir le lecteur que du temps de l'auteur l'année en Chypre commençait le plus ordinairement à la Noël. Les événements sont souvent confondus et placés les uns avant les autres, contrairement à l'ordre chronologique; aussi nous avons eu soin de n'indiquer à la marge de la traduction française que les principales dates qui ne viennent pas interrompre cet ordre dans le récit.

Nous avons fait une table des matières aussi détaillée que possible au point de vue historique, en ayant soin d'être beaucoup plus sobres quand il s'agissait du règne des Lusignan et des événements qui se suivent régulièrement.

En publiant une traduction française de la Chronique de Machéras, nous n'avons pas voulu faire une œuvre d'érudition. Notre prétention était beaucoup plus modeste. Eu égard à l'intérêt qui s'attache aujourd'hui à l'île de Chypre, nous avons pensé qu'il serait utile de faire connaître un document de la *plus haute importance pour l'histoire de l'île de Chypre sous les princes de la maison de Lusignan. Après avoir achevé notre tâche le mieux que nous avons pu et en nous tenant dans les limites que nous nous étions tracées, nous laissons à d'autres, à M. Mas Latrie surtout, le soin de déterminer historiquement les personnages cités par Machéras, de rectifier sa chronologie et de contrôler la valeur des renseignements qu'il nous fournit.*

CHRONIQUE DE MACHÉRAS.

Récit sur le doux pays de Chypre
c'est-a-dire
CHRONIQUE.

Au nom du Dieu bon qu'on adore en trinité, je me suis [3] décidé à m'expliquer sur le bien aimé pays de Chypre. De même que, dans ce monde, il y a trois périodes qui marquent le temps, le passé, le présent et l'avenir, ainsi sont les jours de notre vie, comme David le dit. Nos jours passent et nous mangeons les fruits non mûrs, et, semblables à des fous, nous tuons nos parents pour prendre leurs biens. Nous ne savons pas combien de temps nous avons à vivre; il faut que nous mourions, et, pour cette raison, nous devons prendre patience jusqu'au moment où Dieu voudra enlever nos parents et nous permettre de jouir de leurs biens. Voyez comme le sage Salomon[2] nous attriste en disant : « Vanité des vanités, tout est vanité. »

Puisque tout passe et puisqu'on raconte le passé, chacun

---

[1] Les chiffres placés à la marge indiquent les pages du texte grec de notre édition. — [2] Eccles. I, 2.

désire vivement entendre le récit des événements qui ont eu lieu, parce que les anciennes histoires nous apprennent à ne point commettre de fautes et à chercher à nous sauver. C'est ce qui me décide à composer, par la grâce du Saint-Esprit, un petit mémoire destiné à ceux qui trouvent quelque plaisir dans le récit de ces anciennes histoires.

Le grand Constantin, après avoir reçu le baptême, a dit que notre terre de Chypre est restée sans maître pendant trente-six ans, par suite d'une grande famine occasionnée par le manque de pluie. Toutes les semences périrent; les eaux des fontaines tarirent et les hommes erraient de pays en pays avec leurs troupeaux, afin de découvrir de l'eau pour vivre eux et leurs animaux. Tout s'étant desséché, l'admirable île de Chypre fut abandonnée, chacun allant çà et là pour trouver un soulagement à ses maux. C'est ainsi qu'elle resta sans habitants pendant trente-six ans. Quand le grand Constantin renonça au paganisme pour embrasser la foi du Christ, lui et ceux qu'il avait à Rome avec lui, il ordonna à la sainte dame Hélène, sa mère, d'aller chercher la précieuse croix à Jérusalem. Celle-ci se dirigea du côté du Levant et, arrivée à notre île, débarqua à Limisso; mais, ayant trouvé cette île déserte, elle fut très affectée de voir un pays aussi célèbre dans une pareille situation.

Elle partit aussitôt et se rendit à Jérusalem. Après beaucoup de peines, de dépenses et employant même les menaces, elle découvrit la précieuse croix, ainsi que les deux autres, celles des larrons, les clous, la couronne d'épines et trente-six gouttes du sang qui étaient tombées du corps de Notre Seigneur sur un linge. Cette histoire serait très longue si je vous la racontais dans tous ses détails ; mais on la trouve tout au long dans le livre composé par Saint-Cyriaque[1], et qui explique comment la sainte croix a été trouvée et comment elle fut distinguée des deux autres, celles du bon et du mauvais larron.

Émerveillée à cette vue, la sainte dame Hélène fit bâtir un grand nombre d'églises à Jérusalem au nom du Dieu vivant et de la croix vivifiante et laissa de l'argent pour en construire d'autres.

Sachez aussi qu'en partant pour Jérusalem, elle avait ordonné aux magistrats d'élever, depuis cette ville jusqu'à Constantinople, des tours qui devaient être en vue l'une de l'autre. La garde en serait confiée à des hommes qui, veillant jour et nuit, seraient prêts à donner chacun le même signal aussitôt qu'ils apercevraient du feu ou de la fumée dans Jérusalem, de telle sorte que, le jour où la sainte croix serait retrouvée, les feux successifs de chaque tour en annonceraient la nouvelle à l'empereur. C'est, en effet, ce qui arriva. A l'heure même où la bienheureuse Hélène fit la découverte, l'empereur, son fils, en fut averti. Mais revenons à Sainte-Hélène.

Après avoir retrouvé la précieuse croix et avoir admiré le prodige, elle prit l'escabeau sur lequel les saints pieds du Christ avaient été cloués et le divisa en deux parties, et fit deux planches dont elle tira seize angles[2], en enlevant

---

[1] Ce prétendu livre de Saint-Cyriaque n'a jamais existé. Sur ce saint voy. Bolland. *Actt. SS. Maii* I, p. 363 sq. et p. 445—448. — [2] Le texte est corrompu. Notre traduction expliquerait les seize angles donnés par les deux croix, chacune en présentant huit. Mais plus loin il y a, non pas seize angles, mais seize planches. Du reste ce texte est incompréhensible ; peut-être même Machéras ne s'est-il pas compris lui-même.

quatre morceaux à chaque planche, ce qui resta forma deux croix. Elle mit la croix du Christ dans le Saint des Saints (de Jérusalem), après l'avoir couverte de beaucoup d'or, de perles et de pierres précieuses. Elle décloua ensuite les deux croix des larrons qu'elle transforma en joignant le grand bois de celle du bon larron au petit de celle du mauvais et faisant de même pour les deux bois restants. Comme ces croix étaient demeurées ensemble pendant un si long espace de temps, 69[1] ans, il n'était pas juste de rejeter celle du mauvais larron. Elle les prit avec elle pour en montrer à son fils la longueur et la largeur, toutes les deux ayant le même prix. Ces deux premières croix d'une seule pièce, les seize planches, les clous et la couronne furent mis dans une caisse, et avec les deux autres croix Hélène monta sur sa galère et arriva à Chypre. Quand elle y aborda, elle fit débarquer cette caisse qui contenait les deux croix, et mangea à Vasilopotamo. Après dîner, tombant de sommeil par suite des fatigues de la mer, elle s'endormit et vit en songe un jeune homme qui lui disait : « Ma princesse Hélène, tu as fait construire beaucoup de temples à Jérusalem, fais la même chose ici, parce que la volonté de Dieu est que ce pays soit habité par des hommes et qu'il n'en soit pas privé éternellement. Construis un temple au nom de la sainte et vivifiante croix et déposes y une partie des précieux bois que tu portes avec toi. » Aussitôt qu'elle fut réveillée, elle chercha la caisse et les grandes croix. O miracle ! l'une d'elles avait disparu. Elle envoya à sa recherche des gens qui la découvrirent sur la montagne appelée Olympe, à cause de

---

[1] Probablement 309 ans.

la croix d'Olympius qui était le nom du bon larron. Elle bâtit alors une église dédiée à la Sainte Croix et mit dans l'intérieur de la croix une partie du précieux bois. Elle aperçut ensuite une brillante colonne qui montait de la terre au ciel, et, comme elle allait pour examiner le miracle, elle découvrit sur le bord du fleuve l'une des petites croix et entendit une voix du ciel qui lui disait: «Hélène, fais construire une église, sur ce lieu même appelé Togni.» Elle en bâtit une dédiée à la Sainte-Croix, avec un pont pour que les hommes pussent passer et elle couvrit la croix d'or, d'argent et de perles[1]. Dès ce moment notre Seigneur envoya la pluie; la nouvelle s'en répandit partout et tous retournèrent dans leurs anciennes habitations. Avec eux arrivèrent beaucoup d'étrangers qui s'établirent dans l'île. Lorsqu'elle eut terminé ces constructions, Hélène monta sur sa galère et se rendit à Constantinople.

Après son départ la population de Chypre augmenta considérablement. Les habitants redoutant les impies Sarrasins, qui à diverses reprises avaient saccagé l'île, détruit plusieurs villes et châteaux et pris beaucoup de monde, se tenaient sur leur garde. «Quand le sultan voudra, disaient-ils, il lui sera facile de nous faire prisonniers.» Ils décidèrent entre eux qu'ils donneraient communication de leurs inquiétudes à l'empereur en le priant de leur envoyer des troupes pour garder leur pays. Les plus distingués d'entre eux furent chargés d'aller demander à sa grande sainteté impériale des troupes à pied et à cheval pour les

---

[1] Voir Wilbrandus Oldenb. *Peregrinat.*, ed. Laurent, p. 181.

défendre contre les Sarrasins. L'empereur, accédant à leur demande, leur envoya beaucoup de soldats pour protéger le pays. Ceux-ci se consultèrent, stipulèrent la somme que le peuple pourrait leur payer et convinrent de la partager entre eux; puis ils nommèrent un capitaine chargé de la percevoir. Chaque habitant fut obligé de payer annuellement trois hyperpères[1] d'or, ce qui équivalait à six hyperpères de la monnaie chypriote, et cet impôt fut nommé Stratia à cause de ces Stratiotes (Albanais). Le ducat valait alors quatre hyperpères de Chypre. On donnait aussi à cet impôt le nom de *Capnon*[2], parce que chaque maître de maison ayant des fils et des filles réunis à la même table et auprès du même foyer, payait seul pour tous; mais quand la famille se trouvait séparée par suite du mariage d'un fils ou d'une fille, chacun contribuait pour sa part. L'empereur envoya alors un duc pour juger le peuple; ce fonctionnaire changeait de temps en temps jusqu'au moment où fut envoyé un duc nommé Isaac qui était un homme débauché. Cela arriva l'an 1000[3] de Jésus-Christ.

Après le passage des armées commandées par les seigneurs et qui avaient été rassemblées par un duc nommé de Bouillon, les Latins conquirent la Terre Promise, et, faisant prisonniers les Sarrasins, parvinrent à les éloigner. Ces derniers, désirant toujours recouvrer cette Terre Promise, ne restaient jamais tranquilles, mais ils

---

[1] Nous avons conservé le terme employé au moyen âge. La numismatique a adopté le mot *perpre*. — [2] C'est-à-dire « tribut de la cheminée, impôt du feu ». — [3] Isaac Comnène, le dernier des gouverneurs byzantins de Chypre, s'empara de l'île par la ruse avant 1185; c'est sur lui que Richard Cœur-de-Lion l'a conquise en 1191.

étaient un fléau pour les populations en tourmentant les Chrétiens . . . . . . .¹

Le fleuve-torrent fit descendre le sable et le couvrit entièrement. Les hommes disent que cette pierre est une pierre de liberté et peut nous être utile jusqu'à un certain point. Mais cela se faisait pour que la fin des choses ne fût pas connue, parce que le philosophe dit : «Cherchez la fin des choses, et d'après la fin vous connaîtrez le commencement.» Mais aujourd'hui la patience manque².

Et quand le lundi apparut et que les Templiers se furent séparés du peuple, on commença à gémir et à pleurer pour les femmes et les hommes qui avaient été tués, et les frères furent profondément affligés en cherchant de quelle manière ils pourraient échapper à un pareil désordre.

Ces Templiers étaient de puissants seigneurs, mais il regnait parmi eux une grande hérésie et ils pratiquaient un usage indigne. Dieu ne pouvant supporter le mal qu'ils faisaient, le fit connaître au Pape de la manière suivante. Deux jeunes garçons du même pays et qui avaient été élevés ensemble, s'aimaient entre eux comme deux frères. S'étant aperçus par la suite que l'ordre des Templiers était très honoré et que ces chevaliers étaient très heureux de remplir leurs devoirs, l'un de ces garçons qui était riche désira être admis comme frère dans cet ordre. Le grand maître l'accepta. Alors l'autre jeune garçon voulut aussi y entrer. Quand les frères vinrent la nuit pour l'élection, ce dernier se glissa furtivement dans l'assemblée (personne

---

¹ Il y a ici une lacune qui interrompt le récit. — ² Cette dernière phrase est tronquée et incompréhensible.

ne l'avait aperçu, car Dieu avait fermé les yeux de tous les assistants afin qu'il ne fût point découvert). Il vit les choses qu'ils firent à son compagnon et les révéla au Pape. « J'ai vu, dit-il, le prêtre qui s'apprêtait à le tonsurer, c'est-à-dire à le consacrer. Il avait une croix de bronze dans les mains et Jésus-Christ était étendu sur cette croix. Alors le jeune garçon s'agenouilla et promit au grand maître de ne rien révéler de ce qu'on lui ferait. Le prêtre lui dit : « Te paraît-il que ce crucifié soit le fils de Dieu, comme le peuple le croit? » L'usage était que, si l'initié répondait : « Oui, je crois en vérité que cette image est celle de Jésus-Christ le Dieu vivant », le prêtre lui disait : « Nous le croyons aussi, mais nous voulons t'éprouver ». Alors on l'élisait et on l'envoyait à la guerre afin qu'il y fût tué. Mais mon compagnon leur dit : « Oui, je crois en vérité que c'est bien l'image du Seigneur, mais vous, qu'est ce que vous croyez? Dites-le moi, je suis prêt à le confesser aussi ». Le prêtre dit alors : « Celui-ci n'est qu'un faux prophète ». Après avoir entendu ces paroles, l'initié se tut et, prenant la sainte croix, il la jeta à terre et lui infligea beaucoup d'affronts. On lui fit ensuite ôter ses vêtements et quand il fut entièrement nu, on lui lava tout le corps et, l'un après l'autre, ils l'embrassèrent sur la tête, sur la bouche, sur le nombril et sur le c.. Ceux qui voulurent abusèrent de lui, et il leur promit que chaque fois qu'on le demanderait, il serait prêt au moment même et ne résisterait à personne. Ils le revêtirent ensuite des habits de leur ordre indigne et le firent monter à l'étage supérieur. Le lendemain on lui donna de l'argent, de l'or et des vêtements et on lui fit parcourir la ville au milieu de grandes réjouissances. » Les statuts de leur ordre rédigés avec beaucoup de sagesse et d'honneur leur prescrivaient de proclamer la vérité de l'église devant les hommes, de manger, de boire et de s'habiller convenablement, de ne pas être orgueilleux, de montrer de la patience dans tout ce qu'ils entendraient, et plusieurs autres bonnes recommandations, mais en secret ils suivaient les pratiques que je viens de raconter.

Quand le très saint père eut entendu ces paroles, il fut douloureusement affecté. « Qu'est-il arrivé, ô mon Seigneur? Le Dieu tout-puissant a envoyé son fils bien aimé, qui de sa propre volonté a souffert la mort, est monté aux cieux, s'est assis à la droite de son père, afin de nous délivrer des mains du démon et de nous enseigner à fuir toute espèce de péché pour n'être point damnés, et voilà que le grand maître, mon ami, se conduit d'une manière aussi indigne! Je fais le serment au Seigneur qu'un jour ils disparaîtront de ce monde. » En bon chrétien qu'il était, le très saint père recommanda au jeune garçon de ne révéler ces choses à aucun autre, et, voulant être mieux renseigné, il appela devant lui le grand maître du Temple et entre autres choses lui dit : « J'ai désiré voir comment vous élisez vos frères. Pour cela prenez ce garçon (un que le pape avait choisi) et élisez-le devant moi. » Celui-ci lui répondit : « Seigneur, votre volonté ne peut pas être exécutée, parce que notre ordre prescrit de n'élire personne devant le monde, mais secrètement et dans le lieu convenable et sanctifié. » Le pape ne manifesta aucun signe d'irritation, mais il fit appeler le grand maître de l'Hôpital auquel il ordonna d'élire le même garçon;

celui-ci l'élut immédiatement. Le saint père éprouva une grande joie en reconnaissant que les Hospitaliers sont de bons chrétiens, tandis que les Templiers sont bien tels qu'on les lui avait dénoncés. Il commanda alors à son secrétaire d'écrire deux lettres à l'adresse des seigneurs dans les terres desquels les Templiers avaient des biens, et il apprit que ceux-ci possédaient des terres d'une dimension telle qu'il faudrait presqu'un an pour les parcourir. Une de ces lettres disait :

« Mon fils bien aimé, salut avec bénédiction pontificale ! Apprends que cette lettre ouverte doit être lue ; quant à l'autre qui est cachetée, mets-la dans un lieu sûr et que personne ne soit assez osé pour l'ouvrir et la lire, jusqu'au jour de la Pentecôte prochaine. Quand vous irez à l'église, après le premier office terminé, ouvre la lettre cachetée et fais exactement ce qu'elle commande, sous peine d'excommunication. » La lettre cachetée disait : « Ainsi qu'on l'a démontré en notre présence, l'ordre des Templiers est en proie à un grand mal ; ils nient Dieu et tous les Saints. Pour cette raison nous t'ordonnons de faire tuer, avant l'heure du dîner, tous ceux qui se trouvent dans ton pays, sans en épargner aucun. En te bénissant, je te conjure au nom de Dieu de faire remettre tous leurs biens et tout ce qu'ils possèdent dans ton pays, entre les mains des Hospitaliers. Si tu ne fais pas ce que je te commande et si tu laisses l'un d'eux vivant, que la colère de Dieu tombe sur toi comme elle est tombée sur Judas ! »

On exécuta les ordres du Pape dans l'île de Chypre et on les tua tous le jour de la Pentecôte. Quelques-uns disent

que le Pape était irrité contre le grand maître du Temple 11
qui avait excité son indignation. Ce que j'ai raconté fut la
cause que Dieu fit tomber sa colère sur ce dernier, indigné
qu'il était contre eux et leurs péchés. Aussi ils furent tous
exterminés en un seul jour, aucun d'eux n'ayant échappé.
Si Dieu avait reconnu leur innocence, il aurait pu les
sauver; mais, dans sa colère, il les a frappés.

Quand la messe de la Pentecôte fut terminée dans chaque
localité, on ouvrit la lettre cachetée et on prit connaissance
du contenu. Les ordres du Pape ayant été connus immédiatement avant dîner, on tua tous les Templiers partout
où ils se trouvaient et leurs biens furent donnés à l'Hôpital.

Il est nécessaire de raconter l'histoire du bon Godefroy
de Bouillon pour arriver à parler des rois latins qui ont
été couronnés à Jérusalem. Le 5 août 1086[1], Godefroy de
Bouillon partit de France avec une grande armée et accompagné de puissants seigneurs. Arrivé en Syrie, il commença la conquête du pays. Au mois de juin 1099, une
masse considérable de soldats à pied et à cheval arriva à
Jérusalem, qui était au pouvoir des Sarrasins; quatre de ces
derniers étaient des géants. Les chrétiens les assiégèrent
jusqu'au 15 juillet 1099, qui fut le jour de leur défaite. Je
puis affirmer que le très saint père Urbain, le roi de France,
Philippe, Alexis Comnène, empereur de Constantinople, et
beaucoup d'autres seigneurs, conquirent tous ensemble la
sainte ville de Jérusalem, et qu'ils élirent pour roi le susdit
Godefroy de Bouillon. Mais celui-ci ne voulut pas être couronné roi et mettre la couronne sur sa tête, en disant : «Le

---

[1] Il faut sans doute corriger απϛ' en ϟϞϛ', 1096.

roi des rois, le doux Jésus, a porté une couronne d'épines pendant son triomphe, c'est-à-dire le jour où il fut crucifié.» Godefroy de Bouillon mourut en 1100 et fut enterré sur le mont Calvaire. Après lui fut couronné Baudouin, son frère, qui est mort en 1118. Viennent ensuite les couronnements de Baudouin d'Aiguillon, mort en 1136; de Foulques, son gendre, mort en 1143; de Baudouin le Vieux, fils de Foulques, mort en 1163; d'Amaury, son frère, mort en 1174; de Baudouin le Lépreux, mort en 1181; de Baudouin le Jeune, fils de la comtesse de Jaffa, nommée Sibylle, fille du roi Amaury, sœur du roi Baudouin le Lépreux et femme du marquis Guillaume Longue-Épée; et ce Baudouin est mort en 1186. Après lui fut couronné roi de Jérusalem le roi Guy qui épousa la princesse Sibylle, la mère du roi Baudouin, laquelle fut couronnée reine de Jérusalem et mariée au susdit Guy de Lusignan en 1190. Avec l'aide de Dieu et des Génois, Guy[1] s'empara du royaume de Chypre; il donna la liberté aux Génois et à leurs enfants, en reconnaissance du service qu'ils lui avaient rendu en se dévouant pour lui, eux et leurs biens.

Dans la même année arrivèrent le roi d'Angleterre Richard et le roi de France Philippe. Le maître de l'Hôpital se présenta devant eux et leur demanda au nom de Dieu de lui remettre Chypre. Alors Richard la vendit à Hugues, roi de Jérusalem, pour cent mille ducats d'or. Les Génois lui avaient prêté beaucoup d'argent, et il l'avait achetée aux mêmes conditions que les Templiers. Le duc

---

[1] Tout cela a été brouillé par Machéras qui se contredit lui même et confond Guy avec ses successeurs.

de Chypre étant mort, et personne ne s'étant présenté pour faire valoir ses droits sur l'île, Richard vint avec ses gens et ses barons et prit possession du royaume.

Le roi de France Philippe et celui d'Angleterre étaient venus pour recouvrer Jérusalem, mais ayant trouvé ce roi Hugues appauvri en hommes et en argent, ils retournèrent dans leur pays. Cet achat de l'île de Chypre eut lieu en 1192. Ce dernier qui est le premier roi de Chypre et de Jérusalem, est mort en 1205.

Quand le roi Hugues acheta Chypre aux Templiers et aux Lombards, il apprit les mauvais traitements que les habitants avaient fait subir aux premiers et la manière dont ils les avaient massacrés. Il commença alors à réfléchir sur les moyens auxquels il pourrait recourir pour n'être pas inquiété en Chypre, car tout le pays était plein de Grecs. Il disait en lui même : « Quand ils voudront se révolter contre moi, et cela leur est facile avec le secours de l'empereur de Constantinople, ils pourront m'enlever de force mon royaume. » Il pensa à se lier avec le sultan du Caire et lui envoya une ambassade. « Veuille considérer, lui disait-il, que tout vient de Dieu, que les peuples aiment leurs voisins, et par la grâce de Dieu nous sommes des voisins. Je te prie donc de faire alliance avec moi; je te promets d'être toujours un ami cordial, regardant tes amis comme mes amis chéris et tes ennemis comme mes ennemis mortels. Dans le cas où l'empereur des Grecs préparerait une flotte pour venir m'attaquer, je te demande de me donner du secours et des troupes, et je serai ton sujet. Mais s'il envoie une flotte contre toi, c'est à toi à te tirer d'affaire. »

14   Le sultan lui renvoya ses deux ambassadeurs en lui répondant : « Mon fils, tu me dis que, comme mon voisin, tu désires avoir la paix selon les commandements de Dieu, et que nous contractions une alliance ensemble; j'accepte cette proposition. Tu m'exprimes également l'intention de considérer mes amis comme tes amis et mes ennemis comme tes ennemis, je ferai aussi de même de mon côté. Mais que tu deviennes mon sujet, cela ne dépend pas de ta volonté, mais bien de celle de Dieu qui nous a donné la puissance. Sache cependant que ni toi ni ceux qui naîtront de toi, vous n'aurez à souffrir aucun mal de ma part, ni de la part de ceux qui viendront après moi, à moins que vous n'en fournissiez vous-mêmes l'occasion. Quant à te procurer des secours et des troupes dans le cas où l'empereur de Constantinople viendrait t'attaquer, cela est impossible, parce que notre loi ne nous permet de ne secourir que ceux qui croient à Dieu et à son grand prophète Mahomet, mais non les infidèles. Si tu consens à reconnaître un seul Dieu et Mahomet, son prophète, et à élever ton doigt[1], alors je te regarderai comme un ami cher et un frère, et, m'alliant avec toi, je serai contraire à tes ennemis. »

En apprenant cela le roi Hugues fut vivement troublé et dit : « Que Dieu me protège! Lors même qu'il me donnerait toute sa puissance, je ne renierais pas la Sainte-Trinité. Mieux vaut être l'esclave de l'empereur que de renier

[1] L'expression « élever ton doigt » signifie « si tu fais le geste qui accompagne ordinairement l'énoncé de la profession de foi musulmane; il n'y a d'autre Dieu qu'Allah, etc. ». C'est une locution usitée surtout dans le langage vulgaire. Voilà pourquoi les Turcs nomment l'indicateur *chehadet parmaghe*, « doigt de la profession de foi », et ils ont le proverbe, « lever l'index, c'est devenir musulman ».

la foi en mon Dieu. Je crois au père, au fils et au Saint-Esprit. C'est lui qui viendra à mon secours et me sauvera de tout mal.»

Il s'adressa une seconde fois au sultan pour lui demander un conseil sur la manière dont il pourrait dominer le peuple. Le sultan lui répondit : «Mon fils, donne tout pour obtenir tout. Parmi tes amis et tes coreligionnaires choisis de bons chevaliers salariés et nomme-les tes officiers. Partage ton royaume entre toi et eux et donne leur des biens pour les récompenser de leurs services. Alors ils auront à cœur de maintenir l'ordre dans ton royaume, et, comme ils seront satisfaits, tu le seras aussi toi-même, parce qu'ils ne te tourmenteront point pour être payés de leurs peines, et tu ne craindras pas de leur commander de veiller à tes intérêts, sans avoir le souci de les payer. Mieux vaut faire des donations suffisantes pour se procurer de vaillants hommes que de donner peu pour perdre ce qui te reste. Envoie donc de sages ambassadeurs et non des hommes vulgaires, si tu ne veux pas subir de grosses pertes.»

Le roi envoya alors en Occident et en France des ambassadeurs munis de lettres et de privilèges; il s'adressa aussi en Angleterre à un grand nombre de seigneurs riches et puissants, ainsi qu'en Catalogne, promettant de leur donner de l'argent, de l'or, des fiefs pour eux et leurs enfants, et les saintes reliques qui se trouvaient en Chypre. Et comme Jérusalem était dans le voisinage, il en vint un très grand nombre avec leurs femmes et leurs enfants, et ils habitèrent l'île. Le roi donna à quelques-uns des appointements mensuels, à d'autres des rentes et des salaires avec le droit d'être jugés à la cour et dans les pays dépendant de Jérusalem; quant aux hommes de condition basse, il leur donna la franchise, c'est-à-dire il les nomma *miamouns*[1], affranchis. Il permit aux Syriens de ne payer que la moitié des droits sur toute marchandise vendue ou achetée, et il les exempta des impôts qui étaient payés par les indigènes.

Des Syriens et des Latins vinrent en grand nombre se fixer à Chypre; mais, se rappelant le mauvais traitement que les Grecs avaient fait subir aux Templiers, ils demandèrent le privilège de ne pas être jugés comme les indigènes. On admettra ce qu'ils diront contre les pauvres indigènes, mais ceux-ci ne seront pas crus et leur témoignage n'aura aucune valeur contre les chevaliers ni contre les salariés; celui du roi lui-même ne sera accepté qu'autant que le salarié aura avoué volontairement. Dans le cas où une dispute s'élèvera entre un salarié et un homme du peuple, si le second lève la main contre le premier, on lui coupera la main droite. Tout cela se fit parce que les Grecs étaient très nombreux dans l'île, et qu'on voulait abattre leur orgueil, de peur qu'ils ne se révoltassent, comme ils avaient fait contre les Templiers. Les seigneurs rédigèrent des assises dans leur intérêt, ordonnant que le roi, lorsqu'il ceindra la couronne dans l'église, jurera sur les évangiles d'observer et de confirmer les assises et toutes les bonnes

---

[1] Le mot *miamoun* est la transcription assez exacte de l'arabe *méémoun* مأمون dont le sens littéral est «qui est en sécurité, qui a obtenu la vie sauve, l'*aman*». Par extension et aux basses époques le mot a pris le sens de *exempté, délivré, affranchi*, bien que ce ne soit pas le terme ordinaire employé par les écrivains arabes pour désigner l'esclave affranchi selon les prescriptions de la loi musulmane. *Méémoun* se dirait surtout d'un serf chrétien rendu à la liberté.

coutumes de ce royaume, y compris les privilèges de la sainte église.

Cependant les Latins n'avaient ni peuple, ni archevêques, ni prêtres pour célébrer les offices dans la sainte église de Dieu. Les rois, l'un après l'autre, s'adressèrent au très saint Pape pour qu'il leur envoyât des évêques, des métropolitains et des prêtres. Le Pape leur répondit : «Je ferai volontiers ce que vous me demandez, seulement je voudrais savoir comment ils auront de quoi vivre; car il ne serait pas juste que je vous envoyasse des évêques, des maîtres de théologie et des diacres, sans que leur existence fût assurée; et je crains que le roi régnant, écoutant les conseils de ses seigneurs, ne se tourne un jour contre eux.» Le roi lui répondit qu'il leur donnerait une pension suffisante pour vivre. Le Pape ne se rendit pas encore, mais répliqua: «Mon cher enfant, celui qui est payé dépend de la volonté de celui qui le paie; et quand ce dernier veut se débarrasser du premier, il retient sa pension, et alors le serviteur souffre et éprouve de grands ennuis. Mais si tu désires les avoir, fixe leur une pension inaliénable pendant toute leur vie, pension qu'aucun de tes successeurs n'aura le droit de reprendre, et alors je t'enverrai tous ceux que tu voudras pour célébrer, dans ton pays et suivant mon ordre, le nom de Dieu et de la Sainte-Trinité, et ces prêtres latins éliront les diacres et autres fonctionnaires de l'église.» Il institua dix sages chanoines chargés de poursuivre tous les blasphèmes des hérétiques de l'église, et quatre évêques, un pour chaque évêché, à la condition qu'ils seraient payés avec la dîme de l'église. C'est ce qui se pratique encore aujourd'hui. Les rois et les seigneurs firent ensuite, l'un après l'autre, bâtir des églises et des couvents à Nicosie et commencèrent la construction de Sainte-Sophie. Ils rédigèrent les assises, assurèrent leurs revenus, et les villages qui appartenaient aux évêchés grecs furent donnés aux Latins. Les empereurs (de Constantinople), voyant que les évêques grecs de Chypre ne recevaient point la dîme de l'église et qu'ils avaient une vie très gênée, consentirent à leur attribuer des villages et d'autres revenus, suivant le bon vouloir du donateur. Mais ces gratifications furent enlevées aux évêques par les rois de Chypre qui les possèdent jusqu'à ce jour et en gratifient les seigneurs; celles qui restèrent dans la possession des évêques grecs, leur furent ensuite enlevées et données aux Latins.

Il est nécessaire de faire l'éloge de la sainte île de Chypre et, quel que soit cet éloge, il ne sera pas contraire à la vérité. Il y a eu dans ce pays quatorze évêchés. Parmi ceux qui les ont occupés[1], je citerai Saint-Barnabé, l'apôtre du Christ, Saint-Épiphane, Saint-Serge, Dométius, Porphyre, Plutarque, un autre Barnabé, Théodore, Basile, Arcadius, Théodore, Jean, un autre Barnabé, Sophronius, Ésaie, Hilarion, Néophyte, Grégoire, Euthymius[2], Alexis, Nilus, Germain, qui tous ont été évêques de Chypre. Les évêques de Tamasie sont : Héraclidius, Mnason, Rhodon, Macédonius, Lazare, le très saint évêque de Kitti que le Seigneur a ressuscité d'entre les morts; Tychon, le très

---

[1] L'*Oriens Christianus* de Le Quien est trop incomplet dans les premiers siècles de notre ère pour aider à contrôler ces listes d'archevêques et d'évêques. — [2] Ou Éleuthère.

saint évêque d'Amathonte, c'est-à-dire de Leucara; Zénon le très saint évêque de Cérinie, Cilisius, Phylarien[1], évêque de Paphos, Nicolas et Arcadius, évêques d'Arsinoé, Auxibius, évêque de Solie, Eulalius, évêque de Lapithos, Theodote[2], évêque de Cérinie, Démétrianus, Pappus, Athanase, Eustathe, Nicétas, évêque de Cythrée, Spyridion, évêque de Thrimithonte, Philon[3], Synésius, Sosicrate[4], évêque de Carpaso, Triphylle le Photolampe[5], évêque de Leucosie, et Tychicus, évêque de Neapole Limisso.

Après vous avoir signalé les quatorze évêchés, je vous indiquerai combien de corps de saints y furent trouvés. Quand les Sarrasins conquirent la Terre Promise, les pauvres chrétiens qui purent se sauver, cherchèrent partout un refuge. Parmi eux, il y avait des archevêques, des évêques, des prêtres et des gens du monde; ils allèrent tous où ils purent. Une troupe de ces derniers, au nombre de 300, arrivèrent dans la célèbre île de Chypre. Ayant appris que des païens[6] y dominaient, ils furent effrayés et se répandirent çà et là faisant des trous en terre dans lesquels ils entraient pour prier Dieu. Ils se réunissaient deux ou trois et avaient un serviteur qui leur fournissait les vivres. Ils moururent dans l'île; quelques-uns d'entre eux furent indiqués par un ange et d'autres par de nombreux miracles. J'ai connu plusieurs de leurs cimetières où il s'en fait beaucoup, et ces cimetières ne sont pas les mêmes que ceux des archevêques et des évêques cités plus haut. On trouve à Peristerona de la Mesaria Saint-Anastase le Miraculeux, à Hormidia Saint-

---

[1] Ou Philagre. — [2] Ou Théodore. — [3] Ou Sinon. — [4] Ou Socrate. — [5] Brillant de Lumière. — [6] Hellènes.

Constantin le Stratiote, Saint-Thérapon à Synta, Saint-Sozomène à Potamia, Saint-Epictète au village d'Épiphane, le jeune Saint-Hilarion au château de Saint-Hilarion, Saint-Épiphane vers Cythrée; le cimetière de ce dernier se trouve dans une solitude; aussi pour cette raison le pays étant devenu désert, on prit la tête du saint avec les images et on les garda à Cuzzuventi. Citons encore à Coffinu l'évêque Saint-Héraclius, Saint-Laurent, Saint-Elpidius, Saint-Christophe, Saint-Oreste et Saint-Démétrianos qui font d'innombrables miracles, à Leuconicon Saint-Euphémianus, à Peristerona, fief du comte de Jaffa, Saint-Barnabé et Saint-Hilarion; à Achera Saint-Héliophotos, Saint-Auxuthenius[1], Saint-Pamphodote, Saint-Pammégiste et Saint-Paphnutius, Saint-Cornutas; vers Zotia Saint-Irénique, à Kilani un autre Saint-Thérapon, au village Morpho Saint-Théodose et Saint-Polémius, à Vassa le moine Saint-Barnabé; vers le village Alectora, dans un endroit appelé Glyphia, le cimetière de Saint-Cassien avec son corps, saint dont la mémoire se célèbre le 16 septembre. Au village Avdimu un autre Saint-Cassien, dont la fête a lieu le dernier jour de février et le 4 décembre; son cimetière se trouve dans le village Axylu; Saint-Alexandre, Saint-Chariton[2] et un autre Saint-Épiphane à Curdaca; Saint-Pigon[3] et Saint-Christophe à Aroda; Saint-Callantius, Saint-Agapius, Saint-Barlaam à Tamasie; vers Péra les évêques Saint-Basile et Saint-Démétrius. Il y en a aussi d'autres qui n'ont pas encore apparu; nous les implorons, ainsi que ceux que nous venons de nommer,

---

[1] Ou Auxentius. — [2] Ou Chérétis. — [3] Ou Pion.

pour qu'ils prient Dieu de délivrer cette île des mains impies des Agaréniens[1].

Il y a encore dans cette île des saints étrangers et d'autres Chypriotes, parmi lesquels le premier est Saint-Jean de Montfort à Beaulieu de Leucosie, seigneur français qui fait beaucoup de miracles et guérit les maladies, surtout de la fièvre. Au village Morpho, Saint-Mamas qui est venu d'Allagia. Pendant sa vie il prenait des lions, les trayait et, avec leur lait, il faisait du fromage pour nourrir les pauvres. Les Turcs le chassèrent; en courant il tomba, et son pot au lait s'étant brisé, le liquide se répandit à terre; on voit encore la place du lait au village d'Allagia. Il subit le martyre et ses parents le mirent dans un cercueil qui par la grâce de Dieu arriva à Chypre, sur la côte de Morpho. Il apparut alors à un bon chrétien, en l'engageant à prendre ses bœufs et ses quatre fils. Ceux-ci y étant allés attachèrent le cercueil avec une corde et le tirèrent comme un objet léger, et cependant il était si lourd que beaucoup d'hommes auraient eu bien de la peine à le tirer. Quand il fut arrivé sur la place où il se trouve aujourd'hui, il s'arrêta et personne ne put réussir à le remuer. On bâtit une église dans ce lieu; il y coule des parfums et de grands miracles se font en faveur de tous ceux qui viennent faire guérir leurs blessures. Il se fait aussi beaucoup de miracles à l'endroit où l'on peint, à Leucosie, à Limisso, à Famagouste, à Claudie. Si je voulais les raconter tous, ma vie entière n'y suffirait pas. Il y a peu de temps, grâce à une apparition divine, on a découvert Sainte-Photine à l'Acrotiki;

---

[1] Ou Sarrasins.

au village de Saint-Andronic de Canacaria. Son tombeau est sous terre; il y a un chœur, et il y coule de l'eau bénite en abondance. A chaque changement de lune la surface de cette eau se coagule comme de la glace. Cette écorce s'enlève comme si c'en était et, quelque temps après elle se rompt, se réduit en poudre fine comme de la poussière, avec laquelle les aveugles se guérissent en injectant leurs yeux. Il y a encore Saint-Photius près d'Athienu; le village est appelé Saint-Photis. Ce saint est célébré le 18 juillet; il fait de nombreux miracles, et est l'un des 300. Citons aussi Saint-Diomède, élève de Saint-Triphylle. Les Sarrasins firent de nombreuses invasions dans l'île de Chypre. Une fois ayant rencontré à l'Hodégétrie le cimetière de ce saint, ils l'ouvrirent et y trouvèrent son corps tout entier. Après lui avoir coupé la tête ils apportèrent celle-ci vers le lieu où est située l'habitation du Vicomte, et ils s'apprêtaient à la brûler, lorsque Dieu les en empêcha. Le petit garçon, Saint-Diomède, ayant saisi une occasion favorable vola la sainte tête, et quand ils déposèrent le corps à l'endroit où se trouve le baptistère, dans lequel on baptise, ils cherchèrent la tête de tous les côtés, mais ayant appris que l'enfant l'avait enlevée et s'était enfui, plusieurs d'entre eux coururent après lui et le rejoignirent près du gibet de Leucomati, où on pend les voleurs. Celui-ci les voyant accourir avec beaucoup d'empressement, prit peur et il souffla sur eux au nom de Notre Seigneur Jésus-Christ. Ils enflèrent immédiatement et tombèrent à terre. Il put alors arriver à Leucomati en portant la tête avec lui. Les Sarrasins, ainsi enflés, se rendirent les uns après les autres à Leucomati, et le prièrent de les guérir, lui promettant de ne plus revenir exercer leurs ravages dans l'île; et il les a guéris. C'est là que le saint est mort. On lui a bâti une église où il se fait beaucoup de miracles.

Saint-Georges l'Empoignardé à Achlionta, indigène ayant le don des miracles; Saint-Athanase Pentaschinote, du village Pentaschino, saint dont le corps laisse couler du parfum; Saint-Jean Lampadistis à Marathasa, qui chasse les démons et qui était un diacre de la paroisse de Marathasa; Saint-Sozon à Placutudiu : c'était un garçon berger; poursuivi par les Sarrasins quand ils brûlèrent l'image de Notre Dame dans le couvent, celle-ci s'imprima sur les dalles où on la voit encore de nos jours. En fuyant il tomba et, son vase à traire ayant été brisé, le lait se répandit à terre; tout le monde a vu cet endroit. Il entra dans une caverne avec d'autres enfants; les Sarrasins y mirent le feu et les brûlèrent. On lui a bâti une église et on y a mis ses reliques qui guérissent toute espèce de maladies. Dans le village d'Épiphane, vers le nord, se trouve un ossuaire plein des reliques des saints Fanentes (Apparus). Ces reliques se sont desséchées et se sont condensées comme des pierres, et si on en sort une de ces reliques, elle est aussi lourde qu'une pierre. Tous ces corps appartenaient aux 300 qui se sont sauvés de la Syrie. Dans le village de Larnaca se trouve le couvent de Saint-Olbien, également du nombre de ces 300.

On voit à Marathasa à Kykos, l'image de la très sainte Vierge. Le seigneur Manuel Butumitès[1], qui avait été en-

---

[1] Voy. ce nom dans la Table des *Histor. gr. des Croisades*, t. 2.

voyé comme duc de Chypre, se leva un matin pour aller à la chasse; ayant rencontré un pauvre vieillard nommé Ésaïe, il lui donna un coup de pied parce qu'il pensait que cette rencontre lui porterait malheur. Quelque temps après il tomba malade d'une sciatique et le pied qui avait donné le coup se paralysa. Dans une vision qu'il eut, le conseil lui fut donné d'aller trouver le saint pour lui demander sa bénédiction. En même temps le moine eut une autre vision dans laquelle la Vierge Tricuciotissa lui dit de demander que l'image conservée dans le palais de Constantinople fût transportée à Chypre. Le duc alla trouver le moine, pleura et, le moine lui ayant pardonné, il fut guéri immédiatement. Celui-ci lui demanda alors l'image que l'empereur conservait dans son palais. Étant retourné à Constantinople, Manuel trouva la fille de l'empereur[1] aux prises avec une grave maladie dont aucun médecin n'avait pu la guérir; il y avait un an qu'elle était dans cet état. Le duc, se rappelant la guérison que le moine avait opérée sur lui, en fit part à son souverain qui s'informa de l'endroit où il se trouvait. « C'est, dit Manuel, un nommé Ésaïe, demeurant à Marathasa de Chypre. » L'empereur envoya immédiatement un vaisseau à Chypre pour prendre le moine et l'amener à Constantinople. Celui-ci, étant venu sur cet ordre, étendit la main sur la jeune fille qui fut guérie aussitôt. L'empereur voulait faire de grands présents au moine, mais Ésaïe lui demanda l'image. L'empereur regrettait vivement de s'en séparer; toutefois prenant en considération la fatigue du moine et la guérison de sa fille, il se décida à donner l'image, mais

[1] Anne Comnène, fille d'Alexis.

non sans éprouver une grande douleur. Le moine l'emporta et vint à Chypre où tout le monde fut ravi de joie ; on bâtit une église et on y installa des moines. Cette image, peinte par l'apôtre Saint-Luc, fait de nombreux miracles, quand les pluies viennent à manquer. L'empereur, de son côté, envoya de quoi bâtir un couvent pour le moine auquel il fit en outre de grands présents.

On trouve aussi dans l'Englistra Saint-Néophyte, jeune moine de Leucara, devenu stylite; son tombeau, conservé dans le même monastère, fait également des miracles. On y trouve aussi la croix de l'Olympe, qu'on appelle la Grande comme il a été dit plus haut, et la Croix Retrouvée, la croix de Psocas surnommé Kouca, qui répand du parfum et la croix de Leucara, qui ont été faites par Sainte-Hélène et qui ont toutes du bois précieux et font des miracles admirables.

Chypre possède encore les deux têtes de Saint-Cyprien et de Justine qui ont souffert le martyre à Antioche. Pendant le ravage de Syrie on les a portées à Chypre et on les a placées dans une petite église à Ménico, près du chœur. Du côté du sud il y a un bassin qui guérit miraculeusement les ophthalmies et les fièvres. Le roi Pierre le Grand souffrait d'une fièvre quarte dont il ne pouvait se débarrasser. D'après le conseil de quelques personnes, il alla visiter les reliques de Saint-Cyprien et de Sainte-Justine, conservées à Ménico, près d'Akaki, il but de l'eau bénite et fut guéri immédiatement. Cette eau, sans doute, est très saumâtre et se boit difficilement ; mais elle est merveilleuse pour opérer des guérisons. Le roi fit bâtir une église et couvrit d'argent les deux têtes ; sur le sommet du monument il laissa un endroit avec deux portes pour qu'on pût adorer les reliques.

Pendant le règne du roi Hugues, Ignace le patriarche d'Antioche, ayant appris que les sauterelles faisaient de grands ravages, fit prier le roi de faire peindre une image représentant Saint-Christophe le martyr, Saint-Tarase patriarche de Constantinople et Saint-Tryphon le martyr. Après avoir béni cette image, Ignace l'envoya à Palokythro, où se manifestait la plaie des sauterelles, et il recommanda aux habitants, aussitôt que les sauterelles paraîtraient, de faire sortir l'image en procession et de dire la messe, le Seigneur sauverait les semailles. C'est ainsi qu'ils se sont débarassés des sauterelles, ainsi que me l'a raconté le prêtre Philippe.

Revenons à notre sujet. Hugues de Lusignan, fils du roi Amaury, fut couronné et mourut en 1219. Sa veuve, la reine Alix, gouverna le royaume. Après la mort du roi elle épousa Boémond le fils du prince (d'Antioche). Ce Boémond étant mort en 1232, la reine de Chypre se rendit en France où elle comptait se marier avec le comte de Champagne; le mariage n'eut pas lieu, elle quitta la Champagne et revint à Chypre, en 1235, et, en 1239, elle épousa Raoul de Soissons. L'an 1242 les Lombards revinrent à l'instigation de sire Amaury Barlais, de sire Amaury de Bessan et de Guy de Giblet, mais le sire de Beyrouth, aidé de ses enfants, les mit en fuite, et le gouvernement resta entre les mains de la susdite dame Alix jusqu'en 1246, année de sa mort. Après elle, régna son fils Runeclis[1](?) Henri, qui fut

---

[1] Il s'agit ici de Henri Ier, dit le Gras.

marié la même année avec Plaisance (d'Antioche). Après la mort de cet Henri, arrivée le 29 août 1261, fut couronné Hugues, mort en 1267. Le 25 décembre 1268, jour de Noël, Hugues (III) son neveu fut couronné roi de Chypre et le 24 septembre 1269, roi de Jérusalem. Après sa mort, 27 mars (1284) fut couronné le bon roi Jean, mort le 10 mai 1285. Son frère, le bon roi Henri, fut couronné le 24 juin 1285 et, le 15 août 1286, le jour de l'assomption de Notre Dame, il fut couronné roi de Jérusalem, à Tyr par la main du frère Bonacourt[1] archevêque de cette ville, parce que les Chrétiens possédaient encore des terres en Syrie. C'est ce bon roi Henri qui commença à bâtir la muraille de Leucosie.

26

En 1306; 26 avril, Amaury de Lusignan, le fils du roi Hugues, prince de Tyr et connétable de Jérusalem, fut nommé gouverneur de Chypre par tous les seigneurs salariés et les soldats qui s'y trouvaient alors. Mais le prince de Tyr abusa d'eux en les mettant en révolte contre leur bon seigneur, bien qu'ils n'eussent aucun grief contre lui. Parmi ces seigneurs il y en avait deux qui ne faisaient pas partie de ce complot et qui ne voulaient point tremper dans une pareille trahison. C'était sire Philippe d'Ibelin, frère de la reine, mère du roi, et sire Jean de Dampierre, cousin du roi et neveu de la reine, fils de sa sœur, et beaucoup d'autres salariés et soldats qui ne voulurent pas y tremper. Pendant six mois le prince de Tyr chercha les moyens de mettre à exécution ses méchants projets, sous le prétexte que le roi souffrait d'une maladie incurable; ce prince, ainsi que son frère, le connétable, étaient pauvres et avaient gaspillé leur

26 avril 1309.

---

[1] Bonacourt de Gloise. Cf. *Bulletin des Antiq. de France*, 1877, p. 65—69.

patrimoine. Voyant que le roi était riche, ils conçurent ce projet dans le but de s'emparer de ses biens, et ils déclarèrent qu'il dépensait la fortune du royaume. Ayant appris ces calomnies, quelques chevaliers restés fidèles au roi lui révélèrent le fait, mais celui-ci, qui était bon, n'ajouta pas foi à leurs paroles et leur dit : « Mes frères n'oseront jamais penser à un pareil crime. » Quelques-uns d'entre eux, voyant que le roi n'ajoutait pas foi à leurs paroles, comme d'un autre côté ses ennemis mettaient tout en œuvre pour exécuter leurs projets, allèrent secrètement trouver le frère du roi, le sénéchal qui, fixé dans son village, ne savait rien du complot. Après avoir été informé de tout, il partit immédiatement et se rendit à la capitale. Il arriva un jour avant l'exécution du complot. Il alla trouver le roi et causa avec la reine, sa sœur. Connaissant très bien les desseins du prince de Tyr, son neveu, le sénéchal, ce bon seigneur, espérait qu'en lui parlant il pourrait le faire renoncer à ses projets. Il lui montra la voie de la justice, lui rappela ses serments et le tort considérable qu'il se ferait aux yeux du monde. Mais c'était comme s'il frappait à la porte d'un sourd, et cela ne servit à rien. Il retourna alors auprès de son neveu, le roi Henri.

Le même jour, mardi 26 avril, le complot éclata. Le sire Amaury de Lusignan, prince de Tyr, son frère, le seigneur Amaury de Lusignan, le connétable de Chypre, sire Balian, prince de Galilée, son beau-fils, et tous les autres conjurés se rendirent au bain. Après avoir dîné tous ensemble et s'être baigné à l'établissement du sire[1] de

---

[1] Le texte donne Chiu (?) Peristeron.

Peristeron, ils envoyèrent chercher tous les hommes liges, chevaliers et salariés qui se trouvaient à Leucosie et les engagèrent à leur prêter serment. Tous jurèrent, les uns volontairement, les autres par force. Ce serment était ainsi conçu : « Je jure sur les saints évangiles de Dieu de garder le prince de Tyr, comme s'il était notre seigneur, contre toute personne, excepté contre notre seigneur le roi dont nous dépendons par serment. »

Le sénéchal se tint en dehors de tout cela. En apprenant ces évènements, il monta à cheval et, accompagné de sa sœur, la reine, ils allèrent (chez le connétable) dans le but de réconcilier le roi avec les seigneurs. En entrant, il les trouva tous rassemblés : chevaliers, salariés, soldats, bourgeois et liges. La reine les pria de prendre le parti du roi, en disant : « Ce que vous faites n'est pas à votre honneur; c'est un acte honteux et criminel. Vous agissez contre Dieu et contre votre seigneur, et en ruinant ainsi cette île, vous encouragez le peuple à se révolter. Non, n'agissez pas ainsi contre votre bon seigneur le roi et contre vos serments. » Tous alors s'écrièrent : « C'est très mal d'agir contre notre seigneur. »

En entendant cela, le prince de Tyr, interpellant très grossièrement le sénéchal, lui dit : « Qui t'a dit de venir chez moi? Tu ruines mes affaires. » Le sénéchal alors, laissant là la reine, retourna à la cour pour tenir compagnie au roi, dans la crainte que, dans leur grande irritation, ils ne missent la main sur lui.

La reine versa d'abondantes larmes; elle s'agitait beaucoup, mais ce fut en vain. Le maître de l'Hôpital, le frère

Jacques de Milan, qui se trouvait en dehors de la ville, fut à peine arrivé qu'il fut mandé par le prince de Tyr. Il s'unit aux conjurés et prêta à ce dernier quarante mille aspres de Chypre. Monseigneur Pierre d'Erlant, évêque de Limisso se joignit aussi à eux. Il était très aimé par le prince de Tyr. La reine voyant qu'elle travaillait en vain à les ramener et que le scandale ne faisait qu'augmenter, retourna auprès du roi, le cœur plein d'amertume.

Le même jour, vers le soir, étant tous d'accord, ils mirent par écrit leurs plaintes contre le roi et, montant à cheval pour aller les présenter à la cour, ils entrèrent dans le Tripas près de la chambre du roi. Le sire Baudouin[1] d'Ibelin entra dans cette chambre où le roi était couché malade, et lui dit : «Voyez, ce sont les chefs de votre peuple, qui sont venus pour vous parler.» Le roi se retournant : «Vous êtes vous aussi avec eux; je vous en fais mon compliment.» Aussitôt le prince de Tyr et tous les autres entrèrent ensemble dans la chambre royale, et ils trouvèrent le roi assis sur le trône, tenant un bâton à la main pour s'appuyer.

Immédiatement le prince de Tyr ordonna la lecture de la demande écrite; elle fut lue par Hugues d'Ibelin devant le roi et devant tout le peuple. Cette pièce contenait beaucoup de propositions blessantes pour le souverain; on ne lui épargnait ni les critiques ni les accusations. Il serait trop long de détailler ces articles; mais le plus important disait : «De la manière dont le royaume est gouverné par le roi, il court à sa ruine, et, le cas échéant, ce seront les chevaliers qui seront obligés de contribuer de leurs biens.

---

[1] Peut-être faut-il lire Balian.

Pour ces raisons, tous ensemble ont jugé opportun de nommer gouverneur le frère du roi, le prince de Tyr, comme étant son héritier et en état de faire le bien du royaume.»

Le roi répondit : «J'ai entendu les expressions de votre mauvais vouloir envers moi et les chapitres si peu convenables que vous avez rédigés. Je ne suis pas le premier roi qui soit tombé malade; l'empereur de Jérusalem Baudouin souffrait d'une maladie plus grave que la mienne. Au lieu de lui enlever la royauté, ses sujets lui dirent : «Dieu qui a envoyé la maladie peut aussi lui envoyer la santé.» Consultez nos coutumes, vous y verrez que jamais à Jérusalem on ne prenait aucune décision sur les affaires du royaume sans le consentement de l'empereur. Vous n'avez point le droit de m'enlever l'autorité sous aucun des prétextes que vous invoquez, et si quelqu'un de vous se permet d'enfreindre le serment que vous m'avez fait, je laisse à Dieu le soin de me faire justice.»

Après qu'Hugues d'Ibelin eut donné lecture de la lettre devant les seigneurs et le peuple, ils sortirent de la chambre du roi sur le balcon, et après ils s'installèrent au palais royal. Le prince de Tyr, son frère, le connétable, le sire Balian d'Ibelin et le prince de Galilée s'établirent dans la même cour à la grande loge. Le prince de Tyr, gouverneur de Chypre, fit proclamer à Leucosie qu'il était le gouverneur du royaume de Chypre et que nul, sous peine d'être pendu, ne pourrait sortir de sa maison pour faire du bruit. Il fit mettre les scellés sur la chancellerie secrète et sur la caisse contenant l'argent; puis il nomma deux chevaliers salariés, sire Jean Le Tor et sire Hugues du Four, chargés de recevoir le serment des bourgeois à Leucosie. Ces chevaliers s'établirent à l'église de Saint-Georges des Poulains et, au nom du même prince de Tyr, ils firent prêter serment au peuple de Leucosie.

La reine assise sur le balcon pendant que les chevaliers et le peuple passaient, déchirait ses vêtements et pleurait aussi amèrement que si son fils était mort. Chacun était ému de compassion en la voyant dans cet état. Elle craignait dans son cœur et disait : « Dieu fera justice et je perdrai mes enfants. » Elle priait chacun des passants de ne point maltraiter le roi, s'ils ne voulaient point encourir la colère de Dieu. D'une voix pleine de larmes elle les suppliait avec beaucoup d'humilité et de douceur de conserver au roi son autorité et leur disait : « Vous êtes ses hommes et ses jurés. » Elle maudissait ses deux fils de ce qu'ils avaient corrompu les chevaliers. Mais le diable avait tant endurci leur cœur qu'ils ne voulurent pas retourner à l'obéissance envers le roi et qu'ils n'écoutaient point les paroles de la bonne reine. Le prince de Tyr jura aussi de garder le royaume et les droits des seigneurs, en conservant le gouvernement pendant toute sa vie.

Après cela le roi Henri envoya la nuit à son frère, le prince de Tyr, deux moines Dominicains avec un notaire pour copier les concessions qu'on lui demandait. Les envoyés étaient accompagnés d'un chevalier qui devait prendre cette copie. Mais, quand ils exposèrent au prince de Tyr l'objet de leur demande, ils furent chassés sans rien obtenir; devant cette mauvaise volonté, ils le saluèrent et se retirèrent.

Alors le prince de Tyr envoya un chevalier pour recevoir le serment des habitants de Cérines, mais ceux-ci ayant à leur tête le capitaine sire Odet de Vis fermèrent le château et ayant chassé l'envoyé gardèrent la forteresse pour le roi. Quelque temps après, le capitaine sire Jean Ferrand et les maîtres de la forteresse, trompés par un lige Cériniote nommé André de Bunes, remirent les clés à l'envoyé sire Barthélemy de Frasses. Ensuite les chevaliers, les liges et tous les maîtres du château avec le peuple, sergents et autres, jurèrent fidélité au prince de Tyr, proclamé comme gouverneur. Ce dernier envoya aussi à Paphos et à Limisso et dans tous les autres châteaux et recevant leur serment il fut proclamé partout comme gouverneur.

Le maître de l'Hôpital, qui était à Limisso, ainsi que les quatorze évêques et les supérieurs, voyant que le prince de Tyr avait eu le même honneur à Leucosie, se rendirent assidûment pendant quinze jours à la cour royale, dans l'espérance de pouvoir mettre d'accord les deux frères; mais ils ne parvinrent qu'à faire fixer, pour la situation du roi, de ses serviteurs et de sa cour, une pension annuelle de 100,000 besants, et de 20,000 besants pour sa mère; de 8000 pour ses deux jeunes sœurs; de 10,000 pour Hugues, son neveu, fils de son frère feu le connétable de Chypre; de 6000 pour leur tante, dame Marguerite, princesse d'Antioche, comtesse de Tripoli et princesse de Tyr; de 4000 pour les demoiselles de Monfort, filles du feu prince de Tyr et du Toron sire Philippe; ce qui faisait en tout 148,000 besants par an. Le roi choisit les villages qu'il voulut et les autres restèrent au gouverneur.

Le roi Henri ordonna que sa fortune serait remise entre les mains des frères Dominicains, et il fit vendre tout son mobilier pour payer ses dettes et celles de son père Hugues. Il donna pour dot à ses deux sœurs 400,000 besants, c'est-à-dire 200,000 à chacune; le reste serait remis aux susdits religieux pour être employé aux besoins de l'île. C'est ainsi que le roi mit ses biens à l'abri de l'avidité du prince de Tyr; on vendit aux enchères les bijoux du roi, les animaux de ses villages et de son écurie, ainsi que ses draps d'or; les habitants de la ville versèrent beaucoup de larmes en voyant les biens royaux vendus à l'encan de son vivant. On paya tous les créanciers de son père et les siens, et on dressa un acte devant un notaire entre le roi et son frère le prince de Tyr. L'acte fut scellé avec leurs sceaux et avec les deux sceaux du commandeur de l'Hôpital. Il fut également signé par tous les évêques, prieurs, chanoines; le roi seul se contenta de le lire.

Cet acte était ainsi conçu : «Nous, Henri, par la grâce de Dieu roi de Jérusalem et de Chypre, faisons savoir à ceux qui comprennent cette lettre, que nous sommes tombés d'accord avec nos hommes; nous avons gardé pour nous 148,000 besants provenant des rentes du royaume et nous abandonnons le reste pour le gouvernement de l'île; et ainsi nous nous sommes contentés des deux parts, moi le roi et le prince de Tyr.»

Le roi promit de ne pas recourir à la justice du Pape. Il retint à son service dix compagnons soldats, comme il avait toujours eu douze chevaliers salariés, vingt turcopules cavaliers et tous les courtisans et sergents qu'il avait à son service. Les chevaliers salariés qu'il avait gardés, étaient Philippe d'Ibelin le sénéchal, son oncle, sire Jean de Came, son neveu, sire Balian d'Ibelin Le Malgarni, sire Louis de Norès, sire Pierre de Giblet, sire Amaury de Mimars, sire Anseau de Brie, sire Renaud de Soissons, sire Jean Babin, sire Hugues d'Agulier, sire Simon son fils, sire Hugues Bédouin; ils étaient tous logés avec le roi.

Vingt jours après le prince de Tyr vint lui rendre visite accompagné de ses barons dont voici les noms : Sire Henri de Lusignan, le connétable de Chypre et son frère, sire Balian d'Ibelin prince de Galilée, sire Jean d'Ibelin seigneur d'Arsouf, sire Baudouin d'Ibelin, sire Hugues d'Ibelin, sire Philippe d'Ibelin le Jeune, sire Rupin de Monfort, sire Hugues d'Ibelin, sire Enguerrand de Bessan[1], sire Jean d'Antioche, sire Hugues de Bessan, sire Renier le Conte, sans compter les salariés. De ces douze seigneurs, trois préférèrent se réunir au roi, parce qu'ils reconnaissaient qu'ils avaient fait une mauvaise action, ce sont : sire Baudouin d'Ibelin, sire Rupin de Monfort, sire Hugues de Bessan. Le roi les accueillit avec joie; ils firent de grands efforts pour l'entraîner dans leur parti, mais ils n'y réussirent pas. Le prince de Tyr s'empara de la chancellerie secrète et prit possession des domaines royaux.

Avant de quitter la cour il engagea sire Philippe d'Ibelin le sénéchal et sire Jean de Dampierre à lui prêter serment comme les autres; ce qu'ils firent bon gré mal gré.

Le roi sortit et se rendit au village Strovilo; il s'amusait

---

[1] Le texte porte Engante Cortebessan.

en chassant avec ses faucons. Poussé par l'envie, le prince de Tyr s'entendit avec ses gens pour arrêter le roi, dans la crainte que les chevaliers n'allassent pendant la nuit tenir conseil avec lui. Une nuit ils prirent les armes et sortirent de la ville à cheval pour s'emparer du roi Henri. Un homme qui lui était dévoué ayant appris ce projet, le fit avertir à Strovilo. Le roi sortit avec ses compagnons et allant par la plaine il rentra par la porte du bain, car la muraille n'avait pas encore de portes. Quand le jour parut, le prince de Tyr, ayant appris que le roi était rentré dans la ville, s'exaspéra en disant : « Le roi a des espions. » Il employa alors des hommes qui étaient chargés de le surveiller en dehors nuit et jour; mais le roi prit aussi ses précautions. Ils menaient une triste vie. On avait peur que le roi n'envoyât des lettres au Pape; on était toujours en éveil et le diable mettait dans le cœur du prince des pensées que le roi n'avait pas.

Il est vrai que le prince de Tyr envoya en qualité d'ambassadeur le seigneur de Gorhigos, surnommé sire Haïton Ganiaz, homme méchant, exilé de l'Arménie à cause des mauvaises actions qu'il avait commises contre sire Haïthon, son seigneur et héritier de l'Arménie. Il vint avec sa femme et ses enfants trouver le roi Henri. Le bon roi les accueillit et lui donna les moyens de vivre convenablement. Mais celui-ci noua tant d'intrigues avec sire Haïthon roi d'Arménie et son frère le sire de Toros, qu'il finit par exciter des scandales tels entre les deux frères de Chypre, qu'on vint arrêter le roi le 7 février de l'an 1300. Le prince de Tyr après avoir ainsi détrôné le roi Henri, l'envoya en

Arménie au roi Haïthon son beau-père, et il resta à la tête du royaume pendant neuf ans.

Le 5 mars 1309 le chevalier sire Simon de Montolif tua le prince de Tyr dans les lieux d'aisances, et le 20 août suivant le bon roi Henri revint à Chypre. Il envoya son fils comme roi d'Arménie avec la femme du prince de Tyr et ses enfants, Livon de Lusignan, qui après la mort de son grand' père devint roi d'Arménie. La demoiselle Marie de Lusignan, fille du prince de Tyr, fut mariée avec Manuel Cantacuzène, despote de Morée, frère de l'empereur de Constantinople. La reine resta chez son père.

Il régna, en comptant depuis son couronnement jusqu'à sa mort, pendant 39 ans, 4 mois et 24 jours. Il mourut le jeudi 31 mars 1324 dans le village de Strovilo; le vendredi 9 avril on transporta son corps de Strovilo à Leucosie et il fut enterré à Saint-Dominique.

Au mois de juillet 1325, le nouveau roi Hugues condamna 100 hommes à être pendus; 18 à Leucosie, 8 à Famagouste, 8 à Cérines, 7 à Paphos et à Limisso, 7 à Cormakiti et 16 à Carpaso. C'étaient des voleurs, des corsaires qui ravageaient, tuaient et qui avaient commis de grands crimes dans l'île. L'amiral arma deux galères et s'empara de deux vaisseaux de corsaires; il les conduisit à Famagouste et fit pendre les hommes qui les montaient.

Je vous dirai maintenant ce qui arriva dans notre île après le couronnement de Hugues de Lusignan, son neveu. Le 10 novembre 1330, à la suite de pluies abondantes, le fleuve de Leucosie augmenta tellement et devint si impétueux qu'il déracina beaucoup d'arbres et, les entraînant jusqu'à

37 la ville, il encombra le pont du Sénéchal; puis, les transportant autour de la ville, il renversa un grand nombre de maisons et noya plusieurs habitants. Comme souvenir de la hauteur à laquelle montèrent les eaux, on a mis un clou dans l'église de Saint-Georges des Poulains à l'endroit où l'eau est arrivée, et un autre clou dans la maison du comte de Tripoli, vis-à-vis de la forteresse; ces marques subsistent encore et montrent que la hauteur de l'inondation a été de neuf bras. En honneur des personnes noyées, on commanda une procession qui avait lieu chaque année le 10 novembre, avant veille de la fête de Saint-Martin.

En 1348 Dieu, pour punition de nos péchés, envoya une grande maladie qui enleva la moitié des habitants. En 1351, les sauterelles arrivèrent et firent de grands dégâts. En 1368, une autre maladie décima les enfants et fit périr une grande partie des habitants.

Vous vous rappelez comment Sainte-Hélène, étant venue à Chypre par une inspiration divine, y éleva de nombreuses églises, et surtout la grande et la petite croix qui, restées au village de Togni, faisaient beaucoup de miracles et de guérisons. Les Latins, poussés par l'envie, disaient que ces miracles ne devaient pas être attribués à la croix, mais bien à la sorcellerie des Grecs; d'autres cependant prétendaient qu'ils étaient dus à la vertu de la croix. Ayant appris cela, un prêtre latin, nommé sire Jean Santamarin, obéissant à un moment d'irritation, se rendit à Togni et vola la croix pendant la nuit. Il la mit sous la robe et s'embarqua sur un vaisseau qui l'attendait; mais à peine eut-il pris la mer qu'une grande tempête s'éleva par miracle et mit en

péril les jours des passagers. Les matelots firent débarquer
ce prêtre qui, après avoir enlevé les pierreries et les perles
qui couvraient la croix, jeta le bois sacré dans un caroubier d'Avras, dans le village de Calamouli; puis il s'embarqua et partit.

La grande croix de l'Olympe est venue d'elle-même se placer au bas de la montagne en 1426, quand les Arabes arrivant firent prisonnier le roi Janus et brûlèrent l'église.

Le vol du susdit prêtre eut lieu en 1318. La sainte croix était dans le caroubier depuis 22 ans quand en 1340 elle apparut dans une vision à un jeune esclave, gardien des troupeaux du village Calamouli. Il se nommait Georges et avait été vendu par les corsaires dans ce village près de Cacorachia. Ce Georges raconta sa vision à beaucoup de personnes qui lui dirent : «Ce n'est que de l'imagination.» Il voyait à diverses reprises quelqu'un qui l'appelait par son nom et qui lui disait : «Viens à moi, et je te donnerai un trésor inépuisable.» Mais chaque fois ceux qui l'entendaient raconter ses apparitions lui disaient : «C'est une vision du démon.» Un jour, pendant qu'il faisait paître son troupeau, se trouvant épuisé de fatigue, il tomba de sommeil près du caroubier dans lequel était la croix, mais il ne put fermer l'œil. Ainsi étendu il regarda au-dessus, quand il vit une caroube à une branche du caroubier. Il se leva et jeta sa houlette pour prendre le fruit; cette houlette s'étant prise dans les branches, il prit une pierre et la jeta pour la débarrasser. Mais il aperçoit tout à coup de la lumière dans le caroubier. Effrayé il reprend sa houlette et court au village en disant : «Venez, un inconnu a mis le feu dans le caroubier pour le brûler.» Il disait cela pour qu'on ne le soupçonnât pas d'avoir mis lui-même le feu. Les paysans aussitôt prennent de l'eau et des pioches et courent pour sauver l'arbre et éviter des dégâts plus considérables. En arrivant ils fendirent le caroubier avec la pioche, et, l'arbre étant un peu ouvert, il en sortit une odeur rappelant celle du musc. Le garçon, apercevant la croix, se mit à jeter un grand cri : «Maintenant, disait-il, mes visions s'accomplissent; voyez la croix du Seigneur!» Il y porte la main et prend la croix vivifiante. Les prêtres la prennent aussitôt, et immédiatement furent guéris douze malades souffrant de diverses maladies, épileptiques, sujets aux pertes de sang, aveugles, lépreux et autres. La nouvelle se répandit dans les environs. L'évêque de Leucara vint avec son clergé et une nombreuse suite de peuple pour chercher la croix, en disant : «C'est la croix qu'on a volée à Togni.» Le garçon Georges ne voulut pas la donner, mais il alla trouver le roi pour lui raconter comment la chose était arrivée. Le roi la mit dans son palais et voyant les nombreux miracles opérés, il voulut la garder. Mais après quatorze jours, ayant fait pendant la nuit un très mauvais rêve, il fut effrayé; il appela Georges et lui remit la croix. On pria celui-ci d'aller à Cérines pour guérir des malades; il s'y rendit et fit beaucoup de miracles. Ce garçon étant tombé de son âne s'était brisé le pied; mais par la volonté de Dieu et grâce à l'influence de la croix, il fut guéri. Il embrassa ensuite la vie monastique et prit le nom de Gabriel.

40 Les Latins, par jalousie des Grecs, cachent les miracles opérés par les images et les saintes croix; ce n'est pas l'in-

crédulité, mais l'envie qui les fait agir ainsi. Les religieux latins disaient alors que cette croix n'était pas de bois sacré, mais que c'était par sorcellerie que les miracles se faisaient.

A cette époque se trouvait à Leucosie l'évêque latin de Famagouste, nommé frère Marc[1]. En entendant raconter les admirables miracles de la croix, il ajouta foi aux calomnies des Latins qui disaient que les Grecs trompent le peuple et le jettent dans l'hérésie par leurs paroles, c'est-à-dire en prétendant que la croix est du bois sacré de la vraie croix de Jésus-Christ; ils mentent en affirmant comme les païens des choses inconvenantes. Or l'évêque devint la proie de l'envie et très irrité alla trouver le roi Hugues auquel il dit : «Seigneur, sachez qu'il y a des péchés qui se remettent par l'eau bénite (les Latins ont de l'eau bénite faite avec la rosée du samedi), d'autres péchés dont on obtient le pardon par les prières et par le jeûne, et d'autres par le feu que nous appelons feu du purgatoire; mais les seigneurs ne punissant pas les péchés qui rendent le peuple incrédule, sont impardonnables et méritent le feu de l'enfer. C'est pourquoi il m'a paru que tous les deux nous rendrons compte à Dieu, de ce qu'ayant appris qu'un garçon a fait sculpter une croix qu'il présente comme la vraie croix de Jésus, nous tolérons une pareille chose.»

«Que faut-il faire», lui dit le roi. L'évêque répondit: «Il faut examiner si elle provient du bois vivifiant.» Le roi dit : «Puis-je examiner les mystères de l'Église?» L'évêque répondit : «Non, cela n'appartient qu'à moi seul. Mais sans

---

[1] Les deux textes portent l'un Mara et l'autre Marino. Il s'agit de frère Marc, religieux Franciscain, qui était évêque de Famagouste.

votre concours, je ne puis pas le faire.» Le roi dit : «Fais devant moi ce que tu crois nécessaire et personne ne te contrariera.» L'évêque ajouta : «Seigneur, sache que les bois sacrés s'examinent par le feu et par le sang; par le feu en y mettant le bois sacré. S'il brûle, il n'est pas sacré; s'il ne brûle pas, ils est sacré; si le sang d'une personne coule, en mettant la bois sur cette personne, le sang s'arrête et se coagule.» Le roi lui dit : «Fais ce que te paraît convenable.»

Alors l'évêque fit apporter la grande chaufferette du roi et, l'ayant remplie de charbon, il l'alluma. Il prit la croix qui était sans argent et en présence du roi et de tous ceux qui se trouvaient dans le palais, il la mit dans le feu. Elle y resta assez de temps pour quelques-uns d'entre eux pussent dire : «Elle est brûlée.» Ils la prirent avec la pincette et l'ayant enlevée, ils virent qu'elle était intacte comme auparavant.

La reine Alix, femme du roi Hugues, alla un jour au couvent de Machiéra dont l'entrée est interdite aux femmes. Comme elle voulait entrer de force, sa langue fut paralysée et elle resta ainsi pendant trois ans, punie par la vierge Machiérotissa. En voyant la croix intacte comme avant d'avoir été mise au feu, elle jeta un grand cri en disant: «Je crois, Seigneur, que ce bois provient de la vraie croix.» Quand elle eut prononcé ces paroles, sa langue fut guérie par miracle. Le roi fit alors appeler le moine Gabriel et lui dit : «Prends la croix vivifiante, et va dans l'île partout où tu voudras; seulement je te défends, sous peine de mort; de la faire sortir de Chypre.»

Sur ces entrefaites, madame Marie de Blis[1], voyant le miracle accompli sur sa nièce[2] et désirant que son mari qui avait eté envoyé par le roi comme ambassadeur au Pape pour terminer une dispute intervenue entre les Génois et les Chypriotes, revînt heureusement, demanda instamment au roi l'autorisation de choisir un emplacement pour y élever une église à la sainte croix. Le roi accueillit cette demande avec joie. La dame de Blis fit alors venir le moine Gabriel et lui dit qu'en égard aux grands miracles opérés par la croix, elle désirait bâtir une église pour sauver son âme, ajoutant : « Va chercher le lieu qui te conviendra pour y faire cette construction. »

Les murailles de la ville n'étaient pas encore bâties. Le moine pria Dieu de lui révéler un emplacement convenable et, après s'être donné beaucoup de peine à chercher un lieu sûr, il choisit la terre de Saint-Domitius pour y élever l'église projetée. Le choix une fois fait, la susdite dame fit aussitôt creuser et jeter les fondations du monument sous la bénédiction de l'évêque de Leucosie. Quand l'église fut terminée, la reine fit faire des cellules pour les moines. C'est ainsi que fut construit le couvent, dont les peintures, les images, les vases d'argent et les livres furent faits aux frais de la reine Alix, femme du roi Hugues, et de la susdite dame; il fut appelé la Croix Retrouvée. Le bois orné d'or, de perles et de pierres précieuses fut déposé dans une châsse conservée dans cette église.

Vers le même temps se trouvait en Chypre le patriarche d'Antioche, nommé Ignace. Voyant le dévouement et les

---

[1] Peut-être de Plessis. — [2] La reine.

dépenses de la noble dame et de la reine, ainsi que les miracles de la croix, il fit faire une grande croix de bois de noyer, longue de cinq[1] palmes et large de quatre doigts. Après l'avoir sanctifiée et ointe trois fois dans toutes ses parties, il mit dans l'intérieur un peu de bois sacré, une parcelle du pain[2] de la cène du Seigneur, puis il inscrivit les dix commandements, l'évangile selon Saint-Jean, le mystère du jeudi saint et y ajouta des reliques des 40 saints, de Saint-Épiphane, archevêque de Chypre, de Saint-Triphylle, évêque de Leucosie, de Saint-Sozomène, évêque de Potamia, de Saint-Héraclidius, des 40 martyrs de Sébaste, et de Saint-Euthymius du couvent des Prêtres. Il fit creuser derrière la croix un petit canal dans lequel il mit et renferma tous ces objets, puis, recouvrant la croix d'une enveloppe de soie, il la déposa dans le trulle[3] de la même église, ainsi qu'il est raconté en détail dans le livre[4] de la Croix. Et quand il arrive soit une maladie, soit des sauterelles, soit un manque de pluie, on fait autour de l'église une procession de la Croix Retrouvée, et après avoir préparé de l'eau bénite, on y trempe la croix, on asperge l'air, et Dieu alors laisse tomber sa colère.

Le roi Hugues vécut longtemps et eut des fils et des filles dont une partie mourut, tandis que les autres vécurent. Le premier était Pierre de Lusignan, comte de Tripoli; le second Jean de Lusignan, prince d'Antioche et connétable de Chypre, et le plus jeune sire Jacques de Lusignan, con-

---

[1] Ou de cinq et demie. — [2] Pain servant à la communion du saint jeudi. C'est une relique connue. — [3] C'est-à-dire « dome ». — [4] Nous ne saurions dire quel est l'ouvrage désigné ici par Machéras.

nétable de Jérusalem, et une fille nommée Echive, mariée à Fernand de Majorque.

Les susdits comtes et princes, voyant que ceux qui venaient de l'Occident étaient beaux et bien élevés, conçurent l'envie d'y aller, de voir le monde et d'éprouver le sentiment produit par l'absence de la patrie, sentiment très doux à ceux qui ne le connaissent pas et très amer à ceux qui l'ont éprouvé. Pendant plusieurs jours ils tinrent conseil avec les chevaliers de leur cour pour organiser cette fuite[1], et ils communiquèrent leur projet à sire Jean Lombard qui consentit à les accompagner. Ce chevalier était célèbre en Chypre; il passait pour le plus vaillant et le plus beau. Néanmoins il n'était pas en estime auprès du roi et était très peu payé, car il ne recevait que 800 besants par an. Étant tombé d'accord avec les enfants du roi, il demanda à ce dernier la permission de partir; le roi y consentit pour ne pas donner un mauvais exemple aux autres chevaliers dont il aurait fallu augmenter les appointements en leur accordant des fiefs. Ce chevalier alors se rendit à la côte avec les deux enfants du roi, cherchant un vaisseau pour s'en aller, et, en l'an 1349, ils s'enfuirent, accompagnés par sire Simon de Thenouri[2] et sire Pierre de Conches.

Quand le roi reçut la nouvelle du départ de ses deux enfants, il fut tellement affligé qu'il me serait impossible de vous donner une idée de sa douleur. Il écrivit aussitôt aux baillis, aux chevetains et à tous les gardiens de l'île,

---

[1] Voy. *Guill. de Machaud*, v. 507 et la note de M. Mas-Latrie. — [2] Le texte porte de Nurisi.

avec l'ordre de mettre partout de bonnes gardes, et dans l'espérance que ses enfants n'étaient pas encore passés. Ceux-ci, ayant trouvé des vaisseaux, s'embarquèrent à Stylaria. Quant à Jean Lombard, comme il se préparait à partir d'un autre côté, il fut découvert par les gardiens vers
45 la côte de Famagouste. Le bailli de cette ville, en ayant été prévenu, le fit prendre et mettre dans la prison de Famagouste.

Le roi, accompagné de toute sa cour, sortit pour aller à la recherche de ses enfants, et il était sur le point de mourir de douleur. Il se rendit à Famagouste et y trouva le pauvre Jean Lombard, mis en prison par sire Thomas de Montolif qui remplaçait le bailli de Famagouste. Le roi, irrité contre lui à cause de son départ, commença à soupçonner que c'était peut-être bien lui qui avait conseillé aux enfants de partir. Il le fit mettre à la torture et ce malheureux, après avoir été torturé sans pitié, fut envoyé à la cour royale, dans le palais du connétable.

Désespéré de ne pas retrouver ses fils, le roi retourna à Leucosie, et fit immédiatement appareiller deux galères. Il chargea l'une d'aller de pays en pays pour chercher les fugitifs. Celle-ci se rendit à Chio, mais, ne les ayant pas trouvés, elle revint suivant l'ordre qu'elle avait reçu. L'autre galère restait en attendant au port de Famagouste. Le roi, voyant la galère revenir sans les enfants, fit sortir le bon chevalier de la prison de sa cour, et, après qu'on lui eut coupé la main et le pied, il fit suspendre ces deux membres au gibet de la Berline, et Jean Lombard lui-même fut pendu au gibet le 24 avril 1349. Que Dieu lui pardonne!

Alors le roi ordonna à sire Antoine et à sire Louis de Norès de s'embarquer comme patrons des deux galères et d'aller porter au Pape et aux autres seigneurs ses lettres concernant ses deux fils. Les patrons arrivèrent à Rome et le Pape, ayant appris la douleur du roi envoya partout des ordres pour que personne, sous peine d'excommunication, ne cherchât à retenir les enfants, mais qu'on les empêchât de se sauver et qu'on les fît rendre à leur père.

Le roi, pour faire revenir ses enfants, dépensa 500,000 besants. Le ducat valait alors trois hyperpères et douze chalques, et même quelquefois deux ou trois chalques de moins. Le gros d'argent valait 24 chalques, et 24 chalques contiennent autant d'argent que le poids du gros. Si on faisait les chalques d'argent, ils seraient si minces qu'ils se détruiraient promptement; pour les faire durer on les mélangeait avec du cuivre.

On retrouva[1] enfin les enfants et on les ramena à Chypre à la grande joie de tous. Le roi pour récompenser les patrons donna à sire Antoine une rente perpétuelle de mille besants par an et pour ses héritiers une autre rente annuelle de mille hyperpères, et à sire Louis de Norès et à ses héritiers 2000 besants, levés sur les meilleurs revenus de la cour du Roi. Ce dernier avait pour femme Héloïse de Brunswick, et sa mère était Alix d'Ibelin.

Afin de ne pas laisser ses enfants impunis et pour qu'ils servissent d'exemple à ceux qui voudraient s'enfuir, le roi se conduisit habilement. Il sortit et se promenant de pays en pays il arriva à Cérines, où il mit ses enfants en prison.

---

[1] Voy. *Guill. de Machaut*, v. 545 et suiv.

Il se tenait très affligé à la porte de cette prison dans laquelle ils restèrent enfermés pendant trois jours. La douleur qu'il ressentit fut la cause de sa mort.

47

24 nov. 1358.

10 oct. 1359.

J'ai trouvé écrit quelque part que le roi Hugues avait, de son vivant, fait couronner[1] son fils Pierre le 24 novembre 1358, et qu'il mourut le 10 octobre 1359. Il fut enseveli à Saint-Dominique au seuil de la porte qui conduit au cloître. Il nomma de son vivant son fils Jean prince et connétable de Chypre, et le plus jeune de ses fils, Jacques, connétable et sénéchal de Jérusalem.

Je vais vous dire l'ordre qu'on suivait pour les fils des rois. Sachez que depuis la prise de Chypre par les Latins jusqu'au roi Pierre, les enfants des rois étaient comtes de Tripoli et demeuraient à l'endroit nommé Contiatica[2] où est située aujourd'hui la nouvelle forteresse. Près de cette habitation il y en avait une autre en briques appartenant au Comte de Jaffa. C'est pour cela que l'endroit était appelé Contiatica. Le fils aîné, étant héritier de la couronne, n'avait pas besoin du titre de prince; ce dernier titre était donné au second fils pour l'honorer, et on le nommait prince d'Antioche. Les autres fils prenaient les autres offices du royaume, tant de Jérusalem que de Chypre. Sachez aussi que ceux qui reçoivent des offices pendant le couronnement du roi, les conservent pendant leur vie, quant aux autres qui ne les reçoivent pas pendant cette cérémonie, le roi peut les leur enlever, s'il le veut. C'est pour cela que les premiers offices s'appelaient offices du royaume; ce sont ceux

---

[1] Voy. M. de Mas-Latrie sur *Guill. de Machaut*, p. 278, note 7. — [2] C'est-à-dire « la demeure des comtes ».

de maréchal, sénéchal, bouteiller, chambellan; les seconds offices de Chypre, étaient ceux d'amiral, d'auditeur, de percepteur, de commandant des turcopules. Ceux qui possédaient ces derniers offices ne furent pas remplacés par d'autres. Cela n'a rien d'étonnant, parce que je me rappelle que le vicomte, le percepteur et les autres offices ne furent jamais changés. Mais après la mort du roi Pierre, tous ces dignitaires furent remplacés.

Sachez encore qu'il n'y a que trois princes, ceux de Galilée, de Jérusalem et d'Antioche, et pour cette raison, la dignité de prince est supérieure à celle de comte.

J'ai lu ailleurs qu'après la mort du roi Hugues le roi Pierre fut couronné à Sainte-Sophie le dimanche 24 novembre[1] 1359 par la main du frère Guy d'Ibelin, frère du seigneur d'Arsur, évêque de Limisso. Comme les Sarrasins occupaient Jérusalem, c'est par un sentiment de haine et par suite d'autres malheurs, que les rois préférèrent Famagouste aux autres villes et lui donnèrent les sceaux et l'hôtel de la monnaie, et, quand ils se faisaient couronner rois de Jérusalem, ils allaient à Famagouste. Voilà pourquoi le roi Pierre y alla pour cette cérémonie, le 5 avril 1360. Famagouste était la plus riche des villes du royaume. Les seigneurs les plus opulents y demeuraient, et parmi ces derniers se distinguaient sire Frazes Lachas le Nestorien et son frère sire Nicolas Lachas le Nestorien. Il me serait impossible de décrire leurs richesses. Tous les navires chrétiens qui venaient d'Occident à Chypre servaient à leur

---

[1] Anniversaire de son premier couronnement. Voy. plus haut p. 50; un peu plus loin, pp. 56 et 59, il donne une autre date.

commerce. Le très saint Pape avait recommandé à tous les chrétiens de préférer Chypre, pour procurer ainsi des profits aux pauvres habitants qui sont fixés sur un rocher de la mer parmi les ennemis de Dieu, les Sarrasins d'une part et les Turcs de l'autre ; et, comme la Syrie est voisine de Chypre, les commerçants envoyaient leurs vaisseaux à Famagouste et tout le commerce se concentrait dans cette ville. Les susdits frères Lachas[1] les Nestoriens étaient les commissionnaires de ce trafic et, quand les vaisseaux de Venise, de Gênes, de Florence, de Pise, de la Catalogne et de tout l'Occident arrivaient, ils y trouvaient les marchandises qu'on voulait enlever. Depuis la mort du roi Pierre, un méchant démon devint jaloux de la richesse de Famagouste et tout le commerce fut transporté en Syrie entre les mains des Sarrasins.

Je vous donnerai une idée des richesses de sire Frazes Lachas. Il faisait de nombreuses invitations au roi et aux seigneurs (il est vrai que tous les Syriens de Famagouste en agissaient de même envers les chevaliers pendant le mois de janvier, mais le susdit Frazes invitait particulièrement le roi). Or une fois le roi Pierre étant venu lui rendre visite, Frazes rempli de joie, voulant montrer sa richesse, fit allumer trois ou quatre bottes de xylaloès ; après le dîner le roi avec ses barons et les autres seigneurs se mirent à terre pour jouer aux dés. Frazes, toujours avec le désir de leur montrer ses richesses, fit apporter un grand plateau, tenu par quatre hommes et qui était rempli de grosses perles et de pierres précieuses, parmi lesquelles brillaient

[1] Strambaldi écrit toujours Lachanopoli.

quatre rubis. Il fit verser à terre dans un coin de la maison une masse de ducats comme si c'était du blé, et des gros et des saphirs dans les autres coins. On servit le dessert dans des vases garnis de perles. Comme on était en hiver on brûlait dans la cheminée des troncs de xylaloès dans des chaufferettes d'argent et toute la maison était chauffée avec du xylaloès. Il y avait à terre quatre-vingts tapis de soie pour qu'on pût s'asseoir. Les ducats et les pierres précieuses étaient cachés sous une couverture. Il fit alors éteindre le feu; on apporta le plateau au milieu, puis on le découvrit et les rubis éclairaient comme des charbons enflammés. On ne laissa pénétrer aucun pauvre, le roi et sa suite seuls y étaient. Plusieurs des chevaliers, qui étaient insatiables et pauvres, jetèrent la main dans le trésor; chacun prit ce qu'il put, et, malgré la grande quantité qu'ils enlevèrent, on ne s'en aperçut pas. Un jour ayant fait une affaire considérable, il envoya dix mille ducats au roi qui était son parrain [spirituel], en lui disant : «Hier dans un trafic important j'ai gagné trente mille ducats. Je prie Ta Majesté de daigner accepter ce que je lui envoie.»

En 1359 arriva à Famagouste un corsaire Catalan sur son propre vaisseau. Il apportait une pierre précieuse dans l'espérance de la vendre à Chypre qui était renommée pour ses richesses. Personne ne voulant l'acheter, il se répandit en injures calomnieuses contre Chypre. L'ayant appris Lachas le Nestorien alla trouver le patron du bâtiment et lui dit : «Montre-moi la pierre précieuse que tu veux vendre et à propos de laquelle tu as injurié les Chypriotes. Moi, je veux l'acheter, quoique je sois le plus pauvre.»

Le patron remarquant qu'il avait des souliers éculés, lui répondit : «Va ton chemin, c'est une honte de parler avec toi.» Lachas lui répéta : «Montre-la moi.» Le patron voyant qu'il portait trois bagues précieuses, lui montra la pierre, et on tomba d'accord pour quatre mille ducats. Lachas ôtant ses bagues les lui remit pour arrhes, puis il dit: «Donne-moi la pierre et viens avec moi pour que je te la paye.» Arrivé chez lui, il l'invita à manger avec lui. C'était un mercredi. Il envoya acheter des fèves, et prenant la pierre, il la mit dans un mortier et la réduisit en poudre. A cette vue le patron voulut le tuer. Mais celui-ci : «Frère, ne l'ai-je pas achetée? Essaye de manger, et si tu n'es pas satisfait, alors tu auras le droit de te plaindre.» Et aussitôt il fit de la poudre de la pierre une espèce de sauce pour les fèves. Après avoir mangé il le conduisit dans ses magasins et, lui montrant l'argent, l'or, les étoffes, il lui dit : «Vois avec quoi tu veux être payé.» Le patron resta tout stupéfait; il consentit même à lui vendre son vaisseau pour six mille ducats. Puis il dit à Lachas : «Frère, je ne croyais qu'il y eût à Chypre des hommes aussi puissants. Bien que tu aies détruit ma pierre, voici tes arrhes, mais ne me prends pas mon vaisseau qui fait toute ma joie.» Lachas lui répondit : «Sache que je suis le plus pauvre dans Chypre. J'ai voulu te jouer ce tour, pour t'empêcher d'injurier notre île.» Le patron après avoir perdu sa pierre précieuse, prit son vaisseau et partit. Le roi et les chevaliers informés de ce qui était arrivé en éprouvèrent une grande joie.

Les richesses des frères Lachas étaient telles qu'ils

donnaient beaucoup pour leur âme et en faveur de leur croyance; ils firent même construire l'église des Nestoriens. Mais après la mort de Frazes, ses fils, Zolès appelé Joseph, et Tzetzios nommé Georges devinrent pauvres. Georges, ayant tué un homme, vint à Leucosie et entra à l'hôpital, et telle était sa misère qu'il sonnait les cloches de l'établissement. Je l'ai vu de mes propres yeux. Quant à Joseph il faisait le commerce à Famagouste et parcourait les villages comme colporteur. Il venait souvent à Leucosie et habitait avec son frère. Je l'ai connu aussi très pauvre.

Revenons à notre sujet et expliquons comment le roi, à propos de son premier fils, a changé la dignité de prince en celle de comte. Quand le roi Jacques revint de Gênes, comme je vous l'expliquerai en parlant de son exil, par affection pour son premier fils Janus né à Gênes (et c'est pour cela que celui-ci portait ce nom du lieu de sa naissance), ayant déjà donné le titre de comte à son neveu Jacques, fils de son frère le prince, il fut forcé d'accorder ce même titre de prince à son fils Janus. Et afin que ce dernier fût bien servi et n'eût pas besoin des fils de chevaliers (ces chevaliers royaux faisaient leur service quand ils le voulaient, et quand ils ne le voulaient pas, ils s'y refusaient sous de faux prétextes), il choisit des enfants de bourgeois et en fit sa garde et celle de son fils. Il abolit en même temps la peine entraînant la perte de la main pour celui qui tirerait le couteau contre un chevalier ou un lige. Il établit aussi cette loi que si un bourgeois ou quelque pauvre était maltraité par un chevalier ou un lige, on pourrait citer ce dernier devant les tribunaux de la part du roi; si un pauvre attaqué par un lige ou par un chevalier, blessait ce dernier en se défendant, il serait jugé comme s'il avait blessé un pauvre comme lui.

Je vous ai expliqué jusqu'ici comment le royaume fut arraché aux Grecs par les Latins et comment ceux-ci introduisirent des étrangers pour garder le pays, comment on a fait les assises, et comment le roi et les chevaliers jurèrent de les observer, comment ils firent venir des prêtres latins et bâtirent des églises et d'autres monuments, enfin comment les rois étaient nommés jusqu'au règne de Pierre dont je raconterai les actions dignes d'être célébrées dans le monde entier.

Quand le roi Pierre fut couronné, comme je l'ai dit ci-dessus, le dimanche 17 octobre[1] 1360, il distribua les offices du royaume de la manière suivante : son frère fut nommé prince d'Antioche et reçut en outre le titre de connétable de Chypre, son autre frère Jacques reçut la dignité de connétable de Jérusalem; sire Thomas d'Ibelin, seigneur d'Arsouf, fut nommé sénéchal du royaume et sire Raymond Babin, bouteiller du royaume de Chypre, sire Hugues Enebès le médecin chancelier, et sire Paul Malosel reçut le titre de chambellan. Ce même roi Pierre épousa une belle jeune fille de Catalogne, nommée Éléonore d'Aragon, laquelle fut couronnée avec lui.

Revenons au légat du Pape. Le lundi 20 décembre 1359 le port de Cérines vit aborder une galère amenant ce légat nommé Pierre de Thomas de l'ordre des Carmes. Quand il

---

[1] Il a dit plus haut p. 51 que Pierre fut couronné à Sainte-Sophie le dimanche 24 novembre 1359 et à Famagouste le 5 avril 1360.

vint à Leucosie, le roi et tous les seigneurs le reçurent avec beaucoup d'honneur; mais ayant voulu convertir les Grecs il occasionna un grand scandale entre ces derniers et les Latins. Il convoqua les évêques, les supérieurs des couvents et les prêtres, qui, ne connaissant pas sa pensée, se rassemblèrent un jour dans Sainte-Sophie. Mais à peine étaient-ils entrés dans l'église qu'on ferma les portes et on convertit de force un prêtre nommé Manzas; les autres Grecs se défendaient contre les Latins qui voulaient les violenter. Le peuple ayant entendu ce bruit, accourut et tous voulurent entrer dans Sainte-Sophie; mais comme les portes étaient fermées personne ne put pénétrer. Alors ils apportèrent une grande poutre pour briser les portes et d'autres y mirent le feu. Le roi ayant appris ce qui se passait, envoya le prince son frère, l'amiral et le vicomte de Leucosie qui firent ouvrir les portes et le peuple suivant l'ordre qu'on lui donna, se retira ailleurs. Aussitôt on fit sortir les évêques et les prêtres grecs, en leur recommandant de continuer d'observer leur religion suivant les rites accoutumés. Quant au légat il reçut l'ordre de quitter l'île. Ainsi finit le scandale. Ceux qui avaient été convertis, jetèrent le coton[1] et le crachèrent.

Le 18 septembre le roi chargea trois chevaliers d'aller annoncer au Pape la mort de son père et le couronnement du roi Pierre et de lui raconter en même temps les folles imprudences de son légat, en le priant de ne plus en envoyer qui occasionnassent de pareils scandales. Ces chevaliers

---

[1] Ceci est incompréhensible. Le mot πανπάκιν signifie *coton*, mais il est peut-être une corruption du mot turc signifiant *hostie*.

étaient messire Raymond Babin le bouteiller de Chypre, messire Pierre de Nur et sire Jean Carmadin[1], chevalier chypriote, d'origine génoise.

La même année arrivèrent dans les eaux de l'île et avec l'intention de piller, deux galères de corsaires sous la conduite de Lucas le Catalan; elles s'emparèrent de plusieurs vaisseaux chypriotes. Le roi Pierre arma immédiatement deux galères qu'il envoya à la poursuite des pillards. Elles étaient commandées par les capitaines François Spinola et Frasses Cataneo, tous deux Génois au service du roi. Ils se mirent à la poursuite des corsaires, mais n'ayant pas réussi à les rencontrer ils se dirigèrent sur l'Aragon[2] et sur Barcelone et dirent au roi d'Aragon dans quel but ils étaient venus. Celui-ci leur promit de prendre ces corsaires et de venger le roi de Chypre. Ils rentrèrent ensuite dans Chypre. Ce furent les premières galères que le roi Pierre fit sortir de l'île, depuis le jour de son couronnement.

Le mercredi 23 mars 1360, il quitta Leucosie pour aller à Famagouste se faire couronner roi de Jérusalem. Il y arriva le 27 mars, après avoir parcouru le pays en chassant, et le lendemain qui était un dimanche, il nomma comme dignitaires du royaume de Jérusalem, en remplacement de ceux qui étaient morts, sire Philippe de Brunswick, père de la femme de son frère Jacques, lequel Philippe fut ordonné sénéchal de Jérusalem; sire Jean d'Ibelin, fils de ce dernier, fut nommé connétable de Jérusalem; sire Matthieu de Plissie, bouteiller, sire Jean Le Vicomte, maré-

---

[1] Ou Jean de Carmain (Καρμαῆν), comme on lit dans le texte. — [2] Sur Raguna dans le texte.

chal, sire Jean de Montolif, chambellan du même royaume de Jérusalem. Il fit ensuite préparer son couronnement pour le jour de Pâques, qui tombait le 5 avril 1360. Quand le saint dimanche fut arrivé, il fut couronné dans l'église de Saint-Nicolas par les mains du frère Pierre Thomas[1], légat du Pape et de l'ordre des Carmes. Il fit couronner la reine avec lui. A l'occasion de son couronnement à Famagouste il y eut pendant huit jours une grande fête et une solemnité dans laquelle figurèrent tous les dignitaires du royaume.

5 avril 1360.

Revenons aux ambassadeurs qui avaient été envoyés au Pape. En se présentant ils lui annoncèrent la mort du roi et le couronnement de ce dernier. En apprenant cette nouvelle le sire Hugues de Lusignan, prince de Galilée, fils de Guy de Lusignan, vint à Rome porteur de lettres adressées par le roi de France son neveu, au Pape Innocent. Hugues demanda à celui-ci réparation du tort que lui avaient fait les barons de Chypre en lui préférant, contre les usages, Pierre comme roi, et il montra le traité passé entre son grand père le roi Hugues et son grand père maternel Louis de Valois, traité qui contenait la promesse faite par le susdit Louis d'envoyer sa fille épouser Guy, fils du roi Hugues, et, dans le cas où ce Guy aurait un enfant et viendrait à mourir, le royaume appartiendrait au fils de la fille de Louis, à l'exclusion de tout autre enfant du roi Hugues. Le Saint Père ayant demandé aux ambassadeurs des renseignements à ce sujet, ceux-ci lui dirent: «Seigneur, que Ta Sainteté sache que nos parents n'ont pas abandonné leurs maisons, leurs parents et leurs biens, et qu'ils ne sont

56

---

[1] Voy. Mas-Latrie, *Guill. de Machaut*, p. 278.

venus habiter une pierre jetée au milieu de la mer, qu'à la condition de faire des traités et de rédiger des assises pour garantir leur sécurité. Si un chevalier, un baron ou un roi a plusieurs enfants, si ces derniers ont des enfants qui meurent, les petits enfants des morts ne peuvent avoir de droits sur l'héritage, ce droit appartenant à ceux qui vivent encore. Or si Guy étant mort, celui-ci n'a pas pris possession du royaume, comment Hugues pourrait-il hériter, lui qui n'est que le fils de ce dernier?»

57   Le Pape dit : «Vos justifications ne me semblent pas acceptables; elles n'ont pas le pouvoir d'abolir le droit de l'enfant. Quelle force ont vos assises contre les traités? Elles ne peuvent supprimer la loi.» Les ambassadeurs défendirent leur cause avec insistance, mais ils ne réussirent pas à convaincre le Pape. Celui-ci écrivit au roi Pierre, lui communiqua l'accusation du roi de France et lui signifia qu'il eût, dans le délai d'un an, à se présenter à Rome pour se justifier.

Les ambassadeurs retournèrent à Chypre et remirent au roi les lettres du Pape. Celui-ci, après les avoir lues, fut très affligé et ne savait quel parti prendre. Les barons et les chevaliers, reconnaissant la justesse de la réclamation, lui conseillèrent d'envoyer des ambassadeurs pour défendre sa cause, et, dans le cas où ces derniers ne réussiraient pas à convaincre le Pape, de donner une rente de cinquante milles aspres de Chypre. A la suite de cette délibération furent nommés deux ambassadeurs, les chevaliers sire Jean de Morpho, comte de Rochas et maréchal de Chypre, et sire Thomas de Montolif, auditeur de Chypre, lesquels partirent de Famagouste le 9 avril 1360, se rendirent à Rome et firent valoir leurs raisons; mais ce fut en vain. Le Pape leur ordonna d'aller trouver le roi de France. Après de grands efforts, ils parvinrent à persuader au prétendant de se contenter d'une rente annuelle de cinquante mille aspres de Chypre. Après cela ils retournèrent à Chypre.

Alors messire Jean de Morpho fit alliance avec le prince de Galilée en lui donnant sa fille pour fiancée. En revenant à Chypre ils rencontrèrent Jean de Verni[1] que le roi avait envoyé pour faire une levée de troupes à sa solde. Ils se rendirent aussitôt en Lombardie et, après avoir choisi beaucoup de recrues, ils retournèrent ensemble à Chypre. Dans le même temps sire Galio de Dampierre et sire Barthélemy Frare, tous deux florentins d'origine, arrivèrent accompagnés de mon frère sire Paul Machéras, leur jeune serviteur, et peu de temps après ils revinrent à Chypre.

Le dimanche, 22 avril 1360, pendant que le roi Pierre était à Famagouste, il y eut une mêlée sanglante entre les nouveaux et les anciens soldats chypriotes et syriens, mêlée dans laquelle deux des étrangers furent tués. Le tumulte ayant augmenté, le roi, voyant qu'il y allait de la vie de plusieurs de ses hommes, fit publier un ordre suivant lequel tout individu qui se permettrait de porter des armes et de provoquer une querelle, serait puni de mort. Puis Le Vicomte accompagné de ses gens alla arrêter les auteurs du désordre et les fit pendre au gibet. Le peuple alors se calma et le tumulte cessa.

Il faut maintenant que je vous dise comment la forteresse

[1] Ou de Verone.

de Gorhigos et de l'île se rendirent au roi Pierre, ainsi que je l'ai trouvé mentionné dans les papiers de la cour royale. Gorhigos appartenait au roi d'Arménie. Son évêché dépendant de la métropole de Tarse, comprenait autrefois une partie de la Palestine et s'étendait depuis Arménaki jusqu'à Seleucie et Susi. Mais tout ce pays, ayant été pris par les Turcs à cause de nos péchés, il ne resta plus que le territoire de Gorhigos qui à partir de l'église de la Sainte Trinité, embrasse une grande partie de pays jusqu'à Pilerga où était la douane, et descend jusqu'à Hebréka et à la forteresse moderne de Gorhigos. On y voit encore aujourd'hui le château-fort et les fondations des tours. Les habitants, opprimés continuellement par les Turcs qui s'emparaient des terres, des maisons, des jardins et des autres biens, se sont enfuis allant de contrées en contrées; d'autres Gorhigiotes sont arrivés en Chypre; d'autres demeurèrent soit dans le château, soit dans l'île, et, bien qu'ils fussent persécutés, ils y restèrent pour l'amour du Christ.

Le royaume d'Arménie était alors occupé par le roi Livon qui était pauvre. Il y avait deux cents villes et châteaux-forts, mais il les avait perdus; une partie fut ruinée, les autres tombèrent aux mains des Turcs. Dans ces conditions le roi d'Arménie crut devoir quitter le pays et alla se réfugier en France auprès de ses parents. Les pauvres Chrétiens, Grecs et Arméniens, se voyant abandonnés et n'espérant de secours de personne, envoyèrent une ambassade au roi Hugues pour lui offrir le château-fort, à condition qu'il les secourrait. Celui-ci refusa en disant : «Dieu me garde de prendre le château de mon neveu!» C'est ainsi qu'ils souffrirent jusqu'au règne du roi Pierre; mais après son couronnement, le monde ayant retenti du bruit de ses belles actions, ils voulurent se jeter dans ses bras.

C'est alors que les Gorhigiotes envoyèrent au roi Pierre, le 8 janvier 1359, une ambassade composée de Michel Psararis et de Costas Filitzis, tous deux Grecs. Ceux-ci mirent tous les habitants de Gorhigos et l'île sous le protectorat du roi Pierre et de ses conseillers. Après avoir lu les lettres qui lui annonçaient que les Gorhigiotes se rendaient à lui, le roi qui désirait posséder des terres en Turquie, fit un bon accueil aux ambassadeurs et leur rendit de grands honneurs. Le 15 janvier 1359, il envoya des galères de Myra sous la conduite de sire Robert de Lusas, chevalier anglais, capitaine de la dite forteresse. Quand les galères arrivèrent à Gorhigos, tous les habitants ouvrirent les portes et accueillirent le capitaine en faisant une procession en son honneur. Ce dernier escorté de quatre compagnies d'arbalétriers entra dans l'église métropolitaine et, après avoir posé l'évangile sur le pupitre[1], il fit prêter à tous le serment qu'ils garderaient la forteresse au nom du roi Pierre et de la croix de Jésus Christ. Tout cela fut fait pour empêcher les Turcs de s'emparer de la forteresse et de porter préjudice au royaume de Chypre. Le roi céda l'île au Pape et le pria de lui fournir les deux galères que l'île était tenue d'envoyer pour la garde de Gorhigos[2]. Depuis lors et jusqu'à ce jour les rois et les gouverneurs de Chypre

---

[1] On appelait ἀναλογεῖον ou ἀναλόγιον le pupitre sur lequel on posait l'évangile. Voy. du Cang. *Gloss. med. gr. s. h. v.* — [2] Le manuscrit d'Oxford porte Cérines, τῆς Κυρήνης.

envoient tous les ans deux galères avec le salaire, les provisions et les armements aux Gorhigiotes qui ne cessent de combattre les Turcs avec l'aide de Dieu et de l'image miraculeuse de la vierge Gorhigiotissa. C'est ainsi que la forteresse est protégée contre les infidèles.

Je serais très fastidieux pour mes lecteurs si je voulais raconter en détail les miracles que cette image accomplit chaque jour. Elle apparut dans une vision au grand Karaman, père de Mahomet Pacha, qui resta aveugle pendant plusieurs jours. Il avoua qu'une grande dame de Gorhigos lui avait donné un coup dans les yeux, et que ce coup l'ayant rendu aveugle, était un terrible avertissement de l'image miraculeuse. En conséquence il leva son camp et fit faire plusieurs grandes torches de cire et trois lampes d'argent qui sont suspendues devant l'image; il promit aussi de donner annuellement plusieurs cruches d'huile. On illumina l'église et on chanta la messe pendant toute la nuit. Le lendemain il mit sur ses yeux un morceau de coton qu'on avait frotté sur l'image et il fut guéri. On raconte encore beaucoup d'autres miracles.

Le grand Karaman qui régnait alors ayant appris que le roi s'était emparé de Gorhigos craignit qu'il ne prît les armes et ne vînt pour le dépouiller de sa seigneurie. Il fit alliance avec le seigneur d'Allagia et avec le seigneur Monovgatis. Chacun arma tous les vaisseaux qu'il put, pour venir ravager Chypre, et afin d'effrayer le roi Pierre et de l'empêcher de marcher contre eux.

Le roi commanda immédiatement à tous les chevaliers de se préparer à monter, au premier ordre, sur les galères et à courir sus aux ennemis. En même temps il signifia au grand maître de Rhodes qu'il eût à lui envoyer quatre galères, cet ordre étant obligé de secourir les Chrétiens. Le grand maître arma quatre galères et les envoya au roi; elles étaient commandées par l'amiral, par le gouverneur militaire de Rhodes et par plusieurs frères.

Le roi Pierre arma aussi quarante six vaisseaux grands et petits, au frais du royaume et des seigneurs; ce qui faisait en tout cinquante. Il commanda à chacun des chevaliers de s'embarquer suivant ses instructions particulières. Le roi, accompagné de toute sa cour, se rendit à Famagouste le dimanche 12 juillet 1361, et pourvut aux vaisseaux, aux équipages et aux patrons. D'autres bâtiments étant arrivés, la flotte s'éleva au nombre de 106, non compris 12 galères de corsaires et deux du Pape. En tout 114.

12 juillet 1361.

Le roi s'embarqua sur la galère capitane avec tous ses chevaliers et tous ses barons; sur les autres vaisseaux étaient sire Philippe d'Ibelin, le seigneur d'Arsouf, sire Jacques d'Ibelin le connétable de Jérusalem (lequel étant mort, cette dignité avait été donnée à sire Jacques de Lusignan, le frère du roi); le seigneur de Passes qui se trouvait alors à Chypre, sire Jean de Sur sur sa propre galère, l'amiral de Chypre, le prince frère du roi, sire Simon d'Antioche, sire Jean de Morpho comte de Rochas, sire Philippe de Brunswick, le comte de Brunswick, beau-père de Jacques (de Lusignan), le fils du comte de Savoie, sire Pierre de Lases, sire Raymond Babin le bouteiller de Chypre, sire Badin de Norès, sire Jean d'Antioche, fils de sire Thomas de Montolif seigneur de Cliron, le fils de sire Jean, sire Jean le Vicomte, sire Jean de Brie, sire Guy de Mimars, sire Arnaud de Montolif, sire Jacques le Petit, sire Pierre de Cassi, sire Jean Carmadin, sire Pierre Malosel, le neveu du Pape le châtelain de Rhodes, sire Jean Lases, sire Nicolas Lases, les deux galères de Myra appartenant au roi, sire Jacques de Norès le turcoplier de Chypre, sire Jean de Plessie, sire Jacques Montgezart, sire Jean Bédouin, sire Jean de La Baume, sire Jean de Soissons, sire Renier Le Petit, sire Hugues de Montolif, sire Jean de la Ferté, sire Henri de Giblet, sire Jean de Montolif l'amiral, sire Jean de l'Église sur la seconde galère de Rhodes, les deux galères de Gênes qui avaient amené le podestat, la galère de l'archevêque de Chypre, sire Anseau de Kividès et plusieurs autres.

Cette flotte sortit le jour fixé et se rendit à Salines pour prendre les chevaux, et de là aux Moulins afin de se munir de provisions pour les hommes et les chevaux. Le seigneur de Satalie ayant appris que le roi préparait sa flotte, lui avait adressé des ambassadeurs avec des lettres pour le prier de ne pas l'envoyer contre lui. Il espérait ainsi l'empêcher d'exécuter son dessein, mais ce fut en vain. Les ambassadeurs, informés que le roi se trouvait aux Moulins, s'y rendirent et, après l'avoir salué, lui présentèrent les présents et les lettres. Pierre reçut le tout, mit à la voile, et emmenant avec lui le vaisseau des ambassadeurs, il arriva à Satalie après un bon voyage.

Le mardi 23 août 1361, l'armée du roi arriva en Turquie vers la côte de Satalie dans un endroit nommé Tetramili. La cavalerie mit pied à terre. Le roi envoya aussitôt son frère le prince avec plusieurs hommes d'armes à pied et à cheval pour mettre le siége devant Satalie. Celui-ci aurait pu prendre la ville s'il l'avait voulu, mais il s'abstint dans la crainte que le roi ne fût fâché. Le 24 du même mois le roi arriva avec le reste de l'armée, et on cerna de toutes parts la forteresse qui fut prise vers le soir. Pierre y fit son entrée, fut reçu avec les plus grands honneurs, et des actions de grâce furent rendues à Dieu pour cette première victoire.

Tacca le seigneur du pays, se trouvait alors hors de Satalie dans un endroit nommé Stenon. En apprenant cette mauvaise nouvelle, il fut pénétré de douleur. Il réussit à pénétrer dans la forteresse par un endroit secret avec quelques hommes d'armes, mais ayant vu les drapeaux du roi flotter sur la tour et sur les remparts et craignant de n'être pas reconnu et d'être fait prisonnier, il sortit et retourna à Stenon, où il était campé, plein de douleur et d'amertume.

Le roi convoqua les seigneurs et les consulta sur ce qu'il devait faire. Ceux-ci lui dirent: «Seigneur, retiens le pays pour toi et mets y d'autres soldats pour le garder.» C'est ce qu'il fit. Il nomma chevetain sire Jacques de Norès le turcoplier, et il y laissa comme gardes plusieurs chevaliers, turcopoles et arbalétriers. Il fit publier que les Sataliotes qui aimeraient mieux abandonner le pays pour venir à Chypre n'avaient qu'à monter sur les galères; quant aux autres ils pourraient rester suivant leur convenance. Puis il laissa trois galères pour garder Satalie.

Le seigneur Monovgatis et le seigneur d'Allagia ayant appris que le roi avait pris Satalie, furent saisis de frayeur et eurent le cœur rempli d'amertume. Ils lui envoyèrent des ambassadeurs à Satalie pour le prier de leur accorder son amitié, lui promettant de payer chaque année une somme fixe, de mettre ses drapeaux sur leurs terres et de se considérer comme ses hommes. Le roi se rendant à de si belles promesses envoya ses drapeaux qui furent placés au-dessus de leurs enseignes.

Le 20 (ou 8) septembre 1361, Pierre sortit de Satalie et, accompagné de son armée, se rendit à Allagia. L'émir qui y commandait sortit aussitôt avec quelques-uns de ses hommes. Il lui fit hommage, lui remit les clefs de la ville et lui offrit un présent seigneurial. Le roi donna l'ordre d'accepter les présents, mais lui fit rendre les clefs. Un traité fut fait, et l'émir lui prêta serment comme un esclave soumis. Après être resté un jour à Allagia, le roi alla vers le fleuve Monovgatis[1]. Le seigneur Monovgatis en apprenant cette nouvelle fut profondément attristé. Il lui envoya des présents avec une ambassade pour s'excuser de ce qu'il ne pouvait pas venir à sa rencontre. Le roi renvoya les présents en disant : «Saluez-le de ma part; je le considère comme m'appartenant.» Il partit ensuite pour retourner en Chypre, et le 22 septembre 1361 il arriva à Cérines. Les autres galères se rendirent à Famagouste où elles furent désarmées. Il vint ensuite à Leucosie où il fut reçu avec les plus grands honneurs.

Quand l'armée royale retourna en Chypre, Tacca l'émir de Satalie, rassembla des troupes et vint assiéger la ville. La garnison, composée de soldats à cheval et à pied, chassa

---

[1] Le seigneur Monovgatis, suivant le manuscrit d'Oxford.

les assiégeants qui en fuyant abandonnèrent leurs tentes et leurs bagages. Un long temps s'écoula sans que l'émir tentât de reprendre le siége, mais il donna l'ordre qu'aucun Turc n'apportât de provisions au marché. L'hiver étant arrivé, les vaisseaux ne pouvaient mettre à la voile à cause des bourrasques, aussi les soldats et les chevaux restèrent sans nourriture, n'ayant autre chose à manger que les feuilles des pommiers et des orangers. Tacca instruit de l'embarras dans lequel se trouvaient les Sataliotes, arriva avec une grande armée, le samedi saint, 13 avril 1362, et envoya des messagers au turcoplier de Chypre, qui était chevetain de Satalie, le sommant de rendre la ville de bon gré; il le menaçait, en cas de refus, de s'en emparer facilement l'épée à la main à cause de la famine, et alors il n'épargnerait la vie de personne. A ce message le turcoplier répondit qu'il était prêt à faire la guerre, qu'il ne rendrait jamais la ville de sa propre volonté et qu'il ne lui permettrait pas d'y mettre le pied; puis il renvoya honteusement le messager. Celui-ci vint raconter les faits à Tacca qui entreprit une grande guerre, mais avec l'aide de Dieu le peuple de Satalie en sortit vainqueur. C'était la troisième fois que Tacca était repoussé depuis la prise de cette ville par le roi. L'émir exaspéré détourna l'eau qui entrait dans Satalie. Le capitaine fit sortir une armée pour abattre les anciennes maisons, couper les arbres et combler les fossés, parce que les Turcs qui y étaient embusqués se jetaient sur les gens et leur faisaient beaucoup de mal. Puis il fit bâtir l'enceinte fortifiée et élever les tours.

Le jeudi 9 mai 1362 le roi envoya à Satalie quatre galères, six tafourèzes[1] et quatre vaisseaux corsaires. L'ancien capitaine de Satalie, le turcoplier, fut remplacé par l'amiral Jean de Sur, et on introduisit dans la ville des soldats et des vivres. L'amiral prit les galères, vint à Myra, où se trouvait le corps de Saint-Nicolas et débarqua des troupes pour assiéger la ville. Avec l'aide de Dieu la forteresse fut prise, les ennemis furent mis en pièces et détruits et l'image du grand Saint-Nicolas, après avoir été transportée à Famagouste, fut installée dans l'église de Saint-Nicolas des Latins. L'amiral sortit de Myra et incendia la ville. Tacca, ayant appris la prise, le sac et l'incendie de Myra, se rendit sur les lieux, mais ayant trouvé le pays ruiné par l'incendie il fut profondément affligé. Quand il fut calmé, il pria l'amiral de proposer au roi de lui rendre Satalie au prix qu'il voudrait, autrement il fera tout le mal possible jusqu'à ce qu'il s'en soit emparé de force. L'amiral répondit : «Mon seigneur n'a pas besoin de ton argent, car il ne veut pas vendre ses terres; si au contraire il trouve à en acheter, il le fera avec grand plaisir. Tes menaces sont vaines. Tu as tenté trois fois l'expérience et tu as perdu tes peines, tes flèches et tes dards[2]. Si tu veux recommencer, je suis à tes ordres et, Dieu aidant, je te réserve de beaux présents.»

Expliquons nous maintenant sur l'affaire du roi de France. Il n'avait pas été content de la pension accordée à son neveu le prince de Galilée; il porta la querelle devant le Pape, pour que le royaume de Chypre fût concédé au susdit

---

[1] La ταφουρέτζα, du grec μεταφορὰ, était une espèce de vaisseau particulièrement destiné au transport de la cavalerie. — [2] En italien *verettone*.

prince, et lui envoya en même temps les traités. Le Pape pressé par le roi de France et reconnaissant que le prétendant avait raison, ordonna au roi de Chypre de venir en personne pour répondre. A la réception de cet ordre le roi manda immédiatement à sire Jean Carmadin d'aller, comme capitaine de Satalie, faire introduire dans cette ville des vivres suffisants et organiser la forteresse. Il fit armer à Famagouste trois galères et une galéasse qui se rendirent aux Moulins. Puis il alla en chassant à Emba vers Paphos où, le lundi 24 octobre 1362, il s'embarqua accompagné de ses chevaliers, sire Pierre Thenouri, sire Jean de Gaurelle, sire Jean de Fenio, sire Nicolas d'Ibelin, sire Jean Thenouri et d'autres chevaliers et courtisans.

<small>24 oct. 1362.</small>

Sachez que le roi Pierre aimait la reine Éléonore selon les commandements divins. En partant pour la France, il ordonna à son valet de chambre de prendre une chemise de la reine et de la placer auprès de lui quand il préparait son lit pour dormir. Le roi embrassait ainsi la chemise de la reine pendant qu'il dormait. Ce valet de chambre était Jean le frère de Basset.

En arrivant à Rhodes le roi manda auprès de lui pour l'accompagner sur les galères, sire Pierre de Sur et sire Jacques Le Petit, qui se trouvaient à Satalie. Ceux-ci vinrent immédiatement à Rhodes pour accompagner le roi. Ils partirent aussitôt et avec un vent favorable ils arrivèrent à Venise où Pierre fut accueilli avec de grands honneurs. Puis il se rendit à Avignon et se présenta à la cour du Pape Innocent. Sire Hugues de Lusignan, instruit de l'arrivée de son oncle, vint aussi devant le Pape, et tous deux s'accusèrent mutuellement. Après beaucoup de contestations le Pape et les cardinaux, étant intervenus, réussirent à les mettre d'accord suivant la première convention, c'est-à-dire moyennant une pension annuelle de cinquante mille aspres de Chypre, pension qui serait donnée à Hugues. Celui-ci se mit à genoux devant le roi et se fit son lige par serment en le tenant quitte. Pierre pria ensuite les seigneurs de l'Occident d'envoyer des armées pour combattre les infidèles et reconquérir le royaume de Jérusalem, la maison du Christ.

Le prince d'Antioche, gouverneur de Chypre, arma deux galères destinées à conduire sire Jean Carmadin à Satalie pour faire l'échange, c'est-à-dire pour remplacer sire Jean de Sur qui devait retourner avec sa suite à Chypre. Ce Jean de Sur avait fait quelques réparations dans plusieurs parties de l'enceinte fortifiée et de la tour. Tacca l'ayant appris, rassembla une grande armée et vint assiéger la forteresse. Il avait fait alliance avec le seigneur de Satalie et ils étaient convenus que celui-ci arriverait par mer, tandis que Tacca viendrait par terre pour faire le siége. Sire Jean Carmadin informé de ces projets, arma immédiatement un vaisseau et l'envoya à Chypre pour en informer le prince gouverneur. Ce dernier arma aussitôt trois galères qui, sous le commandement de sire Jean de Brie, arrivèrent à Satalie un jour avant l'armée turque. Tacca avait rassemblé 45,000 hommes, et huit galères vinrent par mer. Le capitaine mit la forteresse sur le pied de guerre, prit de bonnes dispositions pour les gardes et les vivres et fit publier que personne ne devait tirer inutilement une flèche ou un dard avant l'approche de l'armée ennemie. Tacca fit le tour de la forteresse en l'assiégeant et il jeta dans l'intérieur des murailles des pierres et d'autres engins de guerre, mais avec l'aide de Dieu personne ne fut atteint. Le capitaine sire Thomas Carmadin fit lancer une pierre qui, dirigée sur la tente de Tacca, la rompit en tuant plusieurs hommes. Les assiégeants apportèrent ensuite des échelles qu'ils appliquèrent contre les murs. Le capitaine fit sonner les cloches et les trompettes et tirer des arbalètes et des dards. Les Turcs qui étaient sur les échelles tombèrent dans les fossés; plusieurs furent tués, parmi lesquels un grand émir parent de Tacca. On ouvrit alors les portes et il en sortit des hommes à cheval et à pied qui firent un grand massacre des Turcs; les survivants se retirèrent honteusement. Le commandant des vaisseaux, messire Jean de Brie, ayant découvert les huit vaisseaux de Tacca, marcha contre eux. Ceux-ci voyant le danger prirent la fuite et allèrent aux Gerakiès; beaucoup abandonnèrent leurs vaisseaux et se retirèrent sur la montagne en continuant à se défendre. Messire Jean de Brie captura les deux galères et incendia les huit vaisseaux.

En 1363 le seigneur prince gouverneur de Chypre envoya deux galères de Famagouste à Satalie pour y apporter des secours, sous le commandement, pour l'une, de sire Nicolas Lases, pour l'autre, de sire Hugues de Pons, bourgeois de Famagouste. La galère montée par ce dernier, se brisa en allant à Paphos et huit hommes périrent. Informé de ce désastre le prince envoya deux autres galères pour secourir le capitaine et le conduire à Satalie.

Dans la même année une mortalité sévit à Chypre, et plusieurs personnes moururent, parmi lesquelles dame Echive, fille du roi Hugues. L'épidemie se manifesta dans le commencement de mars. Messire Jean Carmadin étant tombé malade, pria le gouverneur de lui permettre d'aller à Rhodes pour se guérir, cette île étant plus voisine de Satalie que Chypre. Le gouverneur lui répondit qu'il pouvait se faire remplacer par son fils et partir pour s'occuper de sa guérison. Peu de jours après il mourut à Rhodes. A l'annonce de cette mort, le gouverneur reconnut le fils du sire Jean Carmadin comme capitaine de Satalie.

Je reviens au roi Pierre. Quand il arriva à Avignon[1], le Pape venait de mourir et on avait élu à sa place, un moine de Saint-Victor de Marseille, qui était supérieur dans cette ville et qui avait pris le nom d'Urbain V. Le roi en témoigna une grande joie, et, après avoir arrangé ses affaires, il partit d'Avignon, puis se rendit en Italie, à Gênes, et alla visiter l'empereur d'Allemagne. Tous les grands seigneurs l'accueillirent d'une manière très honorable et lui firent un grand nombre de présents.

Les Turcs ayant appris qu'une maladie ravageait Chypre et que le roi était en Italie, armèrent d'un commun accord douze galères qui, sous le commandement de Mahomet Reïs vinrent à Chypre et débarquèrent à Pendaïa. Ils saccagèrent le pays et partirent emportant avec eux des captifs. A cette nouvelle le prince envoya de Leucosie des hommes à pied et à cheval qui en arrivant à Pendaïa apprirent que les ennemis étaient partis. Il arma aussitôt

---

[1] Mas-Latrie, *Guill. de Machaut*, p. 22.

deux galères pour porter des vivres (à Satalie) et remplacer le capitaine messire Badin de Brie. Ces galères mirent à la voile le lundi, 10 janvier 1363, et allèrent à Paphos où, de grandes bourrasques étant survenues, ils restèrent pendant 43 jours[1]. Le 13 février la mer se calma et les galères portant le seigneur sire Carmadin et des gens armés, se rendirent à Satalie.

10 janv. 1363.

Mahomet Reïs de retour en Turquie raconta que Chypre était déserte et que les gardes y faisaient défaut. Les Turcs pleins de joie armèrent six galères et vinrent à Carpaso qu'ils saccagèrent; ils pillèrent beaucoup de villages, enlevèrent des hommes et retournèrent dans leur pays. Peu s'en fallut que la dame de Carpaso, femme du sire Alfonse de La Roche[2], ne fût prise aussi. Le prince ayant appris ces nouvelles, envoya à Famagouste l'ordre d'armer quatre galères dont il confia le commandement à messire François Spinola, sire Jacques de Mitre, sire Sabentète[3] et le chevalier sire Henri de la Couronne, et il les chargea d'aller garder la côte. Deux de ces galères se dirigèrent du côté de la Turquie vers la côte de Carpaso et les deux autres vers Paphos. Les deux galères sur lesquelles se trouvaient sire François Spinola et sire Henri de la Couronne, rencontrèrent deux vaisseaux turcs, dont l'un attendait pendant que l'équipage de l'autre, qui avait débarqué, parcourait le pays en le ravageant. Les Chypriotes mirent le feu au vaisseau vide. Les hommes qui étaient à terre voyant leur bâtiment brûler, montèrent sur une colline dans l'intention de se défendre.

---

[1] Probablement 33 jours. — [2] Voy. *Bibl. de l'Écol. des chartes,* 1880, p. 383. Le texte porte Lorenzo. — [3] Nom évidemment corrompu.

Le gouverneur ayant appris cette nouvelle, envoya des gens armés qui s'en emparèrent. Ils les attachèrent à la queue de leurs chevaux et en les traînant ainsi ils les conduisirent à Leucosie où on les pendit. L'autre galère turque ayant aperçu les galères chypriotes sortit et prit la fuite. La galère de sire François Spinola, qui était désarmée, se mit à sa poursuite; les Turcs se rendirent aussitôt. On attacha cette galère et ils l'emmenèrent avec eux. L'autre, celle de sire Henri de la Couronne, resta à Chypre pour voir la galère turque entièrement détruite par les flammes. Les Turcs prisonniers, voyant que les hommes de sire François Spinola étaient désarmés, se dirent entre eux: «Nous voyons comment les Chrétiens nous traînent à la queue de leurs chevaux et nous font pendre. Puisque nous n'avons plus d'espoir, prenons nos armes et préparons nous à mourir plutôt que de nous laisser traîner ainsi.» Aussitôt ils coupent le câble, tendent leurs arcs et lançant des flèches ils tuent le capitaine sire François Spinola, et blessent plusieurs autres hommes de l'équipage. Les survivants voyant le courage des Turcs, se jetèrent à la mer et gagnèrent en nageant la galère de sire Henri de la Couronne, et lui racontèrent ce qui venait d'arriver, parce que de l'endroit où il était il ne pouvait découvrir le vaisseau. Il arma aussitôt ses gens, se mit à la poursuite de la galère et parvint à l'atteindre. Les Chypriotes exaspérés sautèrent sur celle-ci avec le capitaine Henri de la Couronne. Comme ses gens étaient nombreux, ils furent à peine sur la galère turque qu'elle pencha et plusieurs tombèrent dans l'eau tout armés et se noyèrent avec Spinola. Dans ce même moment parut la galère de Jean de Mitre qui venait de Paphos. On s'empara de ceux des Turcs qui survivaient et on les enchaîna. Les quatre galères retournèrent ainsi à Cérines, conduisant avec des captifs la galère turque à demie brûlée. Le gouverneur affligé des pertes qu'on avait subies et de la mort des deux capitaines, fit traîner les Turcs par des chevaux et les fit pendre aux gibets. D'après les ordres du prince on arma à Famagouste quatre autres galères qui réunies aux quatre précédentes et à quelques galéasses furent envoyées toutes ensemble en Turquie pour y exercer des ravages. Les commandants de cette flotille étaient sire Jean d'Antioche, fils de sire Thomas, et sire Jean de Sur l'amiral, accompagnés d'autres chevaliers. Les huit galères sortirent avec les galéasses, se rendirent en Turquie et débarquèrent à Anemour qu'elles saccagèrent. Ils assiégèrent la forteresse et la détruisirent après l'avoir prise, puis, après avoir incendié la ville d'Anemour, ils retournèrent à Chypre emmenant avec eux plusieurs Turcs prisonniers. Ils allèrent ensuite assiéger Sis, mais n'ayant pas réussi à s'en emparer, ils se postèrent à la rencontre de Mahomet Reïs Pacha qui était venu à Chypre pour y faire des dégâts. Reïs ayant appris qu'on marchait contre lui, abandonna Chypre sans y occasionner du mal, et arrivant en Syrie il entra dans le port de Tripoli.

L'amiral signifia à Melek émir de Tripoli de ne point recevoir Mahomet Reïs, cet ennemi du royaume de Chypre qui était en bons rapports avec le sultan du Caire. L'émir Melek accueillit bien les ambassadeurs, mais il répondit que pour lui il n'avait pas le droit de chasser Reïs sans un ordre du sultan du Caire. L'amiral envoya une galère avec ordre de dire à l'émir de lui donner deux Sarrasins pour le conduire auprès du sultan et lui offrit en même temps des présents. Melek voyant que les Turcs d'Anemour étaient enchaînés ne permit à personne d'aller trouver le sultan. L'amiral reconnaissant qu'il ne pouvait rien faire retourna à Chypre et désarma.

Le gouverneur fit armer quatre galères pour la garde de l'île suivant la coutume. Quand les matelots reçurent la paie, deux d'entre eux s'enfuirent. On les rechercha et ils furent retrouvés. Pour les punir, on leur coupa à chacun l'oreille droite au son de la trompette. Ces matelots se prétendaient Génois. Il y avait alors une galère de Gênes que le gouverneur avait nolisée pour transporter des vivres à Satalie. Ces Génois voyant leurs compatriotes ainsi maltraités, abordèrent la galère, massacrèrent plusieurs Chypriotes et s'emparant des vivres destinés à Satalie ils allèrent à Chio. Le gouverneur fit arrêter aussitôt tous les Génois, en ordonnant à l'amiral de se saisir des répondants de la galère et d'exiger la restitution des objets enlevés. Immédiatement le podestat des Génois qui était à Famagouste arma une barque et envoya à la recherche de la galère. Les quatre galères auxquelles était confiée la garde de l'île, retournèrent à Chypre avec leur capitaine sire Nicolas d'Ibelin et restèrent dans le port en attendant les ordres du prince. Quelques soldats siciliens au service du roi, voyant la galère génoise qui revenait de Chio où elle était allée suivant les ordres du podestat, l'abordèrent et tuèrent plusieurs Génois. Le podestat nommé sire Guillaume Lermi, ayant appris le mal qu'on avait fait à ses sujets, fit arrêter un Pisan qui servait sur la galère du roi, sous prétexte qu'il était Génois. Celui-ci ayant nié sa nationalité, on lui coupa la langue. Sire Jean de Soissons ayant eu connaissance d'un jugement aussi bizarre rendu sur un sol étranger, en informa l'amiral sire Jean de Sur, qui exaspéré monta à cheval en compagnie du bailli et se rendit avec lui à la loge des Génois où des disputes s'étaient élevées entre ces derniers et les Pisans. Là le bailli accusa le podestat d'avoir rendu dans sa loge un pareil jugement et lui dit en terminant : «Ordonne à tes Génois de se retirer et de déposer les armes; autrement je les ferai massacrer.» Le podestat lui répondit : «Ne t'imagine pas, mon seigneur, qu'en massacrant les Génois qui se trouvent à Famagouste, tu tueras tous les Génois qui sont sur la terre; il y en a beaucoup d'autres dans le monde qui demanderont vengeance à nos meurtriers. Ne nous traite pas comme tes serfs.» Sur ces entrefaites plusieurs furent tués. Le bailli de Famagouste et l'amiral envoyèrent au gouverneur des relations sur ce qui s'était passé; le podestat fit de même de son côté. Le gouverneur chargea aussitôt quatre chevaliers d'aller faire une enquête. C'étaient sire Thomas de Montolif l'auditeur, sire Jacques de Norès le turcoplier, le comte de Rochas sire Jean de Morpho maréchal de Chypre et sire Jacques de Saint-Michel. En arrivant à Famagouste ils se rendirent à Saint-Nicolas et ils demandèrent deux moines à chacun des couvents latins. Ils ordonnèrent en même temps au podestat de venir conférer avec eux. Celui-ci arriva bien accompagné. Après beaucoup de discours et de contestations le silence se rétablit. Le podestat retourna ensuite à sa loge, puis jetant le bâton qu'il tenait à la main il fit publier que les Génois devraient abandonner l'île de Chypre au mois d'octobre 1364.

77   Les quatre susdits seigneurs rendirent compte de l'affaire au gouverneur. Celui-ci fit publier que tout Génois qui voudrait rester dans l'île le pourrait sans crainte, et assuré d'être protégé dans sa personne et dans ses biens, suivant les anciens usages. Le podestat s'étant embarqué se rendit à Gênes et accusa, devant la commune, les seigneurs de Chypre.

Le seigneur prince fit remettre au roi de France un récit des événements. Les Génois envoyèrent un de leurs compatriotes pour examiner l'affaire. Celui-ci en arrivant à Chypre le 12 septembre 1364, ordonna à tous les Génois d'abandonner l'île au mois de février. Le roi signifia à son frère Jacques de Lusignan de venir le trouver; celui-ci, se conformant à cet ordre partit avec les galères vénitiennes.

Le gouverneur avait armé quatre galères pour expédier les soldats destinés à remplacer les anciens de Satalie, sous le commandement de sire Léon d'Antiaume, le 3 septembre 1364. Le capitaine de ces galères était sire Paul de Bon. Elles se rendirent à Satalie; celle que commandait ce dernier y resta pour enlever le capitaine sire Badin de Brie, et les trois autres se dirigèrent vers la rivière pour faire du mal aux Turcs. En arrivant à Allagia elles leur causèrent du dommage et entrèrent dans le port pour assiéger la forteresse. Trois vaisseaux turcs sortirent pour combattre. Pendant le combat il en arriva deux autres également turcs qui joints aux premiers formaient le nombre de cinq. Sire Nicolas Lases commanda à sire Jean Gonème d'attaquer l'un d'eux pendant qu'il entrait; mais celui-ci ne voulant pas tenter l'attaque sortit du port et partit. L'autre galère le suivit et les deux arrivant à Chypre cherchèrent à se joindre aux deux autres vaisseaux, mais avant cette jonction il s'éleva une grande tempête. Les trois galères séparées allèrent à Cérines; celle de sire Badin de Brie se rendit à Paphos, et là il rencontra les galères vénitiennes portant sire Jacques de Lusignan et sire Pierre du Mont qui partaient pour aller trouver le roi. Après les avoir priés de le recommander à ce dernier, sire Badin retourna à Famagouste où il mit pied à terre. En arrivant à Leucosie sire Nicolas Lases fit connaître au prince l'acte de désobéissance du susdit Georges[1] Gonème; le prince irrité donna l'ordre de l'arrêter à Cérines. Il commanda ensuite à l'amiral de faire armer deux galères pour les réunir aux trois autres qui étaient à Cérines et toutes les cinq sortirent pour se mettre à la recherche des cinq vaisseaux turcs. Il nomma capitaine de cette flotille sire Roger de la Colée qui se rendit à Cérines pour en prendre le commandement. L'amiral suivant l'ordre du prince, arma à Famagouste deux galères dont il nomma capitaine sire Nicole Mansel. Celui-ci alla à Cérines pour se réunir aux trois autres, mais ayant appris qu'elles étaient parties pour les Moulins, il fit voile vers cet endroit et les rejoignit. Au même instant parurent trois galères turques, qui, n'apercevant pas les cinq galères royales, firent débarquer leurs équipages. Ceux-ci sacca-

[1] Plus haut il est appelé Jean Gonème.

gèrent le pays et regagnèrent leurs vaisseaux emportant des vêtements et beaucoup de prisonniers. Sire Badin de Morpho chevetain de la ville avertit le capitaine des galères sire Roger de la Colée; les trois galères sortirent avant l'arrivée des deux autres et rencontrèrent celles des Turcs. Le capitaine commanda l'attaque, mais ses conseillers étaient opposés à l'abordage parce que, disaient-ils, les vaisseaux ennemis étant remplis de paysans (emmenés comme esclaves), ceux-ci pourraient se noyer, et il était préférable de combattre. Les Turcs en voyant les trois galères s'armèrent de courage et se préparèrent au combat. L'une des galères chypriote alla immédiatement attaquer une de celles des Turcs qui fut brisée d'un côté. Pendant l'acharnement de la lutte, apparurent les deux autres galères. En en voyant six elles crurent qu'elles appartenaient toutes aux Turcs et, saisies de frayeur, se dirigèrent vers la terre pour sauver les hommes. La sentinelle leur ayant appris que trois seulement étaient des vaisseaux ennemis, elles volèrent au secours de leurs compagnons. Beaucoup de Turcs furent tués, et les survivants au nombre de soixante furent faits prisonniers. On les conduisit à Leucosie où ils furent pendus après avoir été traînés à la queue des chevaux. Les Chrétiens captifs ainsi délivrés furent renvoyés dans leur patrie et les huit galères se rendirent à Cérines. Le prince donna l'ordre de les conduire à Famagouste pour les désarmer, ce qui eut lieu le mardi 23 novembre 1364. A l'annonce de ces mauvaises nouvelles les Turcs profondément affligés firent serment de ne plus armer pour aller piller.

La nation orgueilleuse et parjure des Génois, qui faisait

tout son possible pour s'emparer de l'île de Chypre, saisissant le prétexte de la querelle, envoya des lettres à Gênes, où le roi Pierre se trouvait alors; on lui reprochait l'injustice qu'il avait commise à Chypre contre eux, et on lui adressait des réclamations rédigées en vingt articles. Le roi fit bon accueil aux mandataires, et désirant obtenir des secours contre les Sarrasins, il ne voulut pas irriter les Génois, dans la crainte que les armées qu'il rassemblait ne se dispersassent. Il choisit alors trois chevaliers de sa suite qu'il chargea d'aller à Gênes pour régler le différend. Ces chevaliers étaient sire Philippe de Maizières le chancelier de Chypre, messire Simon de Norès et maître Guy le médecin. Ils avaient reçu pouvoir de traiter de la manière qui leur paraîtrait la plus avantageuse pour contracter amitié avec les Génois, afin de ne point déranger l'expédition que projetait le roi. Les ambassadeurs se rendirent à Gênes et après beaucoup de pourparlers contradictoires sur les demandes des Génois, ils tombèrent d'accord pour l'acceptation des vingt articles suivants qui furent écrits en latin sur parchemin.

I° Premièrement le roi demande l'amitié des Génois, une amitié vraie et solide, qui soit consacrée par Dieu sous d'heureux auspices. Les dommages subis par les Génois à Famagouste seront réparés; les Chypriotes ne devront plus leur faire aucun mal. Pour confirmer cette amitié on envoya comme ambassadeurs douze conseillers du duché de Gênes dont voici les noms : 1° le doge sire Gabriel Adorno; 2° sire Lauro Leordo, prieur Jacques de Franceschi; 3° messire Hector Vincenzo; 4° messire Pierre de Négrono;

5° Barthélemy Portonari; 6° messire Julien de Castro; 7° messire Jean de Fontanegio, le notaire; 8° Thomas de Azanio; 9° Jacques de Ponte; 10° Pambelo de Casale; 11° Tealdo Corvaria; 12° Barthélemy de Vialis.

IV°[1] Faire reconnaître comme vrais Génois, ceux qui se disent Génois, même s'ils sont des esclaves de Génois, enfin tous ceux qui se donnent comme tels.

V° Rechercher quels droits les Génois payaient à la douane; ces droits continueront à être payés comme par le passé.

VI° Les Génois jouiront d'une liberté entière.

VII° Les procès des Génois seront jugés par le podestat, comme par le passé.

VIII° Si des Génois appartenant au roi, veulent renoncer à leur nationalité, ils n'y seront pas autorisés.

IX° Les officiers du roi n'auront pas le droit d'obliger les Génois à devenir hommes du roi.

X° Tous les Génois ou se disant tels auront le droit d'aller et de venir dans l'île de Chypre en toute sécurité, sur tel vaisseau qu'ils voudront.

XI° Si des galères génoises armées viennent à Chypre sans marchandises, elles n'entreront pas à Famagouste.

XII° Tous les Génois ou se disant tels ont la liberté d'aborder à toute partie de l'île qu'ils désirent.

XIII° Tous les Génois ou se disant tels auront le pouvoir de quitter tout endroit de l'île de Chypre et d'aller où ils voudront.

---

[1] Machéras, partageant le premier article en quatre, décompose ce traité en 20 articles, tandis que l'original n'en contient que quinze ou seize.

XIV° Le roi et ses officiers n'ont pas le droit de saisir les Génois ou se disant tels, ni leurs navires, ni leurs marchandises.

XV° Les poids et les mesures des Génois ayant des boutiques, leur appartiennent, c'est-à-dire au podestat, comme le dit le privilège du roi Hugues qui a été promulgué le 10 janvier 1232.

XVI° La commune des Génois aura le droit d'avoir une cour[1] à part.

XVII° Le roi et ses officiers feront rendre justice aux Génois pour les objets qui leur seraient pris.

XVIII° Justice leur sera rendue contre les Siciliens et leurs complices, pour les événements arrivés à la loge des Génois à Famagouste.

XIX° On observera le privilège accordé par le roi Hugues de bonne mémoire et tout, en ce qui concerne les Génois, sera réglé d'après la lettre de ce privilège. On exilera de Chypre sire Jean de Sur l'amiral et sire Jean de Soissons, l'ancien bailli de Famagouste.

XX° Tous ceux qui voudront être considérés comme Génois, déclarant avec le témoignage de deux témoins qu'ils sont originaires du pays génois, seront reconnus comme tels.

Les susdits ambassadeurs après avoir arrêté la rédaction de ces articles et du traité de paix, retournèrent auprès du roi, puis les ayant traduits en langue franque vulgaire, ils les lui présentèrent. Celui-ci confirma toutes les conventions, à l'exception de la clause qui concernait l'exil de l'amiral

---

[1] Ou « loge ».

et du sire de Soissons. Il écrivit une autre fois aux Génois qui lui donnèrent une carte de passe, c'est-à-dire un sauf-conduit.

Immédiatement après, les Génois armèrent trois galères qui vinrent à Chypre amenant le podestat nommé Jacques Salvago, et, après avoir proclamé le traité de paix, elles laissèrent ce dernier à Famagouste.

Ne voulant rien omettre je vous dirai comment le roi amassa assez d'argent pour suffire à tant de dépenses et pendant un temps si long. Avant de quitter Chypre Pierre avait nommé comme chambellan du royaume un bourgeois appelé sire Jean de Stathia, de religion latine. Celui-ci avait reçu du roi le pouvoir de percevoir toutes les rentrées extraordinaires et toutes les anciennes dettes dues à la cour royale et de pourvoir à toutes les dépenses non ordonnées et qui n'étaient ni prévues ni inscrites à la trésorerie. Voyant que le roi était très empressé de partir pour l'Occident, il se trouva très embarrassé. Les secrétaires lui conseillèrent alors de s'entendre avec Pierre pour exempter de la taxe tous les perpériarides[1] qui étaient très nombreux et toute la bourgeoisie de Leucosie, parce que les Syriens avaient la prédominance dans la riche ville de Famagouste et disaient faussement que les autres habitants n'étaient que des *parèques*[2]. Or tous ces gens-là pouvaient être déclarés libres, en payant une somme fixe. Le roi Hugues avait employé le même moyen pour subvenir aux frais des grands armements contre les Turcs. C'est ainsi que Pierre consentit

---

[1] Esclaves payant par tête un hyperpère. — [2] πάροικοι, étrangers domiciliés dans le pays, espèce d'esclaves.

à exonérer les perpériarides à la condition que chacun payerait pour sa personne, sa femme et ses enfants mineurs deux mille aspres de Chypre. Beaucoup consentirent à acheter leur liberté, ce qui permit de ramasser une grande somme d'argent. Auparavant la capitation était de deux, de six et de seize hyperpères. Comme les plus pauvres ne pouvaient pas payer 2000 aspres, on réduisit à 1800 la somme qui peu à peu descendit jusqu'à 1000. C'est ainsi que furent délivrés tous les riches perpériarides qui payaient annuellement une somme considérable, somme montant même jusqu'à 2000 aspres.

Il y a dans le monde deux seigneurs naturels, l'un séculier, l'autre ecclésiastique. Avant d'être prise par les Latins, la petite île de Chypre reconnaissait l'empereur de Constantinople et le patriarche de la grande Antioche. Nous étions obligés alors de savoir la langue hellénique et la syriaque pour écrire à l'empereur et au patriarche. Les enfants apprenaient donc ces deux langues, afin de pouvoir entrer à l'office de la chancellerie secrète. Mais après que les Lusignans eurent fait la conquête de l'île, on a commencé à apprendre le français, et la langue hellénique est devenue barbare, aussi aujourd'hui nous écrivons le grec et le français en faisant un mélange tel que personne ne peut comprendre notre langage. Ajoutons que la cour royale a été construite par les empereurs des Grecs et que dans cette cour habitaient les ducs nommés par les empereurs.

Je vais maintenant vous raconter la guerre qui éclata entre les Sarrasins et les Chypriotes. Nos galères en allant à Satalie avaient fait prisonnier un Sarrasin nommé Chanzianis, qui conduit à Chypre fut ensuite enfermé à Cérines. Un Turc venu dans cette ville pour son commerce fut reconnu par le prisonnier qui le pria d'engager ses hommes à venir le délivrer de l'esclavage; et il donna une lettre au marchand qui la porta à Damas. Les Sarrasins, parents du détenu, ayant été informés du fait, allèrent trouver le seigneur de Damas pour lui demander justice, en lui disant que l'amitié conclue entre le sultan et le roi de Chypre était rompue, puisqu'un sujet du sultan avait été pris et enfermé à Cérines. A cette nouvelle le seigneur de Damas fit arrêter tous les marchands chypriotes auxquels il ordonna d'écrire à Chypre pour demander qu'on mît en liberté l'homme du sultan. Ceux-ci écrivirent dans ce but au gouverneur de Chypre qui répondit qu'il ne voulait pas délivrer le prisonnier. La réponse étant parvenue au seigneur de Damas, l'émir Melek Pechna[1], ce dernier, qui était très orgueilleux, ne menagea ni les offenses ni les menaces aux marchands chypriotes, et en même temps il fit écrire une lettre très grossière aux bourgeois de Chypre. L'amiral qui se trouvait alors à Famagouste, fit traduire la lettre en français et l'envoya au gouverneur pour qu'il la transmît au roi avec les traités. Le prince y joignit une lettre contenant diverses accusations contre les Sarrasins; le tout fut adressé au roi à Avignon. Celui-ci ayant lu les menaces et les injures de l'émir Melek Pechna contre son île, montra la lettre au très saint Pape et aux autres seigneurs présents à Avignon, et envoya une circulaire sur cette affaire à ceux qui étaient absents. Tous les seigneurs de l'Occident furent très irrités,

---

[1] Voy. plus loin p. 106, note.

et décidèrent qu'ils iraient attaquer la Syrie pour saccager et piller les terres du sultan du Caire. Le roi voyant la bonne volonté des seigneurs, manda à son frère à Chypre d'armer les vaisseaux qui se trouvaient à l'arsenal de Famagouste ainsi que tous les autres qui étaient dans l'île, et de disposer cette flotte entière de manière à ce qu'il la trouvât prête à son arrivée; puis en même temps de se procurer le biscuit et le blé nécessaire pour tout cet armement, et, quand toute la flotte sera prête, de la diriger sur Rhodes où elle attendrait le roi, et de lui envoyer une réponse sur toutes ces recommandations. Le gouverneur, après avoir préparé cet armement avec toutes les provisions nécessaires pour la campagne, expédia au mois de juin 1365 sire Henri de Giblet sur une saïtie[1] pour annoncer au roi que tout était prêt. Le roi quitta Avignon et se rendit à Venise où il trouva Henri de Giblet. Il fut enchanté des nouvelles qu'il apprit et fit beaucoup d'honneur à l'envoyé de son frère, auquel il donna des ordres secrets pour que le prince envoyât la flotte à Rhodes. Le susdit gouverneur, après avoir nommé à sa place comme gouverneur du royaume, sire Jacques de Norès le turcoplier, monta sur les galères avec tous les seigneurs mentionnés précédemment. La flotte était composée de trente trois saïties portant les chevaux, dix caravelles et 20 vaisseaux appelés peristeria[2], en tout 120 voiles, sorties du port de Famagouste. Chacun des seigneurs qui montèrent sur les vaisseaux, était accompagné

---

[1] Σατία répond au vieux mot français *saïtie*, du latin *saestia*. F. de Dombay nomme la *saïtéja* qu'il appelle «navis minor duobus instructa malis». Voy. le Glossaire de Jal. — [2] C'est-à-dire «colombes».

de sa suite. En voici les noms, exceptés ceux des seigneurs secondaires : d'abord le gouverneur de Chypre, commandant de toute la flotte, messire Jean de Lusignan, prince d'Antioche, frère du roi, messire Jean d'Ibelin comte de Jaffa, messire Jean de Morpho comte de Rochas, messire Raymond Babin le bouteiller de Chypre, sire Hugues de Montolif, sire Jean Thomas de Montolif, sire Pierre de Cassi, sire Jean de Sur l'amiral, sire Rogier de Montolif, sire Thomas de Verny, sire Jean d'Antioche, sire Jean de la Ferté, sire Badin de Brie, sire Jean de Brie, sire Jacques d'Ibelin, sire Niel Le Petit, sire Hugues de Brunswick, sire Balian de Norès, sire Jean de Giblet, sire Guy de Mimars, sire Jacques de Montgezart, sire Ameri de Montgezart, sire Balian de Plessie, sire Louis de Norès, sire Lepan de Montgezart, sire Odet de Giblet, sire Guillaume Le Vicomte et les différentes compagnies de sire Jacques de Norès le turcoplier, de l'archevêque de Leucosie, de l'évêque de Limisso et du commandeur. La flotte sortit et se rendit à Salines. Le gouverneur étant tombé malade et étant retourné à Leucosie, elle alla aux Moulins pour embarquer les chevaux. Comme le prince tardait à revenir, on laissa là sa galère avec trois autres et on se dirigea sur Rhodes. Mais celui-ci voyant que son état empirait au lieu de s'améliorer envoya l'ordre à ces quatre galères d'aller rejoindre les autres. Le 25 août 1365 la flotte arriva à Rhodes à la grande joie des habitants de l'île. Le roi, avant de quitter l'Occident, envoya une galère à Gênes avec Henri de Giblet pour confirmer la paix. Celui-ci acccompagna le podestat sire Jacques Salvago qui se rendait à Chypre avec trois galères.

Toutes les quatre vinrent à Rhodes trouver le roi qui les envoya à Chypre. Quand elles arrivèrent à Paphos, la galère royale y resta pendant que les trois galères génoises se rendaient à Cérines. Messire Henri sortit et alla à Leucosie, et après avoir proclamé la paix conclue avec les Génois, il transmit les ordres du roi au gouverneur, puis il retourna pour accompagner les trois galères à Famagouste, où la paix fut aussi publiée. Sire Henri s'embarqua et alla à Rhodes où il trouva le roi et la flotte. Là quelques matelots ivres en étant venus aux mains, plusieurs Chypriotes et Rhodiotes furent tués. Le roi fit annoncer publiquement que tous ceux qui occasionneraient une querelle seraient punis de mort. Le grand maître fit aussi publier un ordre pareil et le scandale cessa. Ce dernier et tous les frères prièrent le roi de faire la paix avec les seigneurs de Saint-Jean[1] et de Palatia[2]. Ceux-ci, déjà en proie à la frayeur, témoignèrent une grande joie et envoyèrent à Rhodes une ambassade et des présents pour le roi, avec lequel ils signèrent un traité de paix.

Le grand-maître arma quatre galères sur lesquelles il fit monter cent frères et des chevaux. Le roi vint avec quinze galères, ce qui faisait seize en y ajoutant celle qui était revenue de Gênes. Sur la galère royale se trouvaient avec le roi : le légat du Pape, le prince, le seigneur du château, le seigneur de Chatillon, le seigneur de Vassa, Chypriote, le seigneur de Rochefort, le maréchal de Champagne, le vicomte de Turenne[3], et Brunswick avec sa compagnie, messire Simon de Norès, messire Jean Lascaris, messire

---

[1] Ephèse. — [2] Milet. — [3] Du roi Hugues.

90 Pierre Malosel, messire Pierre de-Grimani, sire Jean Damar, messire Henri de Giblet. C'est-à-dire seize galères, quatre galères de l'Hôpital et plusieurs autres vaisseaux. Total de la flotte, 115 voiles.

Le roi envoya à Chypre une galère avec sire Jean Damar pour annoncer les nouvelles à la reine et au prince, auquel il manda de donner l'ordre qu'aucun vaisseau n'allât en Syrie, dans la crainte qu'on n'apprît son arrivée, parce qu'il voulait descendre secrètement sur la terre du sultan pour la saccager, et en même temps d'aviser au départ des Chypriotes établis en Syrie.

Le légat annonça à Rhodes que l'expédition du roi avait pour but la Syrie, engageant chacun à prendre part à cette guerre contre leurs ennemis.

En apprenant ces nouvelles les Famagoustains furent très contrariés, parce qu'ils avaient acheté en Syrie beaucoup de marchandises dont il ne leur serait pas facile de prendre possession.

Peu de temps après le roi, avec l'aide de Dieu, partit de Rhodes et alla à Crambouse et de là à Alexandrie[1]. Ce fut le jeudi 9 octobre 1365 qu'il y arriva. Les Sarrasins, en apercevant l'armée du roi, furent pris de terreur, et plusieurs abandonnèrent la ville et s'enfuirent. Ils descendirent ensuite au nombre de dix mille à cheval et à pied pour défendre l'entrée du port, mais ils n'y parvinrent pas. La première galère qui se sépara de la flotte et qui prit terre fut celle de Jean de Sur; après celle-ci toutes arrivèrent

---

[1] Sur la prise d'Alexandrie par Pierre de Lusignan, voy. le poème de *Guill. de Machaut* et les notes de M. de Mas-Latrie.

l'une après l'autre et débarquèrent[1] leurs hommes d'une manière très heureuse. Les Sarrasins se réjouissaient en disant, «ils n'ont pas de chevaux», et descendant pendant la nuit ils adressaient à l'armée du haut de la forteresse des injures et des défis orgueilleux. Au moment du crépuscule le roi ordonna le débarquement des chevaux. Les Sarrasins en voyant la cavalerie des Chrétiens furent saisis de frayeur et plusieurs prirent la fuite. Le lendemain qui était le vendredi 10 du mois d'octobre, ils montèrent sur l'enceinte d'Alexandrie, décidés à défendre la ville. Mais Dieu favorisa de sa grâce les Chrétiens; en même temps que les soldats montaient à cheval, les galères approchèrent et entrèrent dans le vieux port, tandis que l'armée de terre marchait contre la ville. Cinq mille Sarrasins se mirent à la défense des portes, mais les Chrétiens incendièrent ces portes et pénétrèrent dans la ville, pendant que les galères entraient par celle du vieux port. C'est ainsi qu'avec la grâce de Dieu fut prise Alexandrie qui est la plus forte de toutes les villes que les Sarrasins possèdent sur la mer. Cela arriva le mercredi à quatre heures. Cette prise causa une vive joie aux Chrétiens qui rendirent de grandes grâces à Dieu.

Le légat fit immédiatement remercier Dieu, et on célébra la messe au nom de la Sainte-Trinité en priant pour l'âme des Chrétiens tombés pendant la guerre. Le roi nomma chevaliers, sire Jacques de Lusignan son frère, sire Thomas d'Antioche et plusieurs autres, en conférant de plus à son frère Jacques la dignité de sénéchal. Sire Jean de Morpho fut fait comte de Rochas. Le neveu du roi, messire Hugues de

---

[1] *Guill. de Machaut*, p. 68.

de Lusignan, reçut le titre de prince de Galilée. Le roi et toute la flotte restèrent à Alexandrie. Le troisième jour on entra dans la ville et on découvrit une tour pleine d'objets précieux, de richesses, de marchandises et un trésor composé de monnaies d'or et d'argent. La chiourme des galères mettant pied à terre entra dans la ville et fit un riche butin qui fut transporté à bord. Le roi n'en prit rien, se contentant de conserver la cité pour lui. Il prit conseil du légat et des chevaliers qui lui dirent unanimement qu'ils ne voyaient aucun intérêt pour eux à rester plus longtemps à Alexandrie et qu'ils préféraient retourner dans leur pays. Le roi fit remonter l'armée sur les vaisseaux. On mit à la voile et on arriva à Limisso où tous, le roi, les chevaliers et les barons, mirent pied à terre au milieu d'une joie immense. Les galères revinrent à Famagouste et, après avoir débarqué le butin, tous les vaisseaux furent désarmés, à l'exception de la galère de messire Jean de Sur l'amiral auquel le roi commanda, ainsi qu'aux galères génoises, de ne point mettre pied à terre, mais de se tenir prêts à partir pour l'Occident, suivant les traités qu'il avait faits avec les Génois, comme il a été expliqué plus haut.

Le roi écrivit des lettres au Pape et aux seigneurs de l'Occident pour se recommander à eux et leur donner des explications sur la prise d'Alexandrie. L'amiral porteur de ces lettres sortit de Famagouste et alla à Sainte-Napa. Tous ses gens s'y étant rendus, suivant l'ordre qu'ils avaient reçu, il recommanda à chacun d'eux de s'acquitter de son devoir jusqu'à ce qu'il fût de retour, et, prenant avec lui les chevaliers sire Thomas Ara et sire François Kmada, il partit pour Paphos où il resta un jour. Le roi ayant ordonné à trois galères corsaires d'accompagner l'amiral, elles se rendirent à Rhodes où elles trouvèrent sire Jean de Soissons aux prises avec une maladie dont il mourut; c'est là qu'il a été enseveli. Suivant l'ordre du roi, l'amiral y avait attendu le légat jusqu'au mois de mars 1365. Suivant un autre ordre du roi, ce légat était allé à Famagouste pour s'embarquer; mais il y était tombé malade et y était mort le 6 juin 1365.

L'amiral, informé de ces nouvelles, partit de Rhodes et se rendit à Gênes, après avoir été d'abord voir le Pape. Le saint père, instruit de tous les événements, en éprouva une vive joie, ainsi que la ville de Rome toute entière. Les seigneurs de l'Occident, à l'annonce de la victoire remportée par les Chypriotes, leur portèrent envie et prirent la décision de s'armer et d'aller à Chypre pour aider le roi dans son expédition contre la Syrie. Le comte de Savoie se prépara aussi à partir à la tête d'une armée nombreuse. Dans le même but, le roi de France envoya un puissant chevalier nommé sire Jean de Lavier[1] pour annoncer à Pierre que son souverain allait lui envoyer une armée pour détruire les Sarrasins. Dans l'intervalle arriva la galère vénitienne qui annonça que le roi de Chypre allait faire la paix avec le sultan. A cette nouvelle les seigneurs de l'Occident renoncèrent à aller au secours du roi de Chypre. La république de Vénise, en apprenant la prise d'Alexandrie, fut très irritée, parce que les Vénitiens avaient là de grands intérêts, eu égard aux profits qu'ils tiraient du commerce

---

[1] Nom évidemment corrompu. Le texte porte Τελαβιέρ.

de Syrie. Ils envoyèrent immédiatement une ambassade[1] au sultan pour lui annoncer que la flotte qui était dirigée contre Alexandrie avait été formée sans leur consentement. Si même ils avaient été informés d'un pareil projet, ils n'y auraient pas pris part, parce qu'ils désirent agir en bons amis, comme par le passé. Mais toutes ces précautions furent inutiles. La galère étant arrivée à Alexandrie, l'ambassadeur fut conduit au Caire où très humblement et avec le ton de la prière il remplit sa mission. Le sultan, après avoir lu les lettres, lui répondit[2] : « Je ne veux contracter amitié avec personne avant d'avoir fait la paix avec le roi de Chypre, parce qu'il ne faut pas qu'il soit en guerre avec nous, tandis que nous vous aurions pour amis. » L'ambassadeur s'en retourna et, s'embarquant sur sa galère, il se rendit à Chypre où il mit pied à terre à Famagouste.

Le 25 avril le roi Pierre étant revenu à Chypre fit préparer des galères, des saïties et plusieurs autres vaisseaux pour aller prendre Beyrouth qui est près de Chypre, à une distance de cent milles maritimes. Il donna à messire Pierre de Monstri le commandement de toute la flotte qui se trouvait à Famagouste. Les ambassadeurs vénitiens y étaient venus aussi avec leur galère après avoir quitté le sultan. En voyant la flotte prête à partir, ils furent vivement contrariés. Ils mirent pied à terre, allèrent à Leucosie et communiquèrent au roi la réponse du sultan, en ajoutant : « Seigneur[3], prends garde. Tu nous ruines, car toute notre fortune est en Syrie et nous dépendons de toi. Si ta Majesté va leur faire du mal,

---

[1] *Guill. de Machaut*, p. 115. — [2] *Guill. de Machaut*, p. 116. — [3] *Guill. de Machaut*, p. 118.

ils garderont notre bien et nous serons perdus. Nous te prions donc, au nom du baptême que tu as reçu, d'empêcher la flotte d'aller en Syrie. Il vaut mieux consentir à la paix que le sultan te demande; quand nous aurons enlevé ce qui nous appartient, tu feras ce que tu voudras. Si tu as besoin d'argent pour payer les frais que tu as faits pour les armées et les chemins, nous te dédommagerons de toutes les pertes que tu as pu éprouver, te rendant en cela les mêmes services qu'autrefois.»

Le roi, ayant entendu ces bonnes paroles et se rappelant les nombreux services qu'il avait tirés des Vénitiens, empêcha[1] la flotte de sortir, et leur dit: «Mes seigneurs, mieux vaut un ami pendant la route que de l'argent pendant la vie. Me rappelant les nombreux services que vous m'avez rendus, je ne veux pas vous causer du préjudice; c'est pour cela que je retarde le départ de la flotte, et, puisque le sultan désire faire la paix avec moi, arrangez-vous seulement de manière qu'il m'envoie un ambassadeur.»

Les ambassadeurs furent enchantés du bon accueil que leur avait fait le roi et, après avoir reçu ses ordres, ils se rendirent au Caire et prièrent le sultan d'envoyer une ambassade en Chypre.

Le roi adressa à Pierre[2] Monstri, capitaine de la flotte, une lettre ainsi conçue: «Sache que, pour être agréable à nos bons amis les Vénitiens, je ne veux pas faire de mal au sultan du Caire. Pour cette raison sors et va sur la côte de Turquie pour y causer tous les dommages possibles aux

---

[1] *Guill. de Machaut*, p. 119. — [2] Il faut lire Jean de Monstri, comme il l'appelle partout. Voy. aussi *Guill. de Machaut*, table de l'édition de Mas-Latrie.

Turcs.» Monstri prenant les galères alla aux Moulins et, après avoir embarqué les chevaux, il se rendit à Allagia, assiégea la forteresse et endommagea le port. Pressé comme il était, il n'avait pas le temps de s'emparer de l'enceinte extérieure, il suivit la côte jusqu'au fleuve Monovgatis en saccageant le pays ennemi. Il y avait dans ce fleuve beaucoup de vaisseaux turcs qu'il incendia avec l'aide de Dieu. De là il se rendit à Satalie et après y être resté plusieurs jours il retourna à Famagouste.

La galère vénitienne revint à Alexandrie[1]. Les ambassadeurs allèrent au Caire pour annoncer au sultan qu'ils avaient réussi à persuader au roi de désarmer et de ne pas marcher contre lui, et qu'il devait envoyer une ambassade pour conclure la paix. «Il croit, ajoutèrent-ils, que tu ne la veux pas; nous avons agi selon ton désir.» Ces paroles causèrent beaucoup de joie au sultan. Il fit préparer de riches présents et choisit de puissants seigneurs qu'il envoya au roi en compagnie des Vénitiens. Le 27 mai 1366 la galère de ces derniers aborda à Famagouste; les ambassadeurs mirent pied à terre et le roi les accueillit avec honneur. Il leur fit envoyer des chevaux, et une escorte de chevaliers les conduisit à Leucosie le 2 juin 1366. Ils se présentèrent devant le roi et lui remirent les présents et les lettres du sultan. Celui-ci les reçut avec joie et les installa dans la maison du prince de Tyr qui avait été préparée exprès pour eux. Des chevaliers leur firent de grands honneurs et leur rendirent tous les services dont ils pouvaient avoir besoin. Le roi fit assembler ses conseillers et, après leur avoir donné

---

[1] *Guill. de Machaut*, p. 122.

communication des lettres, leur demanda leur avis sur le parti qu'il devait prendre. Ceux-ci lui répondirent : «Puisqu'un seigneur de la qualité du sultan demande notre amitié, c'est une chose avantageuse pour les deux partis, car le butin appartient au soldat, tandis que les dépenses de la guerre incombent à toi seul.» Cette réponse décida le roi à envoyer au Caire en qualité d'ambassadeurs trois Catalans, Jean d'Alfonso qui était un juif baptisé, sire Georges Sitiva et sire Paul de Belonia le notaire. Il leur remit des présents convenables pour le sultan, indépendamment de ceux qu'il donna aux ambassadeurs de ce dernier, avec une réponse pour leur maître. Il fit armer une galère à Famagouste pour transporter ses mandataires, tandis que ceux du sultan s'embarquèrent sur la galère vénitienne qui les avait amenés, et tous arrivèrent ensemble au Caire. Le sultan leur fit bon accueil; les lettres furent lues et les réponses furent commandées pour être envoyées à Chypre.

Les Vénitiens, voyant que la paix allait être conclue, montèrent sur une galère et se rendirent à Venise pour y annoncer la nouvelle. En l'apprenant, les seigneurs qui désiraient marcher contre la Syrie se séparèrent et ne donnèrent pas suite à leurs projets, et cela au grand détriment de la chrétienté. Le comte de Savoie, prêt à partir pour aller attaquer les Sarrasins, ayant su que la paix allait se conclure, préféra se rendre en Romanie au secours de son neveu, l'empereur de Constantinople. Celui-ci, avec l'aide de Dieu, défit les Turcs et reprit plusieurs villes qui lui avaient été enlevées.

Quand les ambassadeurs[1] du sultan arrivèrent à Chypre, on lut ses lettres dans lesquelles il demandait qu'on lui rendît tous les prisonniers que le roi avait faits à Alexandrie, et alors la paix serait conclue. Le roi n'avait pas soupçonné une pareille perfidie, mais, avec sa bonté ordinaire, il ne fit point d'objection et donna de très bon cœur l'ordre que tous les captifs en question se réunissent pour être envoyés au sultan et se présentassent devant le capitaine nommé à cet effet. C'est ainsi que tous furent expédiés au sultan au Caire. Le roi envoya aussi comme son ambassadeur sire Guillaume de Ras, accompagné du notaire sire Paul de Belonia, auxquels il remit tous les esclaves qui avaient été délivrés; une galère fut préparée pour ce transport. Guillaume de Ras tomba malade en se rendant à Paphos. En apprenant cette nouvelle le roi lui manda de continuer son chemin, parce qu'il était nominativement chargé des esclaves et des lettres, mais, au cas où il ne pourrait pas partir, de remettre le tout entre les mains de Paul de Belonia, et de retourner à Leucosie pour se guérir. Ce dernier prit les esclaves et les lettres et se rendit auprès du sultan qui les lut avec satisfaction, en apprenant que les armées des seigneurs de l'Occident s'étaient dissoutes, chacun partant de son côté, et que les esclaves étaient rentrés au Caire. Le sultan imagina alors le prétexte que le roi s'était moqué de lui en ne lui envoyant pas des ambassadeurs convenables, choisis parmi les grands seigneurs, comme on faisait autrefois, et en conséquence il ne consentit pas à faire la paix. Il fit arrêter l'ambassadeur et donna l'ordre à Ale-

---

[1] *Guill. de Machaut*, p. 123.

xandrie de prendre la galère. Le patron de cette galère, qui était un homme prudent, ne voulut pas entrer dans le port; il resta en dehors en attendant le retour de l'ambassadeur. On cherchait à le faire entrer en employant la flatterie, mais ayant surpris certains chuchotements il mit à la voile et se rendant à Chypre il expliqua au roi ce qui était arrivé. Le roi vit que les Vénitiens l'avaient trompé et s'étaient moqués de lui; c'était à cause d'eux en effet qu'avait été abandonnée la campagne préparée en Occident, campagne dans laquelle les armées auraient pu enlever beaucoup de terres au sultan. Il fut d'abord très irrité, mais comme il était tout à la fois sage et audacieux, il manda à Famagouste de disposer toutes les galères et tous les vaisseaux petits et grands pour marcher contre la Syrie. Il fit partir immédiatement une galère avec sire Pierre de Levat, chevalier français, pour se rendre à Constantinople et informer de l'événement le comte de Savoie en le priant de venir pour attaquer les possessions du sultan. Le comte de Savoie n'était pas à Constantinople dans ce moment là; on y attendait son retour. Quand il revint, ayant appris les nouvelles, il dit : «J'étais prêt à partir, mais les Vénitiens m'ont prévenu que la paix allait être conclue. Dès lors n'ayant rien à faire en Syrie, je suis allé au secours de mon neveu, et je ne puis plus l'abandonner.» Le seigneur de Lesparre prépara sa galère et alla à Chypre à ses frais avec sire Bermond (de la Voulte). En apprenant son arrivée, le roi eut beaucoup de joie et l'accueillit avec de grands honneurs, puis il se rendit à Famagouste. Aussitôt apparut une galère venant d'Occident et montée par l'honorable chevalier messire Jean d'Ibelin, sénéchal de Jérusalem et neveu du roi. Quand il avait accompagné son oncle en Occident, il l'avait abandonné pour aller au secours du roi d'Angleterre contre le roi de France. Pierre avait éprouvé un grand chagrin de voir son neveu se séparer de lui pour marcher contre le roi de France son ami chéri. Aussi quand il était retourné à Chypre ne l'avait-il pas mandé en sa présence. Mais Jean d'Ibelin ayant reconnu sa faute revenait pour demander pardon au roi. Celui-ci ayant le projet d'ouvrir la campagne contre le sultan lui pardonna et l'accueillit avec joie. Les Vénitiens voyant que la paix allait se conclure entre le sultan et le roi, et comme ils ne pouvaient négocier avec plus de bénéfice qu'en Syrie, avaient armé trois galères et mettant sur elles soixante dix marchands, les avaient envoyés en Syrie avec beaucoup d'argent et de riches marchandises. Arrivés à Beyrouth ils furent bien reçus par les Sarrasins qui s'empressèrent de leur vendre des épices et d'autres marchandises. Mais à peine eurent-ils mis pied à terre que l'émir fit arrêter la chiourme, les marchands ainsi que leurs marchandises, et les mettre dans un lieu sûr. Les gens qui étaient restés sur les galères, reconnaissant la perfidie des Sarrasins, conduisirent les vaisseaux à Famagouste et racontèrent à leurs compatriotes résidant à Chypre et au roi, ce qui était arrivé. Tous en furent vivement affectés.

Les négociants Catalans voyant qu'il n'arrivait plus de marchandises de Syrie, prièrent le roi d'envoyer des ambassadeurs au sultan pour l'engager à faire la paix, cette paix leur assurant le libre trafic dont ils vivaient. Il arma aussitôt une galère sur laquelle il mit un honorable chevalier accompagné de plusieurs gentilshommes très prudents, et les envoya au sultan, en le priant de calmer sa colère, de ne lui faire aucun dommage à lui et aux Chrétiens, d'avoir pitié de ses hommes, enfin d'apaiser son irritation. Mais Dieu, comme autrefois pour Pharaon, avait endurci le cœur du sultan qui ne consentit point à faire la paix. Les Catalans, en hommes habiles qu'ils étaient, voyant que toutes ces démarches, au lieu de tourner à bien, ne servaient qu'à irriter davantage les Sarrasins, partirent et allèrent à Famagouste le 26 novembre 1366, au moment même où la flotte chypriote appareillait pour sortir.

Or le roi, suivant sa prudence ordinaire, s'y était pris à temps pour mander à Rhodes qu'on lui envoyât à ses frais quatre galères et tous les vaisseaux qui se trouveraient au port. Le grand maître lui expédia aux frais de l'ordre des Hospitaliers quatre galères et douze saïties qui arrivèrent à Chypre le 11 novembre 1366. Le bon roi Pierre, voyant la flotte bien équipée et composée de 116 voiles, c'est-à-dire de 56 galères et de 60 autres navires, y mit pour patrons les chevaliers nommés ci-après. Il montait la galère capitane, puis venaient : le prince d'Antioche, messire Philippe d'Ibelin, le seigneur d'Arsouf, messire Jean d'Ibelin, sénéchal de Jérusalem, sire Jean d'Ibelin, comte de Jaffa, sire Jean de Morpho, comte de Rochas, la compagnie du légat, la compagnie de l'archevêque, la compagnie de la très sainte mère de Dieu, la compagnie de sire Jean de Lalivière, sire Louis de Rochefort, sire Simon Thenouri, maréchal de Jérusalem, sire Jacques de Norès, turcoplier de Chypre, sire

Thomas de Verny, sire Jacques de Montgezart, sire Raymond Le Vicomte, messire Jean Bédouin, sire Philippe Doukises, la galère Napolitaine, sire Jean de Brie, sire Rogier de Montolif, sire Guillaume Le Vicomte, sire Niel Le Petit, sire Jean de Montolif, sire Jean Lascaris, sire Jean de Monstri, sire Jean de Giblet, messire Marc Corner, sire Pierre Malosel, sire Jean de Mouris, sire Raf de Carmaï, sire Jean de Rafier, sire Jean d'Antioche, sire Arnaud Sosious sire Pierre Grimani, sire Jean de Grimande, chevalier du roi d'Aragon, avec sa compagnie, sire Bermond de la Voulte, sire Alfonse Farrand, sire Odet Bédouin, sire Florimont, seigneur de Lesparre, sire Hughet de Mimars, sire Henri de Montgezart, sire Pierre de Cassi, sire Nicolas Lases, sire Guy de Mimars, sire Jean de Montolif, avec les quatre galères de l'Hôpital entretenues aux frais du roi et les douze saïties, sire Thomas de Montolif de Cliron, sire Raymond Babin, sire Jean de La Baume. Sur les vaisseaux se trouvaient aussi des patrons de moindre importance et dont les noms ne sont pas donnés. Le total des vaisseaux était de 48 qui, avec les 52 cités précédemment, formaient le nombre de 100.

Le dimanche 7 décembre de la même année la susdite flotte du roi de Jérusalem et de Chypre sortit et prit le large. Au même moment il s'éleva une violente tempête[1] qui sépara les vaisseaux les uns des autres, de telle sorte qu'ils ne pouvaient plus distinguer leur direction réciproque. La galère du roi avec d'autres allèrent à Carpaso et à Acrotiki; celle du seigneur de Lesparre avec quatorze autres se

---

[1] *Guill. de Machaut*, p. 131.

rencontrèrent à Tripoli; ils attaquèrent la forteresse dont ils firent prisonnier le capitaine nommé Mekentam (Mouqaddim) Daoud. Ces quinze galères restèrent à Tripoli pendant douze jours en attendant la flotte. Le roi poussé par la tempête arriva à Carpaso. Il y mit pied à terre et se rendit au village de Tricomon, d'où il donna l'ordre au reste de la flotte de retourner à Famagouste. Le seigneur de Lesparre, voyant qu'elle n'apparaissait pas, saccagea Tripoli et revint à Chypre avec les autres galères.

Le sultan, ayant appris l'armement et les ravages que les Chypriotes avaient faits, regretta beaucoup de n'avoir pas conclu la paix. Il fit aussitôt sortir de prison sire Jacques de Belonia[1] le notaire que le roi lui avait envoyé comme ambassadeur, puis, lui rendant sa liberté, il l'expédia accompagné d'un mandataire porteur de lettres et de présents convenables dans le but de faire la paix. Le roi se trouvait alors à Famagouste. La galère de l'ambassadeur sarrasin prit terre à Saint-Georges de Dadas, et fit connaître son arrivée au roi qui lui manda de venir en sa présence. C'est ce qui eut lieu. Quand il arriva à Famagouste, le roi l'accueillit avec de grands honneurs et lui donna pour lui et les siens un beau logement pour s'y reposer. Le lendemain il les fit venir auprès de lui. On lui présenta les lettres et les présents du sultan qui écrivait que, cédant aux prières des Vénitiens, des Génois et des Catalans, il était prêt à conclure la paix. Le roi demanda l'avis de ses conseillers qui lui répondirent qu'il agirait sagement s'il faisait la paix. «Le sultan, disaient-ils, étant un riche seigneur, peut at-

[1] Plus haut, p. 96 et 98, il l'appelle Paul de Belonia.

tendre que tu sois épuisé de dépenses et que tu sois obligé de renvoyer les soldats étrangers, et alors, quand tu seras seul et sans être préparé, il tombera sur toi à l'improviste et te causera beaucoup de dommages.» Après avoir reçu ce bon conseil il promit, devant l'ambassadeur du sultan, de faire la paix avec ce dernier; cette promesse eut lieu le dimanche 10 février 1366.

Le roi envoya au Caire sire Jacques de Norès, le turcoplier de Chypre, sire Pierre de Campo, sire Jacques Le Petit et sire Hugues de La Baume pour la bienheureuse paix et pour recevoir le serment du sultan suivant l'usage. Puis il fit chercher dans toute l'île de Chypre les Sarrasins non baptisés qui pouvaient s'y trouver pour qu'ils se rendîssent à Famagouste ou à Leucosie. Il en arriva aussitôt un grand nombre qu'il remit au turcoplier en le chargeant de les emmener avec lui et de les conduire au Caire. Il fit aussi publier que tous les Sarrasins qui s'étaient faits chrétiens volontairement pouvaient, s'ils le voulaient, aller au Caire en accompagnant les ambassadeurs; même liberté était donnée à tous ceux qui étaient venus de Syrie.

Le roi fit immédiatement armer une galère, une saïtie et un navire pour l'ambassadeur et les captifs qui devaient aller au Caire. Sur ces entrefaites on apporta des lettres du capitaine de Ghorigos[1] et d'Iconium, annonçant que le grand Karaman avait reçu du sultan l'ordre d'assiéger la forteresse. Le roi fit venir devant lui l'ambassadeur du sultan et lui lut les lettres. «Dieu, répondit-il, n'a pas permis qu'une pareille chose soit arrivée à mon seigneur.» Le roi donna

---

[1] *Guill. de Machaut*, p. 135.

l'ordre aussitôt d'armer dix galères qu'il envoya au secours de la forteresse. Il nomma son frère[1] capitaine-général et donna pour patrons à ces vaisseaux les seigneurs dont les noms suivent : sire Philippe d'Ibelin, sire Jean d'Ibelin, sire Philippe de Brunswick, sire Philémon[2], seigneur de Lesparre, messire Simon de Norès, sire Thomas d'Antioche, sire Jean de Monstri[3], sire Jean Lascaris, chevalier grec de Constantinople, sire Jean de Montgezart; il leur donna aussi plusieurs chevaliers comme compagnons et hommes d'armes. Le 26 février 1366 la flotte sortit de Famagouste et alla à Ghorigos[4]. La forteresse était assiégée par une foule de Turcs qui avaient déjà pris la tour de pierre située près du puits qui est en dehors des murs, vis-à-vis la tour appelée Ornitharion. Les Ghorigiotes, ayant reconnu la flotte, furent comblés de joie; ils firent sonner les cloches et les trompettes. Le prince entra dans la forteresse avec sa compagnie et y resta enfermé pendant trois jours en combattant les Turcs du haut des remparts. Il commanda ensuite une sortie[5] aux Ghorigiotes qui livrèrent un grand combat et Dieu donna la victoire aux Chrétiens[6]. Ceux-ci repoussèrent les Turcs, et firent un grand nombre de prisonniers, en les massacrant et leur prenant beaucoup d'engins de guerre, de tentes et d'habits. Le grand Karaman lui-même reçut plusieurs blessures et on reprit la tour qui était déjà aux mains des Turcs.

Le prince resta pendant douze jours à Ghorigos, atten-

---

[1] Le prince d'Antioche. Voy. *Guill. de Machaut*, p. 135. — [2] Il faut lire Florimont, comme dans *Guill. de Machaut*, p. 142. — [3] Voy. *Guill. de Machaut*, p. 139. — [4] *Guill. de Machaut*, p. 145. — [5] *Guill. de Machaut*, p. 146. — [6] *Guill. de Machaut*, p. 153 et suiv.

dant toujours le retour des Turcs; mais il apprit que bien loin de revenir ils s'étaient dispersés et chacun d'eux était retourné chez lui. Grande fut sa joie; il manda la nouvelle au roi et revint à Famagouste le 14 mars 1367.

Pendant que le prince se trouvait à Ghorigos, il arriva plusieurs Turcs Barsacides[1] comme amis du pays, lesquels lui donnèrent à entendre qu'il régnait au Caire un grand tumulte entre le sultan et ses émirs. On avait massacré le grand émir nommé Pechna[2] Ellazezi qui gouvernait les Musulmans, parce qu'il avait conseillé au sultan de faire la paix avec Chypre, et on l'avait remplacé par un autre émir nommé Chassan Damur. Le prince transmit cette nouvelle au roi qui se trouvait alors à Leucosie. Celui-ci fit venir les ambassadeurs du sultan qui à cause du mauvais temps étaient restés dans le port de Famagouste. Quand ils furent en sa présence, il leur demanda des renseignements sur ces bruits. Ces derniers lui répondirent : « Seigneur, nous savons positivement que le sultan et tous les émirs veulent faire la paix avec ta seigneurie; n'aie donc aucun soupçon sur cette affaire. » Il leur commanda aussitôt de retourner à Famagouste et de continuer leur voyage.

Les Génois voyant que la paix tardait à se conclure, envoyèrent au Caire une galère avec sire Pierre de Canal[3], négociant prudent, pour demander la paix au sultan. Celui-ci lui répondit : Je ne fais la paix avec aucun Chrétien avant

---

[1] Baharides ou Barieh est le nom de la milice turque qui a fourni les souverains de la dynastie des sultans Mamelouks. — [2] L'émir Ilbogha el Azizy fut mis à mort au mois de Reby oul evvel 768 (nov. 1366) et remplacé par l'émir Essen Dimour. Cf. Maqrizy, *Hist. d'Ég.*, ms. Bibl. nat. 673, fol. 55 r° et v°. — [3] Dans Strambaldi, ms. de Rome, fol. 67 v°.

de l'avoir conclue avec le roi de Chypre dont j'attends l'ambassadeur. Le susdit Pierre fut vivement contrarié de cette réponse, mais ayant quitté le Caire il alla trouver les ambassadeurs, et pria le roi de les expédier au plus tôt. Celui-ci ordonna aussitôt au turcoplier Jacques de Norès d'aller au nom de Dieu, le plus promptement possible trouver le sultan. On arma une galère qui appartenait au roi d'Aragon, une saïtie et deux naves pour transporter les esclaves envoyés au sultan. Accompagnés par la galère génoise qui était montée par le susdit Pierre de Canal ils quittèrent tous ensemble Famagouste et se rendirent à Alexandrie, où ils mirent pied à terre le samedi 14 mars 1367. Ils furent reçus avec les plus grands honneurs, et le turcoplier accompagné des émirs les plus distingués vint au Caire trouver le sultan. En partant il avait reçu du roi l'ordre de lui envoyer immédiatement par la saïtie un rapport sur tout ce qui se passerait au Caire.

Le roi avait armé plusieurs galères pour envoyer à Satalie la paie des soldats et des vivres. Mais voyant que la saïtie attendue d'Alexandrie n'arrivait pas il conçut de l'inquiétude et fit dire à messire Jean de Monstri qu'il avait nommé capitaine de l'armement pour Attalie, de ne point partir avant qu'il n'eût reçu son commandement.

Les soldats de Satalie n'ayant pas reçu leur paie à temps se dirent entre eux que le roi les avait oubliés. L'esprit de révolte s'empara d'eux. Sire Léon d'Antiaume, le capitaine, cherchait à les faire patienter en employant les plus douces paroles, mais il ne parvint pas à les calmer. Un maître, nommé Pierre Canel, les excitait à tel point, qu'ils

108 se révoltèrent, prirent les clefs des mains du capitaine et dirent qu'ils allaient les remettre aux Turcs. La crainte et l'inquiétude régnaient parmi eux. Cependant le capitaine faisait tout son possible pour les retenir momentanément, priant en même temps le roi de presser l'envoi de la paie. En apprenant ces nouvelles le roi fut très contrarié, d'un autre côté toutes ses pensées se concentraient sur la saïtie qu'il attendait du Caire pour connaître les projets du sultan. L'amiral reçut l'ordre de faire armer tous les vaisseaux qu'il pourrait. On arma 28 galères, non compris les quatre de Rhodes qui se trouvaient à Famagouste, et d'autres vaisseaux plus petits et on leur donna pour patrons les personnages suivants. La première galère était celle du roi, la seconde celle du prince, la 3ᵉ de messire Jean d'Ibelin; 4ᵉ de Philippe Dampierre; 5ᵉ du comte de Jaffa Jean d'Ibelin; 6ᵉ messire Jean de Morpho comte de Rochas; 7ᵉ messire Hugues de Lusignan le prince, 8ᵉ messire frère Florimont[1] seigneur de Lesparre; 9ᵉ messire Simon de Norès, maréchal de Jérusalem; 10ᵉ messire Jean de Brie; 11ᵉ messire Jean Bédouin Lusignan; 12ᵉ sire Guillaume Le Vicomte; 13ᵉ sire Jean de Alfier; 14ᵉ sire Thomas de Montolif de Cliron; 15ᵉ Jean d'Antioche; 16ᵉ sire Thomas de Verny; 17ᵉ sire Rogier de Montolif; 18ᵉ sire Jacques de Montgezart; 19ᵉ sire Henri de Montgezart; 20ᵉ sire Jean de Monstri; 21ᵉ sire Pierre Malosel; 22ᵉ sire Jean Damar; 23ᵉ sire Marin Corner[2]; 24ᵉ sire Léon Spinola; 25ᵉ sire Jean Lascaris; 26ᵉ sire Bermond de la Voulte; 27ᵉ sire Alfonse

---

[1] Raymond dans le texte. — [2] Plus haut, p. 101, il l'appelle Marc Corner.

Farrand; 28ᵉ la galère de l'évêque de Chypre; 29ᵉ la compagnie du sire Jean de Lavier.

Le 26 mai 1367 le roi Pierre partit avec toute la flotte et se rendit à Satalie. A peine arrivé il fit décapiter Pierre Canel qui était la cause du tumulte et paya les soldats. Il partit ensuite et alla à Rhodes pour attendre les nouvelles du Caire. Il avait changé le capitaine de Satalie en le remplaçant par sire Thomas de Montolif de Cliron.

Le turcoplier Jacques de Norès reçu en audience par le sultan, s'exprimant avec un ton plein d'audace et inconvenant, lui dit : « Les grands seigneurs ne doivent pas promettre de faire la paix et ensuite revenir sur leur promesse. Ce à quoi nous sommes parvenus à force de sacrifices, le voilà détruit en un jour. » Puis il ajouta d'autres paroles cruelles et peu convenables; il était fier de sa noblesse et de l'illustre origine de son seigneur le roi. En entendant ces paroles le sultan entra dans une grande irritation et donna l'ordre de l'étendre à terre et de le battre. Un émir se leva alors et dit au sultan : « Accorde à ton esclave la permission de te parler. Je prie ta seigneurie de vouloir bien m'entendre devant tes émirs. » Le sultan y ayant consenti, il dit : « Seigneur, explique-moi comment les Chrétiens sont assez confiants pour envoyer tant d'argent et de marchandises dans ton pays et comment tant de négociants y vivent? » Le sultan répondit : « Ils viennent parce qu'ils se fient au serment que le sultan leur fait devant les émirs. » « Les ambassadeurs des Chrétiens, reprit l'émir, se trouvent en ta présence, et je vois que tu as commandé d'étendre à terre celui-ci et de le châtier. Si cet ordre est exécuté, qui voudra à l'avenir t'envoyer une ambassade? Cela sera l'occasion d'une grande guerre. Or que ta seigneurie ouvre les livres des sultans et qu'elle cherche si quelqu'un de tes devanciers a jamais fait une chose pareille. Un ambassadeur ne doit être ni déshonoré ni battu. S'il ne répond pas d'une manière convenable on peut l'accuser, en recommandant à son maître de ne plus choisir de pareils mandataires, mais non le tuer. Dans le cas où ton arrêt recevrait son exécution, toutes tes terres seront ruinées et les Musulmans n'auront plus de quoi vivre.» En parlant ainsi l'émir calma son maître et l'empêcha de maltraiter l'ambassadeur. Le sultan lui dit : «Nous te demandons à toi qui es le plus ancien et le plus fidèle des conseillers de notre cour, nous te demandons ce qu'il faut faire à ce porc d'ambassadeur pour les paroles honteuses qu'il a prononcées devant moi et devant les émirs.» — «Ne lui fais point de mal et laisse le partir.» Le sultan y consentit. Le turcoplier ayant entendu ces paroles (il était lié avec un Génois qui avait embrassé la foi musulmane, nommé sire Lucien Delort, en turc Nasar Eltin [Nasr eddin]), le turcoplier envoya chercher ce dernier et lui donna de riches présents pour les distribuer aux émirs les plus influents; il le pria aussi de hâter son départ du Caire. Celui-ci alla trouver l'émir qui avait empêché le sultan de rompre les projets de paix. Tous deux allèrent, chacun de son côté, trouver le sultan et parvinrent à vaincre son obstination en lui disant : «Dieu nous enverra une grande calamité si tu ne fais pas la paix. Nous sommes informés que les Chrétiens vont se réunir pour marcher contre toi et te détruire toi et ton peuple. Tu sembles les forcer à en venir à cette extrémité.» Le sultan consentit enfin à conclure la paix et donna l'ordre d'envoyer des ambassadeurs à Chypre avec le turcoplier. Nasar Eltin s'adressant alors au sultan: «Les Francs disent que celui qui donne vite donne deux fois; d'abord parce qu'il montre l'intention de donner, ensuite parce qu'il donne immédiatement. Or ce que ta seigneurie a l'intention de faire ou de donner, qu'elle le fasse promptement afin que ta renommée se répande partout, que les marchandises arrivent et que le pays s'ouvre à la bonne volonté de Dieu.»

Le loup sauvage s'adoucit et fit expédier immédiatement le turcoplier avec les ambassadeurs et les présents d'usage. Tous satisfaits allèrent à Alexandrie et y trouvant leurs galères y montèrent et se rendirent à Chypre où ils arrivèrent le vendredi 14 juin 1367. Comme le roi se trouvait à Rhodes, ils furent reçus avec les plus grands honneurs à Famagouste par le prince qui avertit le roi et alla trouver la reine; puis, le 24 juin de la même année, après avoir arrangé ses affaires, il quitta Leucosie et se rendit à Famagouste où, préparant ses galères, il s'embarqua avec les ambassadeurs le vendredi 28 juin et alla à Rhodes. Le roi qui se trouvait alors à la chasse, éprouva une grande joie en apprenant le retour du turcoplier accompagné des ambassadeurs, et, abandonnant la chasse, il revint immédiatement à Rhodes. Sur l'avis que la paix n'était pas encore conclue, il manda au turcoplier de mettre pied à terre avec sa compagnie. Quant aux ambassadeurs ils resteraient sur leurs vaisseaux jusqu'à nouvel ordre. Il conféra aussitôt avec le turcoplier, et, ayant appris ce qui était arrivé, il envoya une galère à Chypre montée par Léon d'Antiaume avec l'ordre de rassembler autant de chevaux qu'il pourrait en emporter avec lui, et de se procurer en même temps des navires, de tafarèses[1] et des louserges pour enlever ces chevaux. Ce dernier devait aussi préparer plusieurs autres saïties et vaisseaux qui se trouvaient dans le port de Famagouste et attendre le roi. Le susdit Léon d'Antiaume exécuta immédiatement l'ordre du roi, arriva et, après avoir fait la paie des soldats, fit tous les préparatifs dont il était chargé et attendit son arrivée. Ce dernier, ayant eu une querelle avec le seigneur de Rochefort et sire Jean de Monstri, le roi se fâcha contre lui. Alors le seigneur de Rochefort s'entendit avec le seigneur de Lesparre pour quitter le roi et retourner en Occident. Ils armèrent aussitôt une galère à Rhodes et ils sommèrent le roi de Chypre de se trouver devant le Pape à Rome le jour de Noël, pour vider la querelle qui s'était élevée entre eux et afin qu'ils pussent justifier leurs prétentions. On vit alors le grand-maître de Rhodes qui arrivait d'Occident avec deux galères. Il se nommait frère Raymond Bérenger et venait de voir le Pape. Il fut très bien reçu par le roi et ses gens, ainsi que par tous les habitants de l'île.

Le roi sortit de Rhodes et se rendit à Satalie; puis il envoya messire Jean de Monstri à Tacca pour qu'il vînt conférer avec lui. Celui-ci reçut l'envoyé royal avec beaucoup d'honneur, fit un grand éloge du roi, le reconnut comme son seigneur et lui rendit hommage en sujet fidèle. Après une longue entrevue Tacca le salua et partit; le roi remonta

---

[1] Voy. Jal, *Gloss. naut.* v. *Taforea.*

sur sa galère et se rendit à Satalie. Les émirs de ce pays lui envoyèrent de dignes présents avec des ambassadeurs, suivant l'usage, le priant de renouveler la paix que Satalie avait faite avec lui. Le roi, après avoir fait proclamer cette paix, alla à Kitti de Chypre où il mit pied à terre avec ses gens, en attendant l'amiral Jean de Sur qui était en Occident, parce que le grand maître lui avait dit à Rhodes que ce dernier avait fait la paix avec les Génois et était sur le point de revenir à Chypre. Le roi étant tombé malade nomma à sa place son frère le prince et alla à Leucosie. Quand il fut rétabli il retourna à Kitti. Le prince étant tombé malade à son tour, on le porta sur une litière à Leucosie. Le 22 septembre, pendant que le roi était à Kitti, arriva la galère de messire Jean de Grimante sur laquelle se trouvaient l'évêque de Famagouste sire Erat et l'amiral sire Jean de Sur. Le roi et tous les seigneurs les reçurent avec de grands honneurs. Le roi donna l'ordre immédiatement à l'amiral de conduire l'évêque à Famagouste de revenir ensuite à Kitti, et, s'il n'y était plus, d'aller le retrouver à Tripoli.

Le roi partit de Kitti le 22[1] septembre 1367, et toute la flotte étant arrivée à Tripoli le dimanche 28[2] septembre, elle entra dans la ville et l'équipage se répandit dans le pays. L'armée se livra au pillage, mais quand les soldats voulurent retourner à leurs vaisseaux ils furent massacrés par les Sarrasins, parce que s'étant séparés les uns des autres, ils n'avaient plus de capitaine pour les commander. Le roi fut obligé d'abandonner Tripoli à cause de l'impru-

---

[1] Ou le 27, suivant le manuscrit d'Oxford. — [2] Ou le 29, suivant le même manuscrit.

dence de ses gens qui, entraînés par l'appas d'un faible gain, étaient allés en désordre, tandis que les ennemis cachés dans des embuscades les massacraient facilement. Il fit enlever la porte de fer du château et la fit placer dans l'île de Ghorigos. En partant il alla à Tortose[1] où l'armée mit pied à terre. Les habitants de cette ville qui appartenait au sultan, voyant une armée aussi nombreuse, se sauvèrent et allèrent se réfugier sur la montagne. Les galères atterrèrent et l'armée mettant pied à terre ravagea la ville et les faubourgs. On y trouva une grande quantité de rames, de poix et d'étoupes, matériaux destinés aux galères que le sultan se disposait à construire et qui étaient ramassés dans l'ancienne église métropolitaine des Chrétiens. Le roi les incendia en y faisant mettre le feu. Le fer et les clous qui avaient échappé à l'incendie furent jetés à la mer. Il fallut un jour pour consumer tous ces objets. Quant à la porte de fer de Tortose, elle avait été enlevée et envoyée à Ghorigos. En partant il se dirigea sur Valena[2] qu'il incendia. Il se rendit ensuite à Laodicée[3] qui a un bon port. On n'y put descendre à cause d'une violente tempête accompagnée de bourrasques. De là on se dirigea vers Malo, où on resta pendant deux jours; puis on alla à Agiassi[4]. Ce pays appartenait autrefois au roi d'Arménie auquel il avait été pris par les Sarrasins. Il a deux forteresses, l'une près de la mer, l'autre sur la terre ferme; toutes deux étaient pleines

---

[1] *Guill. de Machaut*, v. 6997. — [2] *Guill. de Machaut, l. c.*, l'appelle Valence pour le besoin de la rime. *Valania, Valenia, Balena*, ancien évêché grec et latin, aujourd'hui Banias, sur la côte de Syrie. Voy. les notes de Mas-Latrie. — [3] *Guill. de Machaut, l. c.*, qui l'appelle *Liche*. — [4] *Guill. de Machaut*, v. 7014 l'appelle *Alayat*. Voy. la table de Mas-Latrie v. *Lajazzo*.

de Sarrasins. Le roi mit pied à terre avec la cavalerie et beaucoup de soldats à pied. Dieu aidant, les ennemis tombèrent de peur en combattant du haut des murailles tandis que les autres cherchaient leur salut dans la fuite. La ville fut prise et on massacra beaucoup de Sarrasins. Ceux qui purent se sauver se réfugièrent dans la forteresse de la terre ferme. Le roi se disposait à conduire les troupes contre ces derniers, mais comme il était tard, il remit la poursuite au lendemain matin. Cependant les Sarrasins étaient accourus de tous les côtés pour défendre la forteresse et le matin quand on vint pour mettre les échelles, on la trouva remplie d'ennemis. Dans un conseil il fut décidé qu'il était préférable de partir, de ne pas jeter les hommes dans un pareil péril et de ne pas les fatiguer inutilement. Ainsi fut fait. La trompette sonna pour faire rentrer toute l'armée dans les vaisseaux, et on fit une retraite honorable[1]. Le mercredi 5 octobre le roi arriva avec la flotte à Famagouste, et de là se rendant à Leucosie il fit arrêter les ambassadeurs du sultan, qui avec une partie de leurs gens, furent emprisonnés à Cérines; les autres furent enfermés dans la maison du seigneur de Tyr. Il fit publier en même temps qu'il accorderait la liberté à tous ceux qui voudraient aller saccager les terres du sultan, reviendraient se reposer à Famagouste pour renouveler leurs incursions, et qu'on leur donnerait dans l'arsenal de cette ville tout ce dont ils pourraient avoir besoin. En entendant cette proclamation Pierre de Grimante et son frère Jean de Grimante qui avaient alors deux galères génoises à Rhodes les firent armer et

[1] *Guill. de Machaut*, v. 7038 et suivant.

allèrent à Sidon où, trouvant au port trois galères chargées de menues marchandises, ils s'en emparèrent et retournèrent à Chypre. Dans la route ils rencontrèrent un autre vaisseau sarrasin; ils le prirent aussi et conduisirent tous ces navires à Famagouste à la gloire de la Sainte-Croix.

Revenons maintenant à l'assignation que le seigneur de Lesparre et le seigneur de Rochefort avaient donnée au roi de se présenter le jour de Noël devant le Pape pour leur rendre justice. Le roi afin de montrer son innocence donna l'ordre d'armer sa galère et de l'envoyer à Paphos où elle l'atteindrait pour le prendre et le conduire en Occident. Il se fit remplacer par son frère le prince et emmena avec lui, son fils Perrin de Lusignan comte de Tripoli et messire Hugues, son neveu, le prince de Galilée qui avait été marié en Chypre à demoiselle Marie fille de messire Jean de Morpho comte de Rochas, sire Jacques de Norès le turcoplier, sire Simon Thenouri, Pierre d'Antioche, sire Jean de Monstri, sire Thibat Belpharage et plusieurs autres chevaliers et serviteurs. Il laissa comme gouverneur de sa maison un très valeureux chevalier nommé Jean le Vicomte. Comme il avait besoin d'argent pour les frais de son voyage, le soin de lui en procurer incombait à sire Jean de Castia le chambellan du royaume de Chypre et qui en touchait tous les revenus. Mais tout avait été dépensé, et ce dernier s'ingéniait pour en trouver, comprenant très bien que s'il n'y réussissait pas le roi lui ferait un mauvais parti. Il fit publier alors au nom du roi que tous ceux qui voudraient avoir la liberté de leurs personnes, de leurs vignes et de leurs biens n'avaient qu'à se présenter devant le chambellan. Les bourgeois se rendirent à cet appel et s'accordèrent entre eux pour racheter la liberté de chaque ménage avec les enfants mineurs au prix de mille aspres; le prix fut ensuite abaissé à 800 et enfin descendit jusqu'à 200 besants par famille. C'est ainsi que plusieurs reconquirent leur liberté et que l'on put rassembler une grande somme d'argent. Le roi se rendit alors à Paphos, et de là à Rhodes, puis à Naples où, la reine Jeanne l'ayant accueilli avec beaucoup d'empressement, il resta pendant plusieurs jours. Il avait pris avec lui la chemise de sa femme, la reine Éléonore, et quand on préparait son lit, on la mettait à son côté, comme je l'ai dit précédemment. En quittant Naples il alla à la cour du Pape. On envoya chercher le seigneur de Lesparre[1] pour qu'il vint demander raison au roi qui était prêt à répondre à toute question et même à se battre avec son accusateur. Celui-ci, croyant que le roi ne viendrait pas, se trouva très embarrassé. En arrivant il alla trouver les seigneurs pour les prier d'intervenir comme conciliateurs entre lui et le roi, parce qu'il se repentait de tout ce qu'il avait dit contre ce dernier. Quand les seigneurs vinrent trouver le roi, celui-ci consentit à la réconciliation à la condition que son accusateur répéterait devant le Pape tout ce qu'il venait de dire. Sire Florimont[2] de Lesparre se présenta devant le Pape et désavoua tout ce qu'il avait dit contre le roi, déclarant que ce prince était un bon et orthodoxe Chrétien, fidèle à la sainte église, vengeur des Chrétiens, et autres témoignages honorables pour le roi. Celui-ci

---

[1] *Guill. de Machaut*, v. 7614 et suiv. — [2] Philémon dans Machéras, comme quelques lignes plus loin.

alors lui pardonna et le Pape ravi de voir la paix rétablie entre eux, les invita tous les deux à dîner avec lui. A la fin du dîner messire Florimont de Lesparre se leva, prit le dessert et en servit[1] au Pape et au roi de Chypre. C'est ainsi que la paix fut rétablie entre le roi et le seigneur de Lesparre.

Les seigneurs de l'Occident avaient promis au roi de Chypre de venir à son secours avec des armées pour exterminer les Sarrasins. Le seigneur de Lesparre pressait beaucoup le Pape et les autres seigneurs d'exécuter le passage; mais le Pape ne pouvait rien faire à cause de la querelle qu'il avait avec le seigneur de Milan. Le roi alla à Florence où il apprit que l'empereur d'Allemagne se trouvait de ce côté et qu'il était venu pour défendre les fleuves de Milan. Il alla trouver l'empereur qui le reçut avec honneur, et après être resté plusieurs jours auprès de lui il revint à Milan. Le duc de Milan fut comblé de joie en voyant que le roi de Jérusalem daignait venir le voir. Ce dernier resta plusieurs jours dans cette ville. On lui donna de grandes fêtes et on lui rendit de grands honneurs, et lui de son côté après beaucoup d'efforts parvint à rétablir la paix entre le duc et le Pape.

Parlons maintenant des communes des Génois et des Vénitiens. Ils envoyèrent à la même époque des ambassadeurs au Pape pour accuser le roi de ce que, à cause des guerres qu'il avait avec le sultan, ce dernier faisait confisquer toutes leurs marchandises et mettre en prison tous les Chrétiens qui se trouvaient sur ses terres; tout le monde

---

[1] *Guill. de Machaut*, v. 7910 et suiv.

en souffrait. «Nous te prions, disaient-ils, humblement et en esclaves et nous nous prosternons devant toi pour que tu dises et que tu persuades au roi de consentir à faire la paix, afin que les Chrétiens soient délivrés et les routes ouvertes.» Les lettres étaient accompagnées de présents convenables pour le Pape et le roi. Celui-ci se trouvait alors à Florence; le saint père lui manda de venir à Rome. A son arrivée les susdites communes le reçurent avec honneur et lui offrirent de grands présents qu'il ne voulut pas accepter. Le Pape pria le roi de consentir à faire la paix pour les besoins de la chrétienté et de délivrer ainsi les Chrétiens des amères et ténébreuses douleurs de la prison. Celui-ci se rendit volontiers au désir du Pape. Les deux frères génois, Pierre et Jean de Grimante, irrités de l'extrême orgueil du sultan, prirent leurs deux galères qui étaient au service du roi et se rendirent à Alexandrie où ils trouvèrent un navire sarrasin de Tripoli de Barbarie, chargé de précieuses marchandises. Les corsaires sarrasins à la vue des deux galères firent monter à bord un grand nombre des leurs pour les secourir, mais ce fut en vain. Les galères chrétiennes se jetèrent sur le navire et, après un combat acharné, pendant lequel beaucoup tombèrent et furent blessés, le vaisseau fut pris avec l'aide de Dieu et conduit à Famagouste le 1er avril 1368.

Le 9 avril la lumière du saint dimanche de Pâques éclaira l'année 1368. Dans le même mois sire Jean de Sur arma deux saïties à Famagouste, et laissant à sa place sire Jean de Colies, il alla ce même dimanche de Pâques dans un village nommé Sarfent et le ravagea après avoir

9 avril 1368.

fait tous les habitants prisonniers. Les Sarrasins poussèrent de grands cris et il en accourrut d'autres de plusieurs villages. Colies craignant qu'on ne lui barrât le passage et qu'il ne perdît ses hommes, envoya les captifs sur les galères, et ils arrivèrent sains et saufs à Famagouste. Le sultan apprenant le mal qu'avaient fait les galères génoises et les saïties, et en même temps l'emprisonnement de ses ambassadeurs à Chypre, entra dans une grande colère. Il fit armer aussitôt deux galères arabes et les envoya pour ravager cette île. La tempête les jeta sur l'île de Castel Roux, où ayant trouvé un navire vénitien et une grippe[1] avec trois Chrétiens, ils s'en emparèrent et revinrent à Alexandrie.

Les deux susdits vaisseaux arabes retournèrent à Chypre pour piller. Dieu permit qu'il se trouvât alors une saïtie armée à Famagouste qui devait partir pour Ghorigos. Le lendemain en sortant du port elle entendit le mouvement des rames des deux galères arabes. Elle se rendit alors à la tour de la chaîne et prévint les gardes qui transmirent la nouvelle à l'amiral. Celui-ci ordonna immédiatement aux deux galères génoises et à une saïtie bien armée et commandée par messire Jean de Pons, de sortir pour aller à la recherche des galères ennemies, jusqu'à ce que la porte fût ouverte et que les gens se fussent rassemblés. Les galères bien équipées sortirent pour remplir leur mission; peu de temps après la saïtie s'unit à elles, et elles procédèrent ensemble à cette recherche, mais n'ayant pas réussi à rencontrer les galères arabes, elles retournèrent à Famagouste. Les deux galères génoises allèrent ensuite à Damiette où

[1] Espèce de bâtiment de guerre.

elles trouvèrent deux navires sarrasins, dont l'un entrant dans ce port, prit à bord des hommes de terre et se défendit; mais l'autre qui était resté en dehors, fut pris avec sa cargaison de marchandises et conduit à Famagouste. Quand la saïtie rentra, après avoir faussé compagnie aux deux galères, l'amiral, craignant que dans la rencontre qu'elles pourraient faire de celles des Arabes, elles n'éprouvassent quelque dommage, mit en prison messire Jean de Pons, et lui dit qu'il ne le délivrerait que quand les deux galères seraient revenues saines et sauves à Famagouste. En cas de malheur il le ferait décapiter. Le 10 mai 1368 Dieu manifesta sa volonté sur la personne de l'amiral de Chypre à Famagouste, et les galères revinrent heureusement comme je l'ai dit plus haut. Ce Jean de Pons était d'origine génoise et capitaine d'un navire. Mais revenons au roi.

10 mai 1368.

Il consentit devant le Pape à faire la paix avec le sultan auquel il envoya des ambassadeurs de Gênes et de Venise. Les Génois armèrent aussitôt deux galères et on fit partir en cette qualité Casa de Garri. Les Vénitiens en firent autant de leur côté en choisissant sire Nicolas Giustiniani. Le roi manda à Chypre à son frère le prince de délivrer les ambassadeurs du sultan qui étaient enfermés à Cérines et de les remettre à ceux des deux communes pour être conduits au Caire, quand ils seront réclamés, sous la condition que les ambassadeurs feraient la paix comme ils l'avaient promis devant le très saint père.

Le 24 juin 1368 on arma les quatre galères des communes sur lesquelles montèrent les susdits ambassadeurs[1];

24 jui 1368.

---

[1] *Guill. de Machaut*, v. 7297 et la note de Mas-Latrie, p. 287.

on arma aussi une saïtie pour porter au gouverneur les volontés du roi. Le 5 juin les ambassadeurs partirent de Rhodes d'où ils se rendirent à Alexandrie, puis allant au Caire se présentèrent devant le sultan. Ils remplirent leur mission et après être tombés d'accord avec lui ils envoyèrent à Chypre pour prendre les siens. Le sultan aussitôt délivra les Chrétiens qui avaient été emprisonnés, leur restitua leurs biens et fit le serment d'usage pour confirmer la paix. Après que tout fut convenu, les ambassadeurs restèrent au Caire et envoyèrent à Chypre deux galères, l'une génoise l'autre vénitienne, pour transporter au Caire les ambassadeurs sarrasins. Ces galères partirent d'Alexandrie le 8 août 1368, et on écrivit au podestat des Génois et au baile des Vénitiens à Chypre pour qu'ils fissent ensemble des démarches afin d'obtenir que les susdits ambassadeurs fussent envoyés le plus tôt possible au Caire. Ces derniers allèrent à Leucosie pour remplir leur mission; le gouverneur, qui avait déjà reçu un ordre du roi, leur fit remettre immédiatement les prisonniers, et acte de cette remise fut rédigé devant un notaire conformément aux usages. Le vendredi 28 août les susdites galères sortirent de Famagouste et quand elles furent arrivées à Alexandrie on se disposa à remettre au sultan les ambassadeurs sarrasins. On annonça leur arrivée à sire Casa de Garri et à sire Nicolas Gustiniani ambassadeurs des communes. Ceux-ci transmirent la nouvelle au sultan qui dit : « Faites mettre à terre mes ambassadeurs. » Ils répondirent : « Seigneur, le roi de Chypre nous a ordonné de ne les rendre que lorsque tu auras conclu la paix et fait sortir les Chrétiens de prison, dans la crainte que tu ne te repentes, comme cela est arrivé d'autres fois.» L'orgueilleux sultan fut très irrité d'une pareille réponse. Il y avait là un émir nommé Mechli Bechna (Mengly Bogha), qui avait été la cause du commencement de la guerre. Furieux contre Casa de Garri qui conseillait au sultan de calmer sa colère et de terminer la paix, il se leva et devant son maître il lui donna deux soufflets en disant : «Porc de vil prix, tu te moques de mon seigneur le sultan. Vous demandez la paix pour nous tromper jusqu'à ce que le roi de Chypre vienne nous faire ce qu'il a déjà fait plusieurs fois.» Puis il le prit par la barbe pour le décapiter. Casa, voyant la honte qu'on lui infligeait, lui dit : «Seigneur émir, je ne trompe pas le sultan, mais je dis ce qu'on m'a chargé de dire et tu me bats. Si tous les Génois sont morts, grand bien te fasse[1]. Mais il viendra un temps où le battu battra.» Puis s'adressant au sultan : «Seigneur, je te jure sur ma foi, que si tu ne conclus pas la paix, ils viendront contre toi avec tant d'armées que tu seras exterminé ainsi que tous les marchands.» A ces mots l'ancien émir se leva et dit au sultan : «Seigneur, n'écoute pas celui qui n'a en vue que son propre intérêt, mais bien celui qui te parle dans l'intérêt commun. Les hommes d'armes ne désirent que la guerre pour voler et massacrer. Veux-tu que pour eux tout ton peuple soit pillé chaque jour? Sache que le roi de Chypre est en Occident pour rassembler des armées de seigneurs chrétiens qui viendront ruiner tes terres. S'il apprend que tu as terminé la paix, il reviendra sans armée et nous jouirons du repos. Si tu ne me crois pas, plusieurs

---

[1] C'est-à-dire «tu resteras impuni».

abandonneront tes terres préférant des pays libres et plus sûrs et mieux protégés; d'autres seront emmenés en esclavage. Informe-toi et tu apprendras que les magasins sont pleins de marchandises et qu'il ne se trouve personne pour en acheter. Où sont les ducats des Génois? Ne vois-tu pas que les revenus de tes douanes sont diminués, et que les marchands ne savent ce qu'ils doivent faire? Je suis ton esclave et je suis obligé de dire toute la vérité à mon seigneur, à cause de mes parents et dans l'intérêt de tous les Musulmans. Cette vérité je l'ai dite et j'ajoute que pour le crime du sang versé et pour les captifs emmenés en esclavage Dieu te demandera justice à toi et à ceux qui t'empêchent de conclure la paix.» Le sultan lui dit : «Tu parles bien, et il me plaît de terminer la paix.»

Alors se leva un autre émir très irrité qui dit au sultan: «Seigneur, aie la patience d'attendre que le roi soit revenu sans armée, car en apprenant que la paix a commencé et qu'elle va se conclure, il est probable qu'il reviendra ainsi, et alors tu traiteras comme tu voudras.» Tel etait le désir du sultan qui éloignait toujours la conclusion de la paix. Après avoir entendu cet émir il attendit encore quelques jours, et on lui apporta la nouvelle que le roi était revenu sans aucun secours. Aussitôt il changea d'avis et ne voulut plus faire la paix; il donna cependant des lettres à Casa de Garri pour retourner à Chypre. Celui-ci ayant hâte de partir et de faire connaître les outrages qu'il avait subis, il retourna auprès du roi auquel il exposa tout ce qui était arrivé.

Le roi fit une réponse qu'il envoya par le même ambassadeur avec deux esclaves sarrasins qui s'étaient trouvés à Chypre, et cela dans l'intérêt de la liberté des Chrétiens. Celui-ci les prit avec lui et retourna à Alexandrie.

Le roi étant parti de Famagouste pour aller à Cérines tomba malade et s'arrêta pendant plusieurs jours. Son état s'étant amélioré il demanda de plus amples renseignements sur l'affaire de la paix. En souverain sage qu'il était il exposa au Pape l'état des choses. Les seigneurs avaient consenti à lui donnner plusieurs vaisseaux, mais, ayant appris que la paix allait être conclue, il n'avait pas accepté ce secours; toutefois il s'était trompé. Après avoir pris conseil de ses seigneurs, il envoya des lettres avec une saïtie qui alla les remettre à Alexandrie et revint immédiatement.

Le sultan voyant que sire Casa de Garri était de retour porteur de présents honorables et d'une lettre écrite d'un style humble, dit en lui même : « Il me paraît que le roi est très humilié et que par peur il désire vivement la paix. » Telle était sa pensée avant de lire les lettres que la saïtie avait jetées à terre; ces lettres étaient ainsi conçues : « A notre cher ami le sultan de Babylone bien des salutations de la part de ton ami le roi de Chypre. Sache que je me sens très fatigué de tes manœuvres. C'est toi qui le premier as exprimé le désir de faire la paix; ce sont les Génois, les Vénitiens et les Catalans qui m'ont vivement sollicité de consentir à cette paix. Quand mes ambassadeurs sont venus en ta présence, on a voulu tuer les uns, les autres ont été battus, sans que tu aies témoigné ton mécontentement. Un jour tu me demandes la paix, un autre tu te repens et tu en retardes la conclusion; tout cela me montre que tu es un seigneur parvenu à cette élévation par un caprice de la fortune. Puisque Dieu, à cause de nos crimes, a consenti à te donner cette dignité, tu dois te conduire comme les seigneurs et les rois qui en ont hérité par droit de naissance. Consulte-toi avec ton conseil, avec tes gens, avec toi-même, et éclaire ton esprit, et quand tu verras que tu as besoin de l'amitié des autres, demande-la. Mais la demander et la négliger, c'est là le fait des hommes grossiers. Or, je te jure, sur ma foi de Chrétien, que les seigneurs de l'Occident ont commandé à leurs officiers de préparer une grande armée pour marcher contre toi. Trompé par les Vénitiens j'ai trompé mes bons parents les seigneurs, en leur disant que des relations de bonne amitié existent entre nous; c'est pour cela qu'ils ne sont pas venus. En ajoutant foi à tes paroles comme à celles d'un seigneur, j'ai délivré mes esclaves sarrasins et je te les ai envoyés, tandis que toi tu retiens les Chrétiens en prison. Pour cette raison, avec l'aide de Dieu, je pars pour l'Occident; quand je reviendrai pour marcher contre toi, je te montrerai quel homme je suis, espérant que Dieu voudra bien me donner la victoire. Je ne t'écrirai plus qu'en temps et lieu convenables. »

Le roi après avoir préparé sa galère partit pour la France, accompagné de plusieurs chevaliers.

J'ai oublié de vous expliquer comment la dignité de comte fut convertie en celle de prince, mais j'ai l'intention de vous raconter tout cela à propos du couronnement du roi Jacques de Lusignan. Lorsque le roi Pierre fut couronné il disposa des offices du royaume vacants. Il donna le titre de prince d'Antioche à son frère sire Jean de Lusignan avec la dignité de connétable de Chypre, et nomma son frère Jacques de Lusignan connétable de Jérusalem, sire Thomas d'Ibelin sénéchal du royaume, sire Raymond Babin bouteiller du royaume de Chypre, sire Hugues Enebès son médecin, chancelier de Chypre et sire Pierre Malosel, chambellan de Chypre. Quant au roi Pierre il épousa une belle fille de Catalogne, Éléonore d'Aragon qui fut couronnée avec son mari.

Laissons[1] maintenant l'histoire de ce chien de sultan et venons à celle de la reine, nommée Éléonore, femme du roi Pierre dont nous avons parlé plus haut. Comme vous le savez, le démon de la luxure qui tourmente le monde entier séduisit donc ce bon roi et le fit tomber en faute avec une noble dame, nommée Jeanne l'Aleman, veuve du sire Jean de Montolif, seigneur de Choulou, et il la laissa enceinte de huit mois. Le roi étant allé une seconde fois en Occident la reine la fit appeler et venir à la cour; quand elle fut venue devant elle, elle lui adressa des paroles honteuses, en lui disant: «Méchante courtisane, tu m'enlèves mon mari!» La noble dame se taisait. La reine donna un ordre à ses servantes qui la jetèrent à terre et apportèrent un grand mortier de marbre qu'elles mirent sur son ventre et avec lequel elles broyèrent diverses choses et une mesure de sel pour la faire avorter. Mais Dieu vint à son aide et l'enfant ne sortit pas de son sein. Voyant qu'on l'avait torturée tout le jour, et que l'enfant était resté dans le sein de sa mère, la

---

[1] Nous reproduisons la traduction que M. Gidel a donnée de ce fragment dans ses *Nouv. Ét. sur la litt. gr. mod.*, Paris 1878, in-8°, p. 464—475.

reine ordonna qu'on la mît dans une maison jusqu'au lendemain. Quand il fit jour, elle la fit amener devant elle; on apporta un moulin à main, on l'étendit par terre, on lui mit le moulin sur le ventre et l'on moulut un plat[1] sur son ventre; on la tenait, et elle n'accoucha pas. On lui fit subir mille tortures, employant odeurs, orties et d'autres mauvaises ordures, tout ce qui était ordonné par les sorcières et les sages-femmes. L'enfant persistait à se fortifier dans le sein de sa mère. La reine la fit retourner chez elle et fit savoir à toutes les sages-femmes que celle qui recevrait l'enfant devait le lui apporter sous peine d'avoir la tête tranchée. Quand l'enfant naquit, le pur et l'innocent, on l'apporta à la reine et personne n'a pu savoir ce qu'il était devenu. Cette méchante reine donna des ordres et l'on emporta la malheureuse accouchée à Cérines, et on la jeta toute sanglante encore dans une prison souterraine, et là elle eut beaucoup à souffrir de toutes les manières, privée de tout par le capitaine qui voulait exécuter les ordres méchants de la reine impie et méchante. Sept jours passés, le prince rappela le capitaine de Cérines et le changea. Il mit à sa place un autre capitaine, sire Hugues d'Antiaume, qui était parent de la dame. Le gouverneur lui commanda en secret, par amour pour le roi, de la soulager un peu. Sire Hugues mit de la terre dans la fosse, mais seulement à la surface, et il y fit descendre un menuisier qui mit des planches au-dessous de la terre; il donna à la malheureuse des draps pour dormir, il la traita bien en lui servant à manger et à boire. Tous ces

---

[1] Ou deux mesures, δύο καρίσια.

faits arrivèrent en Occident aux oreilles du roi de Chypre, grâce à ses parents.

Informé de ces faits, le roi écrivit à la reine une lettre fort irritée. «J'ai su le mal que tu as fait à ma bien chère dame Jeanne l'Aleman; en conséquence je t'annonce que, si je reviens à Chypre, avec l'aide de Dieu, je veux te faire tant de mal que tout le monde en tremblera. Ainsi, avant que je revienne, fais donc tout le mal que tu pourras.» Aussitôt que la reine eut reçu la lettre, elle manda au capitaine de Cérines de venir secrètement à Leucosie avec sa femme qui priera la reine pour la dame Jeanne dont nous avons parlé, et de la tirer de la fosse. Ils le firent, la retirèrent de la fosse et lui dirent: «Nous sommes allés trouver la reine, nous l'avons priée, elle vous a fait grâce; rendez-vous dès l'aurore à la ville et allez la remercier.» C'est ainsi qu'ils l'envoyèrent à la ville. La reine ordonna qu'on la fît venir devant elle et qu'on lui remît tout ce qu'on avait enlevé de sa maison. Et la reine lui dit: «Si tu veux que nous soyons amies, si tu veux avoir mon affection, va dans un monastère.» La dame Jeanne lui dit: «A vos ordres, madame, indiquez-moi le monastère où je dois aller.» Et elle lui ordonna d'aller à Sainte-Photiné, c'est-à-dire Sainte-Claire. La dame ci-dessus resta un an dans la fosse de Cérines et dans le monastère, et sa beauté ne passa point.

Sachez que le même roi Pierre avait une autre maîtresse, Echive de Scandelion, femme de sire Grenier Le Petit, et, parce que la susdite dame était mariée, la reine ne pouvait lui faire aucun déplaisir. Qui m'a dit cela, c'est la belle-mère de Georges, Marie de Nouzé le Caloyer, fauconnier de sire Henri de Giblet, au village de Galata, qui connaissait ce seigneur et le servait, et il a su cela.

Venons maintenant à ce qui arriva à cause des péchés de la reine. Le diable de la luxure, maître de tout le mal, fondit sur le cœur de messire Jean de Morpho, comte de Rochas; il lui fit concevoir un vif et grand amour pour la reine. Il s'y prit de tant de manières, il donna tant de présents aux entremetteuses pour réussir, qu'il finit par obtenir ce qu'il voulait, et que tous les deux se trouvèrent ensemble. L'affaire fut bientôt répandue dans toute la ville; on sut comment s'était fait ce péché, tout le monde ne parlait plus de rien autre chose, si bien que les domestiques mêmes s'en entretenaient. Les frères du roi l'apprirent aussi, et ils en furent vivement blessés. Ils songèrent au moyen de faire passer ce grand mal, pour qu'il ne s'en produisît pas un autre plus grand, comme il arriva. Sur ces entrefaites arriva messire Jean Le Vicomte, auquel le roi, en partant, avait donné l'ordre de veiller sur sa maison, et les seigneurs commencèrent à l'interroger sur le compte de madame la reine, et surtout ils lui demandèrent si c'était la vérité. Le bon chevalier leur dit : Non. Il ajouta : « Seigneurs, qui peut être maître de la bouche du peuple, qui est toujours prêt à dire du mal de chacun, et à cacher le bien des autres? » Il dit encore : « Dieu sait qu'à l'heure où j'ai appris ceci, j'ai failli tomber à terre évanoui, car je ne sais que faire. Mon maître le roi m'a donné la charge de veiller à son honorable maison, plus que ses frères mêmes. » Alors ils lui disent : « Il nous semble qu'il en doit être instruit par vous plutôt que par un autre. » Le bon chevalier rentra chez lui et il écrivit au roi une mauvaise lettre qui disait ceci :

« Mon très honoré seigneur, suivant l'ordre que j'ai reçu de renseigner votre seigneurie sur le royaume, je lui fais savoir que notre très haute dame et reine, votre sainte compagne, va bien, ainsi que vos frères ; et ils ont un grand désir de vous revoir. Quant aux nouvelles de l'île, maudite soit l'heure où j'ai pensé à vous écrire, trois fois maudit le jour où vous m'avez chargé de surveiller votre maison, car il faut que je vous tourmente le cœur en vous racontant les nouvelles. Je voudrais les taire ; mais j'ai peur que votre seigneurie ne les apprenne de quelque autre, et alors je serais châtié. Voilà pourquoi je vous parle de cela, et je prie Dieu et votre seigneurie de n'en prendre pas de dépit ; j'aurais préféré être muet. On dit dans le pays que le comte de Rochas a mis la main sur votre trésor, que votre brebis s'est égarée et qu'elle a été trouvée avec le bouc ; on dit que le comte de Rochas a un grand amour pour notre dame la reine, mais il me semble que ce sont des mensonges. Si j'en avais eu le pouvoir j'aurais voulu rechercher d'où et de qui est sorti ce propos, et j'aurais fait que personne ne fût assez audacieux pour débiter de pareilles infamies. Ne vous irritez pas contre moi ; selon vos ordres j'ai transmis à votre seigneurie ce que j'ai appris. Je prie Dieu que votre seigneurie vienne pour examiner cette affaire et qu'il soit prouvé que je suis un menteur et surtout que l'on découvre et punisse celui qui a osé répandre une pareille calomnie. Je prie Dieu pour la bonne vie de votre Majesté. Écrit dans la ville de Leucosie le 13 décembre 1368 de J.-Chr. »

Je vous ai déjà parlé de l'amour que le roi avait pour la reine; par suite de cet amour il lui avait promis que partout où il se trouverait, il prendrait la chemise de la reine et la tiendrait la nuit dans ses bras, pour dormir. Son chambellan portait donc partout avec lui le vêtement de la reine et le mettait sur son lit, et si quelques-uns disent : «Comment ayant tant d'amour, avait-il deux maîtresses?» je répondrai qu'il le faisait par la grande luxure qu'il avait, et parce qu'il était un homme jeune.

On lui apporta la lettre; c'était la nuit quand on lui apporta cette triste nouvelle. Aussitôt il ordonna à son chambellan d'enlever le vêtement de la reine d'entre ses bras, ce serviteur s'appelait Jean de la Chambre[1], et il lui dit de ne plus mettre la chemise sur son lit. Alors il soupira et dit : «Anathème sur l'heure et sur le jour où l'on m'a remis cette lettre; la lune assurément était dans le signe du capricorne quand on me l'a écrite.» Le roi en homme sensé ne fit rien paraître et il se fit beaucoup de violence pour montrer de l'allégresse, mais il ne le pouvait pas à cause de sa douleur. Les chevaliers voyant son visage sombre, tandis qu'auparavant il paraissait très gai, l'interrogèrent en lui disant : «Dites-nous ce que vous nous cachez; si nous le savions, il est probable que nous y remédierions, au moins nous partagerions avec vous votre ennui.» Le roi soupira et leur dit : «Mes chers amis, je prie Dieu qu'il n'arrive jamais à mes amis pareille nouvelle, pas même à mes ennemis; c'est un message très amer et empoisonné, qui ne peut se partager; il entre dans le cœur comme un

---

[1] M. de Mas-Latrie croit qu'il était valet de chambre.

nœud, et comme cela reste dans mon cœur. Il n'est personne qui puisse le guérir, exepté le Tout-Puissant. Et je vois bien que le Roi des rois est irrité contre moi, car je ne me suis pas contenté de l'héritage que m'avaient donné mes parents, j'ai cherché à prendre ce que n'avaient pas mes pères, et il a fait que mes amis tirent vengeance de moi plus que de mes ennemis; c'est pourquoi il dit : « Garde-moi de ceux en qui j'ai confiance, parce que je prends mes gardes moi-même contre mes ennemis. » Et les pauvres chevaliers tombèrent dans une grande douleur, ils interrogeaient ses serviteurs leur demandant s'ils savaient quelque chose sur ce sujet.

Le roi voyant d'ailleurs qu'il n'avait plus rien à faire dans le pays de l'Occident, ayant l'assurance de la paix avec le sultan, dit adieu aux princes de l'Occident, il monta sur son navire et il revint en Chypre. On le reçut selon les coutumes royales, on lui fit des fêtes et un joyeux accueil pendant huit jours.

Il faut que nous revenions au comte messire Jean de Morpho. Lorsque vint la nouvelle à Chypre que le roi avait terminé ses affaires, et qu'il était prêt de retourner, le susdit messire Jean de Morpho fut en grand souci à cause de l'arrivée du roi; il craignait qu'on ne lui racontât la chose, et surtout les maîtresses du roi, pour contrarier la reine. Or il envoya deux pièces d'étoffe d'écarlate, l'une à la dame Jeanne l'Aleman, l'autre à la dame Échive de Scandelion, de couleur fine, et mille aspres d'argent de Chypre à chacune, et il les fit prier de lui promettre qu'elles ne diraient rien, pas même au roi, et si elles entendaient quelqu'un le dire, de le contredire comme un menteur. Les dames promirent de le faire et elles le firent en effet. Le roi s'étant 134 mis en mer, il s'éleva une grande tempête qui mit sa vie en péril; il fit vœu, s'il arrivait sain et sauf en Chypre, d'aller visiter tous les couvents latins et grecs, d'y faire ses prières et de distribuer des aumônes. Le ciel le sauva, il arriva heureusement à Leucosie. Il fut reçu par son peuple avec joie et au milieu des processions. La cour royale se composait de deux appartements dont l'un était occupé par la reine et sa suite, l'autre qui regardait le fleuve appartenait au roi. Il n'a pas voulu voir la reine. Ce palais était célèbre dans le monde entier.

Le lendemain le roi, suivant le vœu qu'il avait fait de secourir les couvents, prit avec lui des maçons et des secrétaires pour rédiger la note des dépenses qu'on allait faire.

Il donna à messire Jean de Monstri beaucoup de pièces de monnaie, et celui-ci les porta avec lui. D'abord le roi alla au monastère de Sainte-Claire. Il prit l'autorisation de l'abbesse, et ils montèrent aux cellules des nonnes. Il entra dans celle de la dame Jeanne l'Aleman; celle-ci se mit à genoux et elle allait baiser la main du roi, quand il l'embrassa avec grande affection; il lui donna mille gros d'argent et lui demanda : «Qui t'a dit d'embrasser la vie religieuse?» Elle répondit : «Puisque j'ai tant souffert dans le monde faux, que je souffre encore dans le bon.» Il lui ordonna déposer sur le champ l'habit de religieuse, de quitter le couvent puisqu'elle y était entrée sans sa volonté, sur l'ordre de la reine. Le roi continua ses dévotions dans les couvents, donnant à chacune de ces maisons pour le salut de son âme. Le roi vint au palais et fit venir devant lui les deux dames; il les fit mettre dans une chambre, et là il les interrogea en secret sur les propos que l'on tenait. Comme nous l'avons dit déjà, les deux dames s'étaient concertées. Il les interrogea à part; toutes deux dirent la même chose au roi, et il ne put rien apprendre d'elles. Elles lui disaient : « Sachez que la reine fut mécontente de messire Jean Le Vicomte; elle l'a insulté, et lui, fâché pour cela, a écrit à votre Majesté la lettre que vous avez reçue. » Elles lui disaient encore : « Sire, vous savez que nous ne sommes pour rien dans votre grâce, nous sommes vos esclaves, et nous ne pouvons pas dire ce que nous ne savons pas; et, puisque le comte de Rochas est un bon serviteur de votre Majesté, pourrions-nous le calomnier injustement! » Ainsi le roi fut trompé par ces deux dames, en croyant qu'elles disaient la vérité. Voilà comment l'affaire se passa, comme je l'ai su de madame Losé, la nourrice des filles de sire Simon d'Antioche, qui était une femme esclave du comte de Rochas; elle savait tous les détails de cette affaire. Elle était la mère de Jean le Cuisinier[1].

Réellement le roi n'ajouta pas foi aux paroles de ces deux dames; ce n'était pas un souverain ordinaire; né sous l'influence de la planète du lion, il était beau de corps et vaillant de cœur, sage, prudent, ayant reçu de Dieu plusieurs grâces et d'un aspect imposant.

Récit[2] de la querelle qui s'éleva entre les Génois et les Vénitiens. En 1368, un Génois était allé au pont de Fa-

---

[1] Jean Magiros dans M. Gidel. — [2] Ce récit vient interrompre la suite du discours. M. Gidel ne l'a pas traduit comme n'ayant pas rapport au sujet.

magouste pour monter sur son vaisseau; n'ayant pas trouvé de barque génoise, il s'adressa à des bateliers vénitiens en les priant de le transporter à bord. Ceux-ci n'y consentirent point; alors le Génois les accabla d'injures. Les hommes de la barque vénitienne l'ayant battu, il alla trouver le baile des Vénitiens, nommé Jean de Molin, pour lui demander réparation. Le baile ne voulut pas l'entendre. Alors l'offensé alla trouver ses compatriotes pour leur expliquer l'affaire. Les Génois irrités se rendirent à la loge des Vénitiens, où ayant trouvé les bâtons peints des huissiers, ils les rompirent sur leur dos; puis ayant tiré des épées ils sautèrent sur les Vénitiens qui s'enfuirent et montèrent dans les appartements supérieurs de leur loge afin de se défendre. Alors les commerçants génois entrèrent dans les magasins de la douane qui étaient situés près de là. On se jeta des pierres de part et d'autre; les Vénitiens lancèrent même des dards contre les Génois. Une pierre lancée par un de ces derniers blessa à la main le baile des Vénitiens. Le capitaine informé de l'affaire, envoya aussitôt le vicomte accompagné de nombreux hommes d'armes pour mettre fin à la querelle et garder la ville. Une autre pierre blessa le baile au visage; celui-ci quitta aussitôt la loge et allant chez lui ordonna à tous les commerçants de s'armer. Le podestat des Génois fit de même; il se nommait Edouard Falamonaco. Les moines des Latins et le bailly de Famagouste intervinrent, accusèrent les deux partis, et réussirent à les calmer et à rétablir la paix parmi eux.

Revenons au roi. Comme il n'avait pas confiance dans les propos de ces deux dames, il demanda leur avis à ses seigneurs, à ses frères et à tous les autres barons, salariés, hommes liges, ses conseillers et il les consulta par ordre. Le roi leur parla ainsi : « Seigneurs honorés de Dieu, mes amis et mes frères, je vous confie la peine, le chagrin ardent et l'incendie qui dévore mon cœur ; désormais aucun ne peut être surpris pour ce qui m'est arrivé, parce que je suis moi-même la cause de ce malheur, je ne blâme personne autre que moi. Dieu m'a fait roi de Chypre, il m'a appelé aussi roi de Jérusalem, et avant le temps j'ai été pressé de posséder ce royaume de Jérusalem, et j'ai voulu accomplir ce dessein pour votre bien, pour votre honneur et pour le mien ; Dieu m'a châtié, il a puni mon orgueil. Plût au ciel que je fusse resté roi de Chypre honoré, plutôt que d'être roi du monde, mais déshonoré. Je suis né dans le signe du capricorne et j'ai été couronné sous l'influence de la planète de Saturne. Aussi, seigneurs, je vous ai convoqués, je vous ai rassemblés ici, pour vous dire mon chagrin, il est lourd, difficile à porter, il me couvre de honte, il est indécent à vous le raconter. Je sais que tous vous êtes sages ; voyez ce que je vous demande, et justifiez-moi selon la justice et la grâce que le Saint-Esprit vous donnera. »

Alors, tous d'une seule voix, lui dirent : « Seigneur et maître, si quelqu'un s'est fait quelque imagination, ou d'après sa passion vous a paru dire des propos inconvenants pour votre royauté, en prince sensé vous n'en devez rien croire, car on dit beaucoup de choses dans le monde, qui ne sont pas paroles d'évangile. » Le roi se remplit de colère et dit à ses seigneurs : « Si vous ne voulez pas me croire, voyez la lettre qu'on m'a envoyée en France, et, par elle, vous connaîtrez comment les choses se sont passées. Cependant je demande votre avis, dites-moi ce qu'il vous semble que je doive faire. Dois-je me séparer de ma femme, et la renvoyer à son père? Dois-je faire périr le chien, le galeux qui a abîmé ma perle, ou n'en dois-je rien faire paraître? Dites-moi ce qu'il vous en semble, et je vous promets que je ne ferai rien autre chose que ce que vous me conseillerez. Ne dites pas que je vous trompe avec ces paroles, et que je peux bien me venger moi-même; mais vous savez que tous les hommes ne raisonnent pas, et pour cela je m'adresse à vous, plus il y a d'hommes, plus il y a d'esprit. C'est pour cela que depuis longtemps nous avons un conseil de vieillards éprouvés et par eux nous trouvons la vérité. Les hommes peuvent malheureusement être juges dans leurs propres affaires; voyez les médecins, ils ne soignent pas eux-mêmes leurs femmes et leurs enfants, parce qu'ils ne peuvent distinguer chaque maladie à cause de la grande affection qu'ils ont eue pour eux; il faut donc que ce soit des médecins étrangers qui guérissent leurs femmes et leurs enfants, de même il faut que ce soient des juges étrangers qui jugent les griefs, parce que la colère ou la douleur manque à ces étrangers qui voient avec patience l'affaire telle qu'elle est. C'est pour cela que je vous remets l'autorité; c'est pour cela que je vous ai rassemblés afin de porter devant vous les griefs que j'ai, et que vous jugiez selon ce qui vous semblera juste.»

Ils répondirent au roi : «Seigneur, nous avons entendu votre plainte, votre demande et votre chagrin, nous espérons dans la grâce de Dieu, pour qu'il nous enseigne ce qui doit lui convenir et convenir à votre Majesté. Sur le point que vous nous ordonnez de juger, veuillez-vous retirer un peu, afin que nous délibérions, et que nous choisissions le parti que Dieu trouvera le meilleur, et que nous vous disions ce qui doit se faire. ».

En entendant ceci, le roi se retira aussitôt. Et les chevaliers se livrèrent entre eux à une discussion pénible : les uns parlaient de tuer le comte; mais ils disaient : « Si nous le faisons, nous révélerons l'affaire, et ce sera une grande honte pour nous. » D'autres disaient : « Il est bien dit qu'il y a trois choses que nous devons éviter, la colère, la haine et le bruit public. Mais si nous disions de tuer la reine, vous savez qu'elle est de la grande famille des Catalans, ils sont impitoyables; ils diront que nous avons agi par haine, ils prendront les armes, ils viendront ici, ils détruiront notre pays avec nos biens. D'un autre côté, si nous tuons le comte, le fait va s'ébruiter, les uns le croiront, les autres ne le croiront pas, tous croiront que nous avons tué le comte pour cette affaire, et le bruit s'en répandra dans le monde entier. Et notre roi est comme un aigle, et nous, nous sommes ses ailes, et comme l'aigle ne peut rien sans ses ailes, aussi le roi seul ne peut rien sans nous, et nous ne pouvons rien sans lui; notre roi nous accusera et le bruit ne fera que prendre de la consistance. Il nous semble que nous ferions mieux d'étouffer ce propos. Vraiment, le roi nous a montré la lettre qui lui a été écrite par sire Jean Le Vicomte en France, mais nous pouvons dire tous que Jean Le Vicomte est un menteur, faisons lui perdre la liberté de sa condition, et laissons-le à la pitié du roi, comme un homme qui a calomnié la reine à cause de quelque brouillerie qui est survenue entre eux au temps passé. S'il se sauve, la gloire en sera à Dieu, sinon qu'il aille au bien (qu'il meure)! il vaut mieux qu'un chevalier périsse plutôt que nous mêmes soyons démontrés parjures, parce que nous n'avons pas surveillé la reine, et si nous l'avions surveillée, nous aurions dû, aussitôt que nous entendîmes les bruits indignes qui couraient sur elle, venger notre maître sur son ennemi, et sur celui qui avait porté atteinte à son honneur. De cette manière, si l'on vient à apprendre ce qui s'est passé on ne croira pas à ces méchants bruits, tous diront que le chevalier a menti, et qu'il a subi une mort injuste! et avec cela les propos se dissiperont, et tout le monde croira ce que nous avons dit.»

Aussitôt ils appelèrent le roi et ils lui dirent[1] : «Seigneur, vous nous avez fait connaître vos griefs, vous nous avez montré la lettre que vous avez reçue, nous avons longuement conféré entre nous, nous avons tourné la question de côté et d'autre pour trouver quelque justification à ce que dit le papier, enfin il nous a paru que ce que la lettre contient n'est que mensonge; celui qui l'a écrite en a menti à son âme, et tous ensemble, ainsi que chacun de nous en particulier, nous sommes prêts à prouver par notre même corps contre lui (en duel) qu'il est un menteur. S'il a agi comme il l'a fait, c'est qu'il est survenu une querelle entre lui et la reine; le chevalier l'a convoitée, la reine ne l'a pas écouté : de là sa colère, et la lettre qu'il vous a écrite. Mais notre reine est honnête, sainte, noble et honorée. Et

[1] *Guill. de Machaut,* v. 8072 et suiv.

souvenez-vous que vous nous avez promis de faire ce que nous vous conseillerons. »

C'est ainsi qu'ils justifièrent le roi, en présentant le chevalier comme menteur. Le roi les remercia; il demanda ce chevalier à son pouvoir; il leur donna en main un papier où ils écrivirent qu'il était un traître et qu'il avait calomnié la reine. Quand il eut écouté leurs raisons, qu'il en eut rapproché celles des deux dames, ses maîtresses, il les crut, et il envoya à minuit à la demeure du chevalier, et on l'appela de la part du roi. Le noble chevalier était dans son lit; aussitôt il se lève, il monte à cheval pour aller à la cour du roi. Dehors se tenaient des turcoples, des Arméniens, une foule de gens armés, ils le prirent sur le champ et le conduisirent à Cérines, et on le jeta dans la fosse de Scoutella. Il y resta pendant un an. Après arriva un grand seigneur français qui allait à Jérusalem pour faire ses dévotions; les parents de sire Jean Le Vicomte le prièrent de le demander au roi, comme il est de coutume aux seigneurs. Celui-ci pria le roi de le retirer de la prison, et le roi promit de le retirer. Quand le comte étranger fut parti, le roi ordonna de retirer le chevalier de la prison de Cérines; il l'envoya au château de Léonte[1]; on le jeta dans la fosse, il y resta sans manger et mourut. Le chevalier qui fut si mal traité, comme je viens de le dire, était un très brave homme, et dans les joutes et dans toute sorte d'armes très vaillant; que le Seigneur lui pardonne[2]!

[1] Ou de Léon. Les Grecs nommaient ainsi la forteresse que les Francs appelaient plutôt Buffavent ou Château de la Reine. Voy. Mas Latrie, *Guill. de Machaut*, p. 289. — [2] Ici s'arrête la traduction de M. Gidel.

Or le roi ne fut pas content de tout cela, sachant comment la chose était arrivée. Pour se venger il commença à déshonorer les femmes de tous ses ennemis qui s'étaient entendues pour lui infliger une pareille honte, depuis la plus petite jusqu'à la plus grande dame. Les chevaliers voulaient aussi faire quelque chose pour se venger, mais, voyant que leurs desseins avaient été dévoilés, ils renoncèrent à leurs méchants projets. Cependant comme on ne pouvait trouver personne capable de les désunir, mais comme au contraire ils étaient très unis, le roi commença à les haïr tous et à traiter chacun d'eux suivant son mérite. Les Génois disent : « Fais du mal à celui qui t'en fait, et si tu ne le peux pas, garde-toi de l'oublier. » Bref il déshonora toutes les dames de Leucosie, petites et grandes ; ce serait une grande honte de les nommer. Les seigneurs prirent leurs mesures et étaient mal disposés pour le roi ; le diable, trouvant que le terrain était fécond, y jeta sa semence, c'est-à-dire la haine, de sorte que ce terrain produisit un grand intérêt, mille pour cent. Les choses marchaient ainsi de jour en jour lorsque le moment opportun se présenta. Le roi savait bien qu'il était haï de tous les chevaliers ; de son côté il les haïssait tous. Craignant de mourir avant d'accomplir ses projets de vengeance, d'être tué, exilé ou détrôné, comme il avait été fait au roi Henri, il se fit bâtir une tour et dans l'intérieur il fit peindre une image de la miséricorde ; la prison qui se trouvait au-dessus de cette tour fut nommée Marguerite[1]. La tour était assez forte, il voulut l'entourer d'un fossé. Après avoir fait ce retranche-

---

[1] Voy. Mas Latrie, *Histoire de Chypre*, t. III, p. 265, n. 3.

ment, il songeait à envoyer une invitation générale, afin d'y rassembler tous les grands seigneurs et barons et, pendant qu'ils mangeraient, de faire arrêter ses frères et une partie des chevaliers qu'il soupçonnait. Son but était de les empêcher de se réunir pour lui faire du mal, et ainsi il pourrait être tranquille pendant toute sa vie. Son plan avait été très bien arrêté, mais il fut mal exécuté. Quand le grand carême arriva, dans la semaine de la Passion, il fit appeler son confesseur, frère Jacques de Saint-Dominique, afin de se confesser, et dans sa confession il lui expliqua le plan de la Marguerite. Ce dernier était aussi le confesseur du prince qui le fit appeler dans le même but. Après la confession le moine lui exposa tous les plans du roi. Aussi le prince se gardait bien d'entrer dans la Marguerite, empêchant également son frère Jacques de le faire.

Mais il est temps de moissonner la récolte de la haine et de vous montrer par un exemple qu'il y avait une réciprocité de ce sentiment entre le roi et les chevaliers. Le 8 janvier 1368[1] qui était un dimanche, le roi, se trouvant à Akaki, alla à la chasse. Près de là est un petit village nommé Ménico et appartenant à sire Henri de Giblet. Ce chevalier avait un fils nommé Jacques, une fille veuve nommée Marie, et une seconde fille naturelle du nom de Louise. Il était vicomte et aimait beaucoup la chasse comme tous les chevaliers. Il possédait une paire de superbes chiens lévriers qu'il s'était procurée en Turquie. Ils suivaient tous le roi, comme l'étiquette l'exige en pareil cas. Pendant que celui-ci chassait, le valet des chiens du susdit vicomte, se dé-

[1] Le 8 janvier 1369, suivant *Guill. de Machaut*, p. 255.

tournant de la chasse, passa par la cour d'Akaki pour aller
143 à Ménico, accompagné de ces deux beaux chiens que sire
Henri avait donnés à son fils Jacques. Le comte de Tripoli,
sire Pierre de Lusignan, le fils du roi, rencontrant le valet
des chiens, lui demanda à qui appartenaient les deux lévriers.
Celui-ci lui dit : «Monseigneur, ces chiens appartiennent
à mon maître Jacques de Giblet.» L'enfant royal caressa
ces chiens et, après les avoir examinés, en enfant et seigneur qu'il était, il désira les avoir et dit au serviteur :
«Donne-moi ces chiens.» Le serviteur lui répondit : «Je
n'ose pas, j'ai peur de mon maître; demandez-les lui, il
vous les donnera.» Le comte de Tripoli manda à Jacques
de Giblet de les lui envoyer, ajoutant qu'il les payerait
courtoisement. Ce dernier répondit : «Va dire à ton maître
qu'il aime à avoir ce qui ne lui appartient pas, quant à moi,
je n'aime pas à avoir ce qui ne m'appartient pas; or, qu'il
me pardonne, je ne les donne pas.» Le susdit Jacques alla
trouver son père et lui dit que le comte de Tripoli lui demandait les chiens, mais qu'il les avait refusés. Sire Henri
fut fâché de la réponse de son fils. Quand le serviteur apporta la réponse de sire Jacques, le seigneur comte de Tripoli se mit à pleurer. Dans le même moment le roi montait
à la porte du palais; entendant les pleurs de son fils, il lui
demanda la cause de ses larmes. Celui-ci, sanglotant, ne
put pas lui répondre. Le roi alla trouver le chevalier maître
de son fils et lui dit : «Quel est donc le motif qui cause tant
de chagrin à mon fils?» Le chevalier dit au roi : «Seigneur,
Jacques de Giblet possède une paire de lévriers très beaux;
comme son valet de chenil passait par ici, le prince mon

seigneur a vu ces chiens et les a demandés; mais le valet ne voulant pas les donner, il a envoyé son serviteur à sire Jacques de Giblet qui n'a pas consenti à s'en défaire et le serviteur est revenu sans eux. C'est pour cela qu'il se désole et pleure.» En apprenant cela, le roi fut très irrité; son cœur se remplit d'amertume et il dit : «Mon très cher fils a raison d'être de mauvaise humeur.» Puis, se tournant vers son fils : «Mon enfant, dit-il, ne sois plus fâché, je vais envoyer chez son père pour les lui demander.» Le roi dépêcha alors à Henri de Giblet un prudent chevalier chargé de demander les chiens pour son fils, le comte de Tripoli, promettant de les payer à leur juste valeur. Le chevalier de Giblet, attaché à son fils et aimant la chasse, et en même temps pour montrer la haine que les seigneurs nourrissaient contre le roi, s'inquiéta peu des conséquences et des dangers que comportait une affaire de si petite importance. Les chiens, en effet, ne vivent pas plus de six ans, mais la colère du seigneur cause beaucoup de dommages en revenus, en maisons et autres objets, parce que, suivant son bon vouloir, il peut élever, abaisser et déshériter les hommes. Or, n'ayant égard à aucune de ces considérations, sire Giblet osa répondre au chevalier envoyé par le roi : «Va dire au roi qu'il demande ces lévriers pour le plaisir de son fils, dans la crainte qu'il ne se fâche et ne tombe malade, et moi, il me regarde comme une bête de somme et comme un assassin de mon fils. Puisqu'il tient à bien traiter son enfant, j'ai le même désir pour le mien, car je ne suis pas un fou comme il le croit. Ces lévriers appartiennent à mon fils; si je les prends, il tombera malade et probablement il mourra.

Qu'il ne se fâche donc pas si je ne me rends pas à son désir. La Turquie est près de nous, et les marchands vont et viennent, de manière qu'il peut commander qu'on lui apporte tout ce qu'il désire, au lieu de demander le bien des autres; c'est pour cela que je ne consulte que mon plaisir et celui de mon fils. » Le chevalier lui dit : « Seigneur, nous sommes, comme tu sais, obligés par notre loi de nous secourir l'un l'autre, cette réponse ne me paraît point bonne pour notre seigneur le roi; et si je lui rapportais ces paroles, tu pourrais te trouver en danger; prends donc garde. » Celui-ci répondit au chevalier : « S'il y avait moyen de lui donner tout ce que nous avons, il ne serait pas encore content, parce qu'il nous hait; qu'il agisse aussi mal qu'il pourra. »

Le chevalier transmit cette réponse au roi aussi courtoisement qu'il put.

Le roi, l'ayant reçue et voyant la grossièreté de Giblet, fut irrité. Il ordonna aussitôt à sire Henri de prendre ses chevaux et ses armes pour se rendre à la garde de Paphos, puis il fit mettre aux fers son fils Jacques[1], qu'il envoya avec une pelle à la main travailler à la tranchée de la Marguerite, comme les autres ouvriers. Il donna aussi l'ordre de prendre sa fille Marie de Giblet, veuve de sire Guy de Verny, pour la marier avec Camus qui était tailleur et en même temps serviteur de sire Raymond Babin. La veuve du chevalier était une femme prudente; quand elle apprit la querelle survenue entre le roi et son père, elle fut effrayée à l'idée que cette querelle pourrait finir mal; aussi elle quitta sa maison et alla à Sainte-Claire, couvent où l'on ne voit

---

[1] *Guill. de Machaut,* p. 258.

point de femmes, pour y rester jusqu'à ce que l'affaire fût terminée. Mais, ayant su que le roi voulait la marier, elle en sortit et alla se cacher au couvent de Tortose. Le roi retira à son père la dignité de vicomte, pour la donner à sire Jean de Neuville. Le dimanche 15 du mois de janvier 1368, le roi se rendit d'Akaki à Leucosie et, informé qu'on ne trouvait pas la veuve du chevalier, il la fit chercher partout. Ayant appris qu'elle était à Tortose, il la fit prendre de force dans le monastère et l'envoya au vicomte pour qu'il la fît mettre à la torture jusqu'à ce qu'elle nommât la personne qui lui avait conseillé d'aller se cacher au couvent. Elle dit au vicomte : «Seigneur, je veux faire le bien de mon âme, et, en offrant mon douaire à mon seigneur, je l'autorise à en faire l'usage qu'il voudra.» Le roi commanda de continuer la torture, et on la tortura tellement qu'on lui fit frire les pieds. La pauvre dame ne disait autre chose que : «O mon Dieu, justice!»

Ce que voyant les seigneurs disaient : «Nous verrons dorénavant la même chose arriver à nos filles, à nos fils et aux dames veuves.»

La dame résistait de toutes ses forces; mais le roi n'avait aucune pitié. Enfin sire Jean de Neuville étant veuf lui-même, la prit en mariage.

Le diable fit naître un autre scandale. Le roi voulait prendre conseil sur ce qu'il devait faire de sire Henri de Giblet, parce que dans son premier moment de colère, il l'avait fait arrêter et mettre dans la prison des voleurs, sans consulter la grande cour, comme il avait fait pour Jacques son fils et la sœur de ce dernier, dame Marie de Giblet.

Quand il demanda conseil, ses barons lui dirent : « Éloigne-toi un peu de nous, pour que nous puissions nous consulter, et te donner une réponse. » Les seigneurs voyant le roi rempli de méchanceté et de colère et qu'il avait osé sans aucun droit mettre la main sur ses liges, tous ensemble s'indignèrent et dans leur irritation se dirent entre eux : « Voilà que la méchanceté du roi contre nous se dévoile ! » Ils commencèrent à se livrer à d'autres réflexions en laissant de côté ce qui

147 venait d'arriver. Tous les chevaliers se lèvent alors et allant trouver les frères du roi, leur disent : « Seigneurs, vous connaissez les rapports d'obéissance réciproque qui existaient entre le roi et nous; nous nous appartenions par le serment qui nous enchaînait mutuellement. Or ce qu'il a fait contre Henri de Giblet et ses enfants est contraire à la loi et à la justice, car, sans l'avis de sa cour, il l'a envoyé à Paphos après l'avoir fait mettre d'abord en prison, comme aussi son fils et sa fille; et tout cela, quand il n'avait pas le droit de mettre la main sur eux, sans le consentement de ses conseillers. Nous reconnaissons donc qu'il est un parjure, car il a prêté serment d'observer les assises et les lois en vigueur; quant à nous, nous sommes tenus à défendre nos pairs. » Ils allèrent alors trouver le roi auquel son frère le prince adressa ces paroles : « Seigneur, il nous paraît que tu as agi illégalement en te conduisant ainsi contre tes liges, sans soumettre la querelle à ta cour souveraine pour qu'elle l'entendît et la jugeât; tu foules ainsi aux pieds les lois et les assises, car, par le serment fait pendant ton couronnement, tu as promis de les considérer comme tes pairs. »

En entendant cela le roi fut exaspéré et lui répondit par des paroles peu dignes et grossières. Le prince se tut; son jeune frère Jacques dit au roi : « Seigneur, tu es trop irrité, ta vue se trouble et tu ne vois pas les choses telles qu'elles sont. Nous te prions, comme notre seigneur, de tourner vers nous un doux regard, suivant les anciennes assises, les us et les coutumes de ce noble royaume. » Le roi s'emporta contre lui et lui adressa des injures ainsi qu'à sa femme. Le démon triomphait. Enfin il maltraita et déshonora tous les chevaliers.

Dès lors commença à s'élever l'arbre de la haine. Tous les seigneurs voyant le roi si irrité, prirent congé de lui en disant : « Seigneur, sois tranquille. Ce soir nous en parlerons, et, si nous trouvons dans les assises quelque article relatif à cette affaire, nous le soumettrons à ta seigneurie. » Le roi se calma et faisant taire sa colère, leur dit : « Mettez en écrit tout ce que vous arrêterez et apportez-le moi pour que je le voie. » Ils s'en allèrent alors très irrités et indignés des paroles inconvenantes que le roi leur avait adressées devant des hommes qui étaient leurs inférieurs. Quand les frères du roi descendirent pour monter à cheval, une foule de chevaliers les suivit et ils allèrent jusqu'au perron de l'escalier où d'habitude on se met en selle. Là ouvrant la bouche ils dirent aux frères du roi : « Nous rendons grâces à Dieu de ce que votre frère vous a traités comme des manans, et, si vous ne cherchez à le faire changer, Dieu exercera sa justice contre vous et le péché tombera sur vous et vos enfants. » Après s'être mis en selle, ils se lièrent entre eux par serment en donnant leur parole qu'ils se tiendraient éveillés pendant toute la nuit pour délibérer sur ce qu'il y aurait à faire, afin que le roi eût pour eux les égards exigés par les anciennes coutumes et qu'ils pussent se laver de la honte que chaque jour il leur infligeait à tous et à chacun d'eux en particulier. Puis renouvelant le serment de ne se séparer que le lendemain matin et de ne pas changer d'opinion, ils dirent : « Vous avez vu comment le roi a rompu les serments faits entre lui et nous. Puisqu'il traite ses frères comme ses valets de chambre, comment se conduira-t-il avec nous? Or nous sommes délivrés de l'alliance que nous avions contractée avec lui. Depuis son retour d'Occident, il est devenu tellement superbe, qu'il a trahi ses serments à cause de la haine qu'il nourrit contre nous. Quant à nous, nous jurons de lui rendre haine pour haine. » Les paroles des chevaliers furent accueillies par le prince et le connétable qui y donnèrent leur assentiment et le confirmèrent par serment. Quand les seigneurs sortirent de la cour royale, messire Jean de Moustri (ce sage chevalier avait été élevé par le roi à la dignité d'amiral, par conséquent il aimait beaucoup son bienfaiteur) pensa que cette affaire commencée par son souverain n'aurait pas une bonne issue. Il fut très contrarié et voulut intervenir à propos afin de guérir cette plaie, sachant très bien que la trame de la fortune est mal filée. Il dit donc au roi : « Seigneur, par pitié, prête l'oreille à mes paroles. Si je n'expose, comme il convient, ce que j'ai à dire, ta seigneurie à laquelle Dieu a donné un esprit net, ne comprendra pas bien l'affaire et mes paroles seront perdues. Or, je te prie, ne te fâche pas si je dis quelque chose qui ne te convienne pas. » Le roi lui répondit : « Parle, n'aies pas peur. » Celui-ci alors lui dit : « Seigneur, j'ai appris de plusieurs savants que les anciennes querelles et disputes engendrent l'inimitié et que l'inimitié engendre la haine, et qu'à cause de cette dernière les commandements de Dieu sont négligés, à tel point que les mauvaises pensées et les mauvais vouloirs des hommes se transforment en passions obstinées. Or il me paraît qu'il faut chasser les mauvaises pensées. Tes frères, mes seigneurs, sont sortis d'ici très irrités et déshonorés par toi. Tous tes parents et plusieurs chevaliers sont avec eux et ils sont tellement irrités qu'avant de se coucher ils prendront quelque méchante décision ; que Dieu nous en préserve ! Je te prie de les faire revenir et de leur adresser quelques bonnes et douces paroles afin d'apaiser leur colère, et en homme sage que tu es, tu dissiperas leur irritation en les rassurant, et leurs dispositions pour toi deviendront bonnes de mauvaises qu'elles étaient. »

Ce discours plut au roi qui lui répondit : « Tu as bien pensé. Va rejoindre mes frères et tâche de les faire revenir ici sous le prétexte que j'ai quelque renseignement à leur demander à propos de la question que je leur ai soumise pour cette nuit. » Le chevalier se met en selle et se hâtant de les rejoindre, il court et se rend à Saint-Georges des Poulains où on vend des fils de coton. A cette occasion je remarque que près du coin de l'église se trouve un bassin (urne) de marbre qui donne la mesure du muids de Leucosie. Le chevalier les ayant rejoints dans cet endroit, les salua. Les chevaliers en le voyant arriver dirent aux frères du roi : « Voyez, il envoie pour que vous alliez faire la paix avec lui ce soir, et demain il vous maltraitera plus qu'il n'a déjà fait. Vous serez déshonorés pour toute votre vie, parce qu'après les injures qu'il vous a faites, il cherche maintenant à vous flatter comme des serviteurs, et dès ce jour il nous regardera tous comme des bêtes et des fous, et cela ira pour nous de mal en pire. Mais si vous voulez vous conduire en seigneurs prudents que vous êtes et être regardés comme tels par nos inférieurs, éloignez-vous de lui et suivant votre serment, venez avec nous pour l'obliger à nous faire des concessions.» C'est ainsi que les seigneurs se mirent d'accord pour agir. Cependant l'amiral s'approcha et les salua de la part du roi; on s'arrêta devant Saint-Georges. Après les avoir salués, il leur dit : «Seigneurs, notre seigneur le roi votre frère vous demande; il voudrait ajouter secrètement une question à celle qu'il vous a soumise. Or, si vous l'aimez revenez pour qu'il vous en parle, et après vous repartirez.» Les seigneurs irrités et pleins d'amertume ne voulurent pas revenir, mais ils lui répondirent : «Seigneur amiral, retourne vers le roi et recommande nous à lui, en lui disant que nous délibérons sur la question, que nous continuerons nos délibérations pendant toute la nuit, et ce que nous aurons reconnu être le plus utile et le plus convenable, nous le lui soumettrons le matin par écrit.» L'amiral leur dit : «Pour l'amour du Christ, revenez et ne cherchez pas à faire la joie de vos ennemis; ce sont les anges seuls qui ne se scandalisent jamais. Si votre frère vous a adressé des paroles inconvenantes, vous, comme plus jeunes, vous devez respecter votre frère aîné, dans l'intérêt de la couronne qu'il porte.» Ceux-ci lui dirent : «C'est en vain que tu te donnes du mal. » Ils allèrent à la boutique de Giafouni, où il leur parla encore, mais ceux-ci, ne tenant aucun compte de ses observations, lui dirent : « Le temps ne permet pas que les chevaliers retournent à la cour, parce qu'après ils se sépareront et nous ne pourrons plus discuter les volontés du roi. Comme nous nous trouvons ensemble, nous entrerons chez moi, ajouta le prince, et personne ne pourra quitter avant que le conseil ne soit arrêté de manière à lui être soumis le matin. Quant à sa nouvelle proposition, il nous la dira et nous l'examinerons. Recommandez-nous à sa seigneurie. »

Le bon chevalier reconnaissant qu'il perdait ses peines, les salua et retourna trouver le roi. Celui-ci voyant l'amiral revenir sans ses frères, se fâcha et lui dit : « Comment se portent mes frères? Pourquoi ne les as tu pas amenés? » Il répondit : « Seigneur, je les ai rejoints à Saint-Georges. Je leur ai parlé longuement de ta part en les priant de revenir, mais ils n'y ont pas consenti à cause du conseil dans lequel ils doivent se réunir suivant ta recommandation. Ils ne veulent pas se séparer avant le matin, avant de terminer cette affaire, et, pour ne pas te déplaire, ils sont tous tombés d'accord qu'ils iraient à la maison du prince ton frère; ils ne se sépareront pas sans prendre une résolution sur ce qu'il faut faire, et demain, avec la permission de Dieu, on te présentera cette résolution. Ils se recommandent à ta seigneurie. » Cette réponse satisfit le roi.

Les seigneurs chevaliers et tous les conseillers se rassemblèrent dans la maison du prince, et ils se querellèrent toute la nuit à propos du roi. Les chevaliers dirent à ses frères : « Quel droit votre frère a-t-il sur vous? Vous êtes des rois comme lui ; il ne vous manque que la couronne pour être comme lui, et cependant chaque jour il vous déshonore devant des hommes de basse condition. Comment voulez-vous qu'il vous estime ensuite? De quel droit ose-t-il mettre en prison les liges, sans la permission de son conseil, et sans être certain qu'il a raison? C'est dans l'intérêt de la vérité, de l'ordre et des lois des assises, qu'il a promis d'observer et de surveiller, que nos pères ont abandonné tous leurs biens pour venir dans cette île prendre quelque repos. Ils ont fait entre eux des conventions et des lois. Comment aujourd'hui le roi agit-il envers ces lois et ces assises? Il a mis en prison sire Henri qui est un homme lige, et tous nous sommes entre nous nos garants réciproques. Il a pris aussi son fils sire Jacques, qui est le premier-né de sire Henri, et par conséquent l'héritier direct des biens de son père et ayant lui aussi la même liberté que son père, suivant les coutumes et les assises du royaume. Il a pris encore madame Marie de Giblet, veuve du chevalier sire Guy de Verny. Quand le roi veut marier une femme de cette condition, il est obligé de demander le conseil de trois chevaliers liges, dont l'un représente le roi, et les deux autres la cour et le secrétariat de la maréchaussée. Une année après la mort de son premier mari, ces chevaliers doivent lui signifier la volonté du roi, en lui disant : « Notre seigneur le roi, étant le maître de disposer de tous les hommes qui possèdent une partie de ses biens dans cette île, nous te proposons tel ou tel pour époux. » Alors on lui nomme trois chevaliers appartenant au même rang qu'elle ou son mari avait occupé, et elle choisit entre les trois celui avec lequel elle préfère être mariée. On fixe un terme à la dame pour qu'elle ait le temps de réfléchir et de répondre. Si elle laisse passer ce terme sans qu'elle ait fait son choix, alors le roi a le droit de la marier avec l'un des susdits, celui qu'il voudra. Mais dans l'affaire dont il s'agit ici, nous voyons que le roi veut la marier avec un tailleur, ce qui est tout à fait injuste, et nous ne pouvons l'approuver. Nous vous prions donc de nous écouter, d'accéder à notre désir et de nous aider à l'arrêter et de lui ôter sa liberté, s'il ne nous promet pas sur sa foi de nous traiter selon nos assises d'après lesquelles ses prédécesseurs feux nos rois ont ordonné toutes les bonnes coutumes du royaume. Autrement chacun de nous quittera l'île et nous irons chercher fortune ailleurs, en prenant Dieu pour guide.»

Ce conseil plut au prince et au connétable. Ils se mirent à table et après le dîner ils commencèrent à dormir dans le grand palais où ils demeuraient. L'ennemi (le diable) jugea le moment opportun pour moissonner la récolte dont il avait jeté la semence dans leur cœur, c'est-à-dire pour tuer le roi. Or, les chevaliers voyant que les frères du roi étaient avec eux, devinrent audacieux et se consultant entre eux, dirent: «Seigneurs, il est vrai qu'auparavant nous avons dit aux frères du roi d'arrêter ce dernier, jusqu'à ce qu'il nous promette de nous traiter convenablement; mais quand nous lui rendrons la liberté, il nous fera tous mourir. Avant d'être couronné il a juré sept fois et après ce serment il a mis la couronne; mais tous ces serments sont oubliés, car il agit contre les assises et Dieu. Qui à l'avenir pourra ajouter foi à ses serments et à ses promesses?» Les autres dirent:

«Vous parlez bien. Nous proclamons que nous ne sommes plus obligés envers ce parjure; mais nous devons nous présenter devant lui pour le tuer!» D'autres : «Nous irons chez lui la nuit pour le tuer pendant son sommeil. Il faut presser ses frères de venir avec nous et de rester jusqu'au matin pour exécuter notre plan, autrement ils peuvent nous tuer.» D'autres encore : «En avant!» Mais les frères du roi les prièrent de ne pas les forcer de prendre part à un projet dont en effet ils ignoraient la portée. Le proverbe dit : «Dans son orgueil il croit qu'il tient le pied du chevreau, comme celui qui l'écorche.» A minuit ils forcèrent les frères du roi de préparer leurs chevaux et d'envoyer délivrer les chevaliers prisonniers, en brisant les fers qu'ils avaient aux pieds. C'est ainsi que sire Jacques de Giblet et Marie de Giblet sortirent de prison.

Revenons au roi. Quand il eut terminé ses affaires il se mit à dîner dans un état de grande irritation : c'était le mardi 16 janvier 1368, la vigile de la fête de Saint-Antoine. Il observait le jeûne ce jour-là, et il y avait avec lui plusieurs chevaliers qui le voyant si irrité croyaient qu'il était malade. Après quelques plats on lui servit des asperges; son serviteur demanda de l'huile pour les assaisonner, mais on avait oublié d'en acheter et les boutiques étaient déjà fermées parce qu'il se faisait tard. Le roi attendait qu'on lui servît ce plat; voyant qu'il tardait, il s'écria: «Mais au nom de Dieu, apportez donc les asperges.» Son serviteur lui dit : «Seigneur, on n'a pas d'huile et les parfumeurs ont déjà fermé leur boutique. Ils ont oublié d'en apporter de bonne heure, daignez leur pardonner.» Le roi se fâcha et dit : C'est le bailly de ma cour qui a fait cela pour me tourmenter. » Aussitôt il le fait mettre en prison, menaçant de le faire décapiter le lendemain matin. Ce dernier fut délivré avec les autres. Tous ces prisonniers vinrent à la maison du prince et lui racontèrent ce qui était arrivé.

Le mercredi 17 janvier 1368, de bonne heure tous les chevaliers accompagnés du prince et de son frère, arrivèrent à la maison royale, et mettant pied à terre devant le perron de l'escalier, ils montèrent et se dirigèrent vers les appartements du roi avec tous les prisonniers délivrés. Alors le prince frappa à la porte avec précaution. Gilet de Cornalie[1] qui ce jour-là était l'officier de service ouvrit la porte et à la suite des frères du roi tout le monde entra à la fois. Le roi entendant du bruit se leva de son lit et s'écria : Quels sont ces hommes qui viennent d'entrer?» Madame Échive de Scandelion qui était couchée avec lui, dit : «Ce ne peut être que tes frères.» La noble dame se leva, s'habilla, et sortant de la salle descendit dans l'endroit[2] où se trouvaient des selles pour les tournois; elle ferma la trappe. Le prince voyant que madame de Scandelion avait quitté les côtés du roi, entra dans la chambre de celui-ci et le salua. Le connétable n'y entra pas, le prince ne le voulait pas, mais les chevaliers le forcèrent d'y entrer parce qu'ils avaient leur projet arrêté. Alors le prince dit au roi : «Bon jour, seigneur.» Le roi lui répondit : «Bon jour, mon bon frère.» Le prince dit : «Nous nous sommes beaucoup fatigués toute la nuit pour mettre par écrit notre opinion; nous te

---

[1] Strambaldi le nomme sire Roger de Zuli de Cornalie. — [2] «Dans le bas du palais.» Le texte se sert du mot σέντε.

l'apportons pour que tu la voies.» Le roi était nu, n'ayant que sa chemise, et il avait honte de s'habiller devant son frère. Or il lui dit : «Mon frère, éloigne-toi un peu pour que je m'habille et j'examinerai votre écrit.» Le prince se retira. Alors s'élança le seigneur d'Arsouf tenant à la main un grand couteau pareil à une épée, et qui était alors en usage, et après lui sire Henri de Giblet. Quand le prince s'était retiré, le roi commençait à s'habiller et passant une manche de son habit il tournait le visage pour mettre l'autre, il vit les chevaliers dans sa chambre et les apostrophant: «Lâches et parjures, dit-il, que venez-vous faire dans ma chambre à une pareille heure?» Ces chevaliers étaient au nombre de trois : c'étaient sire Philippe d'Ibelin seigneur d'Arsouf, sire Henri de Giblet et sire Jacques de Gaurelle[1]. Aussitôt ils dégaînent et portent au roi trois ou quatre coups chacun. Le roi se met à crier : «Au secours, pitié!» Immédiatement accourt sire Jean Gorab, le bailly de la cour, et, le trouvant évanoui, il tire son couteau et lui coupe la tête en disant : «Tu voulais aujourd'hui me faire décapiter, eh bien! c'est moi qui te coupe la tête, et ta menace tombe sur toi.»

Les chevaliers entrèrent ainsi l'un après l'autre et tous brandirent leurs couteaux pour faire le serment et ils maintinrent de près les frères du roi dans la crainte qu'ils ne fissent quelque bruit; ces derniers avaient peur aussi d'être tués. Arriva ensuite le turcoplier, Jacques de Norès, qui n'était pas dans le complot. Pour qu'on ne crût pas qu'il n'acceptait pas les faits accomplis, voyant le roi couvert de sang,

[1] Plus haut, p. 67, il lui donne le prénom de Jean.

sans chausses et sans tête, il tire son couteau et lui coupe les parties sexuelles en disant : « C'est à cause d'elles que tu as été tué. » Au fond du cœur il avait beaucoup de compassion pour le roi, mais il agit ainsi afin de participer au complot.

Aussitôt la trompette sonna à la porte du palais et on cria : « Seigneurs, Dieu a exécuté sa volonté sur le seigneur le roi. » Le grand drapeau royal fut suspendu du côté du fleuve et on fit publier parmi le peuple que personne ne devait faire de bruit sous peine d'être décapité. Puis le roi Pierre, fils du roi Pierre, prit possession de ses droits sur le royaume, et tous les salariés prêtèrent serment au nouveau roi. Le peuple plaignit beaucoup le roi mort et cria trois fois : « Vive le roi Pierre ! »

Le connétable monta alors à cheval et se rendit à Famagouste pour recevoir le serment. Ayant rencontré Jean de Monstri qui allait à la chasse, il le prit avec lui et dans la route lui raconta la mort du roi. Le seigneur d'Arsouf ayant appris par la rumeur publique que l'amiral (Jean de Monstri) était l'amant de sa femme, réclama justice contre lui, et comme il demandait que le coupable fût mis à mort, le prince et la reine firent mettre l'amiral en prison à Cérines. Celui-ci voyant qu'il était détenu dans cette ville et qu'il ne pouvait être délivré, fit faire une grippe[1] pour pêcher, et quelque temps après il s'enfuit pendant la nuit et se rendit en Turquie. Il était enfermé dans une tour; il ôta de la fenêtre deux barreaux de fer, et se suspendant à une corde il sortit de la tour, puis s'embarquant sur sa grippe il

[1] Espèce de barque de pêche.

mit à la voile et alla au golfe de Satalie. Quand le sergent gardien de la tour vint pour lui apporter sa nourriture, il ne le trouva plus. Il annonça aussitôt l'évasion au capitaine de Cérines. Celui-ci arma une fuste dont il confia le commandement à sire Badin Rasour qui partit et découvrit en mer le fugitif. L'amiral voyant que la fuste marchait à sa poursuite, descendit à terre et, la peur lui ayant fait presser le pas, il gravit une montagne tout épuisé de fatigue et il se jeta sous un arbre pour reprendre haleine; mais il y expira. La fuste s'empara de la grippe qu'elle ramena à Cérines. L'amiral trouvé mort fut enterré par les Chrétiens qui étaient là, dans l'église de Sainte-Marine près de Satalie. Sire Badin Rasour ne pensant pas que l'amiral était mort, dit à son retour à Cérines qu'il s'était réfugié près de Tacca le Turc. Le prince croyant réellement que l'amiral se trouvait là fit partir avec la fuste Badin Rasour et Jean Passel, pour aller le réclamer; mais quand ils arrivèrent, ils apprirent qu'il était mort.

Revenons maintenant à ce trois fois maudit sultan qui ne voulant pas faire la paix en reculait toujours la conclusion. Le prince, gouverneur de Chypre, était irrité contre les ambassadeurs génois qui avaient porté les lettres sur la galère du roi. Quand sire Casa de Garri remit les lettres royales au sultan, celui-ci laissa voir qu'il ne prenait pas en considération la demande du roi, et qu'il ne voulait pas entendre parler de paix. La galère en ayant été informée partit et retourna à Chypre; en revenant elle rencontra un vaisseau sarrasin qui allait à Alexandrie; elle l'attaqua, s'en empara et le conduisit à Chypre. On fit un rapport au prince sur tous ces événements, en ajoutant que le sultan mettait les Chrétiens en prison. Le gouverneur contrarié de ces nouvelles, fit publier que tous ceux qui voudraient aller piller la terre de Syrie, auraient pleine liberté et que même on leur donnerait des vaisseaux et des armes. Les Famagoustains armèrent une saïtie et en se rendant en Syrie ils attaquèrent un vaisseau chargé de marchandises précieuses et le capturèrent. Ils rencontrèrent quatre autres vaisseaux vides qu'ils conduisirent à Famagouste. Alors le gouverneur arma quatre galères; sur l'une il mit comme capitaine sire Jean de Morpho; les trois autres étaient commandées par les chevaliers sire Renier Le Petit, sire Pierre de Sur et sire Jean de Colies. Elles sortirent du port de Famagouste le mardi 10 juin 1368. Le jeudi du même mois elles allèrent à Sidon et voulurent prendre la ville, mais les Sarrasins sortirent à leur rencontre et après un combat qui dura depuis le matin jusqu'à midi ces derniers prirent la fuite. Dans le même moment s'éleva une grande tempête; les Chypriotes craignant de perdre les galères y entrèrent pour les faire manœuvrer. Ils gagnèrent ensuite le fleuve pour prendre de l'eau et y restèrent pendant toute la nuit. De là ils partirent pour Beyrouth où ils ne purent entrer parce que le port était trop petit. La tour de devant bien garnie leur en interdisait l'entrée, et sur terre il y avait près de 400 hommes et plusieurs marchands à cheval et à pied. Les galères se dirigèrent vers Giblet et les Sarrasins les suivaient à terre. Quand elles arrivèrent à Batroun, l'armée mit pied à terre de force, et livra un combat aux Sarrasins qui se débandèrent. Les Chypriotes alors entrèrent dans la ville et après l'avoir pillée la livrèrent aux flammes. De là ils se rendirent à Tortose qu'ils saccagèrent et restèrent une journée dans l'île de Tortose, puis suivant la côte près de la terre ils pillèrent et ravagèrent tout le pays jusqu'à Laodicée; mais là ils ne purent mettre pied à terre à cause des tours qui protégeaient la ville. Ils gagnèrent alors le pays d'Arménie et le dimanche 17 juin 1369 ils allèrent à Lajasso, où ils ne purent rien faire parce qu'il y avait beaucoup de peuple. Ils vinrent ensuite à Portal où ils restèrent pendant trois jours. Comme l'une des galères faisait eau, on l'envoya à Ghorigos pour prendre de la poix et on la transporta à Satalie où les autres galères devaient aller pour se calefater. Elles y arrivèrent, après avoir exercé plusieurs autres ravages, et procédèrent à l'opération en question; la galère de Grammadi y était venu aussi. Quand elles furent prêtes elles allèrent à Phœnicas et de là se dirigèrent vers Alexandrie et le lundi, 10 juillet 1369, elles forcèrent l'entrée du port. Le capitaine, pour voir les dispositions du sultan et savoir s'il voulait ou non la paix, fit mettre à la mer une barque de sa galère et l'envoya à terre avec une lettre pour l'émir ainsi conçue : «Mon seigneur, le roi envoie des ambassadeurs au sultan, je veux les faire mettre à terre; envoie des hommes pour les accompagner jusqu'au Caire.» Celui-ci répondit : «Mon ami, le sultan n'est pas disposé dans ce moment à conclure la paix, parce que les Musulmans sont ruinés.»

La galère de sire Pierre de Sur entra dans le vieux port d'Alexandrie, où ayant trouvé un grand navire arabe, elle l'attaqua. Ce navire portait à bord 400 hommes qui étaient soutenus du côté de la terre. Voyant qu'elle se fatiguait en vain, la galère fit prévenir le capitaine qui arriva avec les trois autres; mais ce fut en vain. Celui-ci, après un combat acharné, voyant qu'on n'arrivait à rien et qu'une centaine de ses hommes avaient été blessés, se rendit à l'île de Rosette, où il ne put pas prendre terre à cause de la tempête. Ils sortirent et allèrent à Sidon et descendirent à terre. Le pays étant bien garni, les Sarrasins résistèrent. Une tempête s'éleva, les soldats remontèrent alors sur les galères et on alla à Beyrouth. Mais le capitaine voyant que ses gens étaient fatigués et blessés mit à voile et revint à Chypre; il jeta l'ancre à Famagouste le dimanche 22 juillet 1369.

22 juil 1369.

Le samedi 4 août mourut à Leucosie l'honorable chevalier messire Philippe de Brunswick, comte de Brunswick, qui avait épousé la très haute reine de Chypre, femme du roi Hugues et mère du roi Pierre, du prince et du connétable. Il fut enterré au couvent des Frères Mineurs.

Le dimanche 5 août arriva à Famagouste un grand vaisseau génois, sur lequel se trouvait messire Pierre Malosel le chambellan du royaume de Chypre. On amenait le seigneur gouverneur de Gênes qui venait trouver le roi de la part du Pape pour lui dire: «Suivant la demande des Génois et des Vénitiens vous enverrez des ambassadeurs au Caire pour conclure la paix, afin que les tourments des Chrétiens cessent.» Le gouverneur arma deux galères sur lesquelles il mit comme patrons sire de Cassi et sire Jean Gorab, chevaliers et bourgeois de Famagouste afin de terminer cette paix.

8 oct. 1369.

Samedi 8 octobre 1369, les ambassadeurs quittèrent Famagouste et allèrent à Rhodes où ils trouvèrent les deux galères des Vénitiens; les galères des Génois n'étaient pas venues, parce que des vaisseaux catalans étaient allés à la côte de Gênes et avaient pillé. Or les susdites galères avaient été en Sardaigne dans l'espoir de rencontrer les pillards; mais elles ne les avaient pas découverts. Telle était la raison qui les avait mises en retard. Les galères chypriotes et vénitiennes restèrent plusieurs jours à les attendre; quand elles furent arrivées, Rhodes fournit aussi une galère, et au nombre de huit elles se rendirent à Alexandrie. Leur arrivée fut annoncée à l'amiral de cette ville pour qu'il en informât le sultan afin que celui-ci envoyât un sauf-conduit pour se présenter devant lui. L'émir transmit la nouvelle au sultan qui immédiatement envoya le sauf-conduit, en recommandant d'accueillir favorablement les ambassadeurs et de les honorer comme ils le méritaient. Quand l'émir leur fit transmettre la décision du sultan, ils ne s'y fièrent pas, parce qu'ils se rappelaient ses fréquentes fourberies à leur égard. Après s'être concertés ils lui écrivirent la lettre suivante:

«Seigneur, après nous être recommandés à ta seigneurie, nous te faisons savoir que le baile de Chypre, avec le consentement du gouvernement et des chevaliers du royaume, des communes de Gênes et de Venise et du grand-maître de Rhodes, ainsi que d'après l'ordre du très saint père le Pape, nous a envoyés vers toi pour savoir quelle est ta volonté. Dans d'autres circonstances, on t'a envoyé des ambassadeurs, pour réclamer les marchands que tu avais emprisonnés et leur fortune, et de ton côté, comme un seigneur prudent, tu as envoyé à Chypre pour demander les Sarrasins qui étaient en prison ainsi que tes ambassadeurs. Ta demande fut exaucée. Tu avais promis et juré qu'aussitôt que tes mandataires et tes esclaves seraient délivrés, tu expédierais immédiatement à Chypre les ambassadeurs chrétiens et les négociants. Ayant ajouté foi à tes promesses on t'a envoyé tes gens, mais toi, tu ne nous as pas renvoyés les nôtres et tu n'as pas délivré nos prisonniers. Or maintenant les susdits seigneurs te prient d'exécuter une de ces deux choses : si tu désires la paix, fais sortir les Chrétiens de prison, ou bien, dans le cas contraire, fais nous connaître ton désir, afin que chacun de nous prenne ses mesures, et que la volonté de Dieu soit faite. Cette lettre sera notre dernière communication.»

On fit débarquer quatre hommes prudents auxquels on remit les lettres. Ils se rendirent au Caire. Le sultan était à la chasse. Quand il fut de retour, ils se présentèrent devant lui et lui remirent les lettres. Il se les fit lire et immédiatement on remit une réponse aux envoyés qui furent chargés de la porter aux galères. En voici le contenu:

«Sachez que nous avons reçu vos lettres et pris connaissance de ce qu'elles contiennent. Du consentement du Pape et des autres seigneurs, vous êtes venus pour savoir si nous voulons faire la paix etc. Vous dites que nous avons demandé la liberté de nos hommes, sous la condition que nous vous rendrions les vôtres. Nous n'avons pas promis avec serment de pareilles choses à Casas Cicala[1] votre am-

---

[1] Appelé plus haut, p. 158, Casa de Garri.

bassadeur; nous en avons seulement parlé, mais ce dernier n'ayant pas tenu sa parole, nous avons fait pareillement. Vous êtes des ambassadeurs; venez ici, nous vous recevrons suivant la coutume de recevoir les ambassadeurs. Si vous n'ajoutez pas foi à mes paroles, partez et faites le plus de mal que vous pourrez.»

Ces paroles du sultan leur prouvèrent qu'il n'était pas disposé à faire la paix. Alors ils écrivirent une mauvaise lettre et la piquant sur la pointe d'une lance ils l'enfoncèrent dans le port d'Alexandrie, et déclarèrent le sultan comme ennemi. Ils partirent et arrivèrent à Paphos le 9 décembre 1369. De là ils se rendirent à Rhodes. Les vaisseaux des Génois et des Vénitiens retournèrent chacun dans son pays. Quant aux deux galères chypriotes elles allèrent à Famagouste.

Le baile et les gouverneurs informés de la conduite du sultan furent attristés et irrités. On commanda aussitôt au capitaine de Famagouste de faire préparer les galères pour piller le pays des Sarrasins.

Le sultan ayant su d'après le contenu de la lettre piquée sur la lance qu'on lui déclarait la guerre, convoqua tous ses émirs et leur demanda conseil. Tous furent effrayés en pensant que le roi alors en Occident demanderait du secours contre eux, et dirent : «Attendons le printemps; s'il arrive du secours aux Chypriotes, nous ferons la paix. Il faut les tromper jusqu'à ce moment là pour voir s'ils reçoivent ou non du secours. Fais leur donc savoir que nous voulons faire la paix etc.»

On fit alors sortir de prison deux négociants chrétiens; l'un Génois nommé messire Barthélemy Malo, l'autre Vénitien, sire Marc Priuli. On les envoya à Chypre pour dire au baile et aux autres, que la paix n'a pas été conclue par la faute des ambassadeurs, parce que ceux-ci et les négociants sont partis fâchés et irrités sans vouloir se présenter devant le sultan qui veut faire la paix. Il est donc nécessaire d'envoyer à ce sujet des ambassadeurs au Caire.

Les envoyés chrétiens en arrivant à Famagouste transmirent la nouvelle aux négociants de cette ville, qui, remplis de joie, les accompagnèrent à la capitale, où ils communiquèrent au baile le message du sultan. Celui-ci donna l'ordre dans Famagouste de ne laisser partir personne pour aller piller en Syrie, et de ne pas armer les vaisseaux. Puis il répondit au sultan qu'il ne pouvait faire la paix avant l'arrivée des envoyés des communes de Gênes et de Venise, mais qu'il pouvait rester tranquille parce qu'il ne serait fait aucun mal sur ses terres.

Le podestat des Génois et le baile des Vénitiens, ce dernier nommé Barthélemy Couri, demandèrent la permission d'armer une galère à leur frais pour annoncer à Gênes et à Venise la volonté du sultan. Après avoir armé cette galère ils y mirent les deux négociants qui étaient venus du Caire et ils partirent le 10 février 1369.

Le sultan voyant que les négociants envoyés par lui ne revenaient pas pour lui annoncer la décision des Chypriotes eut quelque inquiétude. Il en fit sortir deux autres de prison, l'un Génois nommé sire Pierre Cattaneo, l'autre Vénitien appelé Bernard Dechente, et les envoya à Famagouste. Ils y arrivèrent et trouvant la lettre que le baile adressait au sultan, ils la prirent et retournèrent à Alexandrie. Les Famagoustains ayant appris l'arrivée de ces nouveaux ambassadeurs se réjouirent de nouveau et s'adressèrent au bailly pour le prier de conclure la paix. Celui-ci leur répondit: « Nous ne pouvons rien faire sans les communes; je les ai déjà averties. » Le podestat des Génois et le baile des Vénitiens armèrent une saïtie, hissèrent sur elle une bannière d'étoffe écarlate; ils y mirent les deux négociants et les envoyèrent aux communes. Après leur arrivée en Occident, chacun de ces derniers se rendit à sa commune pour communiquer les intentions du sultan. Les communes en éprouvèrent une grande joie. Elles s'adressèrent aussitôt au très saint Pape en le priant d'écrire à Rhodes et à Chypre afin qu'on envoyât des ambassadeurs au sultan pour conclure la paix. Le très saint Père, par amour pour les communes et dans l'intérêt de la chrétienté, manda au grand-maître de Rhodes et au gouverneur de Chypre d'envoyer des ambassadeurs en Syrie afin de terminer cette bienheureuse paix. Les communes en firent autant de leur côté.

Les Génois armèrent alors deux galères, sur lesquelles ils mirent un prudent ambassadeur, nommé sire Galtier Doria; les Vénitiens envoyèrent aussi deux galères avec messire Pierre Giustiniani. On renvoya aussi les quatre ambassadeurs expédiés par le sultan. Les quatre galères arrivèrent à Rhodes et remirent les lettres du Pape au grand-maître. Celui-ci arma aussitôt deux galères avec lesquelles il envoya comme ambassadeur messire Daverne. Ces six galères partirent de Rhodes et arrivèrent à Famagouste le 10 juillet 1370, et les ambassadeurs vinrent trouver le baile à Leucosie. Ce dernier fit partir immédiatement deux galères portant deux envoyés, sire Thomas de Ras[1] et sire Estien Fardin. L'un d'eux, le premier, étant mort avant leur départ, le baile le remplaça par un autre nommé Jean Bédouin Lachné. Le 28 juillet de la même année 1370 les huit galères et les ambassadeurs quittèrent le port et allèrent trouver le sultan auquel on dit au nom du gouverneur de Chypre:

« Cher ami, désireux d'avoir des nouvelles de ta santé, nous te prions de nous les envoyer par lettre; si tu daignes t'informer de la nôtre, grâce à Dieu, nous nous portons bien. Frère, sache que les seigneurs des communes m'ont prié de te demander de conclure la paix. C'est dans ce but que je t'envoie sire Jean Bédouin que j'ai chargé de beaucoup de recommandations pour toi. Crois ce qu'il te dira, comme si nous le disions nous-mêmes. Les conventions et les traités qu'il fera avec toi seront reconnus par nous pour notre bien; quant à cette dernière clause, nous sommes d'accord avec notre conseil. Après la conclusion de la paix nous t'enverrons les Sarrasins que nous avions emprisonnés, avec ce qui leur appartient. »

Le 8 août 1370 les huit galères arrivèrent à Alexandrie et aussitôt les ambassadeurs des communes mirent pied à terre. Les quatre négociants furent envoyés au Caire pour annoncer au sultan l'arrivée de l'ambassade. Celui-ci venait d'apprendre la mort du roi et que nous n'attendions pas de secours de l'Occident; il eut pitié de nous et voulut conclure la paix. Il choisit de grands émirs et les envoya à Alexandrie pour accompagner les ambassadeurs. Ces der-

---

[1] Il lui donne plus haut le prénom de Guillaume.

niers ne vinrent pas au Caire où se rendirent les quatre négociants seuls. En voyant ces derniers le sultan leur demanda où étaient les ambassadeurs de Chypre. On lui répondit : «Seigneur, ils ont reçu ordre de leur seigneur de ne mettre pied à terre que lorsque la paix aura été conclue.» Les ambassadeurs des communes lui présentèrent les lettres dont ils étaient porteurs. On les lut devant lui. Après cette lecture il dit : «Si vous voulez conclure la paix, tenez-moi quitte des biens que j'ai enlevés anciennement et récemment aux négociants, suivant la promesse qui m'en a été faite par messire Marc Priuli et messire Barthélemy Malo; si vous n'acceptez pas cette condition, je ne termine rien.» On lui dit : «Seigneur, nous ne pouvons pas faire une pareille chose; ni sire Marc Priuli ni sire Barthélemy Malo n'ont aucune autorité pour y consentir. Ils peuvent renoncer à leurs biens, mais non aux biens des autres.» C'était sire Cattaneo Doria qui avait prononcé ces paroles. Le sultan donna l'ordre de le mettre en prison. Alors messire Pierre Giustiniani le Vénitien demanda aussi à aller en prison en compagnie du Génois; on l'y mit également, et tous les deux y restèrent pendant quatre jours.

Les ambassadeurs chrétiens consultèrent secrètement d'un côté leurs amis coreligionnaires et de l'autre les Sarrasins pour savoir s'ils devaient conclure cette paix si désirée. Il leur fut répondu : «Sachez le bien, le monde peut être bouleversé, mais le sultan ne consentira jamais à conclure la paix, s'il n'obtient pas la quittance demandée.» Alors les ambassadeurs lui firent dire qu'ils acceptaient sa condition au sujet de cette quittance. Le sultan fit immédiatement sortir les ambassadeurs de prison et manda au dernier arrivé de Chypre de venir pour conclure la paix. Il envoya un sauf-conduit pour l'ambassadeur chypriote et un grand émir pour l'accompagner. Sire Jean Bédouin, ayant reçu le sauf-conduit et les lettres des ambassadeurs des communes qui lui disaient de venir sans crainte au Caire, sortit immédiatement de la galère. L'émir que le sultan avait envoyé, lui fit un bon accueil. Les mêmes honneurs lui furent rendus par le grand émir Melek et par tous les autres émirs qui le prirent et le conduisirent au Caire. Alors le sultan fit dire à tous les ambassadeurs de venir en sa présence pour remplir leur mission. Tous se présentèrent et lui exposèrent en détail l'objet de leur venue. Après force pourparlers et contestations de différent genre, la paix fut contractée sous de bienheureux auspices. Le sultan jura sur le Coran et sur l'épée nue d'observer la paix et les traités. De leur côté les ambassadeurs des communes et de Chypre jurèrent sur les évangiles de tenir solidement la paix. Alors le sultan nomma deux grands émirs pour aller à Chypre en qualité d'ambassadeurs. Ils étaient porteurs de lettres et des conditions de la paix et devaient jurer au nom du sultan devant le gouverneur et recevoir le serment fait par ce dernier au nom du royaume, que la paix et les conditions du traité seraient maintenues solidement.

Tous les ambassadeurs et les deux émirs quittèrent alors le Caire et se rendirent à Alexandrie. En arrivant ils firent partir les deux galères de Rhodes pour aller porter la nouvelle de la paix au gouverneur de Chypre. Elles arrivèrent à Famagouste le 29 septembre 1370. Les six galères, c'est-à-dire les quatre des communes et les deux chypriotes, emmenèrent les ambassadeurs du sultan, de Chypre et des communes, et les conduisirent à Leucosie où ils furent reçus avec de grands honneurs et avec une vive joie, et on les envoya dans de bonnes habitations. Après qu'ils se furent reposés, le gouverneur les pria de venir en sa présence, et fit dire en même temps au roi son neveu et à tous les seigneurs de s'y trouver aussi. Les ambassadeurs ayant été introduits, ne saluèrent, comme il était convenable de le faire, ni le roi, ni le gouverneur, mais avec un ton très arrogant ils dirent au roi et au prince : «Seigneurs, le très haut seigneur, le grand sultan de la ville du Caire, de Babylone, et seigneur des îles et notre seigneur, te salue et te fait savoir qu'il te pardonne ta faute. C'est ton père, le roi Pierre qui a été la cause de cette guerre. Il est entré par ruse dans les terres de mon seigneur et il a fait des prisonniers à Alexandrie et dans plusieurs autres villes. Le sultan cependant a tout pardonné et il a fait la paix uniquement à cause des prières des communes. A l'avenir gardez-vous bien d'être assez audacieux pour faire de pareilles choses; car, si vous en tentez l'épreuve, vous en pâtirez seul et non un autre.» Le gouverneur, en entendant ces paroles des Sarrasins, s'irrita et demanda à sire Jean Bédouin et aux ambassadeurs des communes, s'ils avaient entendu le sultan proférer ces paroles et ces menaces. Ceux-ci répondirent : «Seigneur, Dieu sait que c'est la première fois que nous entendons de pareilles paroles. Le sultan au contraire a assuré et confirmé la paix avec une grande joie et un vif plaisir.» Le gouverneur alors rentra au palais très irrité et donna immédiatement l'ordre de mettre en prison les ambassadeurs du sultan. Cet ordre fut exécuté. On les accusa d'avoir été de mauvaise foi, mais ils n'en convinrent pas. Peu après toutefois ils demandèrent pardon au gouverneur. Celui-ci, dans l'intérêt des pauvres Chrétiens, consentit à ne les laisser en prison que pendant quatre jours. Il les fit donc sortir. Ceux-ci venus en sa présence s'excusèrent en disant que les ambassadeurs ont l'habitude de grandir leurs seigneurs, de parler un peu haut mais sans irritation, et cela dans le but d'obtenir une bonne paix. « Or, digne seigneur, nous nous humilions devant toi et prosternés devant la puissance de ta majesté nous te demandons pardon.» Aussitôt on apporta le saint évangile, sur lequel le gouverneur jura d'observer la paix consolidée dans des limites justes, sans aucune mauvaise volonté ou infidelité. Les ambassadeurs du sultan firent aussi le même serment.

Le gouverneur fit proclamer la paix à Leucosie et dans toutes les autres villes de Chypre. Il reçut les lettres et les présents et en donna d'autres lui-même pour le sultan. Il fit aussi aux ambassadeurs des présents convenables et les congédia. Ceux-ci prirent congé et, en compagnie des ambassadeurs des communes, ils allèrent à Famagouste, où s'étant embarqués ils se rendirent à Alexandrie. On délivra les Chrétiens et les Sarrasins qui étaient emprisonnés, les premiers en Syrie et les seconds à Chypre, et chacun alla dans son pays.

Revenons à la mort du valeureux roi Pierre. Le prince gouverneur de Chypre arma une saïtie sur laquelle il envoya en Occident le notaire messire Barthélemy Escafasse pour annoncer au très saint Pape la mort du roi Pierre. Quand cet envoyé se présenta devant le Pape, il eut à subir de vifs reproches contre les Chypriotes. On lui donna cependant un canonicat dans l'église de Sainte-Sophie de Chypre, dont le vicaire avait été nommé archevêque de Chypre. Après le retour d'Escafasse, le gouverneur ayant appris le mauvais accueil que le Pape lui avait fait, envoya d'autres ambassadeurs; c'étaient l'archevêque de Foïa (ou Phocée) qui se trouvait alors à Chypre et un chevalier étranger nommé Guillaume de Zurnigi. Ces derniers eurent beaucoup de peine à changer les mauvaises dispositions du Pape qui finit par leur faire bon accueil et les gratifia de présents convenables. Ils reçurent le même accueil de tous les seigneurs de l'Occident et retournèrent à Chypre au mois de février 1369.

Le 29 du mois d'août, Nicolas de Naou, secrétaire ou notaire de la chancellerie, fut dénoncé par un de ses élèves, Jean Sileriou, devant le gouverneur. Le roi Pierre l'avait amené avec lui et l'ayant fait homme lige, l'avait nommé grand chancelier de la chancellerie. Après la mort du roi, le gouverneur l'avait laissé dans la même charge. L'élève accusait son maître de trahison, en disant qu'il avait écrit de la part de la reine, au Pape, au roi de France et aux autres seigneurs de l'Occident; la reine réclamait justice en accusant les chevaliers d'avoir tué injustement le pauvre roi, et demandait que les Génois armassent quatre galères à ses frais et vinssent l'enlever elle et son fils le roi Pierre, pour aller demander justice au Pape. Le gouverneur fit aussitôt citer devant lui ce Nicolas, qui dans l'interrogatoire qu'il subit, nia tout, en disant : «Mon élève ment.» Celui-ci lui ayant présenté la lettre, il faillit mourir de frayeur. Voyant cela le gouverneur envoya aussitôt chez lui pour examiner ses papiers, et on découvrit toutes les copies des lettres qu'il avait expédiées. Il fut jeté en prison; mis à la torture, il avoua tout. Entre autres choses il dit que la lettre qu'il avait envoyée à Gênes avait été remise à messire Marc Grimani, fils de messire Pierre Grimani; il y demandait l'envoi de plusieurs vaisseaux pour détruire l'île.

Le gouverneur ordonna immédiatement au capitaine de Famagouste d'arrêter ce Marc Grimani et de s'emparer des papiers que le susdit Nicolas avait donnés à ce dernier pour les porter à Gênes. Le capitaine le mit en prison et le força de lui remettre ces papiers qu'il expédia au gouverneur à Leucosie. Le podestat des Génois qui demeurait dans cette ville était un jeune négociant nommé Antoine de la Vignia. Ayant appris que le bailly de Famagouste avait arrêté le susdit Génois, il chargea son représentant à Famagouste, le nommé Nicolas Domenico, de réclamer le coupable comme sujet de Gênes. Domenico envoya chez le capitaine de Famagouste deux Génois, Thomas Cicala et sire Parceval Cibo, qui étaient chargés de demander le susdit Marc, pour le mettre dans leur propre prison comme dépendant de lui. Le bailly, se conformant aux anciennes coutumes, remit entre les mains du susdit représentant le coupable qui fut emprisonné suivant l'ordre du gouverneur. Puis il fit venir devant lui le podestat de Leucosie et lui demanda le coupable. Mais le podestat défendit ce dernier du mieux qu'il put, en disant qu'il ne savait pas ce que ces papiers contenaient. Le gouverneur dit : « Si réellement il n'en sait rien, qu'il ne soit pas poursuivi ; mais s'il en a eu connaissance il sera mis à mort. » Le podestat accepta ces conditions. Aussitôt le gouverneur envoya deux négociants, quatre Génois et deux chevaliers, qui, acccompagnés d'un notaire, se rendirent à la prison, et là Nicolas de Naou, mis à la torture, avoua devant eux que le susdit Marc était le coupable dans cette affaire. Quand le gouverneur et le podestat connurent la vérité, ce dernier pria le gouverneur de lui accorder quelque temps pour qu'il pût prendre conseil et mieux examiner les faits. Celui-ci y consentit et le podestat accompagné de tous les Génois de sa suite alla à Famagouste. Le gouverneur en ayant été informé, afin de faire cesser le scandale, adressa une lettre très courtoise aux négociants génois, dans laquelle il accusait le podestat et le susdit sire Marc. Ceux-ci ayant lu cette lettre y répondirent par une autre pleine d'humilité et de courtoisie, en démontrant que les vrais coupables étaient le podestat et sire Marc.

174 Le gouverneur alors convoqua la grande cour devant laquelle il exposa l'affaire en demandant justice contre Nicolas de Naou. La cour le condamna à la peine de mort, et comme il était homme lige, il fut donné au gouverneur suivant les assises. Celui-ci le livra aux bourreaux qui après l'avoir traîné par terre, le pendirent au gibet, le dimanche 17 septembre 1370.

La cour voyant qu'on ne pouvait avoir sire Marc, et ne voulant pas contrarier le podestat, engagèrent secrètement l'évêque de Famagouste à donner comme de lui-même le conseil au podestat de venir demander pardon au gouverneur pour lui et pour sire Marc. C'est ce qui fut fait. Les susdits partirent de Famagouste et se rendirent à Leucosie. Le gouverneur leur pardonna, les reçut honorablement et les fit jurer sur les saints évangiles qu'ils ne dévoileraient en Occident rien de ce qui était arrivé, et qu'ils ne prendraient jamais parti contre Chypre, que la reine leur adressât au nom une demande dans ce but. Ils s'engagèrent à tenir leurs serments.

Racontons les affaires de Satalie. L'émir Tacca, seigneur de ce pays, voyant que Chypre se trouvait dans une grande confusion, chercha à rentrer en possession de son pays. Il persuada à un Turc de ses amis d'aller à Satalie comme fugitif et de prier les habitants de le baptiser, pour satisfaire un désir qu'il nourrissait depuis longtemps. Le capitaine crut à ses paroles; on lui donna une pension et on lui accorda toute confiance. Ce Turc était originaire de la contrée de Satalie; quand le roi en fit la conquête, il était hors de la ville. Il avait parmi les Sataliotes beaucoup de parents et d'amis. Chaque jour il se liait avec les indigènes, et leur faisait les plus belles promesses de la part de Tacca, dans le cas où on lui livrerait la ville. Quand il se trouva d'accord avec une partie d'entre eux, il fit dire à Tacca de venir prendre la ville. Celui-ci arriva pendant la nuit. On mit le feu aux portes, on appliqua les échelles à l'endroit de la forteresse où le nouveau-baptisé se trouvait avec les conjurés; on escalada les murs et on tua tous ceux qui n'étaient pas dans la conspiration. Les Turcs s'emparèrent ainsi de quatorze tours en égorgeant un grand nombre. Dieu voulut que la garde passât de ce côté. En voyant ce tumulte, elle comprit ce qui arrivait et en poussant un cri terrible et sauvage elle avertit le capitaine messire Jean. Celui-ci fit aussitôt sonner la cloche au marteau, ce qui signifiait trahison. Le peuple s'arma, courut contre les Turcs. On se battit jusqu'au matin, et, Dieu aidant, les Chrétiens eurent la victoire après avoir tué beaucoup de Turcs, parmi lesquels un grand émir, parent de Tacca. Plusieurs se jetèrent sur les échelles pour fuir, et entre autres le baptisé, mais ils furent égorgés. Les deux Turcs qui avaient mis le feu à la porte étaient entrés dans la ville, mais on les tua. Tacca voyant qu'il n'y avait rien à espérer, qu'au contraire il avait perdu beaucoup d'hommes parmi lesquels son neveu, abandonna honteusement le pays.

Le gouverneur informé des faits soupçonna le capitaine d'avoir voulu rendre la ville à Tacca. Il arma immédiatement deux galères commandées par sire Thomas de Montolif de Clirou, et à la place du capitaine de Satalie il nomma sire Eustache Passanto, chevalier chypriote, mais d'origine génoise. Les galères se rendirent à Satalie, passèrent à Anémour et, parcourant la côte turque, la saccagèrent, puis après l'avoir complètement pillée, retournèrent à Satalie. Sire Thomas de Montolif ayant examiné les faits et reconnu l'innocence de Thomas de Collies, revint à Chypre en l'emmenant avec lui. Sire Eustache et ses hommes restèrent à la garde de Satalie.

Quelque temps après le roi ayant accompli sa quinzième année demanda à entrer en possession de son royaume. Au mois de novembre 1370, il dit à son oncle qu'il désirait être reconnu comme roi. Le gouverneur accueillit cette proposition de grand cœur. Il manda aussitôt à tous les chevaliers de se rassembler à Leucosie le premier du mois de décembre pour remettre le royaume entre les mains de l'héritier. Le mercredi 24 décembre tous les chevaliers et seigneurs se réunirent à Leucosie dans la cour du prince gouverneur, située en face de la Contiatica. Le prince ordonna à sire Thomas de Montolif l'auditeur de demander, suivant la coutume devant la cour, le royaume pour son neveu. Sire Thomas se levant dit : « Seigneur gouverneur, nous sommes venus, nous tous les hommes du roi, trouver ta seigneurie pour te présenter notre seigneur le roi, ton neveu, l'héritier du royaume de Jérusalem et de Chypre. Nous notifions à ta seigneurie et à toute la cour du royaume, comme tu le sais aussi, que Dieu a témoigné sa volonté sur notre seigneur et votre frère le roi Pierre, fils du roi Hugues. Ce Pierre a laissé un fils qui se trouve devant vous. Comme il était mineur, tu as pris le gouvernement, selon le bon droit et les bonnes coutumes du très noble royaume de Jérusalem et de Chypre, parce que tu es le plus proche parent et l'héritier de ce royaume. Si Dieu avait manifesté sa volonté sur notre seigneur, c'est toi qui serais couronné roi ; mais la grâce divine ayant permis que Pierre de Lusignan, comte de Tripoli et héritier de ces deux royaumes, fût vivant et dans l'âge légal, il te demande la permission de prendre ces royaumes, avec le consentement de la cour, comme le plus proche héritier de ces royaumes. Mais si par hasard ta seigneurie ou la cour avaient quelque doute à cet égard, il est prêt à faire ses preuves, et après la cour jugera. Il vous prie donc, si cela paraît juste à la cour, de prendre sa demande en considération. Quant à produire ses droits devant la cour, il le fera en temps convenable.»

Le gouverneur ayant entendu ces paroles se leva et dit à la cour : «Seigneurs, j'ai bien compris ce que sire Thomas de Montolif demande au nom de mon neveu, c'est-à-dire qu'on lui rende les royaumes, parce qu'ils lui appartiennent, comme ayant déjà atteint l'âge légal. Seigneurs, qu'il prouve qu'il est le fils de mon frère le roi Pierre et qu'il est arrivé à l'âge légal, et alors je ferai ce que le droit exige. Je soumets ces propositions à la connaissance de la cour, sans les choses que j'aurai à ajouter en lieu et temps convenables.»

Le roi fit ses preuves et ses démonstrations avec l'aide de seigneurs dignes de foi qui jurèrent sur les saints évangiles qu'il était fils du roi Pierre et héritier légitime des royaumes possédés et gouvernés par son père le roi Pierre et qu'il avait atteint l'âge légal de quinze ans. La cour ayant accepté ces preuves dit au gouverneur : «Seigneur gouverneur, le seigneur ton neveu nous a donné des témoignages suffisants; il est juste de lui rendre ses royaumes.»

Aussitôt le gouverneur se mit à genoux devant la cour et, tenant un cierge à la main, remit les royaumes au sénéchal. Ce dernier ayant dit à l'héritier de prêter serment, celui-ci se mit à genoux et jura devant la cour. Alors la cour dit au sénéchal : «L'héritier a exécuté tout ce qu'il était obligé de faire, mettez-le en possession de ses royaumes.»

Le sénéchal, en présence des seigneurs, de l'évêque de Paphos nommé sire Hélie de Carbebaï, de l'évêque de Limisso messire de Mimars et des principaux Grecs, mit le comte de Tripoli en possession des royaumes, comme le véritable héritier et le fils du roi Pierre. Immédiatement tous les liges lui prêtèrent serment selon la coutume. Le nouveau roi manda ensuite à tous les liges et à tous les chevaliers de venir à Leucosie pour son couronnement.

Le dimanche 12 janvier 1371, le comte de Tripoli fut couronné à Leucosie, à Sainte-Sophie, comme roi de Chypre, et le 12 octobre 1372 il fut conduit à Famagouste, où il fut couronné roi de Jérusalem, selon l'ancienne coutume. Cela vient de ce que, après l'occupation de Jérusalem par les ennemis de la croix, on avait transmis à Famagouste la dignité de Jérusalem ainsi que ses enseignes. Le roi fut couronné dans l'église de Saint-Nicolas. Quand il sortit de l'église et arriva au perron pour se mettre à cheval, les Vénitiens s'élancèrent et prirent la rêne droite du cheval; les Génois prétendaient eux-mêmes à l'honneur de tenir cette rêne, suivant le privilège qu'ils avaient obtenu, c'est-à-dire que, quand le roi serait à cheval, les Génois se mettraient à sa droite et les Vénitiens à sa gauche. Un vaisseau vénitien se trouvait alors au port; ceux-ci étant plus nombreux ne craignirent pas de tenter la lutte et il s'en suivit un grand tumulte. On avait l'habitude, en sortant de Saint-Nicolas de faire tourner le roi pour le conduire aux loges, d'où celui-ci faisait son entrée au palais. Le prince voyant ce grand tumulte écarta les Génois et les Vénitiens et prenant les rênes avec son frère le sénéchal tandis que le sire d'Arsouf tenait la rêne gauche, ils firent tourner le roi, selon la coutume, mais non complètement. Quand ils arrivèrent au palais, le podestat craignant que les Vénitiens ne fissent

12 janv 1371.

179 quelque bruit, recommanda à tous les Génois d'avoir de petites armes sous leur vêtements.

7 oct. 1372.
Le 17[1] octobre 1372, avant d'être couronné, le roi descendit, conféra tous les offices aux seigneurs du royaume de Jérusalem, dont les noms suivent : la dignité de connétable à son oncle messire Jacques de Lusignan et celle de sénéchal à sire Léon de Lusignan. Il nomma bouteiller sire Thomas de Montolif l'auditeur de Chypre, chambellan de Jérusalem messire Nicolas de Chirissia[2], et comte de Tripoli messire Jacques de Lusignan, son cousin, le fils du comte.

Quand le roi fut couronné, il donna plusieurs rentes pour se conformer aux volontés de sa mère. Ses oncles et les autres seigneurs voyant cela et croyant que ces gratifications ruinaient le royaume et leur causerait un dommage à eux-mêmes, remirent une note au roi qui, prenant le conseil de ceux de ses hommes qui se trouvaient là, publia une assise, suivant laquelle toute gratification faite depuis le jour de son couronnement et après qu'il aurait atteint l'âge de vingt-cinq ans et au-dessus, serait valable; mais tout ce qu'il donnerait à un âge inférieur à celui de vingt-cinq ans, n'aurait point force de loi. La reine informée de cette loi, fut très fâchée, parce qu'elle avait promis des gratifications à ses amis. Dès ce moment commença la haine entre la reine et les oncles du roi.

Quand ils se mirent à table pour manger, l'ordre fut donné de placer la table des Génois à droite et celle des

---

[1] Probablement le 7; le roi avait été couronné le 12. — [2] Peut-être de Chorissa.

Vénitiens à gauche; pendant que les deux communes mangeaient, elles se menaçaient réciproquement en grinçant des dents. Les Génois armés d'après l'ordre du podestat messire Antoine Dinegro pendant qu'ils étaient à table avaient constamment l'œil sur les Vénitiens. Quand on se leva de table, le roi alla mettre ses habits de cérémonie dans la maison de sire Demes Petré, bourgeois de Famagouste, pour ouvrir le bal. Pendant l'absence du roi les Génois et les Vénitiens s'insultaient réciproquement; aussitôt trois négociants génois, sire Julien Italie, sire Barnabo Rizzo et sire Engadeflé de Flussia sortirent leurs épées et s'élancèrent sur les Vénitiens. Quelques-uns de ces derniers, sire Janaqui Corner et sire Marin Malipier en apercevant les Génois, mirent aussi l'épée à la main pour se défendre. Les Génois armés qui se trouvaient hors de la cour, ayant entendu ce bruit, envahirent le palais. Les sergents qui gardaient l'escalier, les arrêtèrent et les désarmèrent.

La nouvelle se répandit dans la ville qu'un grand tumulte régnait à la cour; tout le monde accourut pour voir. Les seigneurs entendant ce bruit laissèrent le roi dans la chambre et sortirent. Voyant les épées nues et ceux qui s'élançaient pour entrer de force, ils furent très irrités et ordonnèrent aux chevaliers et aux serviteurs de les arrêter. Ceux-ci prirent la fuite. On arrêta quatre négociants génois et, comme ils étaient armés, on les tua. La maison de Petré était située près de la cour royale et il y avait un pont pour communiquer d'une maison à l'autre. Les tués étaient sire Thomas Cicala, sire Dominique Doria et d'autres de la mahone[1],

---

[1] Sur la mahone de Chypre, v. Mas Latrie, *Hist. de Chypre*, t. II, p. 366 et 489.

181 un notaire et deux esclaves; les blessés étaient nombreux. Le prince ordonna de jeter les Génois du haut de la maison. Ceux-ci morts de frayeur cherchaient à se sauver en sautant en bas et en saisissant les pilastres de marbre des balcons, mais ceux qui étaient au-dessus leur coupaient les mains avec leurs épées et les malheureux se tuaient en tombant. Périrent encore de la même manière sire Nicolas Sampinello, sire Nicolas de Frontefrassia, sire François Kintamar, sire Luggier Cibo. Les sires Lancelot, Malosel et autres furent jetés de la loge au devant de la porte.

Le tumulte était devenu considérable. Le peuple de Famagouste alla détruire la loge des Génois. Les Vénitiens voyant qu'un grand nombre de Génois se réunissaient, s'armèrent de bâtons pour se défendre. Le peuple prit la caisse renfermant les écritures des Génois et la brisa. Plusieurs de ces derniers, saisis de frayeur, montèrent à la terrasse et se laissèrent glisser dans le bas du couvent des Frères Mineurs. Plusieurs furent tués, d'autres blessés; une partie se sauva. Ordre fut donné de les tuer tous. Messire Pierre Malosel, le chambellan du royaume de Chypre, après avoir fini de dîner était parti avant le tumulte; en entendant ce bruit il revint sur ses pas pour voir. La populace de Famagouste, ivre de vin, l'apercevant sur la place publique, se jeta sur lui pour le tuer, mais les chevaliers accoururent à son secours et le sauvèrent.

Le prince ayant appris que la populace de Famagouste avait envahi la loge et brisé la caisse, que d'autres entraient dans les boutiques et les maisons et les pillaient, envoya aussitôt sire Jean de Morpho, comte de Rochas, avec plu-

sieurs chevaliers et hommes d'armes, pour défendre à la
populace de faire du mal aux Génois. Celle-ci se retira et
chacun rentra chez soi. On trouva les Vénitiens dans leur
loge armés et avec un drapeau déployé qui signifiait la
guerre; on les obligea de rentrer dans leurs habitations. Il
fut défendu à tout le monde de porter des armes; celui qui
se permettrait de faire un dommage à la personne ou au
bien de qui que ce soit, encourrait des peines corporelles
et ses biens seraient confisqués.

Le tumulte s'étant calmé, chacun rentra chez soi. Le roi
fit venir le podestat des Génois avec tous les négociants
qui s'étaient trouvés au palais pendant le tumulte et qui
dans le moment restaient par peur auprès du podestat,
ainsi que les gens de la suite du prince et tous les autres
chevaliers et hommes qui appartenaient à la cour royale;
et quand tout ce monde fut réuni devant le roi, celui-ci dit
au prince de parler au podestat sur la vilaine fête qui était
survenue à cause de lui. Le prince blâma sévèrement le
podestat et lui dit courageusement : « Ta conduite a mis
en péril la vie de mon neveu le roi; c'est à cause de toi
que tant de vies se sont exposées à la mort. C'est par tes
œuvres qu'a été détruite la joie du couronnement de mon
neveu.» Le podestat chercha à prouver qu'il n'était pas le
coupable. L'heure était avancée et on allait mettre les
tables pour le dîner; le podestat donna des garants jusqu'au
matin pour répondre à propos de l'accusation qui avait été
portée contre lui. Le prince envoya des chevaliers et des
gens d'armes pour l'accompagner à sa maison ainsi que
tous les négociants génois qui étaient à sa suite, afin qu'ils

ne fussent maltraités par personne. Il donna l'ordre au vicomte de faire venir des chariots pour enlever les corps des Génois tués; on les transporta hors de Famagouste à l'église de Saint-Georges et on les y enterra.

Le roi, pour montrer qu'il avait oublié le scandale, fit des joutes et de grandes réjouissances. Deux jours après, le 14 octobre 1372, il envoya sire Jean de Giblet, sire Jean Gorab, sire Hugues de Mimars, sire Jacques de Saint-Michel, accompagnés de juges et de notaires pour aller trouver le podestat et lui demander ses réponses aux accusations du roi. Le podestat s'était présenté, suivant sa garantie, mais le roi occupé aux joutes n'avait pas voulu lui donner audience. Quand les susdits seigneurs allèrent à la loge des Génois et lui demandèrent ce qu'il avait à répondre, le podestat leur dit : «Seigneurs, il me semble que je ne suis obligé de répondre à votre honneur que si vous me montrez qu'en effet le roi vous a autorisés à recevoir ma réponse.» Les seigneurs retournèrent auprès du roi et lui communiquèrent cette demande. Celui-ci fit venir aussitôt un notaire devant lequel il nomma comme ses représentants, d'abord sire Jacques de Saint-Michel comme son procureur et les autres formant sa suite. Alors sire Jacques prit avec lui deux négociants de chacune des communes occidentales qui se trouvaient dans l'île, c'est-à-dire Catalans, Provençaux, Florentins et Napolitains, et se rendit avec eux à la loge. Devant tous ces hommes sire Jacques de Saint-Michel demanda au podestat de répondre sur toutes les questions que le roi lui avait soumises. Celui-ci lui répéta : «Je ne veux pas te répondre avant que tu ne m'aies montré l'autorisation que tu as de la part du roi.» Sire Jacques lui montra l'acte qui lui donnait le droit de représenter le roi. Alors le podestat reprit : «Seigneur, je te répondrai comme il faut maintenant à chacun des articles, bien que l'événement ne comporte ni importance ni danger. La chose principale c'est ce qui est arrivé aux Génois dont les uns ont été tués et les autres pillés. Or j'entends que le seigneur le roi fasse indemniser les Génois et payer les biens qui leur ont été enlevés et qu'il fasse justice des meurtriers de mes compatriotes; alors je répondrai en mon nom et au nom de mes conseillers. Qu'il nous rende aussi justice en nous restituant les livres et les actes qui ont été enlevés de la loge et de la caisse des négociants.» Sire Jacques lui répondit : «Je te dis que c'est toi qui es la cause que la fête a manqué et que les Génois ont été tués; sois certain que le roi se vengera sur toi.» Les paroles s'envenimaient de plus en plus. Sire Jacques ne voulant pas prolonger la conférence, emmena les hommes de sa suite et retourna auprès du roi. Quand il eut fait son rapport sur son entrevue avec le podestat, le roi s'emporta et donna l'ordre d'arrêter et de mettre en prison tous les Génois qui étaient venus en armes pendant la fête : c'étaient sire François Frasefigo, sire Julien Damila et un autre.

Le lundi 18 octobre le roi envoya à la loge des Génois sire Jacques de Saint-Michel accompagné de quelques autres; celui-ci dit au podestat de la part de son maître : «Sache, sans doute parce que tu as pris part au tumulte, que tu n'as pas voulu punir les auteurs du scandale; c'est pour cela que le roi a fait emprisonner les Génois qui étaient venus en

armes au palais pendant la fête du couronnement. Sache
185 encore que tu avais l'intention de tuer le roi avec tous les
chevaliers; ce sont les prisonniers qui ont dévoilé ton dessein. Dans les rapports que tu adresseras à Gênes, éclaire
en détail ton gouvernement sur cette affaire; les prisonniers
ne seront délivrés que lorsqu'on aura reçu la réponse de
Gênes. Mais afin que les Génois non coupables ne souffrent
pas, le roi te fait prévenir qu'ils peuvent continuer leurs
affaires selon leur bon plaisir et les franchises dont ils
jouissent dans tout mon royaume.»

Le podestat, sire Antoine Dinegro, homme borgne et
très orgueilleux, répondant d'un ton doux et avec ordre, dit
aux seigneurs : «Vous avez prétendu que j'ai participé à
la mêlée et que je n'ai pas voulu faire justice, je commence
par protester sur mon honneur contre une pareille assertion.
C'est la seigneurie du roi qui a fait massacrer plusieurs
négociants génois pour son plaisir, sans examiner l'affaire
et sans prendre en considération l'accord et les traités qui
existent entre la commune et sa Majesté. On a précipité et
massacré les uns, les autres ont été emprisonnés, battus,
pillés. On a mis à la torture ceux qui restaient pour obtenir
des renseignements sur la cause du scandale. Si nous avions
été absents, vous auriez un prétexte contre nous; mais aujourd'hui tout le monde sait parfaitement comment les choses
se sont passées; vous êtes tous les alliés des Vénitiens et,
oubliant les bons services que ce royaume a obtenus des
Génois, vous nous avez traités comme des ennemis. Or je
vous promets que la chose ne se passera pas aussi facilement que cela; je la ferai connaître à mon gouvernement.

Vous nous avez bien dit que les négociants pouvaient continuer leurs affaires, comme ils en avaient l'habitude, mais sur quoi se fier, quand on voit que vous avez trahi l'amitié? Si vous voulez rassurer les négociants, obtenez que le roi fasse publier un ordre, devant lequel personne n'osera maltraiter les Génois.»

186

Le roi ayant appris ces détails fit proclamer dans tout Famagouste que personne ne devait faire de mal aux Génois sous peine de perdre la main droite. On pardonna aux coupables et on les fit sortir de prison.

Quelques jours après on fit publier un autre ordre ainsi conçu : «Sachez que nous avons accordé à nos vieux amis les Génois la liberté d'entrer dans notre île et d'en sortir, eux et leurs marchandises, de vendre et d'acheter sur terre et sur mer, comme ils y ont toujours été accoutumés.» On prenait toutes ces mesures, pour calmer la colère des Génois et pour les flatter; mais on n'y réussit pas.

Après cette proclamation tous les Génois emportant leur argent, leurs femmes, leurs enfants et les serviteurs, s'embarquèrent sur deux galères et allèrent à Gênes, où ils expliquèrent les faits. Les sommes d'argent et d'or enlevées par ces deux galères furent estimées à deux milliards de gros de Chypre. Le ducat valait alors trois besants et huit gros, c'est-à-dire trois gros et demi de Chypre.

Le roi ayant appris que les Génois abandonnaient Famagouste, envoya des hommes pour surveiller la porte et toute la ville pour empêcher les Génois d'en sortir; mais ceux-ci partirent sans qu'on pût les prendre. Assuré de leur départ le roi décida dans un conseil avec ses chevaliers qu'on enverrait des ambassadeurs au Pape, avant que les Génois n'en envoyassent eux-mêmes, et pour que le saint Père ne se mît pas en colère contre lui. Il agit ainsi parce que les Chypriotes et les Génois avaient fait devant le Pape un traité d'après lequel une amende de cent mille (ducats) serait payée par celui qui commencerait la guerre. On voulait en même temps informer le Pape du commencement de la guerre, et, comme les Génois après leur parjure avaient abandonné l'île et s'en étaient allés, demander en conséquence à sa Sainteté l'indemnité de cent mille ducats fixée par le traité, car les Génois étaient les coupables et avaient commencé la guerre.

Le lundi 20 octobre Dieu manifesta sa volonté sur la personne de Pierre de Sur, l'amiral de Chypre, fils de sire Jean de Sur.

Quatre galères vénitiennes se montrèrent pendant que le roi attendait des vaisseaux pour envoyer les ambassadeurs au Pape. Ces ambassadeurs étaient sire Nicolas Le Petit et sire Guillaume de Cerni. Ils s'embarquèrent sur les galères et partirent pour aller trouver le Pape. La reine envoya un homme de sa suite, nommé Alphonse Farrand, négociant catalan, pour porter des lettres à son père dans lesquelles elle avait écrit tout le mal imaginable contre ses ennemis, en le priant de venir pour la venger.

Le même jour le roi sortit de Famagouste et vint à Leucosie.

Le 8 novembre arriva à Famagouste une galère de l'empereur de Constantinople, Calojean Paléologue. Cette galère amenait deux ambassadeurs pour négocier le mariage de la fille de l'empereur avec le roi. Le premier de ces ambassadeurs était un chevalier constantinopolitain nommé Georges Bardalès, le second un chevalier allemand au service de l'empereur; tous deux étaient très sages, prudents et estimés. Le roi les accueillit avec honneur et les fit venir à Leucosie pour qu'ils lui communiquassent leur ambassade.

Dans le même temps se trouvait à Chypre la reine dame Marguerite de Lusignan, petite-fille du prince de Tyr, sœur de Léon, roi d'Arménie, et femme du seigneur Manuel Cantacuzène, prince de la Morée. Invitée au couronnement du roi, elle arriva à Famagouste après cette fête sur sa propre galère. Elle fut reçue avec honneur comme parente du roi. Le village d'Aradippo avec sa juridiction et tous les revenus du seigneur de Tyr, son grand-père, lui étaient arrivés par héritage. Elle tirait annuellement de l'île de Chypre quatre mille gros de Chypre qui équivalaient à mille ducats.

Les ambassadeurs se présentèrent devant le roi et son conseil et exposèrent leur mission en ces termes : « Seigneur et béni roi de Jérusalem et de Chypre, que Dieu augmente le nombre de tes années en te fortifiant contre les Agaréniens! Notre très saint empereur adresse ses salutations à ta seigneurie. Nous faisons savoir à ta seigneurie que plusieurs alliances ont eu lieu entre Grecs et Latins, et surtout entre le roi de France et l'empereur de Constantinople. Tout le monde loue ta seigneurie à cause de l'affection que ton peuple a pour toi; c'est pour cela que notre empereur désire donner sa fille unique en mariage à ta seigneurie. La première chose qu'on demande en pareille circonstance, c'est la beauté; or nous t'assurons qu'elle est une des plus belles femmes qui soient au monde. La seconde, c'est l'esprit. Protégée par la grâce divine, elle a de l'esprit, et a été instruite dans les lettres par les plus célèbres maîtres, comme ta seigneurie peut s'en informer auprès de tout le monde. Nous te promettons de plus une dot très considérable; outre plusieurs forteresses dans la Hellade, elle t'apportera en or et en argent cinquante mille ducats. Ainsi tu auras l'empereur comme père et lui t'aura comme son propre fils. Voici en résumé l'objet de notre ambassade que nous sommes prêts à t'exposer en détail. Mais au nom de Dieu, nous t'assurons que cette alliance est bonne pour vous comme pour nous-mêmes.»

Ils remirent au roi les lettres de l'empereur et allèrent dans la maison où ils étaient logés. Les conseillers du roi répondirent aux ambassadeurs : «Seigneurs, soyez mille fois les bien-venus. Notre seigneur a entendu votre message; pour le moment il désire que vous vous reposiez, et il prendra le conseil de sa cour pour vous répondre.» La reine Marguerite alla rendre visite à chacun des conseillers, en les priant de faire cette alliance, parce que c'était surtout pour cela qu'elle était venue.

Le roi ordonna aussitôt d'ouvrir les lettres, et, après qu'on les eut lues, il leur demanda leur opinion. Mais, à cause de l'ancienne haine qui régnait entre les Latins et les Grecs, les conseillers ne firent pas le meilleur choix. Après une longue discussion, on décida qu'on adresserait aux ambassadeurs une réponse écrite et conçue en ces termes : «Seigneurs, nous reconnaissons que le mariage de la princesse fille de l'empereur avec le roi serait très utile; mais pour le moment le roi, occupé de la guerre avec les Génois, ne peut pas le faire; il n'en a pas le temps et il n'est pas dans des dispositions favorables pour se marier; le mariage a besoin de joie et de tranquillité, et non de combats, de douleurs, de massacres et d'autres maux. Or, il ne trouve pas que l'heure soit convenable pour que l'empereur envoie une fille si belle et si distinguée au milieu de meurtres et de périls pareils. Il craint aussi que les Génois, informés de son arrivée, ne l'arrêtent ainsi que sa dot, et alors elle aurait de la peine à se tirer de leurs mains. Si leur flotte occupait l'île ou si le roi était fait prisonnier ou mourait en combattant, la princesse resterait alors veuve, avant d'avoir joui de son bonheur, et au lieu de joie elle ressentirait de l'amertume et une douleur sans consolation. Or, pour cette raison et pour plusieurs autres motifs, il nous paraît impossible que ce mariage puisse se faire, et nous le regrettons vivement. Telles sont nos raisons; vous qui êtes des hommes sages, pensez-y et dites-nous ce que nous devons faire.»

Les ambassadeurs leur dirent : «Vous êtes sages, et puisque vous avez tant de chagrins, nous le dirons à l'empereur, et que la volonté de Dieu soit faite!» Alors les ambassadeurs prirent congé et partirent. Tout cela se fit à cause de l'envie secrète que Jean de Morpho comte de Rochas et sire Jacques de Norès le turcoplier de Chypre nourrissaient l'un contre l'autre. Le comte avait marié sa première fille avec le fils de la fille du seigneur de Tyr, petit-fils du roi Hugues et prince de Galilée, et il voulait marier sa seconde fille avec le roi Pierre. D'un autre côté Jacques de Norès désirait avoir le roi pour gendre, en lui donnant sa fille Marguerite de Norès pour laquelle il avait préparé une dot considérable. Mais Dieu, voyant leur jalousie, n'accorda cette faveur à aucun d'eux, et tous ces biens furent enlevés par les Génois.

Après le départ des ambassadeurs de l'empereur, la fille du duc de Milan messire Barnabo, la jeune reine Valentine, vint en secret à Famagouste et fut mariée au roi; elle était plus riche que toutes les reines.

La reine (Marguerite) alla en dévotion au Saint-Sépulcre et à son retour assista au mariage du roi, et partit pour Constantinople.

Mais laissons cela et revenons aux ambassadeurs que le roi avait envoyés au très saint Pape. Ces ambassadeurs, Pierre[1] Le Petit et sire Guillaume de Lerni, en arrivant à Rome, remirent leurs lettres au Pape et lui exposèrent en détail le but de leur message. Le Saint-Père, secours des Chrétiens et balance de la justice, après avoir entendu cet exposé, jugea que les Génois étaient dans leur tort. Il envoya alors des ambassadeurs à Gênes pour leur reprocher le mal qu'ils avaient fait aux Chypriotes, et pour les prévenir qu'ils sont cités pour venir devant lui répondre à ces accusations et, si ce que disent les Chypriotes est vrai, les Génois seront obligés de leur donner une indemnité de cent mille ducats. S'ils ont quelque chose à dire pour leur

---

[1] Plus haut, p. 187, il lui donne le surnom de Nicolas.

justification, ils doivent venir devant le Pape dans un délai convenable.

Les Génois lui répondirent par des lettres dans lesquelles ils racontaient tout ce qui était arrivé. Ces lettres furent envoyées au cardinal leur procureur par des ambassadeurs. Ces derniers, présentés au Pape, lui exposèrent en détail le différend. Celui-ci, apprenant le mal que les honorables chevaliers de Chypre avaient fait aux Génois, porta avec sa cour une sentence contre les Chypriotes. Il chargea les ambassadeurs de Chypre de dire au roi et à sa cour qu'ils devaient livrer aux Génois les assassins vénitiens et tout le bien qui leur avait été enlevé. Quant à l'amende de cent mille ducats, elle pourrait être fixée à des conditions plus douces, parce que la chose était arrivée accidentellement et on ne pouvait en accuser ni les uns ni les autres. Mais si, les Génois envoyant prendre leur bien avec les assassins, le roi et sa cour se refusent à les rendre, les Chypriotes seront alors obligés de payer les cent mille ducats, outre la dépense que les Génois auront faite.

Quand les Génois, à force de patience et de sagesse, eurent obtenu cette sentence, ils écrivirent au roi d'Aragon et aux seigneurs de Barcelone des lettres dans lesquelles ils disaient que la reine de Chypre avait demandé aux Génois de préparer une flotte et de venir à Chypre pour venger le sang de son époux. Ils leur donnaient cet avis pour qu'ils ne marchassent pas contre eux. Ceux-ci répondirent aux Génois : « Puisque la reine et son fils désirent cela, nous le désirons aussi ; faites donc comme vous l'entendrez. »

Les Génois furent ainsi justifiés. Alors le père de la reine Éléonore, nommé Frère Pierre d'Aragon, montra les lettres que sa fille lui adressait pour être présentées au Pape. Dans ces lettres elle accusait les seigneurs et autres chevaliers de Chypre de la mort de son mari le roi Pierre. Son fils avait été couronné, mais c'était le prince qui recueillait toutes les rentes de Chypre, tandis que son pauvre fils avait à peine de quoi vivre; on le trompait en lui prenant son bien. Elle disait d'autres choses contre les chevaliers et dans son intérêt. Elle envoya de grands présents au Pape, en le priant humblement de donner l'ordre aux Génois d'aller à Chypre pour la venger de la mort de son époux et établir son fils comme héritier et seigneur roi, avec le droit de commander à tous les chevaliers et d'avoir tout le royaume à ses ordres.

Le Pape, après avoir reçu les présents et entendu les lettres qui étaient bien rédigées et démontraient la vérité par des preuves, pressé d'ailleurs par le Frère Pierre d'Aragon, consentit à permettre aux Génois d'envoyer une flotte à Chypre, afin d'établir le roi dans son pays, selon la demande de la reine, et il autorisa celle-ci à venger la mort de son époux. Il manda en même temps au grand-maître d'accompagner les Génois à Chypre et d'intervenir entre ces derniers et les Chypriotes afin de les mettre d'accord, de faire cesser les combats et le pillage, et de mettre à mort les assassins.

La reine envoya aussi deux lettres au roi d'Aragon son neveu et à Jeanne, reine de Naples, en les priant d'aider les Génois à faire leurs armements pour aller à Chypre.

Ceux-ci quittant Rome, avec la permission du Pape de s'armer, se rendirent à Gênes et proclamèrent la guerre contre Chypre. Ils formèrent une *mahone* (société), c'est-à-dire que les dames veuves contribuèrent de leurs biens et réunirent la somme de quatre cent mille ducats qu'elles donnèrent sous la condition que, sur tout le butin fait à Chypre, elles auraient soixante pour cent pour leur part, ce qui donne un intérêt de 240 mille ducats par an. On publia que tous ceux qui se sentaient capables de faire la guerre s'engageraient comme volontaires dans la flotte et qu'ils recevraient des galères du gouvernement. On nomma quatre amiraux pour commander les vaisseaux. Le doge nommé Dominique de Campo Frégoso mit à la tête de la flotte comme amiral son frère Pierre de Campo Frégoso qui avait sous ses ordres les autres amiraux nommés sire Lucas Spinola, sire Georges Cibo, sire Alphonse Doria et sire Hugues Dinegro. Aussitôt on éleva l'étendard de Saint-Georges et la maudite flotte fit ses préparatifs.

On résolut ensuite dans un conseil d'envoyer sept galères à Chypre pour demander justice contre les meurtriers qui avaient tué les Génois et contre ceux qui avaient envahi la loge. Cette justice devait être faite devant le capitaine de ces galères, sire Daniel Cattaneo. On lui donna deux conseillers, messire Jacques Grillo et messire Guillaume Lermi. Les sept patrons des galères étaient : Barnabo Cattaneo, sire Marin Corzana Fieschi, sire Thomas Tagas, Raphaël de Zilampa et sire Antoine Castania. On donna pouvoir à Cattaneo de venir à Chypre et de poser au roi les susdites questions. Dans le cas où le roi et les seigneurs ne consentiraient pas à l'exécution de ces conditions, il enverrait la réponse le plus vite possible à Gênes pour qu'on pût faire partir le reste de la flotte. Si le roi accepte de bonne volonté ces conditions, ainsi que le Pape le lui a ordonné, ainsi qu'à sa cour, par les ambassadeurs chypriotes, alors les Génois devront lui répondre avec humilité et douceur et se garderont de commettre aucun dommage ou aucune calamité dans le royaume.

Avant l'arrivée de ces galères, sire Odet Montolif envoya deux ambassadeurs florentins, nommés sire Olivier de Lestorne et sire Martel Elpisi, auxquels il avait donné des lettres pour le capitaine des galères. Celui-ci témoigna peu de considération à ces envoyés et les congédia sans daigner écrire une réponse. Ces derniers étant revenus trouver le capitaine, on débarqua un moine de Saint-Augustin avec des lettres pour le roi. Le bailly, voyant le moine, l'accueillit avec joie et lui donna aussitôt une suite pour aller à Leucosie.

Aux lettres qu'il avait reçues, le roi répondit par d'autres chiffrées qu'il envoya à Famagouste. Aussitôt le bailly, c'est-à-dire le gouverneur (de la ville), les expédia aux galères. Le capitaine de celles-ci les ayant lues devant ses conseillers, on écrivit les réponses qui furent envoyées au roi, et personne ne sut ce dont il s'agissait. Après avoir lu ces lettres, le roi écrivit des réponses qu'il adressa aux galères par deux chevaliers génois qui étaient à son service, sire Raf de Carmaï et sire Thomas de Riou. Ceux-ci se rendirent à Famagouste et montant sur les galères s'entretinrent avec les patrons. Le roi manda au capitaine d'envoyer aux Génois quatre chevaliers pour les saluer, afin que ceux-ci envoyassent quatre des leurs pour parler avec le roi. D'après cet ordre, le capitaine choisit sire Zevos de Nesines, sire Louis Laze, sire Jean de Colies et sire Henri Monze. Quand ceux-ci montèrent sur les galères, le capitaine génois n'en fit aucun cas, les considérant comme des hommes sans valeur; il prit le conseil des siens et les renvoya au bailly en lui mandant d'envoyer quatre chevaliers salariés de bonne condition, afin qu'ils pussent se confier à eux et aller trouver le roi. Le capitaine transmit cette demande au roi qui envoya trois chevaliers salariés, sire Thomas de Morpho, sire Jean Babin et sire Pierre de Montolif, qui se rendirent à Famagouste.

Mais les Génois, en gens rusés qu'ils étaient, se conduisirent perfidement; ils commencèrent par piller ça et là, comme je vais vous le dire. Or le jeudi 12 mai 1373, le capitaine des galères en envoya trois qui vinrent pendant la nuit et tâchèrent de s'approcher du port de Famagouste afin de mettre des hommes à terre pour faire du mal. La garde de la tour, les ayant découverts, lança contre eux une grande quantité de dards et de pierres, de sorte que les galères ne purent pas prendre terre. Alors les quatre autres galères allèrent à l'île des Bœufs. J'ai oublié de vous dire qu'une de ces galères s'était dirigée vers la Turquie pour voir si les Turcs préparaient quelque expédition et était revenue. Les treize galères débarquèrent des hommes qui allèrent aux jardins de Cilliri où ils exercèrent des ravages et blessèrent plusieurs jardiniers. Les galères se dirigèrent vers Famagouste, mais, quand elles s'approchèrent de la tour ronde de l'arsenal, messire Jean de Colies qui gardait cette tour, voyant qu'elles s'approchaient de la ville, rassembla tous les hommes du dehors qu'il put réunir et des chevaliers parmi lesquels se distinguaient sire Guy Gunal le lige, sire Jacques Zappo, chevalier soldat, sire Georges Monomaque, chevalier constantinopolitain, et plusieurs autres à pied et à cheval. Quand les galères se disposaient à jeter le câble, on les chassa avec des pierres et des traits et elles retournèrent à l'île des Bœufs. Les Chypriotes, sous la conduite du capitaine de Famagouste, marchèrent contre les Génois qui avaient pris terre à l'île des Bœufs, les combattirent et les forcèrent à rentrer dans les galères. D'autres, ayant occupé le passage, coupèrent les câbles, de sorte qu'ils n'osèrent plus s'approcher de la terre et jeter des ponts pour sortir, mais les galères restèrent devant le port sur leurs ancres. Dans cette rencontre plusieurs Génois furent blessés mortellement; une partie mourut et le lendemain on descendit à l'île de Sainte-Catherine pour ensevelir les cadavres.

Alors arrivèrent les chevaliers que le roi avait consenti à donner comme otages aux Génois pour que ces derniers pussent envoyer des ambassadeurs, c'est-à-dire sire Raf de Carmaï et sire Thomas de Riou; ils attendaient les ambassadeurs génois pour les conduire à Leucosie. Quand sire Raf et sire Thomas apparurent à la porte de Cava pour entrer à Famagouste, la populace les ayant pris pour des Génois, il survint un tumulte qui mit leur vie en danger. Le capitaine de Famagouste vint à la porte pour dissiper la populace, et le tumulte cessa. Sire Raf et sire Thomas se retirèrent dans leurs logements où ils restèrent sans sortir pendant deux jours. Enfin, voyant que le capitaine n'envoyait pas les ambassadeurs annoncés, ils retournèrent secrètement à Leucosie pendant la nuit.

Le vendredi 13 mai, le roi, informé de la conduite des Génois, fut très irrité. Il envoya à Famagouste messire Jacques de Lusignan, connétable de Jérusalem. Le peuple s'arma de courage en croyant qu'il allait monter sur nos galères pour combattre les Génois. On envoya du secours pour surveiller l'île et empêcher les Génois de prendre de l'eau à Stiléria; le peuple avait beaucoup d'ardeur pour combattre. En arrivant à Famagouste, le connétable fit publier un ordre qui défendait sous peine du gibet de lancer des traits contre les Génois et de leur faire du mal. En entendant cet ordre, le peuple se refroidit, comme s'il était déjà battu.

Le roi mit dans la prison du prince de Tyr tous les Génois, excepté les salariés, qui se trouvaient à Leucosie. De son côté le connétable fit arrêter les Génois de Famagouste et les emprisonna dans la cour royale.

En apprenant que les Génois étaient venus dans des dispositions ennemies contre Chypre, le roi craignit qu'ils n'envoyassent assiéger Satalie et que, dans le cas où la galère de Satalie ne pourrait pas se procurer des vivres, les Sataliotes désespérés ne se rendissent aux Turcs. Dans la forteresse se trouvaient de nombreux soldats dont Chypre avait besoin pour Famagouste et pour l'autre île. D'ailleurs l'argent nécessaire pour la dépense des soldats de Satalie ne pouvait être envoyé, parce que Chypre en avait besoin. Toutes ces questions furent examinées dans le conseil avec les chevaliers qui tous furent d'accord qu'il valait mieux rendre cette forteresse aux Turcs que la laisser prendre par les Génois. Ces derniers, en effet, demandèrent au roi la permission de surveiller Satalie, mais celui-ci, d'accord avec sa cour, se décida à la rendre à Tacca. Il fit donc partir un bourgeois de Famagouste, sire Badin Mistachiel, accompagné du Leucosiote Georges Pissologos, avec mission d'aller trouver Tacca, l'ancien seigneur de Satalie, et, dans le cas où celui-ci consentirait à devenir homme du roi, lui prêter serment et lui payer un tribut lui et ses successeurs, et autres conventions qu'on devait lui soumettre, de promettre au nom du roi, si Tacca acceptait, qu'on enlèverait les soldats et les armements conservés dans l'arsenal et qu'on retournerait à Chypre.

Les susdits ambassadeurs se rendirent auprès de Tacca qui, après avoir lu la lettre du roi, fut comblé de joie, confirma les traités et leur fit des présents. Messire Badin Mistachiel et sire Georges Pissologos allèrent ensuite à Satalie et remirent les lettres au capitaine de cette ville, sire Eustache de Bethsan; puis lui ayant montré les pouvoirs dont ils étaient munis, ils ordonnèrent que tous les hommes s'embarquassent sur le grand vaisseau que le roi avait envoyé pour venir à Chypre. Quant aux armements, ils furent mis dans les autres vaisseaux.

Le samedi 14 mai 1373, Tacca vint camper devant Satalie. Il prêta le serment dû au roi et remit aux ambassadeurs des vases d'argent pour leur souverain. Parmi ces présents se trouvait un cratère d'argent très précieux que les Turcs emportent dans leurs excursions pour mêler le vin, qui se sert à la cuiller; il ressemblait à un plat avec pied et pesait huit marcs. Après avoir tout terminé, selon le commandement du roi, ils donnèrent aux soldats l'ordre de s'embarquer sur les vaisseaux. Ce fut une grande honte pour la chrétienté que le roi ait rendu aux Turcs une si belle forteresse que le valeureux roi Pierre, son père, avait conquise après une grande guerre et après tant de sang versé. Ce sont les Génois qui furent cause de ce malheur. Le peuple se retira sur les vaisseaux avec toutes les provisions et avec l'image de Notre-Dame de Chypre, peinte par l'apôtre Luc, ainsi qu'avec d'autres reliques qu'on transporta à Cérines. Les Génois, en ayant été informés, envoyèrent deux galères à leur rencontre, afin de dévaliser les transfuges, mais Dieu sauva son peuple : seulement sire Badin Mistachiel et d'autres, ayant été trouvés dans une embarcation, furent faits prisonniers. La cause de cette mésaventure vient de ce que ce Badin ne voulut pas entrer dans le vaisseau qu'il craignit de voir prendre par les Génois s'ils le rencontraient. Il s'était embarqué dans la chaloupe de ce vaisseau pour suivre la côte, de manière que, s'il venait à être découvert par quelque vaisseau ennemi, il pût mettre pied à terre. Il arriva ainsi jusqu'à Allagia; mais, une galère génoise qui se trouvait là, ayant découvert la barque, alla contre elle et la captura avec tout son monde. Les autres vaisseaux arrivèrent heureusement à Cérines. La galère génoise conduisit la barque et les hommes au capitaine des galères des Génois, qui, informé par les prisonniers de ce qui venait d'arriver, les mit aux fers et les garda sur sa galère.

Les Rhodiens avaient vu l'arrivée des sept galères et les menaces qu'elles annonçaient contre Chypre; comme elles tardaient à revenir, ils se décidèrent à les rechercher. Au mois de juin 1373, les chevaliers armèrent et envoyèrent le maréchal de Rhodes pour aller réconcilier les Génois avec les Chypriotes. Le roi, l'ayant appris, en éprouva une grande joie. Les chevaliers allèrent trouver les galères génoises pour leur demander ce qu'elles voulaient. Les Génois répondirent : « Seigneurs, nous voulons d'abord que le roi nous livre les meurtriers qui ont massacré nos hommes, qu'il nous paye les cent mille ducats stipulés par les traités, cent autres mille ducats pour les objets enlevés à nos compatriotes par ses sujets et cent mille ducats pour la dépense de nos armements; s'il ne consent pas à nous livrer les meurtriers, qu'il nous paye cinquante mille ducats. Enfin nous demandons les cent mille ducats que ses parents ont empruntés à Gênes, ce qui, en additionnant toutes nos demandes, forme la somme de 350[1] mille ducats. » Le maréchal revint trouver le roi pour lui annoncer que les Génois demandaient 350 mille ducats. Le roi leur envoya sire Thomas de Morpho comte de Rochas, accompagné d'un autre chevalier pour leur dire : « On vous a demandé de nous faire voir le mandat que vous avez reçu de votre gouvernement, et vous n'avez pas consenti à nous répondre sur cette question. Voici maintenant le maréchal de Rhodes qui vient nous demander pour vous une grande somme de ducats. Quant à cette dernière question, le roi vous fait dire

---

[1] Le calcul n'est pas exact, à cause des derniers cent mille ducats, ajoutés par le manuscrit d'Oxford. Il faudrait 450 mille ducats.

de nous faire des propositions acceptables; car le royaume est pauvre, le roi est orphelin et ses biens sont peu considérables. Il est nécessaire de nous faire des concessions à nous qui demeurons sur un rocher, environnés de Turcs et de Sarrasins.» Les capitaines répondirent : «Seigneurs, recommandez-nous à la seigneurie du roi, en lui disant que nous avons vu avec plaisir votre arrivée (Dieu le sait). Pour les demandes que vous nous faites, le temps ne nous permet pas de répondre immédiatement; mais nous nous consulterons entre nous et vous apprendrez notre décision. Quant à la demande de produire l'autorisation que nous avons de notre gouvernement, envoyez-nous de bons chevaliers pour notre sécurité, et alors nous enverrons nos représentants.»

Les chevaliers retournèrent à Cérines et, mettant pied à terre, allèrent à Leucosie et racontèrent en détail au roi ce qui était arrivé, ajoutant que les Génois demandaient des sûretés pour envoyer des ambassadeurs. Celui-ci adressa comme otage aux galères génoises sire Jean Bédouin le Jeune qui, passant par Cérines, alla trouver les Génois. Après qu'il eut salué les capitaines, les Génois rédigèrent par écrit leurs demandes qu'ils remirent entre les mains de Guillaume Lermi, envoyé comme ambassadeur au roi. Celui-ci débarqua à Cérines, se rendit à Leucosie et, introduit en la présence du roi, il lui dit : «Sire, les seigneurs capitaines se recommandent à ta Majesté, et te font savoir que nous sommes tombés d'accord avec les ambassadeurs que tu as envoyés à notre très saint père le Pape, en ce sens que tu enverras à Gênes les meurtriers qui ont tué nos hommes sans raison pendant la fête de ton couronnement et que tu rendras les biens enlevés aux Génois par tes hommes. Si ces deux demandes ne sont pas acceptées, notre gouvernement promet d'armer à tes frais et de venir les chercher, et tu seras condamné à une amende. Or, tu n'as rien répondu à tout cela. Maintenant tu dois nous donner pour cette affaire 350 mille ducats, et si ta Majesté y consent, envoie quelqu'un pour les verser entre nos mains. Outre cela nous demandons que tu nous cèdes dans ton île une forteresse avec une troupe pour y établir nos négociants, sous la protection de laquelle ils pourront faire leurs affaires comme ils l'entendront, parce qu'il ne plaît nullement à nos seigneurs de Gênes que nos hommes et leurs biens se trouvent sous ton autorité et, quand il t'en viendra la fantaisie, que tu puisses leur enlever leur fortune et les massacrer. Puisque avec des traités on nous a fait tant de mal, comment être sûrs à l'avenir de pouvoir rester dans ton pays? Si nos hommes étaient coupables, comme il t'a paru, il fallait les accuser devant le podestat qui t'aurait rendu justice et non les traiter comme des ennemis mortels et sans maîtres, les tuer, les piller, les déshonorer, les pendre, les emprisonner et leur faire toute espèce de mal. Or, il nous paraît que c'est toi qui es la cause du combat, par conséquent tu dois nous payer comme indemnité les cent mille ducats, selon les traités conclus devant le très saint Pape. Si tu consens à nos demandes, nous laisserons nos hommes dans la forteresse que tu nous donneras, nous retournerons à Gênes et nous aurons la paix pendant tous les jours de notre vie. Autrement nous resterons ici jusqu'à ce que Dieu nous ait vengés. »

Le roi, ayant entendu le message, donna l'ordre qu'on fît reposer l'envoyé. Alors on discuta devant la cour, et après de longs débats il fut reconnu qu'il ne fallait pas livrer les meurtriers, parce qu'ils n'étaient pas coupables, ayant exécuté les ordres du roi. Après tout la faute en était aux Génois qui étaient venus armés secrètement à l'habitation du roi; et s'ils s'étaient armés par peur des Vénitiens, ils auraient dû avertir secrètement le roi qui leur aurait dit son opinion. «Quant à la question de payer les cent mille ducats comme amende, ce sont les Génois qui ont encouru cette amende et qui nous la doivent, d'abord parce qu'ils étaient armés en venant au palais; ils disent qu'ils sont venus pour les Vénitiens, mais qui peut assurer qu'ils ne sont pas venus pour le roi? Ensuite ils se sont enfuis secrètement de notre pays avec leurs femmes, leurs enfants et leurs biens. Puis sont arrivées deux galères qui ont insulté et déshonoré le roi et ses hommes. Enfin sont venues les six autres qui assiègent et pillent l'île.» Cette réponse plut au conseil. On la remit aux ambassadeurs en leur disant : «Puisque vous n'obtenez pas ce que vous demandez, adressez-vous au Pape; il nous convient de nous soumettre à ses décisions. Votre prétention d'obtenir une forteresse dans notre pays est inadmissible, car nous ne pouvons faire ce qui n'a jamais été fait. Vous pouvez vivre comme par le passé; nous promettons sur les Saints-Évangiles de vous traiter avec honneur et comme de bons amis. Quant à la demande que nous payions vos armements, il faut que vous rendiez vous-mêmes ce que vous avez pillé, et par vos destructions vous avez fait de notre île un désert, et cela sans aucun motif. Si vous voulez consentir à la paix, que Dieu soit loué! Autrement, faites ce que vous voudrez. Nous ne pouvons accepter des demandes aussi injustes et aussi cruelles. Si vous nous faites du mal, il viendra un temps où Dieu nous vengera. »

L'ambassadeur partit et sire Bédouin le Jeune revint. Après la réponse du roi les Génois proclamèrent la guerre. Six Génois qui restaient encore à Chypre furent arrêtés et mis dans les prisons de Leucosie, dans la maison du seigneur de Tyr. On arrêta aussi les Génois-Chypriotes auxquels feux les rois avaient donné des franchises, c'est-à-dire que par pitié ils les avaient nommés *miamoun*[1], avec le privilège de ne payer aucun droit sur tout ce qu'ils achetaient ou vendaient. Ces derniers, ayant les mêmes droits que les Génois, n'appartenaient pas à cette commune, parce qu'ils étaient d'origine syrienne; tels étaient les Gourri, les Bibi, les Daniel, les Goulis, comme ceux qui tiraient leur origine de Giblet, de Saint-Jean d'Acre, de Caffa, de Chio, de Galata. Ces derniers pays appartiennent aux Génois, mais les originaires des autres pays, non soumis aux Génois, avaient obtenu des rois la franchise, soit par privilège, soit parce que les consuls génois, dans l'intérêt de leur commune, leur avaient décerné la nationalité. C'est pour cela qu'ils avaient été emprisonnés. Ils protestèrent beaucoup afin de ne pas être mis en prison, en disant qu'ils n'étaient pas des Génois, mais cette justification ne leur servit à rien.

Le maréchal de Rhodes, voyant que les Génois commen-

[1] Voy. la note de la page 16.

çaient la guerre et que les Chypriotes ne voulaient pas accepter leurs propositions, même avec des tempéraments, crut que son intervention pourrait les concilier; mais ce fut en vain. Le conseil du roi lui dit: «Citons notre différend devant le Pape et engageons-nous à accepter ce qui paraîtra juste à la cour de Rome.» Mais les Génois, se confiant dans leurs forces, ne prêtèrent point l'oreille à cette proposition. Le maréchal de Rhodes prit ses hommes et, s'embarquant sur ses vaisseaux, retourna dans son île.

Cependant les galères génoises parcouraient l'île de Chypre. Elles pillaient les biens, tuaient des animaux, brûlaient les semences, accueillaient les esclaves fugitifs et faisaient tout le mal possible. Les six galères vinrent ensuite à Salines pour piller; mais ayant trouvé le capitaine avec une bonne suite d'hommes à cheval et à pied, elles ne purent rien faire. Laissant Salines, elles allèrent à Limisso et à Paphos, puis retournèrent à Saint-Auxive et à Pendaïa. Dans cette dernière localité se trouvait messire Jacques de Lusignan, le connétable, avec trois cents hommes d'armes. Quand les vaisseaux quittèrent le port de Famagouste, laissant mille hommes pour la garde de cette ville, il conduisit les autres soldats à Leucosie, et, choisissant trois cents des plus braves, les disposa sur la côte. A ces derniers vinrent se joindre beaucoup d'indigènes à pied, des Arméniens et d'autres soldats à pied. Les Génois, l'ayant appris, n'osèrent ni débarquer, ni prendre de l'eau, et retournèrent à Limisso, où les hommes étaient moins nombreux et peu experts en fait de guerre. Ils y débarquèrent et saccagèrent les maisons, en faisant d'autres dégâts; les habitants prirent la fuite. Dédommagés par cet exploit de toutes leurs défaites précédentes, ils se gonflèrent de vanité, prirent courage, et publièrent que tous les esclaves, serfs, assassins, voleurs, qui désireraient venir avec eux, seraient bien reçus, proclamés libres de condition, quittes de tout crime, et qu'ils vivraient avec eux en bonne intelligence. Alors un grand nombre de Bulgares se rassembla et se réunit avec les Génois. Ces esclaves pillaient et apportaient à ces derniers tout ce dont ils avaient besoin. Des Bulgares, des Grecs et des Tatares se réunirent au nombre de deux mille et s'emparèrent des forteresses de Paphos. Ces forteresses étaient basses ; après s'en être emparés, ils les élevèrent, et, coupant la mer, les environnèrent d'un fossé, puis ils ouvrirent des tranchées protégées par des soldats et ils se défendirent en sûreté contre les Chypriotes.

Les nouvelles des exploits des Génois arrivèrent dans la capitale. Le roi prit conseil de sa cour et envoya comme capitaine le prince d'Antioche. Celui-ci choisit mille bons soldats, sortit de Leucosie et vint à Paphos. Le baile du district était un Lombard, nommé Dominique de Montpulsa, qui avait avec lui les bons soldats du district à cheval et à pied. Informés de son arrivée ils allèrent se joindre à lui.

Le dimanche 3 juillet 1373[1], de bonne heure, le prince alla à la tour de Paphos et commença le combat. Les Génois montèrent sur les galères et vinrent combattre. La bataille dura pendant quatre heures et on ne put rien faire, parce que les Génois étaient fortement secourus par les

---

[1] Il faut corriger « le dimanche 2 juillet », comme le montre la suite du récit.

Bulgares. Les soldats du prince n'ayant pas de boucliers, beaucoup d'entre eux furent blessés. Sur ces entrefaites, un brave Chypriote, vaillant garçon, prenant avec lui cinquante braves comme lui, sortit et ils allèrent tous d'accord pour entrer dans une galère. Le pont se trouvant à terre, le jeune homme dit à ses compagnons de courir tous ensemble pour envahir la galère, et, sautant sur le pont, il entre en courant. Il croyait qu'il était accompagné de ses camarades; mais ceux-ci étaient restés à terre; que pouvaient faire, en effet, cinquante hommes dans une galère? Les Génois, admirant l'audace du jeune homme, l'accueillirent très bien. Voyant qu'il était seul, et, après avoir cherché à droite et à gauche, n'ayant aperçu aucun des siens, il se rendit au capitaine de la galère. Celui-ci et tout l'équipage lui firent les plus grands honneurs.

Le prince avait avec lui une espèce de poudre appelée feu hellénique (grégeois) et avec lequel il fit beaucoup de mal aux galères.

Voyant que son campement n'avançait à rien, et qu'au contraire il lui était plutôt nuisible, il quitta la place et se rendit à Leucosie. Les capitaines des galères informés du départ du prince, firent sortir tous les esclaves qui allèrent saccager tout ce district, en capturant beaucoup d'hommes et de femmes. Plusieurs s'enfuirent dans les montagnes et les Génois enlevèrent des vivres et des animaux en grande quantité.

Sire Jacques de Lusignan informé de la perte de Paphos fut hors de lui. A force de flatteries étant parvenu à rassembler une troupe nombreuse, il se rendit en bon ordre à

Paphos. Il provoqua les Génois à descendre pour combattre, mais ceux-ci s'y refusèrent. Il établit une embuscade et arrêta trois Génois qui lui dirent qu'il était arrivé deux autres galères et un grand navire pour les secourir, qu'on attendait un secours plus grand encore, et qu'on s'étonnait du retard de ce secours qui avait été séparé de ses compagnons à cause du mauvais temps. En apprenant cela, le connétable abandonna le pays et fit publier que tous les esclaves, coupables et assassins qui se rendraient au service du roi, seraient libres de l'esclavage et de leurs crimes.

Le 1er octobre 1373 on apporta au roi une lettre par laquelle on l'informait que dans l'après-midi on avait aperçu à Paphos 36 vaisseaux génois qui se dirigeaient vers Salines. Tous les hommes s'enfuirent et vinrent à Leucosie. Le dimanche 2 octobre le roi fit publier un ordre, ainsi conçu : « Tous les gardiens doivent, chacun à son poste, surveiller la forteresse avec le plus grand soin; personne, sous peine d'être décapité, n'abandonnera son poste de surveillance; personne n'aura de feu chez soi pendant la nuit pour s'éclairer, excepté dans les endroits désignés; personne ne devra quitter sa maison pendant la nuit après trois heures sonnées; ceux qu'on trouvera dehors seront arrêtés et emprisonnés jusqu'au lendemain pour être examinés, et s'ils sont suspects, ils seront punis. Aucun prêtre, soit grec, soit latin, ne se lèvera le matin et ne sonnera ni cloche ni simandre jusqu'au point du jour. Quiconque cherchera querelle ou fera du mal à un autre, subira la peine capitale. Les gardiens viendront prendre les ordres du roi pour en suivre l'exécution. »

Le lendemain, lundi 3 octobre, après la publication de cet ordre, le roi monta à cheval avec sa suite et parcourut l'intérieur de la cité. Les murailles étaient très fortes mais peu élevées. Il fit dire dans les paroisses qu'on se rassemblât et qu'on bâtit avec de la boue et des pilotis. On creusa le fossé et on fit 133 tranchées, sans les tours. Le roi revint ensuite pour fixer la place à chacun des gardiens.

On fit publier en outre que chaque homme au-dessous de quinze ans devait venir se faire inscrire pour la garde des places nécessaires; celui qui ne se soumettrait pas à cette formalité perdrait sa liberté et deviendrait parèque royal. Quand ils furent inscrits, on en fit le dénombrement et on les plaça dans les endroits qui avaient besoin d'être gardés; cela se fit en bon ordre.

Le même dimanche 2 octobre on apporta des lettres du bailly de Famagouste annonçant que les trente-six galères avaient paru devant la ville et qu'elles avaient commencé immédiatement les hostilités. Le bailly avait pris ses précautions pour faire surveiller la forteresse dans les endroits les plus exposés. Le roi en fut très content; il envoya aussitôt du secours à Famagouste, et en même temps fit publier à Leucosie que tous les hommes inscrits, homme du monde ou ecclésiastique, excepté ceux qui avaient été préposés à la garde des endroits périlleux, devraient, quand ils entendront la trompette, se trouver armés et à cheval, chacun comme il le pourra, afin d'aller avec le roi à Famagouste. Tous, chevaliers et autres, se préparèrent et se mirent en route. Après le dîner du roi, quand la trompette sonna, la nuit du même dimanche, le roi, le prince et le connétable revenu de Cérines, se mirent à cheval. En sortant de Leucosie ils se trouvèrent au nombre de deux mille, à cheval et à pied, sans compter ceux qui avaient été mis à la garde de la forteresse et des tours de Leucosie. Le roi laissa à sa place sire Jean de Neuville. Ils arrivèrent à Famagouste dans la matinée du lundi.

Le lundi 3 octobre on commença la bataille qui dura quatre heures; il y eut des deux côtés beaucoup de tués et de blessés. Les Génois fatigués se retirèrent sur leurs galères. Le roi fit surveiller les portes pour que les hommes amenés de Leucosie ne pussent pas s'évader. Quatre mille hommes étaient en surveillance pour que les Génois ne débarquassent pas de leurs galères et que les Chypriotes en sortant ne fussent pas pris par les Génois. Ces derniers mirent à terre une partie de leur équipage pour entourer Famagouste par le dehors. Les Chypriotes se trouvèrent ainsi assiégés dans la ville; personne ne leur portait des vivres et ceux qui étaient dedans ne pouvaient sortir.

Le mercredi 5 octobre, à la 21ᵉ heure, le connétable, voyant les perplexités de Famagouste, appela une partie des hommes qui avaient sa confiance; il s'en trouva 500. Ils ouvrirent les portes de Cava et en sortirent immédiatement. Les Génois tombèrent sur eux, mais plusieurs d'entre eux furent tués et blessés et 200 furent faits prisonniers. Parmi les blessés se trouvait un chevalier très audacieux nommé Raymond de Cafran. Il avait reçu au visage un dard qui était sorti par les épaules. On le conduisit à Leucosie où il mourut, et on l'enterra à Tortose. Les Génois, voyant le mal que les Chypriotes leur faisaient, se retirèrent de la mêlée.

Le connétable, en allant à Leucosie, rencontra au bourg d'Agro soixante Génois qui étaient sortis des galères pour piller et qui s'en retournaient, pendant que d'autres surveillaient pour voir si des troupes n'arrivaient pas de la ville. En habile général qu'il était, le connétable les entoura, comme des animaux qu'on parque dans un endroit clos, et les tua. Vingt qui avaient échappé au massacre furent conduits dans la prison du seigneur de Tyr. Le connétable arriva très satisfait à Leucosie. On remit aux seigneurs les objets et les bestiaux pris par les Génois et qui leur appartenaient. Le connétable rentra à Leucosie le 6 octobre 1373 avec le consentement du roi. *6 oct. 1373.*

Le prince, ayant appris l'exploit du connétable, voulut sortir pour combattre; mais ses hommes ne consentirent pas à le suivre, en disant : «Le roi nous a envoyés pour garder Famagouste et non pour aller aux combats. Nous craignons de perdre les nôtres et après nous serons perdus nous-mêmes avec la ville. Toutefois si tu veux faire une promenade militaire, prends tes hommes. Les Génois sont habiles à la guerre et bien armés, et nous ne voulons pas exposer les nôtres.» Le prince alors les réunit tous dans un conseil et leur dit : «Seigneurs, je vous ai convoqués pour me dire votre opinion; ne craignez pas de le faire, parce que celui qui ne parlera pas bien n'encourra aucun blâme, seulement celui qui parlera bien sera honoré. Tout le monde convient que vous n'êtes pas habiles à la guerre. Croyez-vous qu'il faille sortir pour combattre?» On lui répondit : «Ta seigneurie sait qu'il y a beaucoup de vaisseaux; si nous sortions, nous aurions à souffrir. Nos ennemis combattront si cela leur convient; dans le cas contraire, ils se retireront sur leurs vaisseaux, tandis que nous, nous éprouverions de grands dommages. Il nous paraît donc sage de ne pas sortir de Famagouste avant que le roi ne nous le commande.» Le prince leur dit : «Puisque vous aimez mieux ne pas sortir, je me range à votre avis, bien que je trouve peu convenable de voir nos ennemis parcourir et saccager l'île, pendant que nous restons tranquilles. Mais envoyons-leur quelqu'un pour savoir s'ils consentent à partir et à nous laisser en repos.»

On nomma aussitôt cinq chevaliers comme ambassadeurs : sire Jean de Morpho, comte de Rochas, sire Raymond Babin, le bouteiller de Chypre, frère Petras, commandeur de l'Hôpital, le vicaire de Famagouste et sire Jacques de Saint-Michel, le chévetain de la maréchaussé. Ceux-ci demandèrent un rendez-vous aux Génois qui envoyèrent sire Daniel Cattanéo qui leur dit : «Seigneurs, venez sur les galères pour conférer. Nos seigneurs craignent de mettre pied à terre, parce qu'ils ont avec eux des Lombards qui préfèrent à la paix la guerre et le pillage, et s'ils descendent à terre, il y a beaucoup de Syriens et d'hommes violents qui ne nous laisseront pas débattre nos propositions qui sont onéreuses et exorbitantes. Sachez que nous aussi nous désirons la paix, afin de retourner dans nos foyers.» Les chevaliers leur dirent : «Quel est le lieu convenable que vous préférez?» Il leur fut répondu : «Le château, si vous le voulez bien. Que la garnison sorte; qu'il reste seulement douze hommes pour le surveiller. Venez-y vous cinq; les nôtres en enverront douze avec moi et quatre de mes compagnons, et là nous déciderons ce qu'il faut. Nous entrerons, nous par la porte de la mer et vous par la porte de la terre. » Les ambassadeurs vinrent rapporter cela au roi. Celui-ci et tous les seigneurs, en entendant ces propositions, les approuvèrent et nommèrent quatre chevaliers : sire Guy de Mimars, l'amiral de Chypre, sire Jean de Giblet, Perrot de Montolif, le serviteur du roi, et son frère Glimot. Ces mandataires n'étaient pas d'avis d'accepter un pareil rendez-vous. Le roi disait : « Il faut leur faire connaître notre décision pour qu'ils partent. » Ceux-ci répondaient: « Nous vous défendons devant Dieu et nous vous adjurons de ne pas persister dans une pareille idée. Les Génois sont des gens habiles et fourbes; ils veulent nous tromper pour s'emparer du château, et alors, qui les fera sortir? » Tous n'étaient pas de la même opinion et dans les mêmes idées, et la position devenait difficile. Comme le connétable était à Leucosie, on dit : « Appelons aussi le connétable pour qu'il vienne à Famagouste. » On lui adressa de la part du roi une lettre ainsi conçue : « Mon cher oncle, par la grâce de Dieu nous avons arrangé l'affaire avec les Génois. Les chevaliers n'étant pas de la même opinion et les Génois ne voulant pas accepter les conventions que nous devons faire, sans qu'elles soient revues et signées par toi et par notre oncle le prince, sors pour cela et viens à Famagouste pour m'en débarrasser. » On remit la lettre à sire Pierre de Cassi pour la porter à Leucosie. Le connétable était malade. Quand on lui donna la lettre, il en prit connaissance, et, ayant été informé par celui qui l'avait apportée, qu'on voulait faire entrer les Génois dans le château, il fut très irrité et écrivit cette réponse : «Très honoré neveu, et vous honorables seigneurs, j'ai reçu les recommandations de la vénérable lettre de ta Majesté; l'accord que tu as fait avec les Génois me plaît; que Dieu le conduise à bonne fin! Quant à ton désir que je sois présent pour signer les traités, Dieu sait que je suis malade et que je ne puis pas venir. Mais ce que tu feras avec ton conseil, je l'accepte et je le confirme maintenant et après.» Le roi fut fâché de la réponse du connétable. Les courtisans désiraient avoir le connétable auprès du roi, non pas pour le bien public, mais par envie. On lui écrivit une nouvelle lettre ainsi conçue : «Cher oncle, nous avons reçu ta lettre et nous sommes très fâché d'apprendre ta maladie. Les traîtres génois ne consentent à rien faire sans toi. Ainsi en restant à Leucosie, tu nous causes du mal, parce qu'ils parcourent l'île en la saccageant; notre pays est totalement ruiné. Nous te mandons donc qu'aussitôt cette lettre reçue et sous peine de trahison, tu partes immédiatement et que tu viennes, comme tu te trouves, en notre présence et sans le moindre prétexte. Prends pitié de l'île, parce qu'il n'est pas juste qu'à cause de toi notre royaume se trouve dans un pareil danger. Tous les seigneurs de notre cour sont disposés à accepter les accords, et ils ne peuvent le faire sans toi.» La lettre fut remise entre les mains du prieur de Saint-Dominique qui la porta à Leucosie et la donna au connétable.

Après avoir lu la lettre, celui-ci se prépara aussitôt à

monter à cheval et à se rendre à Famagouste. Le bruit s'en étant répandu parmi le peuple de Leucosie, il y eut immédiatement un tumulte, et au nombre de 3000 hommes, chevaliers, salariés, liges et autres gens, ils vinrent dire au connétable : « Seigneur, notre seigneur le roi se trouve à Famagouste avec le prince et les plus distingués des chevaliers et notre reine; n'est-ce pas suffisant? Que veulent-ils de toi? Ils sont assez nombreux pour traiter avec les Génois, s'ils le veulent, et nous ne voyons pas la nécessité que tu y ailles toi-même. Nous, nous ne voulons pas y aller, mais nous désirons que tu restes ici pour nous aider et nous gouverner comme notre bon seigneur. » On envoya aussitôt 600 hommes pour garder les portes et empêcher le connétable de quitter la ville. Leucosie avait deux portes continuellement ouvertes, celle de Sainte-Vénérande et celle de Saint-André, et le peuple était décidé à mourir plutôt que de le laisser partir. On chercha le prieur qui avait apporté la lettre pour le tuer. Celui-ci, nommé Roïnélis, informé de l'irritation du peuple, s'enfuit et se réfugia au château où restait la mère du connétable. Sire Jean Gorab entoura la villa et mit mille hommes pour surveiller le connétable et l'empêcher de partir. Ils se repentaient même d'avoir laissé le roi, sa mère et le prince aller à Famagouste.

Le connétable prit ensuite conseil auprès des chevaliers, et surtout de Montolif de Verny; il fut arrêté qu'on ferait publier que personne ne devait faire du mal aux Génois, le roi ayant conclu la paix avec eux à Famagouste. Tous ceux qui étaient en prison furent mis en liberté. Comme

216 le peuple ne voulait pas que le connétable allât à Famagouste, les chevaliers lui dirent : « Soyez certains qu'il n'ira pas, mais que chacun s'occupe de ses affaires ». Le peuple se calma; cependant on surveilla les portes de la maison du connétable, dans la crainte qu'il ne partît secrétement pour Famagouste. Ils dirent au connétable : « Très honoré seigneur, si tu veux aller à Famagouste, prends nous avec toi pour que nous restions sous ta protection. Nous aimons mieux mourir en compagnie d'un seigneur aussi habile, que de vivre comme des animaux privés de leur berger. » Le connétable ayant entendu ces paroles, ne voulut pas aller à Famagouste accompagné du peuple et laisser Leucosie vide. Il écrivit au roi : « Si je pars, Leucosie restera déserte, et elle sera prise par les Génois. » Le lendemain le peuple renouvela ses protestations; sire de Montolif fit publier : « Que chacun s'occupe de ses affaires; le connétable ne pense nullement à vous quitter, et comme vous aimez sa compagnie, lui aussi désire rester avec vous. »

D'après le conseil du roi on mit un impôt sur les hommes de toute condition, ce qui produisit la somme d'un million de ducats. Les villages royaux contribuèrent pour 300,000, les juifs de Famagouste pour 30,000, les bourgeois de Leucosie pour 100,000, les juifs de Leucosie pour 70,000, les chevaliers, les dames veuves, les hommes liges et autres pour 300,000. L'impôt se perçut facilement chez ceux qui purent payer, quant aux autres ils furent maltraités et torturés. On envoya à Leucosie un receveur pour percevoir les contributions; il se trouva quelques récalcitrants qui ne voulurent pas se soumettre à l'ordre du roi; on les mit en prison dans la maison du prince de Tyr. Le peuple ayant appris qu'on avait emprisonné quelques-uns des siens, se révolta et alla briser la prison pour délivrer les détenus. Prenant avec eux un drapeau aux enseignes du roi, ils disaient : « Il ne nous semble pas juste que nous payions une contribution pour les Génois. » Jean de Neuville, le vicomte, informé du tumulte, monta à cheval et vint demander ce qu'ils voulaient. On lui dit : « Délivrez les hommes qui ont été arrêtés parce qu'ils ne veulent pas payer les impôts des Génois. » Le vicomte fit ouvrir la prison et délivra ceux que le peuple voulait; on laissa les autres en prison. On lui remit les clefs de la forteresse et on alla chez le connétable pour lui annoncer cela. Aussitôt celui-ci fit défendre par un ordre toute espèce de tumulte. Au moment où le crieur public se préparait à publier cet ordre, on le jeta par terre, on le foula aux pieds et on lui défendit de crier, en disant : « Nous ne faisons pas de tumulte, mais nous ne voulons pas laisser partir notre seigneur le connétable, afin de ne pas rester sans chef. »

Cependant le peuple s'apercevait que pour surveiller le connétable, il perdait son temps et ne pouvait s'occuper de ses affaires. Alors un nommé Psychidis rassemblant soixante hommes, s'engagea à surveiller le connétable, tandis que le peuple pourrait vaquer à ses affaires. Tout le monde fut content, et on laissa cette charge à Psychidis. Le peuple ainsi se fia au connétable pour le gouvernement de Leucosie. Cependant celui-ci songeait à exécuter les ordres du roi. Il était défendu de lui apporter aucun écrit et on ne laissait personne aller à Famagouste. Le connétable voyait que sa

218 position était dangereuse, car il devait choisir entre la colère du roi et la volonté du peuple. Il rassembla les chevaliers chypriotes et deux sages chevaliers latins, sire Galio de Dampierre et sire Pélisson de la Pélissonnière, et quelques bourgeois, et voulut avoir l'opinion de tous ces hommes, afin que le roi ne le soupçonnât pas de mauvaises intentions. « Il est vrai, leur dit-il, que j'ai répondu à la première lettre du roi que j'étais malade. Dans la seconde je disais que le peuple ne me laissait pas sortir, en surveillant les portes de ma cour et celles de la forteresse, mais que j'espérais le calmer et pouvoir me rendre aux ordres du roi. Maintenant il m'est impossible de fuir, et il me paraît nécessaire de lui écrire que vous persuaderez le peuple de me laisser aller auprès de lui. » Ces seigneurs tâchèrent de briser la résistance du peuple en disant : « Il nous paraît juste de répondre à notre seigneur le roi pour lui dire que nous restons ses sujets fidèles, afin qu'il ne croie pas que nous sommes révoltés et que nous avons proclamé comme roi le connétable. Autrement il pourrait par jalousie envoyer les Génois contre nous, et nous serions perdus. » Le peuple alors permit au connétable d'écrire une lettre ainsi conçue : « Mon cher seigneur et neveu, je salue humblement ta Majesté. Je fais savoir à ta seigneurie qu'aussitôt ta lettre reçue je me préparai à venir près de toi, dans l'état où je me trouvais, mais le peuple ne le permit pas; il se repentit même d'avoir laissé partir la reine et notre frère le prince. J'ai tâché de briser sa résistance pour obéir à tes ordres, comme je te l'ai écrit dans une autre lettre; mais je vois que je suis de plus en plus surveillé. On me défend de

sortir, et je ne veux pas mettre mes jours en péril. J'écris donc à ta Majesté les motifs qui me retiennent et je la prie de m'excuser.» Quand cette lettre fut écrite, on l'expédia à Famagouste, sans la lire.

Cette réponse expédiée, on apporta une lettre du capitaine de Cérines et de tout le district à l'adresse du connétable, où il était dit : «Notre très honoré seigneur, j'ai fait connaître à ta seigneurie que notre seigneur le roi nous a envoyé à Cérines sire Frasses Saturno, accompagné d'une lettre royale, qui nous ordonnait de recevoir ce Frasses le Catalan comme capitaine de Cérines, au commandement duquel tout le peuple de cette ville devra obéir. Après avoir pris connaissance de cet ordre, considérant d'ailleurs que ta seigneurie gouverne Leucosie et toute l'île, nous n'avons pas accepté ce Frasses, mais nous l'avons chassé et il est retourné à Famagouste. Nous avons agi ainsi, parce que nous avons soupçonné que ce n'est pas notre seigneur le roi qui l'a envoyé, mais qu'il y avait été obligé par les Génois afin de mettre notre forteresse entre leurs mains, car ils craignent qu'elle ne soit remise entre les tiennes. Tous nous te voulons, nous te regardons comme notre seul seigneur, parce que personne plus que toi n'aime notre île. Nous nous donnons donc tous à ta seigneurie et nous plaçons notre forteresse sous ta surveillance, jusqu'à ce que notre roi, ton très cher neveu, que Dieu protège, vienne nous défendre contre ces impies Génois.»

Aussitôt le connétable manda à la trésorerie d'envoyer à la forteresse la paye d'un mois, pour qu'ils se partageassent cet argent entre eux, et il leur écrivit : «Chers, bons et

220 justes amis et compagnons, j'ai reçu votre lettre. Je vous remercie de m'avoir nommé gouverneur de la forteresse, et je vous envoie la paye d'un mois. Soyez attentifs et faites de bonnes gardes jour et nuit, parce que les ennemis nous entourent; prenez toutes les précautions, car vous ne savez pas à quelle heure le voleur doit venir. Dites-moi de vous envoyer tout ce dont vous avez besoin. »

A Famagouste, comme on voyait que le connétable n'arrivait pas et qu'il ne justifiait pas son retard, on fut surpris et on pressa le roi d'envoyer pour voir ce qu'il faisait. Le roi remit une lettre entre les mains d'un homme de confiance, nommé Thibat Belpharage auquel il dit beaucoup de choses qui devaient être exposées de vive voix. Sire Thibat, bourgeois indigène, arriva le samedi 18 novembre 1373, à la première heure de nuit, et remit au connétable la lettre qui était ainsi conçue : « Très cher et très aimé oncle, nous t'envoyons notre aimé Thibat Belpharage qui doit te communiquer beaucoup de secrets que nous lui avons confiés. Tout ce qu'il te dira, tiens-le exactement comme si tu l'entendais de notre propre bouche. » Le connétable donna la main à l'envoyé du roi et lui demanda communication des ordres de ce dernier. Thibat dit alors : « Le roi te salue et dit que, si tu l'aimes, tu iras immédiatement à Cérines pour la garder comme il convient. Tu ne pourras pas lui faire un plus grand plaisir que d'accepter cette mission, et il est certain que tu l'accepteras. »

18 nov. 1373.

Le connétable recevant cet ordre et en même temps la 221 lettre des Cériniotes, y consentit. Thibat sortit alors pour aller chez lui. Le peuple, ayant appris que ce dernier arrivait de Famagouste, eut le soupçon qu'il voulait presser le connétable d'aller dans cette ville. On le chassa à coups de pierres, et il chercha son salut dans la fuite. Le lendemain matin on alla le trouver chez le connétable et on lui jeta des pierres en lui disant : «Tu es venu tromper notre seigneur le connétable et lui persuader d'aller à Famagouste, afin que les Génois, nous trouvant sans chef, viennent nous piller et occuper Leucosie pour nous forcer à payer les contributions.» Sire Thibat, en homme prudent qu'il était, leur parla de manière à les calmer, puis, prenant la réponse du connétable, il retourna à Famagouste.

Le lundi 20 novembre 1373, de grand matin, le connétable envoya une bonne et forte compagnie de soldats au secours de Cérines avec la paye d'un autre mois, c'est-à-dire plus mille aspres de Chypre, et d'autre argent pour acheter des vivres. Il leur recommanda par écrit de mettre de bonnes gardes vers la côte de la mer, en leur indiquant combien il fallait en établir. Il chargea sire Montolif de Verny d'acheter des provisions et il le fit accompagner de deux hommes de sa chambre. Ils sortirent de Leucosie à la nuit tombante. Le peuple, concevant le soupçon que sire Jean Gorab conseillait au connétable d'aller à Famagouste, voulut le maltraiter. Ils vinrent à la maison du connétable qui était située en face de la forteresse et là, ayant rencontré ce chevalier, ils se jetèrent sur lui, en disant : «Il est revenu tromper notre seigneur pour qu'il aille à Famagouste.» Ils étaient furieux. Le connétable, ayant entendu le tumulte, voulut voir quels étaient les gens qui étaient là. Comme il faisait obscur, il leur fit jeter deux torches allumées. «Mes amis, leur dit-il, je vous remercie de l'affection que vous me portez, en me voulant pour votre pasteur; mais vous me tuez avec tous ces bruits, en ne me laissant pas reposer. Sur ma vie, je vous promets que je n'irai pas à Famagouste. Or, si vous m'aimez, allez vous reposer, pour que je puisse me reposer aussi.» Le peuple, après avoir entendu ces paroles, le laissa et se retira. Cependant plusieurs dormirent là pour surveiller les portes de sa cour, dans la crainte qu'il ne sortît clandestinement.

Vers la seconde heure de la nuit il dit aux chevaliers de son conseil, sire Jean Gorab, sire Jean de Neuville le vicomte de Leucosie, sire Pierre de Cassi et autres, que le roi lui ordonnait d'aller défendre Cérines, et qu'il ne pouvait pas lui désobéir. Ces derniers lui dirent: «Va et bon voyage; seulement avant ton départ mets quelqu'un à ta place.» Il nomma alors sire Pierre de Cassi gouverneur de Leucosie. Ensuite sire Jean Gorab voulut se retirer chez lui, ainsi que les autres chevaliers. Le peuple qui gardait les portes, apercevant sire Jean Gorab près de la maison du sénéchal à Saint-Éleuthère, courut pour le lapider. Mais ayant trouvé la fenêtre et la porte ouvertes, il descendit, entra et mit les verroux. Le peuple lui cria: «Nous réglerons nos comptes dès que le jour paraîtra.» C'est ainsi qu'il fut sauvé de la mort.

Le mardi 21 octobre 1373, quand minuit sonna, le connétable se prépara avec madame Héloïse de Brunswick sa femme, sa jeune fille et sa suite, monta à cheval et se dirigea vers la porte de Sainte-Vénérande. Les gardiens fatigués s'étaient endormis; il ne fut pas reconnu, sortit de la porte et alla à Cérines. Quand ils s'éveillèrent, s'étant aperçus de sa fuite, ils commencèrent à crier et à pleurer....[1] Ils disaient : « Est-il vrai que les chevaliers s'entendent pour faire venir Hugues qui se trouve en France, et dont le père a eu un différend avec le roi Pierre? Est-il vrai que les Génois ont conduit ce Hugues à Chypre pour le couronner roi de Chypre? Mais puisque le père n'a pas hérité, comment ce royaume serait-il transmis à son fils? »

Ce Hugues avait été élevé en France où il s'était fait chevalier. J'ai déjà expliqué comment ce différend avait été réglé à Rome. Les chevaliers avaient consenti à cet arrangement qui fut enregistré à la haute cour. La cour avait rédigé les privilèges envoyés au duc Louis Ier de Bourbon (et non de Valois) dont la fille (Marie) épousa le fils du roi Hugues (Guy de Lusignan). Celui-ci eut un fils auquel on donna le nom de son grand-père, Hugues. Or, ce fils du roi Hugues (Guy de Lusignan) étant mort, son fils avait été élevé en France. Après la mort du roi Hugues, l'enfant et ses parents citèrent devant le Pape le roi Pierre-le-Grand, en prétendant que, d'après les traités conclus, le royaume appartenait à ce Hugues, prince de Galilée, qui faisait alors la guerre en Lombardie dans la Terre Neuve. Les Génois connaissaient toute cette histoire : ayant traité habilement avec sire Jean de Morpho, ils prirent possession de la forteresse de Famagouste.

Le roi, dans le désir de se débarrasser des Génois, leur envoya deux chevaliers qui furent bien accueillis. Les

---

[1] Période confuse, probablement à cause des manuscrits ou de l'inexactitude des renseignements recueillis par Machéras.

Génois, de leur côté, envoyèrent deux hommes habiles qui se rendirent à la cour du roi. Pendant qu'on allait annoncer leur arrivée au roi, sire Jean de Morpho les reçut suivant les coutumes et leur apprit comment ils devaient saluer le roi. Ceux-ci lui dirent : « Nous voulons te parler en secret dans ton intérêt, après que nous aurons conféré avec le roi. » Le roi donna l'ordre de les faire introduire dans sa chambre. Ils lui dirent : « Seigneur, sache ainsi que tous tes conseillers, que notre capitaine et toute la flotte se recommandent à vos seigneuries, en faisant connaître que nos hommes ne veulent pas débarquer à Famagouste et exposer leurs personnes pour conférer avec les Famagoustains qui, étant des gens grossiers et riches, ne manqueraient pas de les maltraiter. Mais, si vous consentez à quitter la forteresse de Famagouste, en y laissant douze sergents, nous y enverrons aussi douze arbalétriers par mer ; nous y enverrons ensuite le même nombre d'ambassadeurs que vous, pour convenir de ce qu'il y a à faire. Si vous acceptez cette proposition, notre différend sera réglé ; sinon, nous vous saluons, en vous répétant que nos hommes ne peuvent avoir aucune confiance dans les Syriens et dans les Grecs. » Le roi répondit : « Attendez un peu, que j'aie le temps de prendre conseil auprès de mes gens. » Les Génois dirent : « Seigneur, nous retournons auprès de notre capitaine ; quand tu auras pris l'avis de ton conseil, mande-nous ta décision et nous la transmettrons à notre capitaine. »

Sire Jean de Morpho, dans le désir de savoir ce qu'ils avaient voulu lui dire en passant, prit les ambassadeurs à part, comme pour leur parler de la paix et voulut connaître le secret. Ceux-ci lui dirent clairement : « Si nous restons encore ici, et si nous avons tant à souffrir, la cause en est à toi, de qui dépend notre départ. C'est pour toi que cette flotte a été mise à la mer; fais ton possible pour que nous retournions chez nous. Hugues, le petit-fils du roi Hugues, qui restait en France, a de justes prétentions sur ce royaume, suivant les promesses de son grand-père. C'est par la force, et non au nom du droit que le roi Pierre, que vous avez assassiné, a occupé le royaume. Or, ce Hugues se trouve sur nos galères; il désire épouser ta fille avec laquelle il est déjà fiancé. C'est à ses frais que cette flotte a été préparée, et nous sommes venus pour le mettre en possession de son héritage. Fais conseiller au roi de nous donner la forteresse pour y faire débarquer ton gendre, le futur roi. » Le comte, croyant avoir affaire à des hommes sûrs, ajouta foi à leurs trompeuses paroles, et oublia cette maxime philosophique : « Ne crois pas toute parole que tu entendras, pour ne pas être pris pour un sot. » En allant dîner, il tâcha d'attirer à son parti Raymond Babin, qui était un fidèle conseiller du prince, et l'engagea à persuader à ce dernier et à sa cour de laisser les Génois entrer dans la forteresse; une partie du conseil était favorable à cette proposition, tandis que l'autre y était contraire. Comme le diable s'est servi d'Ève pour tromper Adam, le comte a fait de même en se servant du bouteiller de Chypre. Le roi se mit à table et laissa le conseil après son dîner. Or, le comte de Rochas avait invité le bouteiller à dîner avec lui. Leur repas terminé, le comte lui demanda s'il était vrai que 226 les Génois eussent amené Hugues. Le diable les trompa tous les deux pour perdre l'île à cause de ses péchés. Pour un faible gain ils vendirent Chypre. Combien de veuves et d'orphelins perdirent leur bien, et combien de riches devinrent mendiants! Sire Raymond alla alors trouver le prince d'Antioche et le força de laisser les Génois entrer dans la forteresse par la porte de la mer, pour conclure la paix.

Ils s'assemblèrent en conseil; une partie des conseillers se querellaient entre eux. Les uns disaient qu'il ne fallait pas les laisser entrer, parce que, s'ils y entraient, on aurait beaucoup de difficulté à les faire sortir. «Si les Génois occupent la forteresse, disaient les autres, nous avons la ville et nous les y assiégerons; nous voyons au contraire qu'ils ont hâte de retourner chez eux.» Vaincus par cet argument, ils tombèrent malheureusement d'accord et prirent la décision de les laisser entrer. Ils mandèrent au gouverneur du château de sortir avec la garnison, en y laissant douze arbalétriers. Après l'avoir ainsi évacué, ils en donnèrent avis aux galères; douze compagnons des plus braves s'embarquèrent et, après qu'ils eurent pris terre au pied de la forteresse, l'embarcation retourna pour amener les autres. Les cinq ambassadeurs des Génois arrivèrent et les douze compagnons qui gardaient la porte de la mer les laissèrent entrer. De la porte de la terre les cinq chevaliers ambassadeurs du roi arrivèrent et s'installèrent dans le palais. Les felouques des Génois conduisaient du monde hors de la forteresse. Les Famagoustains, après l'entrée des douze Génois et des cinq ambassadeurs tâchèrent de fermer les portes pour ne pas laisser l'entrée libre à d'autres Génois.

Aussitôt les ambassadeurs génois ordonnèrent de laisser les portes ouvertes. Les douze compagnons tirèrent leur épée et chacun s'empara d'un Chypriote; et ainsi les portes restèrent ouvertes. Ils disaient aux Famagoustains : « Laissez les portes ouvertes! Pourquoi nous regarder comme des ennemis de Dieu, comme des chiens, et ne pas obéïr à notre commandement? » Pendant ce temps-là, la forteresse se remplit de Génois. Les cinq chevaliers ambassadeurs, entendant le tumulte, quittèrent la forteresse et sortirent; elle resta ainsi aux mains des Génois. Voilà le bien que les chevaliers de Chypre nous ont fait!

Alors se repentirent ceux qui avaient travaillé à ce malheur, comme Judas s'était repenti après avoir vendu le Christ. Les coupables, je le répète, étaient sire Jean de Morpho, comte de Rochas, et sire Raymond Babin. Les Génois, après être entrés en possession de la forteresse, mandèrent au roi d'envoyer des ambassadeurs pour conclure la paix; aucun chevalier ne consentit à se mettre entre leurs mains. Ils leur firent dire : « Que l'amiral descende demain à Famagouste, nous ferons dire la messe par un prêtre; après cela l'amiral fera avec les siens le serment sur le saint corps de Jésus-Christ de ne nous point faire de mal, et alors nous prendrons confiance pour entrer dans la forteresse. »

Le lendemain, sire Pierre de Campo Frégoso arrivait avec une arrogance pleine de menaces et accompagné d'une grande suite de patrons de galères. Ils entrèrent à Saint-Nicolas pour entendre la messe. Quand le prêtre éleva en l'air le corps du Christ et le plaça dans la sainte patère, et versa le sang de notre Seigneur dans le calice, les Génois, l'amiral et les patrons y mirent leurs détestables mains et firent le serment au roi et aux seigneurs, en les adjurant d'entrer dans la forteresse pour conférer, et là les choses se décideraient suivant la volonté de Dieu. La messe finie, ils conduisirent le roi, sa mère et le prince à la cour de la forteresse ; ils sortirent l'un après l'autre et fermant les portes à clef les laissèrent ainsi sans manger ni boire pendant toute la journée et sans un serviteur pour les servir. La nuit, ils dormirent sur la terre comme ils se trouvaient, et ils furent traités comme des chiens. La reine, en voyant son fils sans dîner et dormant sur la terre, fut profondément affligée. Il entra tant de Génois dans la forteresse qu'elle fut fortement défendue en dedans et au dehors.

Le lendemain matin, ils permirent à trois serviteurs d'entrer et de servir les prisonniers, le roi, la reine et le prince. Voyant leurs maîtres dans une pareille situation, ils se mirent à pleurer et tremblèrent pour leur vie. L'amiral entra ensuite pour les saluer. La reine, en le voyant, lui dit d'un ton audacieux : «Ah seigneur, voilà donc ta bonne foi et ton serment! Si au moins tu avais attendu quatre heures, mais nous mettre immédiatement en prison sans manger ni boire! Ni les Turcs ni les Sarrasins ne font de pareilles choses. Nous laisser coucher comme des chiens!» L'amiral répondit : «Ce que j'ai fait avait un but important. Quand tu le connaîtras, en femme sage que tu es, tu me rendras grâce. Que vos seigneuries sachent que la plupart des équipages de nos vaisseaux veulent vous tuer, pour venger ceux de nos hommes que vous avez massacrés, et j'ai eu beaucoup de peine à les calmer et à leur persuader de faire la paix avec vous. Il valait mieux jeûner que mourir. Mais cela est passé. Maintenant envoyez dire aux chevaliers et au connétable de venir conférer avec nous et voir ce que nous allons faire pour que nous puissions retourner chez nous.» La reine lui répondit : «Seigneur, il n'est plus temps de dire des paroles inutiles; tu sais que tout le peuple est effrayé, et lors même que nous enverrions mille ordres, personne ne nous obéira. Délivrez le roi, afin qu'il puisse les convoquer suivant nos assises, et les réunir, et alors ils viendront.» L'amiral dit : «Ce que tu dis est juste et je vais le faire. Mais sache-le bien, nous sommes venus à ta demande pour te défendre contre les parjures et te venger. Restez sous notre protection et vous serez contents.»

On fit immédiatement sortir le roi et sa mère qui se rendirent à leur demeure. Le prince, enchaîné avec de légers fers aux pieds, fut arrêté comme assassin de son frère. Ils tâchaient aussi de s'emparer du connétable pour le mettre à mort. Le roi fit mander auprès de lui les chevaliers et les autres salariés de Leucosie avec leurs chevaux, leurs armes et leur suite. Suivant l'ordre du roi, ils vinrent à Famagouste. Les Génois les appelèrent à la forteresse sous prétexte d'un conseil et les mirent en prison.

Le cuisinier du prince, Galeutiras, voyant que son seigneur était très tourmenté par les Génois qui voulaient le forcer à avouer où il avait ses richesses, prit la résolution de le délivrer de la prison. Voici comment il mit son plan à exécution. Il lui dit : «Seigneur, je suis très affligé de voir le roi et la reine dans leurs logements, tandis que tu es emprisonné dans la forteresse, comme si tu étais un meurtrier ou un voleur. J'ai peur qu'ils n'aient de mauvais projets contre toi, parce qu'ils te haïssent. Mais si tu consens à courir quelque danger, je me sens le courage, avec l'aide de Dieu, de te délivrer.» Le prince répondit : «Ce que tu me dis me plaît, je suis prêt à faire ce que tu me diras, et que la volonté de Dieu soit faite!» Le lendemain, Galeutiras amena à la forteresse un garçon de cuisine portant une paire de bottes larges. Il introduisit le prince dans la cuisine et, relevant les fers dans le haut, il lui mit les bottes et les lia, puis, lui faisant endosser les habits du garçon, il le teignit en noir, lui mit un chaudron sur la tête et une casserole à la main, en lui disant : «Si on te demande où tu vas, réponds que tu vas les étamer.» C'est ainsi qu'il le fit sortir de la forteresse et de la porte de Famagouste. Puis il le conduisit à son village de Colota, où le prince, montant sur la jument du chatelain, se rendit à Cantara.

Quand les Génois cherchèrent le prince sans le trouver, ils dirent : «Nous l'avions entre nos mains, et nous voulions aussi prendre le connétable; maintenant ce dernier, comme nous l'avons appris, est à Cérines et le prince est allé à Cantara.»

Le roi voyant que les Génois gardaient vigoureusement la forteresse et la surveillaient avec soin, avait le cœur ulcéré. Une partie des chevaliers, qui étaient venus après les autres emprisonnés dans la forteresse, restaient libres en dehors, parce que les Génois, se contentant des prisonniers qu'ils avaient faits, croyaient n'avoir plus rien à craindre. Or, ces chevaliers dirent au roi de faire creuser un fossé en dehors de la forteresse pour qu'elle fût séparée de Famagouste. On le fit, mais cela ne servit à rien. Les Génois, retenant en prison la plus grande partie et les plus notables des chevaliers, sortirent de la forteresse et s'emparèrent de Famagouste. L'amiral, logé à la cour royale avec le roi, mit à son service et à sa garde des Génois qui avaient ordre de ne permettre à aucun Chypriote de causer en secret avec le roi. On ouvrit les portes de Famagouste du côté de la mer et les équipages des galères envahirent la ville. Cette calamité tomba sur nous à cause de nos nombreux péchés, le diable ayant aveuglé les chevaliers et le peuple au point de les faire consentir à la reddition de la forteresse, sans que personne protestât par action ou par parole. Nul ne peut se fier à ses propres forces, car le Seigneur le rend plus faible afin de fortifier son ennemi. Les perfides Génois s'emparèrent de Famagouste à cause des trois péchés des chevaliers, l'avarice qui les empêchait de dépenser leur bien, leur jalousie secrète et la pédérastie. Les Génois disaient d'abord au roi et à sa mère : «Laissez-nous emprisonner les chevaliers dans la forteresse et les obliger à nous payer ce qu'ils nous ont promis, afin que nous partions et que nous retournions chez nous». Mais ensuite ils ont mis à la torture non seulement les chevaliers, mais aussi les bourgeois, les veuves et les orphelins. Ils prenaient leurs biens et ont fait deux ou trois fois le sac de la ville. Ils mirent aussi le peuple à la torture pour le forcer à avouer où leur bien était caché. C'est ainsi qu'ils s'emparèrent de tout ce qui était en évidence ou avait été caché par les Juifs et par les Chrétiens.

Le dimanche 22 octobre 1373 on décapita, pour venger la reine, les seigneurs désignés ci-après. Le seigneur d'Arsouf avait donné de nombreux présents pour préserver sa vie; les Génois voulaient le sauver, mais sa femme étant venue à Famagouste pour aider son mari, était devenue la maîtresse de l'amiral des Génois. Informée qu'on allait le sauver, elle dit à son amant : « C'est là la manière dont tu m'aimes! Tu vas sauver mon mari qui me donnera une mort cruelle et misérable. Prends les présents et fais le mourir. » C'est ce qui eut lieu. Sur le pont de la Berline on décapita sire Henri de Giblet le Ménikiote et sire Jean de Gaurelle. Ces seigneurs avaient trempé dans l'assassinat du roi Pierre-le-Grand. Le crieur disait : « Entendez tous la voix de Dieu et du roi Pierre, roi de Jérusalem et de Chypre. Que personne ne soit assez osé pour mettre la main sur son seigneur. Telle est la justice de Dieu et du roi de Jérusalem et de Chypre! » On noya dans la mer plusieurs hommes valeureux; d'autres trahis par de perfides Chypriotes furent pendus au gibet. Que Dieu leur accorde la béatitude!

Les Génois, voyant Leucosie abandonnée par ses seigneurs, envoyèrent des hommes pour la mettre à sac. On la pilla et on apporta à Famagouste les objets pillés. Ils occupaient la forteresse depuis la porte du Marché jusqu'à la tour de Saint-André. On y bâtit des tours bien gardées; celle qui est près de la porte du Marché, remplie de terre et de pierres, fut transformée en forteresse.

L'amiral forma un conseil avec tous les chevaliers pour s'emparer de toute l'île; on lui dit : «Si nous occupons Cérines, Chypre nous appartiendra toute entière.» Le prince sortit de Cantara pour se rendre à Saint-Hilarion. L'amiral en ayant été informé, alla dire au roi : «Seigneur, tu sais que tes oncles se sont partagé ton royaume : l'un tient Saint-Hilarion qui est une grande et puissante forteresse, le connétable occupe Cérines. Or, il me paraît qu'ils s'empareront de toute l'île, et tu seras deshérité et pauvre. Si tu nous rends la forteresse intérieure de Cérines, nous pourrons gouverner le pays.» Le roi répondit : «Je vous remercie de votre avis; mes oncles ont la même autorité que moi, et je ne puis agir contre eux.» L'amiral irrité reprit avec colère : «Je demande à garder ton bien, et tu t'y refuses!» Le roi répondit : «Le mal que vous m'avez fait jusqu'ici est bien suffisant; que Dieu vous le fasse payer!» L'amiral exaspéré donna un soufflet au roi qui, les larmes aux yeux : «Tu me trouves faible», dit-il «et tu me frappes! Puisse Dieu venir à mon secours!» L'amiral fit emprisonner le roi pendant un jour ou deux, sans lui donner à manger. Le lendemain celui-ci manda auprès de lui et lui dit : «Mieux vaut obéir à tes ordres, que mourir de faim.» Alors l'amiral : «Mande au connétable de me rendre Cérines.» On écrivit à ce dernier de remettre la forteresse entre les mains de l'amiral des Génois, Pierre de Campo Frégoso. Quand la lettre royale fut écrite, les Génois firent cette observation à l'amiral : «Ce que tu as fait, n'est d'aucun profit pour nous. Si nous allons à Cérines et si l'armée qui l'occupe n'obéit pas, qu'est-ce que nous ferons? Dis

234 plutôt au roi de nous donner sa mère pour nous accompagner; on lui rendra la forteresse et elle nous la remettra». Le conseil plut à l'amiral qui demanda au roi sa mère; il la donna. L'amiral dit à celle-ci : «Tu sais bien que le connétable est au nombre des conspirateurs qui ont tué ton époux; il est allé dans la forteresse de Cérines. Or, il m'a paru nécessaire de te donner des hommes pour aller la prendre et la garder.» La reine témoigna sa satisfaction. On la fit partir avec une armée composée de 700 soldats et commandée par deux capitaines nommés sire Nicol da Casco[1] et sire Ticio Simbo. L'armée s'arrêta pour dîner à Aschia.

Après le départ de la reine, son petit secrétaire, nommé Dimitri Daniel, resta à Famagouste, pour acheter une provision de mets salés. Il expédia les vivres avec la suite de la reine et resta pour acquitter les comptes. Après avoir payé, il monta à cheval pour s'en aller. Le roi se tenait tristement à la fenêtre en pensant que la reine avait été trompée pour lui faire rendre Cérines aux Génois. Il lui avait écrit une lettre de sa propre main pour lui exprimer sa volonté, et cherchait un homme fidèle pour faire parvenir cette lettre à destination. Ayant aperçu Dimitri, il envoya son valet de chambre, pour lui dire d'aller à Saint-Dominique, parce que les lieux d'aisances du palais royal donnaient de ce côté; il lui fit dire de se rendre dans cet endroit. Quand Dimitri arriva près de la muraille des lieux d'aisances, le roi lui demanda s'il était en dehors : «Oui, seigneur,» répondit-il. — «Es-tu seul?» — «Oui, seigneur.»

---

[1] Plus loin, p. 239, il l'appelle Tangaro.

Il lui jeta alors le papier par un trou, en lui disant : « Je te confie cette lettre. Au nom de Dieu, cache la et ne la remets à personne autre qu'à ma mère en secret. Ne te presse pas d'y aller et prends toutes les précautions pour que ce papier ne tombe pas dans les mains des Génois. Dis-lui aussi, quand elle arrivera à Leucosie, d'y rester pendant cinq ou six jours pour se reposer, et d'écrire immédiatement à Paphos et à Pendaïa, afin que toutes nos armées accourent, surtout celle du commandant Coromilos, ainsi que les Bulgares qui ont fui les Génois et auxquels le connétable a promis la liberté en leur confiant la garde de la côte. Que ma mère confirme à ces esclaves tout ce que le connétable leur a promis, et qu'ils restent sous les ordres de la reine et de Caloyeros pour garder les passages et les routes, se tenant prêts, quand ils la verront, à se précipiter pour l'enlever et à chasser honteusement les Génois. Quand ma mère sera ainsi délivrée, qu'elle entre à Cérines et garde la forteresse comme ses propres yeux. »

Dimitri, en prenant la lettre, craignit d'être examiné à la porte; l'affaire alors aurait manqué. Il alla à l'endroit où il avait attaché son cheval, puis, ôtant la selle, il décousit la toile d'un côté, y plaça la lettre dedans et se mettant à cheval il alla à la porte pour sortir. Les Génois en hommes prudents avaient déjà occupé la porte et la surveillaient depuis le départ de la reine, de sa suite et de toute l'armée, afin que personne n'en sortît plus; ils craignaient une trahison. Dimitri se disposait à sortir, quand on le conduisit à l'amiral pour lui demander ses instructions et savoir s'il fallait le laisser passer. L'amiral lui demanda où il voulait aller. Celui-ci répondit : « Seigneur, je suis le fournisseur des vivres de madame la reine. Ayant acheté des provisions salées pour l'armée, je les ai envoyées avec sa suite ; je suis resté pour payer le marchand, et on ne veut pas me laisser sortir. » Il donna l'ordre de lui mettre sur le gros doigt un morceau de cire avec son sceau, et après on lui dit : « Va-t'en. »

Le roi, voyant que Dimitri avait été conduit à l'amiral, craignit qu'on n'eût découvert la lettre qu'il lui avait remise ; il eut peur et attendit le résultat. En le voyant sortir de chez l'amiral, il éprouva une grande joie et trouvant un moment convenable, il demanda à Dimitri où il était. Le garçon répondit : « Seigneur, on ne m'a laissé passer qu'après que l'amiral m'a eu donné un sceau pour m'en aller. » Le roi satisfait lui dit : « Salue ma mère. » Dimitri, parvenu sur la pente de la rue de Saint-Mamas, descendit de cheval, ôta la lettre, la mit dans son sein, et, remontant à cheval, arriva à Aschia. Là il rencontra l'armée qui, ayant fini de dîner, se reposait. Il monta à la maison occupée par la reine et, appelant Profetta la femme de chambre de celle-ci, il lui dit : « Fais avertir ta maîtresse ; je veux lui parler de la part de mon seigneur le roi. » La reine, en ayant été informée, le fit venir en sa présence et lui demanda des nouvelles du roi. Il lui dit : « Madame, il se porte bien ; il t'envoie des nombreux saluts et m'a chargé de te faire une communication. » La reine immédiatement ordonna à Profetta de se retirer. Alors Dimitri se mit à genoux et lui présenta la lettre en lui répétant ce que le roi lui avait dit. La reine, recevant de pareilles confidences de la bouche de ce garçon, eut peur, en femme prudente, qu'il ne les découvrît, car il était Génois de titre. Elle fit appeler Profetta, lui ordonna de préparer une petite table pour faire manger le garçon, et chargea son écuyer de donner de la nourriture au cheval de Dimitri. Pendant que celui-ci mangeait, la reine écrivit une lettre de sa propre main au connétable, lui disant de faire rassembler une armée le plus tôt possible, de la placer dans le défilé de Cérines et là de l'attendre jusqu'à ce qu'elle arrivât. «Alors on m'enlèvera en repoussant les Génois honteusement. Quant à Dimitri,» ajoutait-elle, «traite le du mieux que tu pourras comme si c'était moi-même, fournis-lui tout ce dont il aura besoin et ne laisse pas sortir de Cérines avant mon arrivée.» La reine appela ensuite Dimitri et lui dit: «Toi, qui m'as apporté la lettre et les ordres du roi, tu iras à Cérines pour dire au connétable de rassembler l'armée, comme tu me l'as expliqué. Hâte-toi de partir le plus tôt possible pour revenir aujourd'hui à Leucosie où je t'attendrai.» Dimitri, trouvant un prétexte, «Madame,» dit-il, «je ne connais pas la route et mon cheval est fatigué.» La reine répondit: «J'ai écrit au connétable de te donner un nouveau cheval. Quant à la route, je vais mander le maître des bergers royaux et il te l'indiquera; rappelle-toi la bien.» On fit venir ce dernier, nommé Tricomitis; Dimitri lui demanda: «Par où puis-je aller d'ici à Cérines?» L'autre lui indiqua les endroits par où il devait passer. Alors la reine lui dit: «As-tu compris la route? Va, et bonne chance!» Il prit la lettre, la cousit sur la toile de sa selle, comme il avait fait la première fois et, après avoir donné à boire à

238 son cheval, il le brida et prit la route indiquée. Le soleil n'était pas encore couché quand il arriva à Cérines et il songeait au moment où il retournerait à Leucosie.

Après le départ de Dimitri, madame la reine commanda à l'armée de se préparer à se mettre en marche pour Leucosie. En y arrivant, elle allégua le prétexte qu'elle ne pouvait continuer à cause de la fatigue et, remettant de jour en jour, elle les retint ainsi à Leucosie pendant six jours, pour donner le temps au connétable de se préparer. Ce dernier, après avoir lu la lettre de la reine, invita Dimitri à dîner avec lui. Celui-ci refusa en disant : «Seigneur, madame la reine m'a recommandé de retourner au plus vite, et elle m'attend.» Le connétable lui dit : «Pour ce soir, je ne te laisserai pas partir; je lui manderai que c'est moi qui t'ai retenu; elle m'écrit la même chose.» Dimitri répondit : «Ce que tu dis est vrai; elle a écrit cela; mais ensuite elle m'a dit de vive voix de revenir promptement, parce qu'elle a besoin de moi.» Alors le connétable : «Reste pour te reposer, toi et ton cheval.» Dimitri, sollicité ainsi, fut retenu pendant un jour et une nuit. Le lendemain, il pria le connétable de le laisser retourner à Leucosie, mais ce dernier lui ayant montré la lettre, il resta à Cérines jusqu'à l'arrivée de la reine et de l'armée.

4 déc. 1373. Le dimanche 4 décembre 1373, la reine entra à Leucosie avec 300 hommes à cheval et 400 à pied, chacune de ces deux troupes commandée par un capitaine. Pierre de Cassi, gouverneur de la ville, accompagné de quelques Leucosiotes, sortit pour recevoir la reine avec honneur. On tomba d'accord que les Génois entreraient deux par

deux, et le capitaine le dernier. Derrière les soldats se trouvait la reine accompagnée des arbalétriers chypriotes; autour d'elle étaient les chevaliers. Les capitaines, après avoir bien exploré le pays et s'être assurés qu'une armée ne venait pas à leur rencontre, entrèrent dans la ville. Quand la reine descendit de cheval, il était déjà tard. On ferma les portes de la forteresse, et les capitaines des portes apportèrent les clés pour les remettre entre les mains de la reine. Les capitaines génois qui étaient présents avancèrent immédiatement la main et saisirent ces clés. Ces derniers furent logés dans la maison de messire Jean de Mouris, située en face de la fabrique des voitures, et les soldats çà et là le long du fleuve, occupant ainsi l'espace qui s'étend depuis le pont de la Berline jusqu'à la porte du Marché.

Le mardi 6 décembre 1373, les Génois voulurent enlever de force les armes aux Leucosiotes et commencèrent par la paroisse arménienne. Il se fit un grand tumulte et les Leucosiotes, s'emparant de force des clés de la porte de Saint-André, fermèrent les passages avec des planches et se préparèrent au combat. Beaucoup de Génois furent tués, parce qu'ils parcouraient la ville en pleine confiance et dispersés comme des moutons. On les jetait dans les fossés et pendant la nuit on les massacrait. Les Génois de la porte du Marché et les Leucosiotes de la porte de Saint-André se faisaient la guerre. Ces derniers, s'armant de courage, allèrent arracher des mains des Génois les clés de la porte du Marché. Alors les capitaines sire Ticio Simbo et sire Nicol Tangaro vinrent trouver la reine et lui dirent: « Madame, notre espoir après Dieu était en toi. Au lieu de trouver du secours pour

te venger de tes ennemis, nous ne rencontrons que des obs-
240 tacles. Tu nous a conduits ici pour nous faire massacrer. »
La reine, réfléchissant qu'ils avaient le roi entre leurs
mains, ordonna immédiatement, suivant le désir des capitaines, de publier que tout homme restant à Leucosie devait
s'occuper de ses affaires et ne point se mêler de celles du
roi; cela appartenait à qui de droit. Celui qui n'obéirait
pas à cet ordre serait décapité comme rebelle. Aussitôt les
Leucosiotes et les Arméniens remirent les clés des portes,
et chacun retourna à ses affaires. Les Génois s'avancèrent
alors dans la ville.

Le mercredi 7 décembre 1373, on apporta la nouvelle
que le connétable était sorti de Cérines avec une armée
nombreuse et des Bulgares et qu'il marchait contre Leucosie. Les Génois furent frappés de terreur. A cette nouvelle le peuple reprit courage ; il alla briser les portes de
Sainte-Vénérande et, s'emparant du drapeau royal, il sortit
à la rencontre du connétable. Quelques Génois, ayant tenté
de les en empêcher, furent tués. L'armée du peuple qui
allait au-devant du connétable prit pour capitaine sire Matthieu de Viliers, qui avait à sa suite trente chevaliers et
une foule nombreuse d'hommes à pied. De nombreux Leucosiotes grossirent la bande. Ils furent accueillis avec une
grande joie par le connétable qui ordonna à sire Matthieu
de Viliers d'avancer avec son armée. D'autres Génois qui
étaient venus maintenir les portes pour empêcher le peuple
de sortir et le connétable d'entrer, furent chassés ; on tua
les uns et on poursuivit les autres jusqu'au pont des Saints-
Apôtres. Ces derniers s'y fortifièrent et résistèrent. Les

Chypriotes les blessèrent avec les arbalètes, mais ne purent les vaincre à cause de leur supériorité en nombre. La plupart des Chypriotes restèrent avec le connétable. Celui-ci, informé de ce qui se passait au pont, dit : « Qui se sent assez courageux pour prendre des hommes et aller chasser les Génois du pont ? » Aussitôt se leva un chevalier nommé sire Nicolas Lases qui répondit : « Seigneur, j'ai le courage d'aller, suivant ton commandement, faire ce que Dieu permettra. » Il l'envoya.

Alors sire Nicolas Lases monta à cheval et, prenant 150 arbalétriers de l'armée du connétable, courut contre les Génois. Quand ils parurent, les Génois, croyant que c'était le connétable en personne, s'enfuirent et vinrent le dire à la reine qui envoya immédiatement sire Jean de Neuville le vicomte, pour commander de sa part au connétable de prendre son armée et de partir de Leucosie. Jean alla en courant jusqu'au pont de la Berline, et là ayant rencontré Nicolas Lases, il lui dit qu'il était envoyé par la reine pour leur donner l'ordre de quitter Leucosie. Ce dernier avec ses hommes alla dire au connétable que la volonté de la reine était qu'on partît de Leucosie. Le connétable retourna aussitôt à Cérines, en occupant le défilé, comme il en avait reçu l'ordre.

Le jeudi 10 (8 ?) décembre 1373, les Génois, croyant que le connétable était encore dans Leucosie, s'armèrent et vinrent pour le chasser ; mais quand ils arrivèrent à la porte, l'ayant trouvée ouverte et non gardée, ils s'en retournèrent. Quelques Leucosiotes, croyant que la reine favorisait réellement les Génois, leur dénoncèrent plusieurs de leurs compatriotes qui étaient partis avec le connétable. Les maisons de ces derniers furent pillées par les perfides Génois. D'autres indigènes, voyant qu'on pillait le peuple, occupèrent fortement l'endroit compris entre la porte du Marché et celle de Saint-André, et chassèrent les Génois jusqu'au palais du roi, en les tuant. Des paysans des villages Trachonas et de Simintiri, ainsi que les Voniates, se révoltèrent et, ayant chassé les Génois, mirent la ville à sac jusqu'au pont de la Berline. Depuis ce pont jusqu'à celui des Saints-Apôtres, on livra contre les Génois une grande bataille qui dura depuis la douzième heure de la nuit jusqu'à la vingt-et-unième du jour. Quand les Génois se retirèrent dans la cour du roi, les indigènes saccagèrent les maisons des Génois Blancs[1] et des Leucosiotes qui avaient fait la paix avec les Génois. Les artisans pauvres et malades se renfermèrent dans leurs maisons; la ville resta déserte. On mit le feu aux maisons des Génois et des indigènes qui étaient amis de ces derniers; mais cela fut sans importance, parce que les Génois réussirent à maîtriser immédiatement le feu.

Les capitaines exposèrent par écrit les affaires à sire Pierre de Campo Frégoso à Famagouste. Celui-ci, le vendredi 9 décembre, envoya du secours à Leucosie, avec le consentement du roi, auquel l'amiral dit : «Sache que ton oncle le connétable veut occuper Leucosie pour son compte, et peu à peu tu seras déshérité de ton royaume; or, il est

---

[1] On appelait Génois Blancs les sujets étrangers de la république de Gênes. Ce surnom leur fut donné à cause de l'habillement blanc qu'ils portaient, pour se distinguer des vrais Génois qui avaient des habits de couleur écarlate.

nécessaire d'envoyer des renforts pour protéger la ville.»
Quand les troupes auxiliaires arrivèrent, elles trouvèrent la
plus grande partie de la ville abandonnée. Les uns étaient
allés avec le connétable, les autres, s'étant exilés volontairement, couraient çà et là pour combattre. Le peuple de Leucosie pilla une seconde fois les maisons des Génois. Les
nouveaux arrivés parmi ces derniers se rendirent à la porte
de Sainte-Vénérande et la fermèrent à clé; étant allés ensuite à la porte de Saint-André, ils trouvèrent la tour remplie d'Arméniens et de Syriens qui surveillaient cette porte,
et ils ne purent pas s'en emparer.

Les Génois tinrent conseil sur ce qu'ils devaient faire.
A chaque combat on perdait du monde; chaque jour leur
nombre diminuait et ils ne consentaient plus à combattre.
Ils firent connaître leur décision à l'amiral. Celui-ci communiqua ses idées aux capitaines et ces derniers dirent à
la reine de faire publier un ordre ainsi conçu : «Tous ceux
qui se trouvent dans la tour de Saint-André peuvent descendre en paix; il leur sera pardonné. Ils n'ont qu'à se
présenter devant l'amiral qui leur donnera de la part de la
reine un papier avec lequel chacun ira retrouver sa compagnie. Celui qui, n'ayant pas obéi à cet ordre, sera pris
sur cette tour, sera décapité et ses biens resteront à la dis-
position de la reine.» En entendant cet ordre, ils abandonnèrent la tour et prirent des lettres signées par la reine et
par les capitaines, afin que leurs maisons ne fussent pas
pillées.

Les Syriens, s'étant ravisés, retournèrent à la tour et
s'en emparèrent de nouveau. Les Génois vinrent leur dire:

« Vous n'avez pas entendu l'ordre qu'on vous a donné d'évacuer la tour? » Ils répondirent : « Nous ne vous faisons pas la guerre et nous ne désobéissons pas à cet ordre. » Les Génois, voyant que les Leucosiotes s'emparaient des tours, cernèrent la tour de tous les côtés, y mirent une forte compagnie d'hommes armés et les assiégèrent de près. Sept (ou dix-sept) Génois furent tués. Vingt-deux Syriens défendaient bien la tour; à la fin, épuisés par les assauts réitérés des Génois, dix d'entre eux se jetèrent d'en haut et tombèrent dans le fossé avec les pieds brisés. Les Génois, alors prenant courage, entrèrent dans la tour et massacrèrent ceux qui y restaient. Un nommé Nasaris se défendit tant qu'il put vaillamment avec son épée; enfin, voyant deux Génois qui se tenaient sur le rempart, il s'élance sur eux et, les enlevant dans ses bras, il se jette d'en haut; tous trois furent tués. Les Génois, après avoir massacré la garnison, s'emparèrent de la tour et en sortant ils égorgèrent les dix qui s'étaient précipités dans le fossé.

Ils rentrèrent ensuite dans la ville et ils pillèrent de nouveau les maisons de ceux qui avaient des sauf-conduits tout aussi bien que de ceux qui n'en avaient pas. Après le sac de la ville, l'amiral fit publier l'ordre qu'aucun Génois ne devait faire de mal aux Chypriotes, afin d'obliger le peuple à reprendre ses travaux. Plusieurs des fugitifs rentrèrent dans la ville. Quelques jours après les Génois trouvèrent un nouveau prétexte et dirent : « Ceux qui étaient absents et qui sont revenus ne sont que des espions; chassons-les! » Quelques Chypriotes parjures, jaloux de ces derniers à cause d'anciennes querelles, les chassèrent afin de s'emparer de leurs biens. Victimes de la trahison, ces malheureux furent sans examen traînés à la queue des chevaux et pendus. On arrêta, entre autres, Psychidis avec ses 400 (ou 50) compagnons qui, rassurés par le nouvel ordre, s'occupaient de leurs affaires; on les mit debout sur des chariots, on fit chauffer des tenailles de fer avec lesquelles on déchirait leurs chairs et on les conduisit au gibet.

Le 18 décembre 1373, un prêtre de Jésus-Christ, nommé Glyacas, dénoncé comme un des leurs, fut arrêté et pendu à minuit. Traîtres et parjures qui dénonçaient ainsi leurs compatriotes! Comment Dieu a-t-il souffert de pareils crimes? Mais à cause de nos péchés innombrables il fallait que notre île fût châtiée par les Génois!

Les Génois, craignant que les Chypriotes, dans l'intention de se venger de tant d'injustices, de massacres et de pillages, ne rassemblassent des armées pour se jeter sur eux, firent publier au nom de la reine et de l'amiral un ordre d'après lequel il n'était permis à personne, paysan ou soldat, d'avoir chez soi des armes, bonnes ou mauvaises, nouvelles ou anciennes, ou tout autre instrument pouvant faire du mal. Celui qui ne remettrait pas ses armes à l'arsenal du roi serait décapité et le dénonciateur aurait 50 besants des biens du coupable. Les pauvres gens, effrayés des cruautés et des menaces des Génois, apportèrent immédiatement toutes les armes qu'ils avaient et les jetèrent dans l'arsenal.

Je vous citerai un exemple de la cruauté des Génois envers ceux qui, confiants dans leur parole, étaient rentrés dans la ville pour se faire massacrer. Un malheureux, voyant qu'il s'était écoulé assez de temps sans qu'on poursuivît les fugitifs, se décida à retourner chez lui secrètement et, après être assuré par ses gens qu'il resterait impuni, à s'occuper de ses affaires. Il rentra un samedi ; sa femme était allée au bain. Quelques traîtres, l'ayant aperçu, le dénoncèrent. Quand les Génois vinrent pour l'arrêter, sa femme, qui ne comprenait pas le motif d'une pareille visite, leur dit : «Que cherchez-vous?» — «Votre mari.» — Elle répondit : «Il n'est pas ici.» — «Il est ici et on nous le cache.» Cette malheureuse, n'ayant aucun soupçon de l'arrivée de son mari, leur dit : «Si mon mari se trouve chez moi, qu'on me brûle.» Son pauvre mari, entendant le bruit, ouvrit une caisse et s'y enferma. Les Génois le cherchèrent çà et là et, ne le trouvant pas, se désespérèrent. Les dénonciateurs insistèrent en disant qu'il était impossible qu'on ne le retrouvât pas. On ouvrit la caisse et on le découvrit. Immédiatement les Génois, les ennemis de Dieu, prirent la malheureuse femme appelée Virginelle et la brûlèrent sur la place des Chariots, et le mari fut pendu au gibet.

On reçut ensuite la nouvelle que le connétable était allé secrètement à Pendaïa, à Morpho et dans tout le district de Solie et qu'il avait donné de l'argent à sire de Montolif pour gouverner et approvisionner de vivres la forteresse de Cérines. Celui-ci garda l'argent sans acheter de vivres, il vendit même le blé déjà acheté pour la forteresse, de sorte que Cérines resta sans approvisionnements et, s'il était arrivé une armée, la garnison serait morte de faim. Le connétable, comme un bon et sage seigneur, partit pour y conduire des vivres et organiser la forteresse. Les paysans réjouis de sa présence s'empressèrent de lui obéir. Déjà révoltés, ils n'obéissaient plus au gouverneur et ne consentaient ni à la corvée, ni à payer les taxes. Les receveurs firent connaître cet état de choses au bailly qui en informa la reine; on sait que le roi était à Famagouste. Les receveurs disaient : « Les recettes diminuent; comment le roi payera-t-il ses dettes? » Ils prièrent la reine d'envoyer un capitaine pour surveiller la place et persuader aux paysans d'obéir à leurs chefs.

La reine manda aussitôt Georges Monomaque, chevalier constantinopolitain, comme chef de Cérines, auquel elle donna 60 hommes à cheval et 50 à pied. Les bourgeois qui réunis aux Bulgares se trouvaient avec le connétable, informés que les Génois envoyaient un chef et une armée à Cérines, sortirent à leur rencontre pour les chasser; ces derniers, ayant avec eux des arbalétriers et des archers, lancèrent sur les assaillants des flèches et des dards qui les obligèrent de rentrer à Cérines. Mais on les mit en fuite et beaucoup furent tués. Trente Génois faits prisonniers furent conduits dans les prisons de Cérines. Monomaque revint raconter cela à la reine et aux capitaines qui furent très irrités.

On envoya immédiatement 200 autres soldats contre les bourgeois. Ils allèrent jusqu'à Morpho, mais on ne les trouva pas, parce qu'ils étaient rentrés dans Cérines pour y conduire des vivres; on en envoya également au prince à Saint-Hilarion. Les 200 Génois retournèrent donc à Leucosie. Le connétable ne cessa de faire rassembler des provisions de Morpho et à Pendaïa pour garnir Cérines et Saint-Hilarion. Les Génois ne cessèrent de pourchasser les bourgeois sans parvenir à les rencontrer, ces derniers ayant des espions qui les avertissaient quand les Génois retournaient à Leucosie pour charger les vivres. Toutes les fois cependant que ces derniers se rencontraient avec les bourgeois, ils étaient toujours battus.

Dans le même temps, un chevalier nommé sire Pierre de Cassi, voyant la valeur du connétable qui surveillait Cérines pendant que le prince gouvernait Saint-Hilarion, ce chevalier, pris de jalousie, rassembla une armée sans le dire à personne. Ayant vu les Génois saccager Acrotiki, Cassi avec ses hommes survcilla les portes de Famagouste de telle sorte que les Génois furent privés de vivres. Ceux-ci prièrent les indigènes de forcer le chevalier à partir de là, pour laisser les vivres entrer et afin qu'ils pussent sortir pour piller. Les gens de Cassi allèrent tous à Saint-Serge où était l'entrée principale de Famagouste et occupèrent la tour. Un paysan voleur, qui pillait et transportait secrètement dans la ville le fruit de ses rapines, ayant été surpris par eux, cessa, pendant quelques jours, par crainte de Pierre de Cassi, d'entrer à Famagouste. Il resta en dehors et avec eux, et remarqua que déjà ils se tenaient tranquilles et ne faisaient plus des gardes suffisantes, parce que les Génois, pris de peur, n'osaient plus sortir; tout homme pris était pendu. Une partie des hommes de Cassi, rassemblés des environs, pillaient pendant le jour et rentraient chez eux à la nuit. Quand le paysan eut remarqué tout cela, il s'enfuit et vint à Famagouste dire aux Génois : «Qu'est-ce que vous me donnerez, si je vous conduis là où dort Pierre de Cassi, afin que vous puissiez le surprendre?» Ceux-ci, craignant qu'il ne voulut les faire sortir pour les livrer à Cassi, il reprit : «Liez-moi et emmenez-moi avec vous, et quand vous serez vainqueurs, donnez-moi de quoi vivre. Si je vous trompe, faites-moi mourir.» Le soir même sortit une forte compagnie de Génois et au premier sommeil ils arrivèrent sur les gens de Cassi qu'ils trouvèrent endormis et bien enfermés dans la tour, comme en pleine sûreté. On environna aussitôt la tour de feu. A peine éveillés, ils se rendirent aux Génois qui, éteignant le feu, s'emparèrent de Cassi et de soixante hommes, vaillants guerriers. Les autres qui étaient allés chez eux furent sauvés. Le chevalier lié avec ses compagnons fut conduit à Famagouste. On donna une pension au paysan qu'on eut en grand honneur. Ce fut là le premier fait d'armes des Génois; partout où ils se rencontraient avec les Chypriotes, ces derniers avaient toujours l'avantage.

Les Génois, voyant qu'ils ne pouvaient s'emparer de Cérines et que chaque jour ils étaient assaillis et massacrés, tinrent conseil et dirent : «Seigneurs, nous sommes venus en Chypre et Dieu nous a donné Famagouste; en cherchant maintenant à nous emparer de Cérines, il est probable que nous perdrons le gibier facile pour le gibier sauvage. Nous possédons la ville de Famagouste par la grâce de Dieu, faisons bien attention à ne pas la perdre à cause de Cérines. Rappelez-vous bien que Pierre de Cassi avec une armée peu nombreuse a tenu assiégés nos compagnons de Famagouste d'une manière si étroite que, s'il n'avait pas été pris, ils allaient mourir de faim. Le prince et le connétable, se trouvant l'un à Saint-Hilarion et l'autre à Cérines, se tiennent tranquilles pour le moment, mais ils ont le dessein de se jeter sur nous pour nous massacrer et enlever Famagouste de nos mains. Comme les murailles de la ville sont très basses, il est probable qu'ils les escaladeront. Exigeons donc de l'amiral qu'on les élève davantage et ayons recours à la menace pour le forcer à donner l'ordre qu'on fasse de bonnes gardes jour et nuit.»

Ainsi fut fait. L'amiral, à la réception de ces rapports, ordonna qu'on élevât les murailles qui étaient basses; il voulut même faire entourer la ville par la mer et la transformer en île.

Sur ces entrefaites on amena à Famagouste la femme du prince. On envoya piller sa maison et on y trouva tant de trésors en argent, en or, en pierres précieuses, en perles, en ducats, en gros, en chalques, qu'ils auraient pu suffire à contenter les Génois et à les faire partir. Mais le prince était avare, et son avarice fut la cause qu'on lui enleva sa femme, ses biens, et qu'il finit par être tué lui-même. Telle est la récompense qu'obtiennent tous les avares; il faut même de plus qu'ils soient châtiés. C'était la justice divine qui le punissait ainsi. Quand il fit convoquer le conseil au nom du roi pour payer les dépenses des Génois, le prince s'exprima ainsi : «Seigneurs, vous voyez que les Génois sont tombés sur nous et que le royaume se détruit chaque jour, et vous-mêmes vous êtes une partie de ce royaume. Le roi, notre seigneur, vous demande de contribuer avec lui pour que nous soyons délivrés de nos ennemis et qu'ils s'en

aillent.» Tous les seigneurs et les chevaliers répondirent:
«Que chacun promette de contribuer pour sa part et que
cette contribution soit reconnue comme une dette de la cour
royale.» Ils dirent au prince de contribuer le premier en
donnant 300 muids d'orge de son village de Colota; l'orge
valait alors un besant les douze mesures[1]; il s'agissait de
compléter la somme de 200 ducats. Le prince ne voulut
pas même consentir à donner 50 ducats. Remarquez donc
comme les avares dépensent plus que ceux qui sont géné-
reux! Si le prince avait consenti à donner les 50 ducats,
les autres chevaliers et les bourgeois avec le roi auraient
pu payer un million aux Génois, afin de se débarrasser
d'eux. Ainsi les Génois enlevèrent au prince plus d'un million de ducats et sa femme, et lui-même fut mis en prison
et enfermé à Saint-Hilarion; en même temps ils prirent
Famagouste, dévalisèrent les pauvres et mirent en esclavage les chevaliers et les bourgeois.

Les Génois, voyant les immenses richesses qu'ils avaient
enlevées au prince, pillèrent de nouveau la malheureuse
ville, chevaliers, bourgeois et même le peuple. Ils prirent
deux millions de ducats rien qu'à Lachas le Nestorien et
à son frère. Ils purent même percevoir toutes les impo-
sitions qu'ils avaient mises. C'était la troisième fois que
Chypre était pillée; et beaucoup moururent dans les tourments.

Oh! justice divine! Quand ils eurent pillé Leucosie ils
rassemblèrent dans la chancellerie le produit du sac de la
ville, puis ils chargèrent sur des chameaux et dans des

---

[1] Cette mesure est appelée *cafise,* καφίζιον.

chariots, camelot, argent et or, pour conduire le tout à Famagouste. Un garçon, ayant réussi à s'échapper, vint à Cérines annoncer au connétable que les Génois allaient transporter ces richesses à Famagouste, et ajouta : «Je suis un garçon de la suite de ceux qui vont les conduire, et comme Chypriote je suis venu te donner cette nouvelle. Les Génois sont au nombre de 500.» Le connétable le remercia, et, lui faisant des cadeaux, le mit dans sa chambre. Il commanda aussitôt à 500 guerriers de se mettre à cheval et alla avec eux au village de Sivouri s'installer dans la loge de l'archevêque. Ayant été informé que les chameaux avec

253 les chariots chargés de richesses se trouvaient au village Aschia où ils dormaient, le connétable tint immédiatement conseil avec son armée, afin de décider s'il fallait aller à Aschia ou s'il valait mieux les attendre où il était. Les conseillers lui dirent : «Si nous allons à Aschia pour enlever tout cela, pendant que nous attendrons le moment où nous serons prêts à partir, les Génois peuvent aller à Famagouste qui est très près pour annoncer la nouvelle et ils pourront facilement courir sur nous et nous mettre en danger. Laissons-les venir jusqu'à Sinta et s'éloigner, et là avec la volonté de Dieu nous les assaillerons et nous leur enlèverons leurs richesses.» Le connétable agréa ce conseil. Quand les Génois furent arrivés à Sinta, il commanda à ses soldats de mettre pied à terre, d'ôter les brides et d'ouvrir l'écurie pour prendre l'orge dont on donna une assiette à chaque cheval; quant aux hommes, ils se reposèrent et attendirent. Il parut quatre Allemands au service des Génois qui venaient en avant pour surveiller le pays. Le connétable fit

mettre les brides aux chevaux et ordonna aux hommes de monter à cheval; le nom de Sainte-Julie fut donné comme mot d'ordre. Il était déjà tard. On se jeta sur les quatre Allemands qui se rendirent immédiatement au connétable. Celui-ci leur demanda s'ils voulaient entrer à son service; ils acceptèrent sa proposition et lui prêtèrent serment. Ayant appris par eux que les chameaux et les chariots arrivaient, le connétable se précipita alors sur les Génois avec son armée. Les Bulgares, en lançant leurs flèches, criaient: «Vive le roi Pierre!» La plus grande partie des Génois furent tués. Quelques-uns profitèrent de l'obscurité pour se cacher sous les chariots, mais quand le soleil parut, les Bulgares qui restaient en arrière, les ayant reconnus, se jetèrent sur eux et les tuèrent avec leurs arcs et leurs épées. Un maître d'armes, nommé Cosmas Machéras, avait un serviteur nommé Baxis; devenu Chrétien, Machéras s'appelait Antoine. Ce serviteur, remplaçant son maître qui s'en était allé avec les autres compagnons, gardait les prisonniers avec les Bulgares. Voyant ceux-ci prêts à égorger les prisonniers, il se mit à crier: «Gardez-vous bien d'y toucher; ils se sont rendus à mon maître qui m'en a confié la garde jusqu'au moment où il reviendrait avec le seigneur le connétable.» Quand le jour parut, le connétable, qui s'était avancé avec son armée pour explorer le pays et voir s'il n'avait pas à craindre une attaque, revint et trouva les ennemis qui s'étaient rendus à Antoine Machéras. Celui-ci savait le français. Ces Génois, en voyant les Bulgares prêts à les massacrer, lui avaient dit en français: «Au nom de Dieu nous nous rendons à toi; sauve-nous.» Alors le connétable

les fit enchaîner et conduire à Cérines. Les objets enlevés aux ennemis furent amenés à Trypimeni et là, après avoir déchargé tous les chariots, on mit le tout sur les chameaux et on les emmena à Cérines. Les chariots appartenaient aux jardiniers qui, après qu'on les eut déchargés, allèrent à Leucosie. Des Génois qui avaient pu se sauver, les ayant rencontrés sur la route de Famagouste, leur demandèrent ce qu'ils avaient fait des objets en question. Ils répondirent que le connétable, à la tête d'une grande armée, s'était jeté
255 sur eux, avait pris les richesses, avait tué les uns et emmené les autres à Cérines.

Les Génois firent aussitôt leurs préparatifs en se mettant à cheval et prirent la route de Cérines, au mois de janvier 1373. Après beaucoup de fatigues ils furent informés que le butin était arrivé intact à Cérines, et ils retournèrent à Leucosie en soupirant et profondément affligés. En voyant une pareille perte jointe à celles que le connétable leur faisait subir chaque jour, ils tinrent conseil pour savoir comment ils pourraient s'emparer d'un tel ennemi. « Nous sommes venus, disaient-ils, accompagnés de la reine et avec la permission du roi pour prendre Cérines; si nous en chassons le connétable, nous serons les maîtres de tout le royaume de Chypre. » Cet avis ayant prévalu, ils allèrent trouver la reine à laquelle ils dirent avec humilité et courtoisie: « Madame, nous avons laissé notre pays et nos biens pour venir ici te venger de tes ennemis, le connétable et le prince, et surveiller le royaume pour ton cher fils; c'est pour toi que nous sommes ici depuis seize jours. Or, si tu l'ordonnes, il est temps d'aller prendre et piller Cérines. » Celle-ci répondit : «Mes bons amis, allons. Je ne veux pas y mettre d'obstacle.» Elle monta sur la célèbre mule de son mari le roi Pierre, nommée Marguerite, et se mettant en selle à la manière des dames, elle commanda à son écuyer Putzurello de tenir ses éperons, et, quand elle lui ferait signe, de tourner son pied pour qu'elle pût se placer à la manière des hommes et de lui mettre les éperons. Elle paraissait satisfaite parce que les armées l'attendaient. Quand ils arrivèrent près d'Anichia, les Génois s'avancèrent à petits pas, songeant déjà aux moyens de garder la forteresse et aux hommes qu'ils y mettraient pour cela. Quand la reine commença la montée, elle fit signe à Putzurello qui lui détourna le pied et lui mit les éperons. Elle hâta la mule et partit en criant : «Que ceux qui le veulent, m'accompagnent, les autres seront pendus!» Elle atteignit immédiatement le camp du connétable qui l'accueillit avec honneur. Quand les Génois parurent, les Bulgares se jetèrent sur eux avec leurs arcs et les chassèrent; les arbalétriers qui étaient embusqués les blessèrent. Ainsi les Génois très affligés retournèrent honteusement à Leucosie. La reine avec sa suite fut conduite à Cérines. Son secrétaire Dimitri Daniel se présenta alors devant elle et, après lui avoir offert ses hommages et ses remercîments, lui dit: «Ah! Madame, quel mal ai-je donc fait à ta seigneurie, pour qu'elle m'ait fait mettre en prison? C'est là la récompense qu'elle me réservait! Après avoir réussi à t'apporter la lettre, j'ai été condamné jusqu'à l'arrivée de ta seigneurie. Quoi qu'il en soit, que Dieu te garde!» La reine lui répondit : «Mon fils Dimitri, Dieu sait quelle frayeur j'ai éprouvée quand j'ai appris les nouvelles que tu m'as apportées! En ta qualité de jeune homme tu pouvais confier le secret à un autre, et à peine serait-il sorti de tes lèvres que j'étais tuée ainsi que mon cher fils, et l'île pillée. Cependant, il ne t'a rien manqué à Cérines.» Il lui répondit : «Le visage seul de votre seigneurie! Le bienheureux connétable m'a traité d'une manière plus que convenable et je lui rends grâces, ainsi qu'à vous qui l'avez commandé.» Aussitôt la reine ordonna qu'on augmenta de cent hyperpères son salaire annuel, et elle envoya une lettre à sire Paul Mariza, le bailly de sa cour, pour qu'il prît note de ce don.

La reine donna de l'argent à son cuisinier, afin qu'il achetât des poules pour son dîner. Le peuple alors se mit à murmurer en disant : «Où trouverons-nous de la viande et des poulets pour le connétable et la reine, du blé et d'autres vivres? Nous avons très peu de provisions; que ferons-nous si les Génois nous assiègent?» Le connétable demeurait dans la forteresse supérieure et la reine dans la forteresse inférieure. Le premier descendit aussitôt pour la recevoir et la pria de monter à son logement. Elle n'y consentit pas en disant : «J'ai une nombreuse suite et je ne puis pas m'emprisonner.» Elle refusa aussi de prendre les clefs que le connétable lui remettait. «Dieu m'a placée sous ta garde, dit-elle, et tu me donnes les clefs? Conserve-les pour ton neveu.» Ayant entendu les gémissements du peuple qui se lamentait de ce qu'il n'avait pas suffisamment de vivres, la reine fit appeler le capitaine, les maîtres d'armes et tout le peuple, auxquels elle dit : «Seigneurs, je suis venu ici pour fuir mes ennemis, et non pour être nourrie par vous. Avec l'aide de Dieu j'ai assez d'argent pour moi et pour vous.» Elle fit ensuite appeler son secrétaire Dimitri et lui dit : «Apporte-moi l'argent que tu as.» Il lui apporta cinquante mille gros, outre les ducats et les petites pièces. Alors elle dit au capitaine : «Envoie des hommes parcourir Cérines pour acheter toute chose mangeable.» C'est ce qui eut lieu; ils y allèrent et apportèrent de quoi remplir la forteresse, du blé, de l'orge, des petits animaux, des petits porcs, du fromage et d'autres choses. Ainsi, grâce aux soins du connétable et de la reine, la forteresse fut garnie de tout ce dont elle avait besoin et se défendit bien et vigoureusement, comme vous l'apprendrez dans la suite.

Pendant que les Génois mettaient toute l'île en rumeur, personne n'était allé à Rhodes. Les Rhodiens, très désireux de savoir ce qui se passait à Chypre, étaient restés sans nouvelles pendant cinq mois. Le grand-maître, étonné de ce silence, arma une galiotte et s'embarquant se rendit à Chypre. Il arriva à Famagouste en janvier 1373 et voulut intervenir pour faire la paix. Mais, voyant que les Génois avaient complètement ruiné le royaume et que le peuple était devenu pauvre et suspect, le grand-maître, affligé de l'inutilité des efforts qu'il avait faits pour amener la paix, tomba malade et mourut en février 1373. On l'enterra à Saint-Jean, l'hôpital de Leucosie, le 16 février, et son vaisseau retourna à Rhodes.

Racontons maintenant les guerres que Cérines, la ville protégée de Dieu, soutint contre les Génois.

Le 14 janvier 1373, les Génois voulurent exciter le roi Pierre en lui disant : «Tes oncles se sont partagé Chypre; ils ont pris l'un Saint-Hilarion, l'autre Cérines. Maintenant, dis-nous, que te reste-t-il?» Le roi répondit : «Que voulez-vous que je fasse, moi, orphelin et prisonnier entre vos mains?» Ils lui dirent : «Viens avec nous pour assiéger Cérines.» Il répondit : «A vos ordres, allons la combattre.» — «Quand nous serons vengés du connétable, nous te remettrons la ville.» L'amiral des Génois, sire Pierre de Campo Frégoso, arma avec le roi 2000 guerriers. Ils allèrent à Dicomo et y établirent leur camp, ayant peur de passer le Diava, parce que c'était un passage étroit gardé par les Bulgares. Ce passage était surveillé de tous les côtés par des guerriers. Les Génois firent des efforts pour le passer, mais ils n'y réussirent pas; ils rentrèrent dans leur camp blessés et honteux. L'amiral continua d'envoyer beaucoup de soldats pour forcer ce passage. Ceux qui le gardaient laissaient les envahisseurs y entrer, puis ils les capturaient et les envoyaient prisonniers à Cérines. Les Génois perdirent beaucoup de monde. Nuit et jour campés à Dicomo, ils employèrent huit jours à tenter le passage, mais ils retournaient honteusement et après avoir fait des pertes.

Les armées, voyant ces désastres, dirent à l'amiral : «Il paraît que tu nous as conduits ici pour mourir. Chaque fois que nous cherchons à forcer le passage, nous sommes massacrés. Retournons chez nous.»

Le 22 janvier, ils se mirent à cheval pour revenir à Leucosie. Un prêtre grec, les voyant avec le roi, leur demanda: «Qu'est-ce qui vous donne tant de peine?» Les Génois, en gens prudents, trompèrent le prêtre, en lui disant : « Mon père, les oncles du roi, l'ayant trouvé orphelin et pauvre, se sont partagé son royaume; le prince a pris Saint-Hilarion, la reine et le connétable se sont emparés de Cérines. Nous l'avons conduit ici pour reprendre ses terres et les remettre entre ses mains. Ne pouvant passer le Diava, qui est gardé par les ennemis, nous voyons nos peines perdues et nous nous en retournons. » Le prêtre, croyant que les Génois disaient la vérité et voyant le roi affligé, leur dit : « Pour l'amour de mon bon seigneur je vous conduirai par une autre route, pour écraser l'armée qui garde le Diava, et de là vous vous emparerez des forteresses; vous, qui êtes à cheval, retournez à Leucosie. » Les Génois, enchantés d'entendre ces paroles, suivirent le prêtre qui les fit entrer par le sentier. Ils trouvèrent les gardiens en train de se reposer parce que les guerriers et les Bulgares, voyant les pertes éprouvées par les Génois, et croyant qu'ils n'oseraient plus revenir, restaient tranquilles en bas de la montagne. Alors, ceux qui venaient d'en haut se jetèrent sur ceux qui restaient en bas. Les Bulgares et les autres, voyant quelques Génois arriver par le sentier, accoururent, mais, se trouvant pris par le haut et par le bas, ils cherchèrent à fuir. Ceux du haut se mirent à crier, pour avertir ceux qui se trouvaient en bas. Les Génois massacrèrent tous ceux qu'ils purent; le reste se sauva à Saint-Hilarion. L'amiral, croyant sa présence plus utile à Leucosie, laissa un capitaine avec le roi et partit pour surveiller la ville. Quand les Bulgares entrèrent à Saint-Hilarion, sire Jean Perrot, qui se trouvait avec le prince, les compta et il trouva qu'il manquait cent hommes morts au passage du Diava. Aussi sire Pierre de Cassi, qui accompagnait le prince, s'en étant allé, fut pris.

Alors les Génois prirent avec eux le roi Pierre; ils menaient ce pauvre enfant comme un agneau conduit à la boucherie. Ils campèrent à Saint-Antoine. Les animaux que les Cériniotes avaient pour leurs vivres paissaient au dehors, et chaque jour les Génois les égorgeaient et les mangeaient. Le connétable et la reine firent lever les ponts et clouer les portes. Les Génois vinrent alors courtoisement lui dire : «Ami, donne la forteresse à son maître.» Les hommes de la forteresse répondirent : «La forteresse appartient à notre seigneur le roi et nous sommes ses hommes. Séparez-vous de notre seigneur et qu'il vienne prendre possession de son bien.» Alors, ils injurièrent la reine en lui disant : «Tu nous as amenés pour nous livrer la forteresse, et avec tes artifices tu nous as laissés, tu t'es enfuie et tu es allée au château.» Ils lancèrent des dards; les assiégés répondirent en jetant des pierres qui arrivèrent jusque dans le camp; ils lancèrent aussi du feu grégeois et beaucoup furent blessés. Les Génois levèrent alors le camp et le transportèrent hors de la portée des pierres, et de là ils continuèrent à faire la guerre. Ils taillèrent des échelles, préparèrent des pierres, des feux d'artifice et un grand nombre d'instruments de guerre; tous ces préparatifs furent terminés le 3 février.

Le samedi 4 février 1373, les Génois s'armèrent et prirent avec eux vingt échelles. Ils en avaient un grand nombre à Leucosie; l'amiral les envoya à Cérines, mais les Bulgares, ayant assailli les porteurs, les tuèrent, enlevèrent ces échelles et les portèrent à Saint-Hilarion, où tous les captifs furent mis aux fers. Les Génois qui attendaient ces échelles apprirent par ceux qui s'étaient sauvés que les Bulgares les avaient portées à Saint-Hilarion, après avoir massacré un grand nombre et fait prisonniers une partie de ceux qui les conduisaient. Les Génois se dirigèrent alors contre Cérines. Ils coupèrent immédiatement des branches d'arbres qu'ils jetèrent dans le fossé de la ville et ils appuyèrent les échelles sur les murailles; ils jetèrent aussi dans le fossé tout le bois sec qu'ils purent trouver. Le connétable donne l'ordre qu'aucun Cériniote ne bouge. Les Génois, voyant que personne ne donne signe de vie, ne s'inquiètent nullement, persuadés qu'ils sont que la forteresse allait se rendre au premier assaut. Ils dirent au roi : « Soyez tranquille, dans deux heures nous entrerons dans Cérines. » Ils firent publier immédiatement un ordre au nom du roi : « Seigneurs, petits et grands, qui vous trouvez en compagnie du roi, que personne de vous ne lance un seul dard contre Cérines, si les habitants veulent se rendre à leur seigneur. Et vous, seigneurs, qui vous trouvez dans la forteresse, si vous voulez la rendre de bon gré à son seigneur, on vous laissera tranquilles et le roi vous accueillera avec grande joie, en récompensant chacun suivant son mérite. N'ayez pas l'audace de lancer des dards contre le camp du seigneur le roi. Celui qui tirera sera considéré par nous comme un parjure, et si vous ne rendez la forteresse de bon gré, nous entrerons malgré vous et nous vous massacrerons comme des traîtres au roi. » Le peuple de la forteresse répondit au crieur : « Va dire à notre seigneur de la part de notre dame sa mère, de notre seigneur le connétable son oncle, et de la part de tous, petits et grands, que nous tenons cette forteresse au nom de notre seigneur le roi; qu'il vienne seul, nous l'accueillerons, comme nous l'avons promis; mais nous ne permettrons pas qu'aucun des infidèles et parjures Génois y entre, et nous prions Dieu de voir notre humilité et d'abaisser leur orgueil. La Sainte-Écriture dit : « Ne redoute pas un homme orgueilleux, parce que, s'il est aujourd'hui, demain il n'existe plus. » Que Dieu ne permette pas que nous soyons pris par les Génois qui sont des gens parjures. Malgré le serment qu'ils avaient fait à notre seigneur le roi, ils ont pris l'admirable et riche Famagouste; ils se sont emparés aussi de la grande cité de Leucosie, et, en ayant recours à des tourments et à cent mille autres moyens, ils ont enlevé les biens des chevaliers et des autres. Or, nous aimons mieux mourir tous ensemble et chacun en particulier que de laisser les Génois entrer ici. » Et aussitôt d'une seule voix ils crièrent à trois reprises : « Vive le roi Pierre! » Voyant que le crieur ne voulait pas partir, mais au contraire criait encore, ils le blessèrent avec des dards et le forcèrent de retourner auprès des capitaines auxquels celui-ci raconta ce qu'il avait appris à Cérines.

Alors ils construisirent des pafèses[1] et des échelles de bois et les portèrent où se trouvaient les autres, puis ils firent publier par le crieur : « Le premier qui montera par les échelles à la forteresse pour y mettre une bannière recevra 1000 hyperpères. » Les assiégés, ayant entendu

---

[1] Espèce de pavillon de bois (pavoi).

cette proclamation, déployèrent aussitôt une bannière royale. Le crieur continua : « Celui qui mettra la seconde bannière aura 500 hyperpères. » Les assiégés déployèrent une autre bannière. Le crieur : « Celui qui mettra la troisième bannière aura 300 hyperpères. » Les assiégés déployèrent une troisième bannière. Les Génois firent encore crier que celui qui, montant à l'échelle mettra la quatrième bannière, aura 100 hyperpères. Les assiégés mirent encore une autre bannière en disant : « Les enseignes que vous mettrez sont les drapeaux du roi. Infidèles et traîtres Génois, nous mettons les bannières de notre seigneur, mais nous mettons aussi notre âme et notre corps à les défendre jusqu'à ce que Dieu nous délivre de vous et que vous alliez au diable ! » Et en même temps ils lancèrent des dards et les chassèrent; ils revinrent et recommencèrent le combat pendant trois heures. Les assiégés étaient très irrités. Parmi eux se trouvait un brave garçon, habile arbalétrier, qui préparait avec adresse l'arbalète du connétable; il tirait très bien et il ne lançait jamais un dard en vain. On tua 400 Génois pendant cette journée. Or, cet habile arbalétrier, qui se nommait Nicolas Machéras, dit à son compagnon : « Tire sur ce Génois et vise-le à la tête. » Ce dernier, s'étant apprêté, tira sur le Génois désigné; celui-ci, se sentant blessé, mit sa main sur son passinet[1]. Dans le même moment, Nicolas tira son arbalète; le trait, perçant la main du Génois, traversa son passinet et le tua. Les Génois, voyant qu'ils ne pouvaient rien faire, revinrent dans leur camp et construisirent un rempart autour d'une échelle appliquée contre la muraille.

---

[1] Espèce de masque de combat.

Les assiégés firent semblant de ne pas les voir. Cette opération terminée, ils retournèrent se reposer. Après dîner, ils revinrent pour l'assaut. Mais auparavant ils avaient fait le compte de leurs hommes et ils avaient reconnu qu'il en manquait 400, ce qui leur inspira de la timidité. Le pauvre prêtre, voyant que les Génois voulaient s'emparer de la forteresse pour leur propre compte et non pour le roi, et reconnaissant qu'ils l'avaient trompé, se repentit et retourna à Cérines; à peine fut-il aperçu par les Bulgares qu'il fut massacré.

Le lendemain 5 février 1373, de bonne heure, quinze compagnons, braves stradiotes, sortirent par la porte secrète de Cérines; ils tenaient à la main du feu avec lequel ils brûlèrent le pavillon et le bois qui se trouvait dans le fossé et dont ils firent entrer une partie dans la forteresse. Les Génois réussirent à sauver deux longues échelles et cinq planches du pavillon. Les quinze guerriers se mirent alors à injurier les Génois, en leur adressant de vilains mots et leur criant : « Si vous êtes braves, venez vous mesurer avec nous! » Et ils se mirent en embuscade, mais, appelés par les assiégés, ils en sortirent pour revenir à la forteresse. Alors parurent quinze Génois qui sonnèrent de la trompette en les provoquant au combat. Aussitôt ils ouvrirent la porte et jetèrent le pont de la forteresse. Ils agissaient ainsi, parce que le pont était double; sur le devant se trouvait un petit pont qui avait près du grand pont une caisse remplie de pierres pour qu'il fût en équilibre. Il y avait une machine qui s'ouvrait et alors les assaillants, en tombant dans la trape, étaient enfermés comme des rats. Quand un Génois venait, le pont le prenait et le jetait dans la fosse, et après cette manœuvre il retournait à sa place. Les deux ponts communiquaient par une contrebalance qui les tenait en dessus. C'est pour cela qu'on laissa ouvert un des ponts. Les Génois, voyant les Cériniotes entrer sans danger, voulurent les imiter et y coururent à la hâte pour entrer; on avait tiré la contrebalance et tous les assaillants furent jetés en bas; ceux qui étaient restés hors de la portée du pont s'enfuirent, blessés par les arbalètes des assiégés. Alors 400 Cériniotes sortirent et provoquèrent les Génois au combat avec des paroles injurieuses. Ceux-ci, irrités d'un pareil affront, choisirent 500 hommes des plus braves et arrivèrent pour combattre; les assiégés tirèrent sur eux avec la barbacane[1] et les chassèrent honteusement. Sire Louis Doria, l'amiral de Neapolis, le général des Génois, fut blessé; aucun des Cériniotes ne le fut. Tous rentrèrent sains et saufs et remplis de joie, à cause de la victoire qu'ils avaient remportée. Les Génois, voyant qu'ils ne pouvaient continuer, demandèrent à Famagouste du secours par mer. On apporta des machines et des engins qui lançaient des pierres aussi loin qu'un arc. Le 10 février 1373, on amena un engin appelé pafilos[2] qui portait dans l'intérieur une machine pareille à un trébuchet; elle tirait aussi droit qu'une ballistre, mais pas aussi loin; le pafilos portait aussi une pierre pesant quatre livres chypriotes. Avec cette machine on battait la forteresse par la mer. Alors le connétable, en sage général qu'il était, inspecta la muraille battue par la pierre, puis immédiatement la fortifia

---

[1] Défense extérieure d'une forteresse. — [2] Espèce de barque.

par l'intérieur et la protégea par un mur extérieur, de manière que la pierre ne pouvait plus lui nuire. Les Génois approchèrent alors avec impétuosité et assaillirent les murailles; les assiégés lancèrent des pierres et des tonneaux remplis de pierres et de sable et tuèrent un bon nombre des assaillants. Ceux qui se trouvaient à terre, informés du combat qui avait lieu sur mer, se décidèrent à venir jusqu'au fossé et commencèrent à monter aux échelles. Quand le fossé fut rempli d'hommes, les assiégés lancèrent d'en haut une grande poutre qui était appliquée sur le rempart; l'échelle fut brisée et tout le monde tomba dans le fossé; on leur lança des pierres et si quelqu'un d'eux se montrait, il était tué immédiatement. On jeta sur l'autre échelle des ancres avec des cordes et on la tira en haut. Quatre Génois assis sur cette échelle ne comprenaient pas qu'ils étaient accrochés par les ancres; quand ils s'aperçurent que l'échelle montait, ils se jetèrent dans le fossé; on les tua à coups de pierres. Un brave jeune homme, tenant une bannière pour la mettre sur la muraille, fut tiré avec l'échelle et fut tué.

Les Génois, voyant que les vivres leur manquaient, envoyèrent en demander. A l'arrivée de ces vivres, les Bulgares se jetèrent sur les convois qui les amenaient; ils tuèrent et blessèrent les conducteurs et portèrent les provisions à Saint-Hilarion. Les Génois, ainsi maltraités, se décidèrent à conduire le roi à Leucosie, ce qu'ils firent le 13 février 1373. Avec l'aide de Dieu les Chypriotes eurent toujours la victoire.

Si tu veux que je t'apprenne comment Famagouste a

été pris, sache que Dieu le permit à cause de nos péchés. Il était juste que, pour la même cause, non-seulement Famagouste, mais aussi tout l'île fut conquise. Je vous dirai clairement quels étaient ces péchés. C'était d'abord celui qui concerne les esclaves. Quand la Romanie (Asie-Mineure) fut perdue, on conduisit les esclaves dans les îles, et leurs maîtres devinrent si cruels envers ces malheureux, que ces derniers préféraient se précipiter des étages supérieurs pour se donner la mort; d'autres tombaient volontairement dans les fossés ou se pendaient à cause des travaux insupportables qu'on les forçait d'exécuter. Ensuite, parce qu'ils avaient livré leur semblable Jean le Vicomte au roi qui le fit mourir, et à cause de la pédérastie qui se pratiquait à Famagouste. En agissant ainsi, les Chypriotes allèrent contre la loi de Dieu qui commande : « L'esclave doit servir pendant six ans et être mis en liberté la septième année; et tu ne dormiras pas criminellement avec les garçons. » Ils blasphémaient le nom de Dieu qui commande de ne point dire du mal d'autrui; ils médisaient tous et Chypre toute entière était remplie de mal. Ils ont aussi tué comme un porc le roi qui a honoré Chypre. Enfin, à cause de leurs richesses, ils sont devenus très superbes et ont dédaigné le peuple. Ils ont trouvé les Génois armés; il fallait avoir de la patience et ne pas les précipiter de haut en bas. C'est pour cela que les Bulgares, les esclaves et les Génois se sont révoltés contre eux; on les avait pillés, conduits en esclavage et humiliés dans leurs femmes et dans leur existence.

Le 27 février 1373, sire Jean Perrot, d'après l'ordre du connétable et du prince, rassembla les Bulgares pour surveiller

Leucosie en dehors et opprimer les Génois. Les troupes campées près de Cérines, ayant besoin de vivres, en demandèrent avec menace d'abandonner le siège; les Génois de Leucosie envoyèrent 400 chameaux chargés de vivres et d'armes. Le 28 février, ce convoi était arrivé au Pas lorsque les Bulgares se jetèrent dessus, s'en emparèrent et le conduisirent à Saint-Hilarion, à l'exception de cinq chameaux qui se trouvaient en arrière. Les Génois qui le conduisaient furent tués et chassés. Le même jour, comme d'habitude, un grand combat se livra à Cérines, et avec l'aide de Dieu, les Génois revinrent très affligés et sans avoir rien pu faire. Dans la même nuit le roi fut conduit à Famagouste avec l'amiral.

Si quelqu'un désire être renseigné sur le nombre des armées génoises qui sont entrées dans le royaume de Chypre, je le dirai sans avoir l'intention de glorifier nos armées comparées à celles des Génois. Après avoir raconté plusieurs fois les pertes que ces derniers ont subies, je vous dirai maintenant le nombre des hommes amenés par la flotte et le nombre de ceux qui sont retournés à Gênes. D'abord sont arrivées six galères bien équipées, ensuite cinq, puis deux, puis trente-six; total 49 galères et un navire. Il ne retourna à Gênes que 12 galères mal équipées, et ceux qui restèrent pour garder Famagouste formaient à peine l'équipage de deux galères et d'un navire. Il manquait donc l'équipage de 35 galères. Parmi les équipages des douze galères étaient compris les chevaliers enlevés de Chypre. Comptez maintenant combien il y en eut de tués!

Les Génois, voyant qu'ils ne pouvaient remporter aucune victoire devant la bénite Cérines, firent prier le connétable d'envoyer un ambassadeur pour se mettre d'accord avec eux, afin qu'ils pussent s'en aller. Le connétable, aux abois à cause du manque de vivres, demandait à Dieu cette faveur; il répondit au camp de siège qu'on lui donnât des ôtages, afin qu'il pût envoyer des ambassadeurs à Famagouste. Les Génois expédièrent dix des leurs à Cérines, le connétable les retint et adressa un chevalier français au roi et à l'amiral des Génois. Outre la lettre cet ambassadeur était chargé de transmettre à ce dernier plusieurs questions par voie orale. Ce chevalier, sorti de Cérines, se rendit à Leucosie où il ne trouva ni l'amiral, ni le roi. Le capitaine de guerre qui était à Leucosie lui donna un logement, afin qu'il pût attendre le moment où il serait conduit à Famagouste. Il défendit aussi que personne n'allât trouver l'ambassadeur, afin que le but de l'ambassade restât secret et il chargea quelqu'un de le surveiller. Le mandataire se présenta devant le capitaine de guerre, et après avoir présenté ses lettres et expliqué son mandat, il fut reconduit à son logement. Un sujet génois d'origine français, n'ayant pas entendu la défense, malheureusement pour lui, alla trouver son compatriote qui lui demanda des informations sur ses parents. Le matin, le capitaine le fit amener devant lui et le força de lui rapporter la conversation qu'il avait eue avec l'ambassadeur. Ce malheureux répondit : «Seigneur, il est mon ami et mon compatriote; il m'a demandé des renseignements sur ses parents, je lui ai dit ce que j'en savais et rien de plus.» Le capitaine lui dit : «Tu n'as pas entendu l'ordre que j'ai donné et d'après lequel il n'était permis à personne d'aller le voir sous peine du gibet. » — « J'étais absent, répondit-il, veuillez me pardonner. » Le capitaine, afin que ses ordres et son commandement fussent suivis, comme d'ailleurs il s'agissait d'un étranger, le fit conduire sous bonne garde hors de la ville; l'entrée lui en fut interdite jusqu'au départ de l'ambassadeur, sous la menace d'être décapité. On prit cette mesure pour empêcher les intrigues auxquelles on pourrait avoir recours afin de persuader aux soldats génois de prendre du service pour le roi et d'entrer à Cérines; c'est pour cela qu'ils lui dirent : « Nous t'assurons que, si tu n'étais pas un étranger, nous te pendrions. » Le capitaine fit envoyer la réponse à Famagouste à l'amiral et au roi, et désigna un homme pour accompagner l'ambassadeur. Celui-ci, étant entré à Famagouste, se présenta devant le roi auquel il rendit l'hommage dû à son rang, puis il recommanda à Sa Majesté le connétable et toute sa suite et commença à expliquer au roi l'objet de son ambassade. L'amiral, s'étant approché pour entendre le discours, l'ambassadeur s'exprima ainsi : « Seigneur amiral, devant notre seigneur le roi couronné par Dieu, en la présence duquel nous nous trouvons, je déclare que, sur la demande du capitaine de siège de Cérines, qui a donné des ôtages pour garantir ma personne, mon seigneur le connétable a consenti à m'envoyer comme ambassadeur près de ta seigneurie pour te faire comprendre sa volonté, ainsi que celle de son conseil. Or, je te prie de ne pas blâmer mon discours, et si mon ignorance m'empêche de parler convenablement, toi qui es rempli de sagesse, prends mes paroles comme si elles étaient sorties de la bouche d'Aristote. »

L'amiral lui répondit de la manière suivante : « Seigneur, j'ai entendu ton discours. En ta qualité de Français, je comprends que tu seras courtois ; les paroles sont bien entendues là où se trouve la courtoisie. Puisque, comme tu l'as dit, le connétable t'a envoyé près de nous, sous la garantie des ôtages, sois le bienvenu. Quant au pardon que tu demandes pour tes paroles, je t'assure que tu ne seras pas blâmé pour tout ce que tu diras. Je comprends que tu es un homme prudent, et comme tel tu as été choisi pour être envoyé vers nous. Or, ce que tu diras dans l'intérêt de ton ambassade, tu le diras poliment, convenablement, en adoucissant même les expressions qu'on t'a chargé de nous transmettre, parce que souvent les ambassadeurs sages calment la colère de leur seigneur. Dans l'excès de leur colère les seigneurs disent beaucoup, mais font peu, et les ambassadeurs adoucissent leur dureté, et c'est ainsi qu'ils donnent la paix au monde. Or, pour toutes ces raisons, il me semble que tu exposeras ta mission avec honneur et convenance, et jamais un ambassadeur n'est blâmé quand il se conduit ainsi. Quant à la lettre que tu as apportée, tu y recevras une réponse convenable. »

Alors l'ambassadeur, s'adressant à l'amiral de Gênes : « Seigneur amiral, dit-il, mon seigneur le connétable te salue ; il s'étonne de vous voir venir de l'Occident, vous valeureuses, prudentes et honorables personnes, dans une île si pauvre et dans le royaume d'un orphelin, île qui se trouve au milieu de la mer, entourée par les Turcs infidèles

272

et par les Sarrasins, et faire tant de maux et d'injustices au peuple qui se trouve sous la protection du roi. Et après tout cela, vous voulez encore faire du mal à notre pauvre roi et à son royaume. Craignez Dieu et apprenez que vous allez mourir ainsi que nous. Il doit vous suffire qu'on vous ait accordé tout ce que vous avez demandé. D'abord vous avez demandé et vous avez fait mourir trois, quatre chevaliers, comme compensation des quatre Génois tués pendant le couronnement, indépendamment de ceux que vous avez tués pendant la guerre. En second lieu, vous avez pillé l'admirable Famagouste et la noble Leucosie, en imposant des contributions de différentes sortes et en enlevant tout ce que possédaient les seigneurs et les pauvres. Ainsi vous avez été indemnisés de toutes vos dépenses et de tout ce qu'on avait enlevé à vos sujets. Or, il nous semble qu'il est temps que vous laissiez le pays et que vous partiez sous des auspices favorables. Je vous conseille donc de vous en aller, en laissant le roi se reposer des maux que vous lui avez causés. Si vous ne voulez pas écouter mon conseil, vous le payerez cher. Si vous avez l'intention de priver le roi de son héritage, le Dieu du ciel ne supportera pas une pareille injustice. Ce que vous avez fait suffit; retournez dans votre pays. Si vous faites cela, Dieu vous en saura gré, le ciel et les hommes vous rendront grâce. »

L'amiral de Gênes, Pierre Campo de Frégoso, répondit humblement et en arrangeant en bel ordre ses douces paroles : « Seigneur chevalier, nous avons entendu, moi et les seigneurs qui se trouvent avec moi, la lettre que tu as apportée devant le roi, devant moi et les capitaines, et je réponds : d'abord, en ce qui concerne la satisfaction que nous avons obtenue pour nos hommes tués, il n'en est pas ainsi du sang de nos Génois. Ce sang versé nous a occasionné plus de mal que de bien, parce que nous avons beaucoup perdu; quant à l'objection que nous avons occupé le pays, que nous avons déshérité le roi et pillé, tout cela est le signe de la grâce divine; elle vous montre que Dieu est irrité contre vous qui avez égorgé votre seigneur le roi, couché dans son lit, lui qui était l'oint de Dieu et dont vous étiez les sujets par serment, et vous avez tué la beauté de son corps, pendant qu'il était dans toute la vigueur de la jeunesse. Or, sachez-le bien, vous êtes excommuniés et hors de l'église de Dieu, maudits par Dieu. Vous dites ensuite que nous avons pris beaucoup de biens à vos hommes et que nous sommes payés, ce sont les soldats qui les ont pris et non pas nous; vous ne nous les avez pas donnés en compte comme payement. Les soldats les ont pillés et les ont partagés entre eux. Vous dites encore que nous voulons dépouiller le roi de son royaume, que Dieu nous pardonne! Nous avons hâte, au contraire, de le mettre en possession de son royaume, de le venger de ses ennemis; la fin montrera nos intentions. Dis donc au connétable que, si vous voulez que nous partions d'ici, il nous envoie un million de ducats, parce que nous demandons cette somme, et nous la prendrons; et, s'il n'a pas cet argent pour le moment, qu'il fasse devant le chancelier un acte signé par lui et par le roi, qu'il nous envoie des ôtages, et alors nous laisserons le pays pour nous en aller; autrement nous ne bougerons pas d'ici jusqu'à la mort. Tel est le payement de notre service! »

Le chevalier répondit ainsi : «Seigneur, j'ai compris ce que ta bouche a exprimé. Puisse Dieu faire que ton cœur pense comme tes lèvres! Pourquoi n'a-t-on pas fait au cœur de chacun une fenêtre, pour qu'on puisse l'ouvrir et voir si les cœurs sont d'accord avec les lèvres? Il y a une grande différence entre dire et faire[1]. Tu dis que tu es venu pour mettre notre seigneur le roi en possession de son royaume, il n'y a personne qui ne le veuille, excepté vous qui lui avez enlevé son château, qui le traînez çà et là comme un prisonnier et qui cherchez jour et nuit par diverses machinations à lui enlever sa forteresse et son royaume, ce que Dieu ne permettra pas. Quant à la vengeance que vous voulez au nom du roi tirer de ses ennemis, cela ne vous regarde pas; vous le dites et vous avancez d'autres prétextes frivoles, afin de faire croire au roi que vous dites la vérité, tandis qu'en réalité vous pensez que, si vous ne réussissez pas à vous emparer de tout le royaume, vous le pillerez autant que vous le pourrez, et vous lui ferez contracter une dette si considérable que vous nous retiendrez esclaves pendant toute notre vie et jusqu'à la fin du siècle.» — L'amiral lui dit alors : «Assez! nous t'avons dit ce que nous avions à te dire; le chancelier qui est ici te donnera la réponse avec laquelle tu partiras.»

Le chevalier, se tournant vers le roi, lui dit : «Très grand et puissant seigneur, ne prends aucun souci de nos paroles, parce que les ambassadeurs ont l'habitude de dire quelque fois des choses qui semblent au peuple être l'ex-

---

[1] Ou «une grande distance depuis le cœur jusqu'à la bouche», suivant le manuscrit d'Oxford.

pression de la vérité. Où tu vois de grands désordres, là aussi tu verras la paix et l'amitié, comme après la tempête vient le calme. Nous tous qui sommes à Cérines, nous prions Dieu qu'il t'accorde une longue vie. Tous ces gens-là passeront, et toi, le vrai seigneur, tu resteras, parce que l'eau s'en va et le sable reste, c'est-à-dire les étrangers s'en iront et les indigènes resteront. Je le dis clairement, Dieu fera le contraire de ce que pensent ces honorables. Si tu veux prendre ton château de Cérines, et avoir ta personne libre, viens avec tes chevaliers et tu verras avec quel empressement nous nous rendrons à toi; quant à moi, je suis prêt à te prendre et à t'y faire entrer.» Le chevalier, après avoir ainsi, en homme sensé, proclamé l'autorité du roi, se met à genoux et lui dit : «Seigneur, j'ai quelque chose à te dire en secret; ordonne aux Génois de se retirer pour que je puisse te parler.» Comme tous les serviteurs du roi étaient des Génois et ne permettaient pas qu'on lui parlât en secret, ceux-ci se mirent alors à crier en lui disant : «Va-t-en; ici il n'y a pas de traîtres! Ce que tu veux lui dire, dis-le en notre présence.» L'ambassadeur reprit : «Seigneur, j'ai entendu l'amiral dire qu'ils sont venus pour te mettre en possession de ton royaume, mais je vois tout le contraire. On t'entoure habilement de manière que personne ne puisse parler avec toi; d'où je reconnais qu'il y a une grande différence entre les paroles et les actes de l'amiral.» Celui-ci lui dit : «Il me paraît, seigneur, que tu as peu de confiance en nous; mais je te dis qu'ils sont fous ceux qui croient à vos paroles et à vos promesses.» — «C'est contre les lois du bien et de la fidélité que vous retenez notre roi emprisonné; Dieu exercera sur vous sa justice.» L'amiral, se tournant, lui dit: «Tu es, à ce qu'il paraît, un vil personnage; si tu n'étais en présence du roi, je te ferais décapiter.» Le chevalier reprit: «Il n'y a rien d'extraordinaire à ce qu'on me coupe la tête, car tu peux faire pire; je te rappelle seulement le mal qui en résultera pour les Génois qui sont retenus à Cérines comme garants de ma personne.» Le roi alors: «Il suffit, monsieur l'amiral, tu sais bien que les ambassadeurs parlent beaucoup et disent même des choses plus dures à entendre que celles-ci.»

L'amiral chargea ensuite le chancelier d'écrire la réponse qu'il remit au chevalier en lui disant: «Dis au connétable de faire vider le château du roi, pour que celui-ci aille avec ses amis en prendre possession; autrement le roi avec son conseil armera pour venir l'assiéger si étroitement qu'il le prendra sans empêchement, et alors il traitera ceux qui sont dedans comme ils le méritent.» «Seigneur, répondit le chevalier, on peut avoir peur des hommes qu'on n'a pas encore vus, mais il est inutile que ceux que nous connaissons et que nous avons éprouvés, nous menacent ainsi. Préparez-vous à quitter le pays et à retourner chez vous, sinon vous vous repentirez.»

L'ambassadeur reçut l'ordre de partir; il arriva à Cérines le 2 mars 1374 et raconta en détail toute l'affaire au connétable.

Le jeudi 3 mars 1374, les galères génoises arrivèrent à Cérines, accompagnées de l'armée de terre. Ils livrèrent une grande et terrible bataille; on appliqua de terre des échelles qui furent brisées par les pierres que lancèrent les assiégés; plusieurs furent blessés. Sire Thomas Tagas le Génois vint de Leucosie à la tête d'une armée pour escalader les murailles de Cérines. Un dard lancé par Nicolas Machéras le blessa au visage; il reçut de la main du connétable une autre blessure à la poitrine, et retourna à son camp où il fut guéri [1]. Plusieurs autres furent blessés ou tués. De la mer une galère s'approcha de la chaîne du port qui fut coupée avec un tranchant et enlevée. Les assiégés lancèrent des dards et des pierres contre cette galère qui, étant couverte, resta sauve; son équipage tâcha de mettre pied à terre, mais ne put réussir. Une autre galère se rendit à la Cava où l'on déposa à terre les blessés qui furent conduits au camp pour qu'ils se soignassent. Le capitaine fut averti de tout cela. Les assiégés ayant dit à la galère qui coupait la chaîne : «Ne la coupez pas, nous la détendrons,» l'équipage avait répondu : «Vous la détendrez pour que nous entrions, et à notre sortie vous la retendrez. C'est pour cela que nous la couperons.» La galère, après avoir coupé la chaîne, s'était retirée; le connétable la fit réparer dans son état primitif.

Aussitôt la guerre s'alluma. On apporta de terre un engin de guerre appelé Truie qui avait trois étages, et trois autres machines. La première était une forteresse de bois à trois étages et trois perdesques[2] placées l'une sur l'autre; cette machine portait un engin qui coupait la pierre, afin de percer le mur de la forteresse assiégée. La seconde machine contenait plusieurs arbalétriers destinés à lancer des dards

---

[1] Le manuscrit d'Oxford dit «où il mourut». — [2] Espèce de catapulte.

d'un côté, et de l'autre à occuper les assiégés; elle était si haute qu'elle arrivait jusqu'aux créneaux de la forteresse extérieure; ceux qui étaient dedans voyaient les assiégés et ce qu'ils faisaient. Cette machine s'appelait Chatte. La troisième, nommée Faucon, était une forteresse de bois remplie d'hommes et d'échelles pour escalader les murailles. Une autre machine l'accompagnait en forme de cage assise sur une poutre et remplie d'arbalétriers qui faisaient vigoureusement la guerre contre Cérines. Alors le connétable, en général expérimenté, fit sortir six Bulgares qui avec le feu incendièrent les deux machines, le Faucon et la cage, et jetèrent par terre la Truie qui fut brisée entièrement par les pierres que lançaient les assiégés. Les hommes qui se trouvaient dans ces engins furent les uns blessés et les autres tués. La nuit étant venue, on sortit de la forteresse pour rassembler les clous qu'on avait apportés à Cérines. Le connétable les fit clouer, la tête en bas et la pointe en haut, sur des planches qu'on enfonça dans le sable. Le lendemain arrivèrent en courant plusieurs Génois qui, entrant dans la fosse, combattirent pour ramasser les clous des machines qu'ils croyaient être encore là. Les assiégés feignirent de ne pas s'en apercevoir. Quand les Génois arrivèrent sur cet endroit, les pieds de tous y furent cloués, et la douleur les empêchant de se tenir debout, ils tombèrent, le visage contre terre, et les assiégés les tuèrent avec des dards. L'armée de mer plaça une machine sur deux galères, de telle façon que la proue de l'une était unie avec la proue de l'autre; on les lia ensemble et sur les mâts de ces deux galères on mit une poutre verticale sur le sommet de laquelle était placée une tour remplie d'arbalétriers qui firent beaucoup de mal aux Cériniotes. Cette tour était plus haute de trois cannes que les murailles de la ville, et les assiégés étaient si inquiétés que personne ne pouvait sortir dans la crainte d'être blessé. Le connétable fit faire un mur de bois haut de six cannes et demie, qu'on mit en face de la tour comme un rempart. On boucha ainsi la vue des assiégeants qui ne voyaient plus où il fallait lancer les dards; de cette manière les ennemis ne purent plus faire de mal aux Cériniotes. Le connétable fit aussi faire trois trébuchets dont l'un tirait contre la Truie; on l'appela Porc; un coup lancé par ce dernier brisa la machine des Génois; sa roue fut cassée et on ne parvint pas à la raccommoder. Le second trébuchet tirait du côté de la mer sur la galère qui se trouvait près de la chaîne; le troisième tirait sur les soldats de terre. Et voyez la justice de Dieu! Un coup tiré par ces trébuchets entre dans la tour placée sur les deux galères, l'enlève et la jette à la mer; les Génois blessés se retirèrent honteusement du port. Du camp de ces derniers on provoqua les Cériniotes à sortir pour combattre corps à corps, ou, s'ils avaient quelque personnage d'une grande famille, pour que celui-ci acceptât le combat. — « Ils n'ont, disaient-ils, qu'un homme de qualité, c'est le connétable. » Alors la multitude les accabla d'injures, en disant : « Vous mentez, hommes de marchés, loups pêcheurs! Nous avons des nobles chevaliers, des liges et des bourgeois bien élevés. Vous, chiourme des galériens, comment osez-vous calomnier les nobles Chypriotes? Si vous avez envie de vous mesurer avec nous, fichez une

280 lance en terre comme signe de justice, et sur cette lance mettez un drapeau, et alors nous sortirons pour nous mesurer avec vous.» Le connétable fit sortir un de ses serviteurs nommé Paul Machéras, l'arma de ses propres armes et lui donna son cheval; celui-ci se dirigea vers le camp en vaillant guerrier, accompagné d'une bonne suite. En même temps un chevalier chypriote, Charles Charboncier, fut envoyé comme capitaine pour le combat proposé par les Génois. Ces derniers mirent la lance avec le drapeau, mais ils ne voulurent pas combattre. Ils firent dire au connétable de leur donner des ôtages, afin qu'ils pussent lui envoyer des ambassadeurs. Les combattants alors rentrèrent à Cérines. Sur la foi du drapeau, on envoya sire Nicolas Ibelin, sire Jean de Plessie, sire Arnaud de Mimars le jeune, chevalier de Chypre, accompagnés de 500 guerriers à cheval et à pied. Les Génois envoyèrent comme ambassadeurs sire Daniel Cattaneo Génois, sire Jacques de Saint-Michel et sire Alphonse Farrand, hommes du roi accompagnés de plusieurs autres. Ils furent amenés en présence du connétable qui les reçut avec honneur et leur donna abondamment à manger et à boire, afin qu'ils ne crussent pas que les assiégés manquaient de vivres. Dieu sait cependant dans quelles angoisses ils se trouvaient! Quand ils furent prêts, ils exposèrent ainsi leur ambassade : «Seigneur, tu es plus puissant que le roi et tu connais en même temps le bien du pays. Il serait bon que tu remisses la
281 forteresse à son seigneur, en conseillant au roi de nous donner congé. Si tu agis ainsi, l'amiral aura pour toi une grande reconnaissance.» Le connétable dit alors aux am-

bassadeurs : «Seigneurs, je m'étonne que vous croyiez que je garde Cérines pour mon compte; personne n'osera dire que cette forteresse a un autre seigneur que mon seigneur le roi Pierre auquel Dieu veuille accorder de longues années.» — Alors tous ensemble se mirent à crier à trois reprises : «Vive le roi Pierre!» — «Mais je vois que vous avez trompé le roi et vous le retenez prisonnier; vous avez mis en prison, aux fers même, mon frère le prince, comme tous les chevaliers qui ont ajouté foi à votre parole. Quant à la prière que vous me faites de conseiller au roi de vous payer, je ne suis ni le patron ni le juge de mon seigneur. Sachant que Famagouste et Leucosie se trouvent entre vos mains et que le roi n'y a aucun pouvoir, comment voulez-vous que je lui dise de vous payer?» Les ambassadeurs, afin de bien examiner le pays, y restèrent pendant six jours, sous prétexte qu'ils désiraient se mettre d'accord avec le connétable auquel ils cherchaient à toute force à enlever Cérines. Voyant qu'ils ne pouvaient atteindre le but de leurs désirs, ils le saluèrent et revinrent au camp; quant aux chevaliers restés comme ôtages entre les mains des Génois, ils retournèrent à Cérines. Les ambassadeurs vinrent faire leur rapport à l'amiral qui, ayant appris tous les détails de ce qui s'était passé, fut très affligé et retourna au camp.

Les Génois, voyant que leurs machines, les combats et leur cavalerie ne leur servaient à rien, abandonnèrent le pays et s'empressèrent de retourner à Leucosie, ce dont au moyen des Bulgares ils donnèrent avis au roi et à l'amiral qui se trouvaient à Famagouste. Comme le roi était très affligé, l'amiral lui dit : «Fais dire à ta mère et à tes chevaliers qu'ils viennent pour convenir de la manière dont nous serons payés, afin que nous puissions nous en aller.»

Les Bulgares qui se trouvaient en dehors de Leucosie, informés que la plus grande partie des Génois était allée à Famagouste et que ceux qui étaient restés à Leucosie étaient peu nombreux, formèrent le projet de s'emparer de cette ville. Ayant appris qu'au nombre de ceux qui étaient restés au service des Génois se trouvaient deux valeureux frères, le comte d'Urbin et son frère François, ils mandèrent à la reine d'envoyer chercher ces deux hommes pour prendre la ville. La reine dit : «Quel est celui de mes serviteurs qui est assez courageux pour porter à Leucosie une lettre à mon confesseur?» Aussitôt Dimitri Daniel, son petit secrétaire, s'écria : «Madame, je la porterai moi!» On agita la question de savoir comment il entrerait à Leucosie ; il indiqua lui-même le moyen, comme nous l'expliquerons tout à l'heure, et tous s'en contentèrent. Les lettres furent écrites et on les lui remit pour qu'il les portât. Il alla au village Ara, où se trouvait un de ses parrains qui l'avait tenu sur les fonts baptismaux ; ce dernier avait un esclave pâtre du même âge que Dimitri et qui tous les matins apportait sur son épaule une cruche de lait pour le vendre. Il dit alors à son parrain : «Monsieur, je vais aller voir mes hommes, mais j'ai peur d'être reconnu. Donne-moi les habits de ton garçon avec le lait, pour que je puisse aller les voir et revenir.» Celui-ci répondit : «Prends ce que tu veux et va heureusement, mais fais bien attention à ne pas être découvert.» Alors Dimitri ôta ses habits et mit ceux du pâtre, remplit la cruche de lait et, arrivant à Leucosie, 283 se rendit à Saint-Augustin pour donner la lettre au confesseur de la reine. En le voyant celui-ci fut pris de frayeur; Dimitri, il est vrai, était plus laid que le pâtre. Le confesseur parla au comte d'Urbin et à son frère et les persuada de sortir et d'aller à Cérines avec Dimitri qui portait un vieux chapeau sur la tête. Quand ils arrivèrent à Ara, ce dernier ôta ses vieux habits et laissa la cruche vide, après avoir donné le lait aux moines; il remit ensuite les vêtements qui lui appartenaient, puis, après avoir mangé, il monta à cheval et alla à Cérines.

La reine, en les voyant, éprouva une grande joie; elle donna l'ordre d'augmenter les appointements de Dimitri de cent besants par an. Quant au comte et à son frère, elle les reçut très honorablement. Elle les pria d'assaillir Leucosie. Ceux-ci lui répondirent : «A vos ordres, mais ayez un peu de patience.» Quand les Génois cherchèrent le comte sans le trouver, ils furent très attristés de ce qu'il avait pu s'évader, sans qu'on aperçut; ils mirent aux portes de nombreuses gardes avec ordre d'examiner tous ceux qui entraient. Le comte et son frère dirent enfin à la reine: «Madame, pour aller assaillir Leucosie, nous avons besoin de chevaux.»

L'amiral, voyant qu'il écrivait en vain des lettres de la part du roi pour faire venir le conseil qui congédierait les Génois et que personne n'avait assez de confiance pour aller à Famagouste, conduisit le roi à Leucosie. La reine apprit que son fils était arrivé dans cette ville, et comme

le comte demandait des chevaux, appela Dimitri et lui dit:
«Mon fils, il faut prendre des lettres pour aller chercher
des chevaux.» Celui-ci répondit : «Madame, je crains d'y
aller; je suis cependant à vos ordres.» Comme la première fois, il vint avec le lait au couvent; il y déposa le
lait et remit la lettre entre les mains du confesseur. Ce
dernier alla avertir le roi; puis il fit appeler un Catalan
nommé Prémeran et qui soignait les chevaux du roi, et lui
dit : «Quand tu conduiras les chevaux à la fontaine, il
viendra un pâtre garçon te demander des chevaux, donnes
en autant qu'il en voudra.» Le lendemain on fit sortir les
chevaux; les Génois qui surveillaient les portes en firent
le compte; il y en avait soixante-deux. Le garçon vint
trouver Prémeran et lui montra le signe convenu; celui-ci
lui en laissa prendre treize que Dimitri remit aux hommes
qu'il avait amenés avec lui. Ces derniers les prirent et
allèrent à Cérines. Dimitri retourna à Leucosie pour prendre
la réponse que le confesseur avait faite aux lettres. Quand
les chevaux rentrèrent, les Génois les comptèrent à la porte
et, en ayant trouvé treize de moins, ils en avertirent l'amiral.
Celui-ci interrogea Prémeran qui répondit : «On m'a commandé de donner treize chevaux à un garçon paysan.»
Aussitôt l'amiral donna l'ordre de pendre Prémeran au
gibet. Je dois vous dire que le roi Pierre avait dans ses
écuries deux cents chevaux de course qui avaient appartenu à son père le roi Pierre; les Génois s'en étaient emparés et ne lui en avaient laissé que soixante-deux.

Les Génois cherchèrent le garçon paysan. L'ayant appris, le confesseur dit à Dimitri : «Au nom de Dieu, sauve-toi, autrement nous sommes perdus; fais bien attention qu'à la porte on exerce une grande surveillance afin de t'arrêter.» Celui-ci lui répondit : «Ne crains rien.» S'étant levé dès l'aurore, il se rendit à Pialève. Là se trouvait un trou avec un canal de bois qui conduisait l'eau à Trachonas. Il passa par ce trou et, se glissant dans la boue, parvint à Ara, où on le fit déshabiller et laver; puis, mettant ses habits, il monta à cheval et arriva à Cérines. Les Génois, en le cherchant, découvrirent l'endroit et d'après les traces qu'on remarquait dans le canal ils reconnurent que le paysan s'était enfui par là; ils bouchèrent le trou avec deux bâtons de fer. En le revoyant, la reine témoigna sa joie et augmenta sa paye de cent autres besants par an. Depuis ce moment Dimitri n'osa plus porter des lettres.

Le prince se trouvait à Saint-Hilarion bien accompagné des esclaves bulgares, de Romanites, de Tatares et de bourgeois. Il envoya un exprès à la reine pour l'engager à forcer le comte d'Urbin à aller prendre Leucosie. Le comte en parla à son frère; n'ayant que des hommes à pied, ils disaient : «Comment, avec si peu de chevaux, s'exposer à de si grands dangers? Nous ne pourrons même pas fuir le cas échant. Entrer et se faire égorger ainsi, c'est un malheur et un crime.» La reine communiqua cette réponse au prince qui répliqua : «Le comte ne veut pas, mais il pourrait bien le faire.» Dimitri ayant dit qu'ils pouvaient entrer par le trou, ceux-ci répondirent : «Mais, si nous entrons par le trou, par où donc les chevaux entreront-ils?» Comme la reine pressait le comte et son frère, ils lui dirent : «Vous nous avez conduits ici pour nous perdre; c'est une perfidie.»

François cependant dit : «Au nom de Dieu, puisqu'on ne veut pas nous entendre, allons-y.» Le prince toujours dévoré par l'envie craignait la reine et le connétable, et, voyant leurs affaires aller si bien, il s'affligeait et tâchait d'amoindrir leurs armées. Le comte d'Urbin sortit alors avec son frère et beaucoup d'autres à pied. Ils arrivèrent au trou où était Trachonas et, afin de ne point faire de bruit, ils jugèrent convenable de ne pas briser les portes pour faire entrer les chevaux. Les Génois, l'ayant appris s'enfuirent, allèrent à la basse porte du Marché et montèrent sur l'enceinte. Le comte, entendant ce tumulte, fit briser les portes et vint jusqu'au pont de la Berline. Les Génois, apprenant qu'ils étaient peu nombreux et à pied, les entourèrent. Ils soutinrent le combat; enfin, se trouvant fatigués, ils se retirèrent pour prendre un peu de repos, mais, ayant rencontré d'autres Génois par derrière, ils se mirent à fuir de tous les côtés; quelques-uns se précipitèrent en bas de la forteresse. Quant au comte, il entra dans la tour de Trachonas. Ceux qui s'étaient précipités furent sauvés; le comte et plusieurs étrangers furent pris. Ce dernier et son frère furent pendus au gibet du pont de la Berline; les autres éprouvèrent le même sort, après avoir été traînés par les chevaux.

L'amiral dit alors au roi : «Il me semble que toutes ces choses se passent avec ton consentement; c'est par tes ordres aussi qu'on retient Cérines, car, autrement, comment ton oncle pourrait-il garder ton château? On a dit deux ou trois fois que c'est pour toi qu'on tient Cérines et tu n'as pas témoigné ton mécontentement, parce que c'est par ton ordre qu'on agit ainsi.» Le roi lui répondit : «Puisque tu me tiens entre tes mains, et que personne n'ose me parler sans que tu sois là, comment ce que tu dis pourrait-il arriver? Sachant que vous êtes des hommes prudents, je vous prie d'envoyer quelqu'un pour faire sortir mon oncle de la forteresse; faites cela, je le trouverai très bien.» Aussitôt on nomma Alafran Doria et sire Thomas Cattaneo pour aller à Cérines remettre au connétable les lettres envoyées de la part du roi. C'était par ordre de l'amiral que le roi avait écrit une lettre ainsi conçue:

«Pierre, par la grâce du Saint-Esprit roi de Jérusalem et de Chypre, à mon très cher oncle le connétable. Dans une autre lettre je t'ai engagé à remettre notre château en notre pouvoir, et toi tu t'es excusé, en disant que tu ne voulais pas qu'il fût enlevé de tes mains pour être livré à celles de nos ennemis; nous t'en remercions et nous reconnaissons que, parmi tous ceux qui s'y trouvent, il n'y en a pas un autre qui prenne nos intérêts plus que toi. Nous désirons maintenant nous délivrer de ces hommes qui sont comme collés à notre personne et traiter avec eux sous plusieurs conventions; tantôt ils paraissent satisfaits, tantôt, annulant ces conventions, ils nous oppriment sous le prétexte qu'ils ne peuvent s'en aller avant d'occuper Cérines. Or, pour toutes ces raisons, nous te mandons et nous te conjurons, au nom de l'affection que tu nous portes, d'abandonner notre château en le remettant à notre cher Luc d'Antiaume, auquel tu recommanderas de le surveiller convenablement. Quant à toi, tu entreras dans notre galère en prenant avec toi deux galéasses, et tu iras où tu voudras accompagné des hommes de Cérines. Et que cela soit fait avant que les Génois ne laissent Chypre, et, te rencontrant, ne t'empêchent de partir. Sache que tous prétendent que tu retiens la forteresse pour ton propre compte; agis de manière à détruire une pareille opinion. Les Génois promettent de te donner un sauf-conduit et jurent de ne quitter l'île que quinze jours après ton départ. Nous t'envoyons dix mille ducats pour tes dépenses; tu les toucheras à Venise. L'amiral t'expédie aussi le sauf-conduit, signé de sa propre main, pour que la flotte génoise, te rencontrant, soit dans un port, soit dans une forteresse, soit sur terre, ne puisse te gêner. Pour une plus grande sûreté je t'envoie huit patrons pour t'accompagner; tu les garderas comme ôtages sur ta propre galère, et si quelqu'une des galères génoises ose te causer du préjudice, tu feras décapiter ces ôtages. Nous te mandons et commandons, sur le serment qui te lie envers nous, d'aller à Rome et de demander justice de notre part au Saint-Père le Pape, pour la manière inique dont les Génois ont ruiné notre île. Tu feras cela, sans que personne en parle, et les Génois partiront de Chypre. Tu agiras comme un bon oncle que tu es, et suivant ton affection à laquelle nous croyons.»

Le roi fit aussi rédiger en présence du chancelier un acte ainsi conçu : «Lundi, 14 mars 1374, le roi, en présence de quelques-uns de ses chevaliers, agissant pour lui-même et pour ses héritiers, donne pouvoir à son oncle, messire Jacques de Lusignan, connétable de Jérusalem, de faire de ses biens ce qu'il voudra, c'est-à-dire de les vendre ou mettre en gage devant notaire, suivant sa propre volonté, et il fera valoir cet acte comme s'il avait été fait devant la haute cour.» Cet acte ainsi rédigé fut expédié au connétable.

Il fit adresser encore une lettre aux habitants de Cérines, lettre conçue en ces termes : «Sachez que nous avons appris par notre cher oncle la peine que vous avez prise avec lui pour garder notre forteresse. Nous prions Dieu qu'il nous fournisse l'occasion de vous récompenser tous ensemble et chacun selon son mérite. Nous mandons à notre oncle de livrer notre forteresse à notre cher et fidèle chevalier Luc d'Antiaume, en vous recommandant de lui obéir, comme s'il s'agissait de nous-même en personne; gardez-la bien contre nos ennemis et contre les voleurs, parce que nous faisons partir notre oncle pour un service particulier.»

En outre les Génois rédigèrent cet acte devant notaire: «Lundi, 14 mars 1374, devant moi notaire et les témoins ci-dessous désignés, lesquels ont été priés d'intervenir dans cette rédaction, les très honorables et sages seigneurs, messire Pierre de Campo Frégoso, amiral de Gênes, sire Robert Spinola, sire Ticio Simbo, sire Grigon Dinegro, sire Fran Doria et les autres patrons des galères génoises sont venus en la présence du roi de Chypre et de Jérusalem, et se sont chargés au nom de Dieu de garder la galère royale sur laquelle va monter le connétable pour aller en Occident, promettant de ne mettre aucun obstacle à ce départ. Dans le cas contraire, s'il arrive quelque dommage au roi, à son oncle ou à quelque autre Chypriote appartenant à l'équipage de la galère royale, nous subirons une amende de trente mille ducats qui seront versés à la chambre du roi de France. Pour donner une confirmation et une assurance plus grande à cet acte, il a été écrit de la main du notaire, dans le jour et à la date précitée et devant les témoins suivants : Jean de Lapine, sire Jean de Finiou, sire Jacques de Saint-Michel, sire Jacques de Scandelion, Laurent Malipiero de la Rivière, Jean Doria, Martin de Fieschi et plusieurs autres.» On envoya ce privilège au connétable à Cérines.

290 Le roi fit écrire encore un autre document ouvert ainsi conçu : «Pierre de Lusignan, par la grâce de Dieu roi de Jérusalem et de Chypre. Par cette lettre faisons savoir à tous ensemble et à chacun en particulier que toutes les libertés rendues aux esclaves par notre très cher oncle à Cérines, ainsi que toutes les condamnations portées contre les voleurs, malfaiteurs, assassins et autres, écrites et signées de sa main, restent, suivant notre volonté, fermes et assurées pour toujours, comme si elles provenaient de notre main. Les augmentations ou diminutions de salaires qu'il a faites à la paye, nous les confirmons et voulons qu'elles restent en vigueur comme si elles étaient signées de notre propre main. S'il existe aussi un acte de sa main accordant quelque gratification aux chevaliers et aux bourgeois qui se trouvaient avec lui, nous le confirmons également. Nous proclamons aussi une nouvelle grâce pour tous les coupables, malfaiteurs, esclaves fugitifs; que chacun, profitant du pardon que nous lui accordons, revienne à sa maison et à son métier. Nous reconnaissons la liberté accordée aux esclaves par notre oncle le prince à Cantara, au Léon et à Saint-Hilarion. Pour foi et assurance de la vérité nous avons

fait faire ce privilège que nous avons signé de notre main et scellé de notre sceau d'usage. »

Il écrivit une autre lettre à Luc d'Antiaume : « Nos chers sujets, sachez qu'ayant envoyé notre oncle Jacques de Lusignan en Occident, nous lui avons mandé de rendre notre forteresse à ta discrétion; nous avons aussi mandé à notre peuple de la dite forteresse de t'obéir jusqu'à nouvel ordre. Or, nous te prions de commander à notre peuple de bien surveiller cette forteresse jour et nuit, tant que le loup restera dans l'île de Chypre, afin qu'il ne trouve pas les hommes endormis et qu'il n'enlève pas l'agneau. Fais donc une bonne garde et surveille dans tous ses détails notre forteresse, pour qu'elle se trouve en bon état, comme elle était pendant le gouvernement du seigneur mon oncle, et renseigne-moi, pour que je t'envoie tout ce dont elle pourrait avoir besoin. Mande en même temps au secrétaire d'envoyer les comptes de cette forteresse, afin que je voie ce que je dois à la garnison pour la paye de tout le mois de février et que je les paye. Écrit le 14 mars 1374. »

Voici la lettre qu'il écrivit à son oncle le prince : « Pour plusieurs affaires du royaume nous envoyons le connétable en Occident. Les Génois, désirant évacuer la forteresse, sont tombés d'accord avec lui et ils lui ont expédié les conditions de la paix. C'est pour cela que je lui ai mandé de mettre à sa place sire Luc d'Antiaume qui surveillera la forteresse aussi bien que possible jusqu'au moment du départ des Génois. Toi aussi garde Saint-Hilarion le mieux que tu pourras. »

Il écrivit ainsi à sa mère : « Très chère mère, sache que

par la grâce de Dieu les Génois sont tombés d'accord avec nous pour les raisons suivantes : 1° à cause de sire Gefran Giplin leur receveur. Une querelle mortelle étant survenue deux ou trois fois entre les Génois et ce receveur, les premiers furent obligés de lever leur camp de siège de Cérines; 2° parce que mon oncle le prince réussit à se jouer d'eux et à s'évader; 3° parce qu'ils n'ont pas pu prendre Cérines, le connétable leur ayant fait beaucoup de mal. Pour toutes ces causes ils ont jugé convenable de faire avec nous une convention dont les détails te seront expliqués quand tu viendras à Leucosie. Écrit le 14 mars 1374.»

Le camp de siège fut levé pacifiquement devant Cérines le 15 mars 1374. Le siège avait duré quatre mois, pendant lesquels les ennemis n'avaient pas eu d'autre bénéfice que de perdre tous les Génois qui y étaient venus de Leucosie. L'amiral ne descendait pas d'une grande famille; on le haïssait à cause de son orgueil; plusieurs fois même on chercha à le tuer. C'est à leur haine que nous devons notre salut. Il n'y a pas de race aussi envieuse que les Génois et les Arméniens, ces deux nations maudites. Les Arméniens possédaient deux cents forteresses et villes; ils les ont perdues à cause de leurs haines; nous mettons en Dieu notre espérance pour que la même chose arrive à la commune de Gênes.

Le prince et le capitaine de Léon et de Cantara, ayant été informés que les Génois avaient fait la paix, écrivirent chacun au roi une lettre ainsi conçue : «Nous avons appris que par la pitié de Dieu tu as fait la paix avec les Génois qui vont partir; or, nous te mandons et prions ta seigneurie de commander à d'autres garnisons de venir nous remplacer, et de leur donner des marques ou une lettre de confiance pour qu'ils puissent prendre ces forteresses. »

Le connétable, après avoir reçu la lettre avec les privilèges rédigés devant notaire et les autres pièces, répondit aussitôt au roi : « Très cher neveu et mon bon seigneur, j'ai reçu tes lettres et j'ai compris ce que tu m'écris. Pour me conformer au commandement que tu me fais de remettre la forteresse à sire Luc d'Antiaume, j'ai appelé, suivant ton ordre, tout le peuple auquel j'ai communiqué ta lettre; tous se soumettent à ton commandement et se rendent à ta seigneurie. J'ai donné à sire Léon[1] d'Antiaume les instructions nécessaires pour garder la forteresse. Ton peuple envoie une lettre à ta seigneurie, et Léon d'Antiaume t'en écrit une autre sur les besoins qu'il a. »

Le connétable adressa une seconde lettre au roi. « Seigneur, tu m'informes que les Génois ont fait un sauf-conduit et tu me l'envoies; je ne m'y fie pas, parce que plusieurs fois ils nous ont trompés avec leurs serments. Quant à ce que tu me commandes de retenir dans ma galère huit patrons de galères, je m'étonne que ta seigneurie, à l'exemple de ces gens-là, me considère comme un homme aussi inexpérimenté. Dieu veuille que la flotte des Génois ne m'approche pas! Qui oserait alors toucher à ses patrons? Or, il ne me paraît pas sage de me mettre en mer avant leur départ. Mais pour ta satisfaction et pour ma tranquillité, dis à l'amiral d'envoyer à Cérines deux Génois de grandes familles, lesquels, pendant que le prêtre élèvera le corps

---

[1] Tantôt il l'appelle Léon et tantôt Luc ou Lucas.

et le sang de Jésus-Christ, jureront de ne me faire aucun mal ni d'entraver ma route.»

Le roi, ayant reçu cette lettre, la lut à l'amiral. Celui-ci manda aussitôt sire Thomas Cattaneo, qui avait reçu du duc de Gênes le droit de faire à Chypre ce qu'il voudrait avec l'amiral, et sire Jacques de Saint-Michel représentant le roi; tous deux se rendirent à Cérines. Le connétable les accueillit selon leur mérite; ils allèrent à l'église de Saint-Eunomène[1]. Le prêtre se prépara et commença la messe au nom de la Sainte-Trinité; vers la fin de la messe, quand le prêtre éleva l'hostie et le sang et les mit sur l'autel, sire Thomas Cattaneo avec sa suite déposa sur l'autel la lettre de l'amiral et des autres Génois adressée au connétable avec le sauf-conduit et les autres accords et promesses. Sire Thomas Cattaneo et sire Jacques de Saint-Michel y mirent les mains et dirent: «Moi, Thomas Cattaneo, je jure sur le corps de Jésus-Christ, au nom de tous les patrons des galères, de tenir valable et d'observer ce sauf-conduit que nous t'avons adressé et d'exécuter toutes les promesses qui y sont contenues, sans avoir recours au moindre prétexte de mauvaise volonté.» Le prêtre lui dit: «Que Dieu vienne à ton aide!» Sire Jacques de Saint-Michel dit à son tour: «Seigneur, je jure sur le précieux corps et sang de Notre Seigneur, au nom de mon seigneur le roi, comme chrétien que je suis, que tous les écrits, promesses et autres pièces que le roi t'a envoyés, il les tiendra bien et solidement avec son juste pouvoir.» Sire Cattaneo dit encore: «Je te jure

---

[1] «Saint-Eloi», dans H. Giblet, *Histoire des rois de Chypre de la maison de Lusignan*, tr. fr., Paris 1732.

qu'après le jour de ton départ nous attendrons quinze jours avant de sortir de Famagouste, afin que tu puisses continuer ton voyage. » Quand la messe fut achevée, le connétable, dans l'église même, remit la forteresse entre les mains du capitaine. Tous les salariés jurèrent de garder bien et fidèlement la forteresse au nom du roi contre toute sorte d'hommes. Le prêtre, à chaque serment ou promesse, répétait : « Que Dieu vous vienne en aide ! »

On publia aussitôt dans Cérines : « Seigneurs, petits et grands, de quelque condition que vous soyez, riches et pauvres, ecclésiastiques et séculiers, qui demeurez ici, sachez que les Génois ont fait une bonne paix avec notre seigneur le roi de Chypre. Dès lors chacun peut entrer et sortir, négocier, voyager par terre ou par mer, selon son plaisir et comme il était accoutumé, sans craindre le moindre dommage pour sa personne et pour ses biens ; le pardon est acquis à tout ce qui a été fait de part et d'autre, morts, pillages et injustices, et, sous peine de la vie, personne n'osera demander raison des faits passés. Tel est l'ordre de Dieu et de notre seigneur le roi de Jérusalem et de Chypre. »

Alors la reine, accompagnée de sa suite et emportant ce qui lui appartenait, sortit de Cérines et vint à Leucosie. Sire Pierre de Campo Frégoso prit les Génois pour se rendre à Famagouste. Le connétable envoya comme ambassadeur près de l'amiral Montolif de Verny, qui alla trouver ce dernier avant son départ de Leucosie pour conclure la paix. Le 8 avril 1374, Montolif sortit, et venant à Leucosie devant le roi, lui dit : « Le seigneur ton oncle se recommande à ta seigneurie, et te prie de lui dire si le serment a été prêté devant toi.» Le roi lui répondit : «Tout a été fait devant moi et de mon consentement.» L'amiral vint alors auprès du roi et toute l'armée alla à Famagouste sans l'amiral et sa suite. Montolif répéta sa demande à l'amiral, en lui disant : «Seigneur, le connétable m'a envoyé auprès de vous, pour vous demander si vous considérez comme solides l'accord, la paix et les conditions échangées entre nous.» L'amiral répondit : «Sur ma foi, je les tiens valables et solides.» Montolif lui remit alors les traités écrits et demanda au roi les dix mille ducats qu'il avait promis au connétable. Le roi commanda d'écrire une lettre à sire Jean Cornaro pour que ce dernier lui versât dix mille ducats valant quarante mille aspres de Chypre. L'amiral lui dit : «Tu as oublié de me dire de confirmer et de tenir les accords faits par Thomas Cattaneo et je te montre que je suis prêt à jurer.» Aussitôt l'amiral et les patrons qui se trouvaient à Leucosie jurèrent devant le roi et sur les Saints-Évangiles, de tenir à tout jamais bien et solidement les accords contractés entre sire Thomas Cattaneo avec ses compagnons et le connétable, accords que Montolif allait remettre au roi. Alors celui-ci gratifia Montolif d'une rente de 1500 aspres de Chypre perçus sur les revenus les plus nets du trésor royal. L'amiral et les patrons jurèrent au roi, et le roi à ceux-ci, de tenir solidement les accords contractés entre eux. Le roi ne pouvait agir autrement, forcé qu'il était de consentir à tout ce que les Génois lui demandaient, dans la crainte d'être tué. Ils l'obligèrent à leur payer neuf cent mille ducats, et ils prirent en gage Famagouste et les chevaliers dont je vous dirai bientôt les noms; ces ducats étaient partagés en payements annuels jusqu'à entier acquittement. L'amiral alors laissa Leucosie aux mains du roi et alla avec sa suite à Famagouste.

Les Génois dirent au roi : « Seigneur, le connétable s'en va, ainsi que l'a juré Montolif; nous voulons que vous nous donniez un gage pour les neuf cent mille ducats pour lesquels nous sommes tombés d'accord; quand nous aurons été payés, nous rendrons ce gage. Il est nécessaire que le connétable soit obligé de se porter garant; s'il n'accepte pas, tu le déshériteras en nous donnant un autre garant que nous garderons avec nous à Famagouste jusqu'à ce que nous soyons payés; ce payement se fera en neuf ans, cent mille ducats par an. » — « Le gage que vous avez, Famagouste, ne vous suffit-il pas ? Vous m'en demandez d'autres pour les neuf cent mille ducats. » L'amiral répondit : « Seigneur, les Templiers ont vendu toute l'île pour cent mille ducats et nous, nous tiendrions Famagouste pour neuf cent mille! Cela ne nous suffit pas. Nous ne pouvons accepter ni Famagouste ni les chevaliers retenus comme gages; nous demandons une autre assurance. » Le roi dit : « Les Templiers ont vendu le pays, parce qu'ils l'ont trouvé sans maître, le duc étant mort et l'empereur étant trop loin pour recouvrer son bien. Or, ces Templiers, profitant des guerres dans lesquelles l'empereur était impliqué, ont vendu une chose qui ne leur appartenait pas; nous mêmes, nous ne pouvions retenir la chose d'autrui qui pouvait nous être enlevée. Rappelez-vous combien de conventions et de promesses ont faites mes parents afin d'amener ici des seigneurs et des hommes pour occuper l'île, et alors dites-moi si le royaume a été acheté pour cent mille ducats.» L'amiral reprit : «Si ton oncle le connétable veut aller où tu l'envoies pour ton service, sur ta propre galère, ordonne-lui de s'embarquer.» Alors l'amiral envoya la galère royale pour prendre le connétable à Cérines; il chargea sire Montolif d'y conduire les huit patrons pour accompagner le connétable, et il envoya deux autres galères chypriotes pour accompagner la galère royale.

Le roi adressa au prince la lettre suivante : «Très cher oncle, sache que j'envoie au Pape mon oncle le connétable et que j'ai fait la paix avec les Génois qui sont allés à Famagouste. Sors donc et viens à Leucosie pour prendre connaissance des conditions de la paix. J'envoie mon chevalier messire Jean pour que tu lui remettes la forteresse.» Le roi expédia aussi des garnisons pour remplacer celles qui gardaient les autres forteresses. Le prince, voyant la lettre royale, se rendit à Leucosie. Le roi lui montra les conventions, en lui disant «que les Génois exigeaient de lui des garants pour les neuf cent mille ducats, qu'ils garderaient Famagouste avec les chevaliers jusqu'à l'entier acquittement de la dette, et qu'ils demandaient encore son oncle le connétable; et ils ajoutaient que, si ce dernier ne consentait pas à se porter garant, ils lui enlèveraient ses villages et les donneraient à un autre.» Le prince, voyant que les Génois ne voulaient pas partir sans prendre des garants, envoya de son propre mouvement ses deux fils, Jacques de Lusignan comte de Tripoli, son fils légitime, et messire Jean de Lusignan, son fils naturel. Ce dernier avait pour mère dame Alice de Giblet, femme de messire Philippe de Cos, et, afin que ce Philippe ne comprît pas que l'enfant était le bâtard du prince, celui-ci lui avait donné le nom de Jeannot, son propre nom. Après la mort du susdit Philippe on apprit que l'enfant était le fils du prince, dans la maison duquel il demeurait avec cette qualification. Les Génois demandèrent la princesse qu'ils conduisirent à Famagouste.

Quand sire Montolif de Verny revint à Cérines, il remit au connétable le sauf-conduit et la lettre de change du roi, en lui disant qu'on avait juré devant le roi et qu'on allait préparer la galère royale qui devait conduire le connétable. Quand les Cériniotes apprirent que ce dernier allait être exilé de Chypre, de combien de pleurs et d'affliction ils furent remplis! Mais ce fut en vain, car les choses étaient déjà terminées. Ils se repentirent d'avoir conclu la paix. Ils avaient cependant de bons motifs pour la faire. D'abord, quand les ambassadeurs arrivèrent à Cérines, le connétable, pour faire un bon accueil à ces grands seigneurs, les garda chez lui pendant quinze jours; il fit moudre tout le blé qui se trouvait dans la forteresse et le distribua aux boulangers qui, fabriquant du pain, le vendaient à bon compte au marché, afin que les ambassadeurs, voyant que la forteresse avait suffisamment de pain, fissent lever le camp et s'en allassent. Au moment où les ambassadeurs se disposaient à quitter Cérines, le connétable leur donna deux charges de pain à emporter avec eux. Cela tourna à bien, car ces derniers ainsi trompés dirent : «Lors même que nous resterions ici neuf ans, nous ne ferions rien.» On fit lever le camp immédiatement. Il est vrai que le connétable avait été trompé par Montolif de Verny. Il l'avait envoyé acheter du blé pour la forteresse; mais celui-ci, par avarice, garda l'argent et la forteresse resta vide, comme je l'ai dit plus haut. Puissent les avares ne pas naître, parce que la rage de l'avarice rend les hommes pires que des démons! Le connétable croyait que la forteresse avait du blé pour un an; elle n'en avait pas même pour six mois, et sans le blé apporté par les bourgeois et sans celui que la reine avait acheté, les Bulgares s'en seraient allés et la forteresse se serait rendue; et tout cela pour que le misérable chevalier augmentât sa fortune de cinq cents hyperpères. Il est vrai qu'avant l'arrivée des Génois on apportait du blé chaque jour, mais lorsque le camp de siège fut mis, personne n'osa plus sortir; le bétail même qui restait dehors fut pris par les Génois. C'est ainsi qu'ils furent réduits à toute extrémité, mais Dieu leur vint en aide.

 Bientôt parut à Cérines la galère royale sur laquelle le connétable allait s'embarquer avec sa femme, sa fille et toute sa suite. Avant de partir, il avait envoyé partout pour trouver de quoi approvisionner la forteresse de Cérines, qu'il aimait beaucoup, dans la crainte que les Génois ne vinssent à la surprendre. Pour la seconde fois, il mit sire Léon d'Antiaume en mesure de jurer avec tous les guerriers qu'ils ne rendraient la forteresse qu'au roi ou d'après ses ordres, mais non aux Génois. Lors même que le roi leur commanderait de la rendre à ces derniers, ils n'exécuteraient point son ordre, certains qu'un pareil ordre ne pourrait être donné que par peur.

Le connétable monta sur la galère. A peine eut-elle mis à la voile que deux galères génoises apparurent et vinrent l'accompagner. Voyant qu'il était tombé entre leurs mains, il manda les huit patrons auxquels il dit : «Seigneurs, sont-ce là vos promesses et vos serments? Gloire à Dieu! Nous ne sommes pas encore sortis de Chypre et déjà vos galères me surveillent!» Les patrons, en hommes prudents et rusés, répondirent : «Seigneur, il a semblé aux patrons et aux autres seigneurs qu'il serait honteux de laisser un seigneur tel que toi, descendant de sang royal, aller tout seul. C'est pour cela qu'ils ont jugé convenable de les envoyer pour t'accompagner.» Alors les deux galères s'approchèrent de la galère royale et saluèrent le connétable. Les deux patrons, nommés Antonio de la Turno et Antonio Scarzafugho, lui dirent : «Seigneur, n'aie aucun soupçon, nous t'accompagnerons jusqu'à l'endroit où tu mettras pied à terre, et alors nous nous séparerons pour continuer notre chemin.» Le connétable, qui connaissait bien les Génois, n'osa pas leur dire des injures, il feignit au contraire de les remercier, parce que, suivant le proverbe, «Le puissant me tient et l'homme faible me bat». Quand la galère royale aborda à Rhodes, elle entra dans le port de Mandraki et les frères chevaliers descendirent pour le recevoir avec honneur. Quatre jours après, les mêmes frères vinrent prier le connétable, qui restait hors de la forteresse, d'y entrer, en lui disant : «Seigneur connétable, c'est une grande honte pour nous que tu sois logé hors de la forteresse, daigne y venir et croire qu'elle t'appartient aussi bien que Cérines. D'ailleurs nous avons peur que tes ennemis s'en emparent et il ne nous semble pas juste que tu nous sois enlevé. Nous te prions donc d'entrer dans la forteresse où tu seras en sûreté mieux que partout ailleurs, et nous te servirons dans tous tes besoins.» Le connétable les remercia et se transporta à la forteresse, mais à l'entrée du port sa fille tomba malade. Alors les patrons des deux galères vinrent et lui dirent : «Seigneur, il est temps de monter sur ta galère et de continuer ton voyage.» Le connétable, voyant qu'il se trouvait dans leurs mains, leur répondit avec humilité et courtoisie : «Dieu sait que je désire vivement achever ce voyage, mais ma fille unique est dangereusement malade, et je n'ose pas la transporter dans la crainte de causer sa mort; je resterai ici jusqu'à sa guérison. Cependant, si vous voulez vous en aller, partez heureusement; je vous remercie de m'avoir accompagné.» Ceux-ci répliquèrent: «Nous avons promis de t'accompagner jusqu'où tu voudras.» Le connétable les remercia une seconde fois et les salua. Les Génois allèrent trouver le lieutenant qui gouvernait Rhodes au nom du grand-maître; ce dernier était absent, il était auprès du Pape[1] et avait été remplacé par le maréchal de Rhodes, le même qui auparavant avait visité Chypre. Ils le menacèrent en protestant : «Nous te rendrons responsable de tous les dommages que nous subirons pendant les journées que nous passerons ici à cause du connétable. Nous te prévenons donc que, si tu veux rester notre ami, tu dois lui commander de quitter le pays, pour que nous-mêmes nous puissions continuer notre chemin; autrement nous t'assurons que nous nous mettrons sur le pied de

---

[1] Ou en France, suivant le manuscrit d'Oxford.

guerre et que c'est vous qui nous indemniserez.» Pendant ces pourparlers, la fille du connétable, âgée de deux ans, mourut. Son père et sa mère en éprouvèrent une grande douleur. Les frères de Rhodes furent saisis de frayeur à cause des Génois dont ils connaissaient l'orgueil, et parce qu'ils se rappelaient les maux qu'ils avaient faits à Chypre. Ils mandèrent au connétable de partir, parce qu'ils ne pouvaient pas résister aux Génois, ces mauvais Chrétiens, ces instruments du diable; ils ne voulaient pas s'exposer à des dangers à cause de lui. Le connétable leur répondit : «Seigneurs, je vous prie de me recommander à votre lieutenant et à tous les autres seigneurs, en leur disant de ma part: «Sont-ce là les promesses que vous m'avez faites quand je suis venu ici? Ne sont-ils pas obligés de défendre les pauvres contre les voleurs et les faibles contre les forts? Moi, je suis le fils de ce bon roi Hugues qui vous aimait tant. Vos biens se trouvent dans Chypre; vous nous avez prêté serment et maintenant vous voulez me livrer aux mains de mes ennemis. J'éprouvai une grande joie en arrivant dans votre pays pour trouver un refuge et en croyant que Rhodes n'est pas inférieure à ma propre maison, et je rendis grâce à Dieu qui m'avait mis en si bonnes mains. Vous ne voulez pas avoir pitié de moi et me prendre sous votre protection, et par peur des infidèles Génois vous me refusez le secours que votre ordre vous prescrit. Je prie ardemment Dieu et vous de me mettre dans une tour et de me laisser là jusqu'à ce que cette race infidèle s'en aille d'ici. Vous me laisserez ensuite aller à Rome pour exécuter l'ordre de mon roi. Si vous ne voulez pas faire cela, je vous prie alors d'armer une de vos galères pour m'accompagner dans mon voyage jusqu'à Rome. En agissant ainsi, vous me causerez un vif plaisir, car vous montrerez votre bonne courtoisie envers les amis et les bons sentiments que vous avez pour Chypre.» Les frères retournèrent auprès du maréchal-lieutenant et des premiers conseillers pour leur rapporter le discours du connétable; ils décidèrent de le secourir et de l'accompagner jusqu'à Venise.

Les jours succédaient ainsi aux jours. Treize jours après l'arrivée de la galère du connétable au port de Mandraki, apparurent dix autres galères génoises sur lesquelles se trouvaient les chevaliers chypriotes que nous nommerons tout à l'heure et les biens enlevés de Chypre. Elles rencontrèrent à Rhodes les deux galères et celle du roi. L'amiral et les autres chevaliers se fâchèrent en voyant que les deux patrons étaient restés à Rhodes pendant tout ce temps-là. Ceux-ci répondirent : «Seigneur, ne te fâche pas contre nous; ce sont les Rhodiens qui retiennent le connétable, et qui, en ne nous le rendant pas, nous empêchent de partir.» On manda à tous les frères qu'ils eussent à renvoyer le connétable s'ils ne voulaient pas se trouver en danger. Alors le lieutenant du grand maître, tous les conseillers et tous les habitants de l'île furent saisis d'effroi et firent dire au connétable : «Au nom de Dieu, sors d'ici pour aller dans leur compagnie; si tu veux que nous te donnions une de nos galères pour t'accompagner, nous sommes à tes ordres.» Le connétable qui, en homme sage qu'il était, comprenait que deux galères ne pouvaient rien faire contre les douze en question, répondit humblement et avec émotion:

« Chers frères chrétiens, protecteurs des faibles, il est temps de me secourir en me sauvant des mains des Génois ; je suis venu chez vous comme un homme au désespoir et vous m'avez promis de me conduire à Venise à mes frais. » En parlant ainsi, il remplit un mouchoir de larmes. Les frères revinrent auprès du lieutenant du grand maître pour lui rapporter les paroles du connétable. Celui-ci fut très affligé, mais il ne pouvait rien faire. On publia alors dans la ville de Rhodes qu'il n'était permis à personne de vendre ses armes et que tous les Chypriotes qui se trouvaient à Rhodes devaient, sous peine de mort, quitter l'île dans le délai de trois jours. On mit une garde pour surveiller la porte du logement du connétable. Le soir[1] le lieutenant du grand maître, accompagné des premiers dignitaires, allèrent dire au connétable : « Bon seigneur, nous te prions de partir d'ici ; le danger qui nous menace est très grand et peut nous occasionner des malheurs irréparables. Il nous paraît donc juste que tu sortes et que tu continues ta route. Si, à l'aide de douces paroles, tu peux persuader à l'amiral de partir avec ses galères et de te laisser, nous ferons tout ce que nous pourrons pour toi, en mettant à ton service nos propres personnes. » Il les remercia, en leur disant : « Dites, je vous prie, à l'amiral qu'il m'envoie quelqu'un pour que je lui parle. » Ils transmirent le désir du connétable à l'amiral qui, l'ayant appris, lui envoya quatre chevaliers pour s'entretenir avec lui. Ceux-ci lui annoncèrent les nouvelles de Chypre. Ils lui dirent que les Génois avaient voulu tuer la reine à cause de l'infidélité qu'elle leur avait faite et qu'elle

---

[1] Ou le matin, suivant le manuscrit d'Oxford.

avait eu de la peine à se sauver. Le connétable leur dit: «Seigneurs, pourquoi ne me laissez-vous pas aller mon chemin? Vous m'avez fait des promesses par écrit, vous m'avez donné un sauf-conduit, et tout cela n'est que mensonge. Est-il possible d'ajouter foi à vos paroles et à vos serments?» Ils lui répondirent : «Vois combien notre parole et nos serments sont sûrs et solides. Sache que nous avons juré à ton frère le prince et à la reine qu'ils pouvaient venir, l'un de Saint-Hilarion et l'autre de Cérines; bien loin de leur faire aucun mal, nous les avons réconciliés, et ils nous ont remerciés. N'est-ce pas suffisant pour que chacun nous considère comme de justes et fidèles Chrétiens? Nous te promettons, au nom des sept mystères de l'Église et sur les Saints-Évangiles que nous t'accompagnerons où tu voudras aller et que ta vie, comme celle de ta suite, et tes biens seront en sûreté.» Le connétable, entendant ces bonnes paroles et leurs promesses, voyant d'ailleurs qu'il était entre leurs mains et qu'il ne pouvait pas s'en tirer facilement, se dit en lui-même «de deux maux il faut choisir le moindre», et consentit à aller avec eux. Les frères le livrèrent aux Génois et ils partirent.

Laissons maintenant ce dernier et racontons la sortie de l'amiral. Après le départ de l'amiral, les quinze jours stipulés étant passés, les patrons armèrent dix galères le dernier jour d'Avril 1374. Outre la chiourme, ces galères portaient ces chevaliers pris en Chypre comme ôtages pour les neuf cent mille ducats d'or. Le premier de ces ôtages était Jacques de Lusignan, fils du prince comte de Tripoli, Janot de Lusignan, son frère bâtard (sire de Beyrouth), sire Arnaud de Soissons, sire Jean de Giblet, sire Raymond le Vicomte, Odet de Mimars, maréchal de Chypre, sire Pierre Lases, sire Badin de Norès, sire Guillaume de La Baume, sire Simon de Montolif, sire Pierre de Flourin, sire Jacques Penefi, sire Philippe Costa, sire Amaury de Plessie, sire Pierre de Montolif, sire Nicolas de Montgezart, sire Thomas de Bon, sire Gautier de Norès, sire Jacques de Navarre, sire Jean de Limnat, sire Jacques Le Buffle le Tzasoulas, sire Amaury Le Moine, sire Amaury de Montolif, sire Amaury de Oliva, sire Guy Protot, sire Guy de la Collé, sire Jean de Salases, sire Badin de la Collie, sire Amaury Ysaq, Jacques de Montgezart, sire Guillaume de Gaurel, sire Pierre de Cafran, sire Jean de Mimars, sire Renaud de Lenseigny, sire Pierre de Limnat, sire Guillaume Fort, sire Egrime vicomte de Famagouste, sire Henri de Limnat, sire André de la Collie, sire Priam de Montolif, sire Hugues de Montolif, outre ceux qu'ils avaient envoyés dans les prisons de Chio, c'est-à-dire Jean de Morpho comte de Rochas, sire Raymond Babin, sire Jean Babin le fils du sire Guy, sire Pierrot Russian, sire Jean Babin le fils de Resia, le fils de sire Philippe Provost, sire Pierre de Conches, sire Jean Babin le fils du sire Ramond, sire Nicolas d'Ibelin. Ils avaient aussi pris les jeunes garçons dont les noms suivent, pour les marier avec leurs filles, savoir Janot de Norès pour en faire le gendre de l'amiral de Gênes sire Pierre de Campo Frégoso, Louis Le Vicomte comme gendre de sire Ticio Simbo. Il y avait aussi d'autres chevaliers qui inconsolables allaient d'eux-mêmes à Gênes. Après le départ de ces derniers, le roi supprima les revenus de ceux qui étaient coupables du meurtre de son père; si, par hasard, l'un d'eux retournait, il était chassé et exilé. En voici les noms : sire Thomas de Morpho, fils du comte de Rochas, sire Arnaud de Mimars, sire Guillaume de Montolif le Jeune, sire Philippe de Mouflé, sire Philippe de Soissons, sire Eustache Le Petit, sire Raymond Candoufle, sire Guy Malembec, sire Thomas Amar, sire François Camerdas.

Les sept galères génoises étaient arrivées à Chypre le samedi 30 avril 1373; elles partirent le même jour du même mois (de l'année suivante), c'est-à-dire après avoir, pendant un an, causé beaucoup de malheurs dans Chypre.

Reprenons notre récit. Le connétable, voyant le scandale que les Génois avaient fait à Rhodes, descendit le samedi 3 juin 1374, accompagné de sa femme et de sa suite, avec leurs biens, et ils s'embarquèrent sur leur galère au point du jour. Les patrons lui dirent : « Il est nécessaire que tu nous accompagnes à Gênes pour confirmer la paix; nous te promettons qu'après avoir passé l'été avec nous, tu iras trouver le roi de France. » Ils confirmèrent leurs nouvelles promesses par des actes rédigés devant notaire; mais cela ne lui servit à rien. Le connétable comprenait que tous les écrits qui lui promettaient de le laisser partir n'avaient aucune valeur; mais il n'y pouvait rien.

Les frères de Rhodes et les conseillers se repentirent beaucoup d'avoir mis le connétable entre les mains des infidèles Génois; ils craignaient surtout que le roi ne séquestrât les villages de la commanderie qu'ils possédaient en Chypre. Cependant les pauvres Chypriotes, qui souffraient beaucoup et avec patience, abandonnant le soin de les venger à la justice de Dieu, et qui se contentaient d'être les maîtres des pauvres parèques et des esclaves, ne montrèrent nullement qu'ils étaient fâchés de la conduite des Rhodiens. Les infidèles Génois, après avoir juré pour la seconde fois sur le corps et sur le sang de Notre Seigneur et trois fois sur les Saints-Évangiles de ne causer aucun mal au connétable et de ne pas l'empêcher de continuer son voyage, après lui avoir fourni les deux sauf-conduits, les trois écrits notariés et les accords de la paix, annulèrent tout cela et conduisirent le connétable à Gênes. Ils le jetèrent dans la tour de la prison de Malplaga avec les sept chevaliers de sa suite; les autres chevaliers furent mis dans la tour dite de Gondefra; la femme du connétable madame Héloise de Brunswick avec sa suite fut laissée libre. Celle-ci alla habiter dans la maison d'une dame veuve; elle cousait des chemises et des caleçons, et avec l'argent que lui produisait ce travail, elle trouva le moyen de vivre elle et son mari.

Le connétable, voyant que les Génois, ne tenant aucun compte de leurs faux serments, l'avaient mis en prison, n'osa pas envoyer à Venise pour faire toucher les ducats; il esperait qu'aussitôt qu'il serait délivré de leurs mains, il pourrait y aller en personne. Le roi Pierre, informé que les Génois avaient conduit son oncle en prison et que l'argent n'était pas encore touché, écrivit à Venise que, dans le cas où le connétable enverrait chercher cet argent, on ne lui payât rien, parce que le roi l'avait envoyé au Pape et en France pour ses affaires. Or, comme les Génois l'empêchaient d'aller exécuter ses ordres, le roi n'était plus obligé de lui rien donner, dans la crainte que les Génois ne s'en emparassent.

Le connétable, après être resté quelque temps dans la tour, fut pris d'ennui et médita avec de bons amis génois sur les moyens de s'évader; craignant que, s'il se sauvait, les Génois n'arrêtassent sa femme, ils l'envoyèrent en Lombardie. On lui permit alors de sortir de prison et de se promener. Mais quelques Génois l'ayant dénoncé comme voulant s'enfuir, on lui fit souffrir beaucoup de tourments. On construisit une cage de fer; il pouvait se promener, mais enfermé, et on le suspendit ainsi avec une chaîne à la tour de Malplaga. Ils firent le serment de ne lui donner que du pain et de l'eau; ils clouèrent une traverse de bois qu'ils mirent à ses pieds et il resta ainsi enfermé jusqu'au carnaval. Ils tinrent ensuite conseil entre eux : «Chevaliers, dirent-ils, cet homme, étant bien élevé, peut mourir, et alors nous perdrons ce que nous attendons de lui.» Tout en se repentant, ils ne voulurent pas briser la cage, mais ils dirent à un Génois nommé de Bagi de demander à la commune la faveur de lui fournir lui-même le pain et l'eau. La demande de Bagi fut accueillie et on recommanda aux gardiens de ne permettre à aucun autre de donner le pain et l'eau au prisonnier. Ce Génois préparait chaque jour une poule rôtie ou bouillie, la partageait en deux et remplissait de pain cette poule ou de la viande de chevreau ou autre; pendant le carême, il faisait de même avec du poisson ou autre chose; et il mêlait du vin avec l'eau. La femme du connétable, ayant appris que son mari endurait ces maux à cause d'elle, retourna à Gênes; on fit aussitôt sortir le connétable de la cage et on le mit dans la tour avec sa femme.

Sachez encore que plusieurs chevaliers trouvèrent le moyen de s'échapper. C'étaient : Hugues de Mimars, amiral de Chypre, sire Badin de Norès, sire Odet de Soissons, sire Philippe de Soissons, sire Pierre Lases, Jean Babin, sire Thomas de Bon, sire Pierre de Cafran, sire Guy le Vicomte, sire Renaud le Vicomte son frère, sire Jean de Mimars avec ses deux fils sire Pierre et sire Henri, sire Guy de La Baume, sire Philippe Costa, sire Amaury de Plessie, sire Hugues de Candoufle. Tous ces seigneurs formèrent le complot de prendre avec eux tous les chevaliers et de s'évader. Après s'être entendus entre eux, ils nolisèrent des galères pour se faire transporter à Chypre. Tout cela est raconté dans le livre écrit par sire Jean de Mimars. Ayant été trahis par sire Amaury Le Moine, les Génois les arrêtèrent aussitôt, et les mettant en prison, les surveillèrent avec de grandes précautions jusqu'au moment où ils furent délivrés par la grâce de Dieu.

Je vous dirai comment Dieu venge les faibles. Les Génois, avant de quitter Chypre, avaient envoyé à Gênes tous les biens ravis aux pauvres et aux riches des villages, de Leucosie et de Famagouste. Le 5 décembre 1373, la veille de Saint-Nicolas, il s'éleva une grande tempête; les six galères se brisèrent à Sainte-Napa, tous les hommes se noyèrent et les biens allèrent au fond de la mer; personne ne fut sauvé, parce que le pays était plein de rochers. Telle fut la punition de ces injustices! Les deux autres galères arrivèrent à Gênes.

Avant de quitter Chypre, les Génois laissèrent un capitaine avec de nombreux soldats pour gouverner Famagouste; ils lui commandèrent de demander au roi chaque veille de Noël cent mille ducats, suivant les articles de la paix. Il se passa quelque temps sans que ce capitaine pût rien recevoir.

La reine désirait tuer le prince, son beau-frère, qui se trouvait à Saint-Hilarion en compagnie d'un grand nombre de Bulgares. Avant de quitter Cérines, elle lui manda de venir avec une armée nombreuse; ce dernier, craignant d'être pris pendant son passage, fit dire une messe, pendant laquelle tous les deux jurèrent sur le corps de Jésus-Christ de conserver la paix. Il retourna ensuite à Saint-Hilarion, accompagné par la reine jusqu'au Pas, où ils se séparèrent; la reine alla à Leucosie et le prince rentra à Saint-Hilarion avec son armée. Quand la reine arriva à Leucosie, elle lui envoya cette lettre : «Mon cher frère, défie-toi des Bulgares qui ont formé le complot de te tuer et de s'emparer de Saint-Hilarion; prends tes précautions; c'est à cause de l'affection que je te porte que je te donne cet avis.» Le bon seigneur, ajoutant foi à la lettre de son ennemie, qui empoisonnait d'une manière pire que le poison, avait commis un grand crime en faisant périr injustement tant d'âmes innocentes. Or, le prince, après avoir lu cette lettre, monta à la citadelle supérieure de la forteresse, où il appela les Bulgares un à un et il les fit précipiter en bas par la fenêtre; la hauteur en étant si considérable, qu'ils se tuaient.

312 Par la grâce de Dieu, le dernier de ces misérables, ayant été sauvé, alla raconter comment ses compagnons avaient été tués; il a vécu encore longtemps après cet évènement.

Le prince, ayant reçu une seconde lettre et croyant que le cœur de la reine était lié par le serment, quitta Saint-Hilarion et vint à Leucosie. Cependant la reine très irritée contre lui cherchait le moyen de s'en emparer et de lui donner la mort. Elle excitait son fils à le tuer comme coupable de la mort de son père. Après le dîner, le roi fit dire à son oncle de venir auprès de lui. On avait caché derrière dans les voûtes sire François Tamachi Génois qui était resté à Chypre au service du roi, et sire Frasses Saturno Catalan et Louis Pons, serviteurs du roi, avec d'autres Napolitains, Lombards et chevaliers chypriotes. Comme le prince après avoir reçu l'ordre royal se disposait à monter à cheval, les serviteurs qui l'aimaient, lui dirent : «N'y va pas, on va te tuer.» Il ne tint pas compte de cet avertissement et alla jusqu'au perron; là on lui renouvela le même conseil. Il ne voulut pas y croire en disant : «On se joue donc des serments!» A peine avait-il mis les pieds dans les étriers, que son cheval fit un faux pas et tomba. Il se rendit néanmoins à la cour. Avant qu'il descendit, les chevaliers lui firent signe de retourner. Il ne voulut pas se rendre à ce dernier avertissement, afin que le destin s'accomplît. Après être descendu de cheval, il entra dans la chambre couverte de tapis d'or et qu'on nommait *Chambre de Paris*. Là il trouva le roi et la reine assis sur le canapé; il les salua, ainsi que ses parents. La table était servie. La reine dit au prince: «Seigneur frère, viens manger avec nous.» Celui-ci, pour ne montrer aucune rancune, répondit : «A vos ordres.» On se mit à table. La reine était convenue d'un signal. Au moment où elle lèverait son mouchoir, on lui apporterait sur un plateau l'habit que son mari portait quand il fut tué. Elle avait dit aux assassins : «Au moment où je montrerai l'habit, soyez prêts à le tuer.» Ainsi fut fait. Le prince restait à table, le cœur oppressé. On lui dit : «Seigneur, mange.» Il répondit : «Mon cœur, mon cœur! je ne sais pourquoi il est oppressé; je ne sais ce que j'ai.» Quand ils eurent fini de manger, on apporta l'habit à la table; la reine dit : «Seigneur prince, à qui appartenait cet habit?»

Aussitôt les assassins se précipitèrent sur le bon prince et l'égorgèrent dans la même chambre où le roi Pierre avait été tué. On pleura beaucoup; tout le monde s'affligea à cause de sa mort. On le transporta ainsi massacré et on l'enterra à Saint-Dominique. Le même jour, le roi donna à sire Nicolas Zacharia le Vénitien le village de Paléomassara pour lui et ses enfants. Après l'arrivée au trône du roi Jacques cette gratification fut annulée avec les autres, parce que le roi Pierre n'avait pas encore accompli ses vingt-cinq ans. On avait fait une assise d'après laquelle toute donation faite par le roi Pierre avant l'accomplissement de ses vingt-cinq ans serait annulée. C'est pour cela que Paléomassara fut enlevé à Nicolas. Ce Nicolas, devenu maréchal, ne recevait de cadeau de personne, tant que l'affaire pour laquelle le cadeau était offert n'était pas terminée; s'il en recevait un auparavant, il le rendait en cas d'insuccès. Il a fait beaucoup de bien.

A cette époque, il y avait un jeune homme, le plus sage de tous les chevaliers, nommé Thibat[1], fils de sire Jean

---

[1] Ὑπάτιος dans Machéras. C'est la première fois que ce Grec francisé est appelé Hypatios; il porte toujours le nom français Thibat.

Belpharage, le riche frère prieur. Thibat, voyant que les Famagoustains entraient à Leucosie et les Leucosiotes à Famagouste, sentit son cœur fortifié par un souffle divin, en songeant que les Génois pouvaient faire du mal à Leucosie, maintenant qu'ils étaient débarrassés du prince et qu'ils avaient mis la main sur le connétable. Ce Thibat pensait que les Génois se repentaient d'avoir laissé l'île et qu'ils pouvaient y revenir. Tourmenté par ces pensées, il se décida à aller à Venise et à recruter à ses frais une armée avec laquelle il surveillerait le royaume, et, si Dieu le permettait, il enlèverait Famagouste aux mains des Génois. Après avoir bien arrêté son plan, il l'exposa au roi en le conjurant de n'en pas souffler mot, dans la crainte qu'il ne réussît pas. Le roi lui adressa beaucoup de questions et, à la fin, lui dit : « Les Vénitiens m'ont promis de me prêter tout l'argent qu'il me faudrait pour chasser les Génois. Je te donnerai des lettres, et dans le cas où ton argent ne suffirait pas, empruntes en mon nom. Fais ce que tu jugeras le meilleur et je promets de te récompenser.» Le roi écrivit alors la lettre suivante à Venise : «Mes illustres frères, j'envoie à votre seigneurie mon cher lige Thibat Belpharage; s'il a besoin de quelque chose pour notre compte, donnez-le lui en prenant un reçu de sa main; nous promettons de le rembourser intégralement.» Puis il lui dit : »Puisque Dieu a mis dans ta tête un pareil projet, va et hâte-toi de revenir.» Il prit beaucoup d'argent et se rendit à Venise.

Les Génois, en hommes cruels et n'aimant autre chose que l'argent, commencèrent à murmurer dans Famagouste qu'il était temps d'aller trouver le roi pour lui demander les cent mille ducats, suivant les conditions de la paix. « S'il n'a pas de quoi nous payer, ajoutaient-ils, nous protesterons les armes à la main en nous emparant de Leucosie et en prenant possession du roi. » Après avoir arrêté entre eux cette décision, ils dépêchèrent au roi Antoine Canteli qui lui exposa le but de son ambassade. Le roi l'envoya se reposer; il se tourmentait à l'idée de ce qu'il allait faire et répondre.

Je m'arrête pour vous raconter ce que fit Thibat. Il alla à Venise et enrôla huit cents hommes d'armes qui pouvaient être regardés comme les plus valeureux guerriers du monde; ils étaient Lombards, Allemands, Chouri, Savoyards, Italiens, Crétois et Anglais de choix. Il acheta pour les embarquer un puissant vaisseau, et, se mettant à leur tête, il se dirigea sur Chypre. Les Génois, en ayant été informés, armèrent deux galères et sortirent pour leur donner la chasse. Le proverbe dit : « L'homme pense et Dieu dispose. » Dieu voulut venir en aide au malheureux royaume de Chypre, parce que, suivant l'Écriture, « celui qui punit, guérit aussi ». Sire Thibat apprit par un ami de confiance les intentions des Génois. Cet ami lui dit : « Prends garde de tomber dans les mains de tes ennemis les Génois. » Voici les précautions qu'il prit. Il fit fabriquer quatre cents chardons et quatre cents planches qui avaient quatre mille clous pointus et limés avec des crochets, pour qu'ils pussent entrer facilement et sortir difficilement, quatre cents tonneaux pleins de chaux vive et quatre cents pieux de fer. Il indiqua à chacun des soldats ce qu'il avait à faire, en leur disant: «Aussitôt que les galères ennemies auront découvert notre vaisseau, tournez la proue contre eux.» Thibat, en sage guerrier, leur commanda de cacher les armes sous la passerelle, pour qu'elles ne fussent pas vues; la plus grande partie de l'armée se cacherait même sous le pont, en feignant d'être pris de peur. Le camp seul resterait sur le pont pour gouverner le vaisseau. Enfin il commanda que personne ne bougeât sans son ordre. Quand les Génois approchèrent, il commanda immédiatement de préparer les chardons et les planches depuis le mât jusqu'à la proue; sur les deux côtés du vaisseau se rangèrent les hommes portant les tonneaux de chaux. Les galères, voyant peu de monde sur le vaisseau, prirent courage : «Avant de combattre, disaient-ils, nous les ferons prisonniers.» Les deux galères s'en approchèrent l'une d'un côté, l'autre de l'autre. Cent hommes de chacune d'elles, s'étant précipités, furent cloués. Les autres commencèrent à combattre; mais ils furent aveuglés par la chaux. Alors les guerriers sortirent et tuèrent ceux qui restaient. Les vivants se rendirent à sire Thibat qui les mit aux fers sur son vaisseau. Il plaça des hommes sur chacune des galères pour les gouverner. Il arriva ainsi à Paphos.

Racontons maintenant ce que fit Thibat le jour même de son arrivée. Le jour même où sire Antoine Canteli était venu à Famagouste pour demander au roi les cent mille ducats, Thibat arriva à Paphos. Il fit venir les conducteurs du bétail royal et leur dit : «Quel est celui de vous qui peut courir le mieux pour porter une lettre au roi avant que le jour arrive? Il obtiendra sa liberté pour récompense.»

Celui qui était le plus près de lui répondit : «Moi, je me charge d'exécuter ton ordre.» Il lui donna la lettre en lui recommandant de ne la remettre qu'entre les mains du roi et de lui demander sa liberté en lui racontant ce qui était arrivé. Avant le point du jour, le paysan était à la porte de la ville ; il cria qu'on lui ouvrît et il se dirigea à la cour royale où il cria de nouveau : «Faites dire à mon seigneur que je lui apporte de bonnes nouvelles.» Dans le même moment arriva Antoine Canteli pour adresser au roi sa réclamation et prendre sa réponse. On dit au roi : «Seigneur, on t'apporte une lettre de Paphos.» Le roi commanda qu'on lui remît la lettre apportée par le berger. Celui-ci ne voulut pas la donner en disant : «On m'a ordonné de ne la remettre qu'au roi et non à un autre, et de le prier de m'affranchir pour les bonnes nouvelles que je lui apporte.» On transmit cette réponse au roi qui le fit introduire auprès de lui et qui se leva pour s'habiller. Au moment où le berger entrait, Antoine Canteli entrait également. Le berger se mit à genoux et dit au roi : «Mon Seigneur, le seigneur sire Thibat se recommande à ta Majesté. Il a amené huit cents bons guerriers ; les Génois ont voulu lui donner la chasse, mais il en a tué une partie, a mis les vivants aux fers et les amène avec les galères dont il s'est emparé. Il recommande à ta Majesté de m'affranchir.» Le roi, rempli de joie, donna l'ordre de l'affranchir. Canteli, informé de ces nouvelles, quitta le roi sans le saluer et retourna à Famagouste. Dès ce moment, les portes de Famagouste furent fermées. Cela se passait en 1375.

Indépendamment des chevaliers qui avaient été conduits

dans les prisons de Chio et à Gênes, il y avait alors à Chypre ceux dont les noms suivent : Sire Jean de Brie, sire Jean de Neuville, sire Jean Gorab, sire Thomas Palek, sire Nicolas Mora, sire Nicolas Sunta, sire Ligier Sunta et son frère, sire Léon d'Antiaume, sire Odet de La Baume, sire Pierre Bédouin, surintendant des sacs, sire Jacques Lases, sire Daniel Le Petit, sire Guillaume de Cerni, sire Jean de Collie, sire Simon du Four, sire Daniel de Scolar, sire Jean de Poitiers, sire Verni, sire Jean de Finé, sire Jean Babin le Jeune, sire Jean Pounous, sire Balian de La Ville, sire Pierre Pisani, sire Amaury de la Collie, sire Barthélemy Mahio le Vicomte, sire Balian de Soissons, Jacques Zapp, sire Raymond Babin, sire Thomas Mahé, Jacques d'Antioche, sire André Legos, sire Nicolas Clorissa, sire Jean Protot, sire André Daparié, sire Nicolas Daparié, sire Jean Bédouin, Vidal Suar, Marcé Rosé, sire Jean Bédouin de la Chaîne l'Ardrette, sire Jean Provost le Grand, sire Jean de Pie, sire Georges Monomaque, sire Jean Lascaris, sire Dame de Collie, sire Jean de Finiou, sire Jean de Viliers, sire Pierre de Bon, sire Thomas Provost et Practoras. Ce dernier, se trouvant à Leucosie au commencement de la guerre, n'était pas retourné à Famagouste. Sa femme, sœur de sire Jean Sozomène et sa fille, madame Euphémie, qui se maria après avec sire Jean de Pac, et ses deux fils Georges et Badin, étaient restés à Famagouste où Practoras demeurait. Quelque temps après, pendant le siège, Georges s'était échappé et était venu à Leucosie. L'autre fils de Practoras, nommé Nicolas[1], prit dans sa maison Marie de Pissologos,

---

[1] Plus haut, il nomme ce fils Badin. Tout ce passage est tronqué. On ne

laquelle avait un fils nommé Simonin; ce dernier qui se prétendait fils de Haréri, n'était, selon moi, que le fils de sire Nicolas Pili. Quelque temps après, la femme de ce Practoras sortit de Famagouste et vint à Leucosie, en amenant avec elle sa fille Euphémie et Hypatius[1]. Elle était sortie de Famagouste quand les Génois, en prévision du siège, avaient engagé à sortir de la ville tous ceux qui dépensaient inutilement du pain. Pendant qu'elle était à Leucosie, elle eut deux autres fils, Léonce et Pierre. Sa fille Euphémie, mariée avec sire Jean de Pac, eut deux fils, Nicolas et Jacques, auxquels Dieu veuille donner une longue vie!

Quand Thibat fut arrivé avec ses huit cents guerriers, le roi lui commanda de marcher contre Famagouste pour l'assiéger. Il s'y rassembla des hommes à cheval et à pied, arbalétriers et stradiotes, commandés par le seigneur Alexis le Crétois, l'Allemand sire Conrad Conzémat et Michel le Hongrois. Il arriva aussi de nombreux guerriers, chevaliers et archers[2]...... Après avoir conquis la faveur du roi, sire Thibat le turcoplier désira augmenter ses richesses par l'acquisition du village d'Eglia; il eut beaucoup de peine à l'obtenir. Ayant peu de confiance dans l'amitié du roi, il désirait aussi posséder la forteresse de Gorhigos pour y trouver un asyle en cas de persécution. Le roi promit de lui donner Eglia comme étant voisine du village de Petra qui appartenait à Thibat; quant à la concession de Gorhigos, le

s'explique pas pourquoi Machéras donne tous ces détails sur la famille de Practoras, à moins que ce chevalier chypriote n'ait joué quelque rôle dans les événements d'alors, ce que ne dit pas le passage très altéré.

[1] Même confusion; c'est la première fois qu'est cité cet Hypatius. —
[2] Il y a ici probablement une lacune.

roi y trouvait quelque difficulté. Sire Thibat ne voulait pas prendre Eglia, s'il n'obtenait pas en même temps Gorhigos. Se croyant déjà seigneur de cette dernière forteresse, il fit battre de la monnaie qu'il appela Couria. Un jour, le roi demanda conseil à son maître Philippe, prêtre du rit latin, fils d'une nonne grecque qui était cousine de mon père Stavrinos Machéras, en lui disant : «Tu vois que Thibat veut me forcer à lui donner la forteresse de Gorhigos, et, comme je n'y consens pas, il se montre fâché. Il m'a rendu de grands services et il demande sa récompense; c'est pour cela que je lui accorde le village d'Eglia, mais je ne lui céderai pas ma forteresse, je veux la garder pour moi-même. Je ne sais que faire.» Sire Philippe, influencé par d'autres chevaliers qui étaient jaloux de Thibat et murmuraient contre lui, dit au roi : «Seigneur, pour plusieurs raisons il me paraît dangereux que Thibat prenne Gorhigos. Comme il est ton chevalier et turcoplier, il est probable qu'il médite quelque trahison contre toi, et il demande un pays pour se procurer de l'argent. Ensuite, tous les hommes d'armes se trouvent sous sa main. S'il veut prendre le royaume (que Dieu ne le permette jamais!), il peut l'avoir facilement. D'ailleurs tous les seigneurs et barons, voyant qu'il a conquis l'amour et l'estime de ta Majesté, lui sont affectionnés. Pour tous ces motifs il ne me paraît pas bon que tu lui donnes la forteresse. Cependant, ta Majesté est sage; qu'elle fasse ce que Dieu mettra dans ton cœur. Quant à la récompense de ses services, il me semble qu'en recevant Eglia, il se croira bien payé s'il est raisonnable. Il était bourgeois, tu l'as fait chevalier et turcoplier, en lui donnant Trimithia et Petra avec leurs juridictions et d'autres revenus, auxquels tu vas ajouter Eglia.» Le roi se laissa persuader par ces arguments. Il se disait à lui-même : «Dieu sait qu'il n'est pas juste qu'il possède une forteresse près de moi, parce que, quand il voudra, il pourra trouver un prétexte pour se fâcher avec moi, et, devenant mon ennemi, faire la guerre contre mon pays et le piller, et enfin (que Dieu me protège!) il peut m'enlever le royaume. Ou bien encore il peut persuader aux Vénitiens d'envoyer leurs galères à Gorhigos; et alors les Sarrasins y apporteront leurs marchandises et Gorhigos aura les mêmes intérêts que Famagouste, comme cela est arrivé du temps de la régence de mon oncle le prince. C'est pour cela que je ne veux pas la lui donner.» Quelque temps après, Thibat, voyant que le roi ne montrait pas par le moindre signe qu'il voulût lui donner la forteresse, fut pris de mauvaises pensées : «Quelqu'un l'en empêche, disait-il, et j'ai appris que la douane de Gorhigos rapporte trois ou quatre mille ducats par an.» Très préoccupé de cette affaire, il désirait savoir quelle était la personne qui empêchait le roi de lui donner la forteresse; il priait les chevaliers et les aides-de-camp du roi de la lui signaler. Quelques-uns, s'étant trouvés présents pendant que le roi tenait conseil avec sire Philippe le prêtre, lui dirent : «Nous croyons que l'obstacle vient du prêtre sire Philippe, car ces jours passés ce dernier a causé longtemps avec le roi. Cependant, si tu désires savoir exactement quel est celui qui l'influence, demande-le lui, nous verrons quelle est la personne à laquelle il demande conseil et tu le sauras.»

Un jour, le seigneur Alexopoulo, ayant arrêté quelques pauvres Chypriotes, sujets génois, qui s'enfuyaient de Famagouste, les conduisit devant le roi qui en fut ravi. Le turcoplier sire Thibat, croyant le moment opportun, se mit à genoux et lui demanda la forteresse. Le roi était très content d'Alexopoulo, à cause des bons services qu'il lui rendait. C'était un vaillant et très habile guerrier. Le roi, répondant à Thibat, lui dit : «Je te remercie beaucoup; mais il me paraît que je t'ai témoigné ma satisfaction et que tu dois être reconnaissant. Je suis tout disposé à te donner d'autres villages; quant à la forteresse, je ne te la céderai pas. Il faut que tu te contentes de mes largesses. Tu étais bourgeois, je t'ai fait chevalier, en te donnant Trimithia et Petra; je consens à t'accorder Eglia, et je te promets d'autres gratifications. Je t'ai nommé aussi turcoplier de Chypre. Quant à la forteresse, je ne te la donnerai pas, je veux la conserver pour moi-même.» Après dîner, le roi, en causant de cette affaire avec son maître sire Philippe le prêtre, lui dit : «Je ne sais que faire avec le turcoplier qui me presse de lui donner ma forteresse.» Celui-ci répondit : «Je t'ai exposé mon opinion, fais ce que tu voudras.» Vers le soir, on dit à Thibat : «Nous avons entendu le roi se plaindre de vous devant le prêtre sire Philippe qui lui a dit : «Je t'ai exposé mon opinion, fais ce que tu voudras; il n'est pas juste que tu donnes à un chevalier l'œil droit de ton royaume.» Alors sire Thibat entra dans une grande irritation et proféra des menaces contre le prêtre. Alexopoulo étant venu dîner avec lui, il lui raconta ce qui était arrivé. Cet Alexopoulo, comme Crétois, était une mauvaise tête qui, après avoir tué un homme, lui disait : «Je veux te tuer.» Il répondit à Thibat : «Eh! mon cher turcoplier, il n'est pas juste que ton affaire manque à cause de ce tonsuré de prêtre latin. Je l'enverrai demain parmi les saints de Dieu.» Deux autres ajoutèrent : «Nous tuerons demain ce mauvais prêtre.» C'était le lundi de la semaine de Pâques, le 6 avril 1376.

6 avril 1376.

Le prêtre dormit bien. Le lendemain, mardi de Pâques, 7 avril, le pauvre sire Philippe alla à Sainte-Sophie pour l'office; la messe finit tard. Le prêtre monta à cheval et alla voir sa mère qui était religieuse au couvent de Saint-Mamas. Dans son chemin, il rencontra messire Barthélemy Mahès le vicomte qui l'accompagna. Le même jour, le seigneur Alexopoulo et les deux Italiens qui pendant la soirée s'étaient promis de tuer le prêtre, se réunirent à la cour du palais occupé par le turcoplier. Alexopoulo et sire Thibat habitaient ensemble dans des maisons appartenant à sire Jacques de Norès. Ces maisons étaient hypothéquées par les susdits seigneurs pour mille aspres de Chypre prêtés à madame Marguerite de Norès, femme de sire Pierre de Lemente Montolif, seigneur du village Stefano Vatili. Ils montèrent à cheval et allèrent à la rencontre du prêtre. Ce pauvre malheureux, après avoir vu sa mère, retournait chez lui, accompagné de messire Barthélemy qui était son oncle. Quand ils arrivèrent au pont de Saint-Dominique vers Sainte-Barbara, apparurent Thibat, Alexopoulo et les deux autres. A peine Alexopoulo eut-il aperçu le prêtre vers la loge de l'amiral, qu'il courut contre lui; puis vint Thibat et les deux Italiens. Quand Thibat fut près du prêtre, il lui dit : «Sire Philippe, je te regarde comme un ami et tu te conduis en ennemi; ce que je construis, tu le détruis au moyen de tes intrigues.» Celui-ci répondit : «Seigneur, quel homme suis-je moi, pour que je puisse mettre des entraves à tes affaires?» Alexopoulo, irrité, lui donna un coup avec le fourreau du sabre. Le vicomte le défendait au nom du roi. On tira les épées. Les deux Italiens tuèrent le vicomte, tandis que Thibat et Alexopoulo tuaient près de sa maison le prêtre consacré à Dieu; ils retournèrent ensuite dans l'habitation de Thibat. Le roi, à l'annonce de cette nouvelle, eut le soupçon que Thibat, méditant quelque trahison, désirait la forteresse de Gorhigos pour se mettre en sûreté. Il fut très affligé de la mort du prêtre qui était son conseiller intime. Il est vrai que celui-ci n'était pas son confesseur; c'était le frère Pierre de Rome. Le roi éprouva aussi un grand chagrin à cause de la mort du vicomte qui était un bon serviteur. Cependant, l'affection qu'il avait pour Thibat dominait tout autre sentiment et, en même temps, il trouvait un grand secours dans les stradiotes d'Alexopoulo. Partagé ainsi entre des sentiments divers, il ne savait que faire.

Sur ces entrefaites arriva la reine qui haïssait Thibat qui lui avait causé plusieurs chagrins. Ce sire Thibat avait tué un certain nombre d'hommes de sa suite, en leur disant: «Avouez que la reine a voulu empoisonner son fils.» Il avait tué plus de quarante hommes, mais le roi l'aimait tant qu'il n'avait rien dit. Il avait mis à la question Paul Machéras, qui, ne pouvant supporter ces tortures, s'était tué de sa propre main dans sa prison. Thibat avait fait périr près d'une centaine d'autres et avait semé la discorde entre la mère et son fils, au point qu'une nuit elle avait voulu le tuer, mais elle en avait été empêchée. Irritée de tous ces souvenirs, elle alla trouver le roi, et, s'y prenant avec habileté et prudence, elle chercha à savoir l'opinion de son fils, en lui disant : « Mon Seigneur, le scandale qui a lieu est dû au meurtre exécuté par Thibat. Alexopoulo, étranger et sans expérience, a cru qu'en agissant ainsi, il obéissait à ton ordre ; aussi il me paraît juste qu'on lui pardonne, comme à un homme nécessaire à notre armée. » Le roi qui connaissait bien Thibat répondit : « Si Alexopoulo est bon, sire Thibat est très sage et il m'est dévoué ; dans tout le royaume on ne trouverait pas un homme plus prudent. Or, si l'on accorde le pardon à l'un, il faut qu'on l'accorde aussi à l'autre. » La reine qui avait beaucoup de compassion pour Alexopoulo dit : « Il y a entre eux une grande différence, car Alexopoulo est un grand guerrier. » Le roi reprit : « Madame, tu crois donc que j'ai oublié les nombreux services que Thibat m'a rendus ? Sans la victoire qu'il a remportée, j'aurais perdu mon royaume. S'il n'avait amené des hommes d'armes, comment aurions-nous une armée ? C'est lui qui nous a procuré Alexopoulo. Mais tout cela n'est rien auprès de son expérience. Quelle question peut-on lui proposer qui ne mette en relief son habileté ? Tous mes chevaliers ne sont rien auprès de lui, lors même qu'ils voudraient entrer en comparaison ! » La reine, entendant ce discours, comprit que le roi ne voulait pas pardonner à Alexopoulo sans qu'il pardonnât à Thibat ; elle lui dit : « Seigneur, le mal qu'ils ont fait n'a pas assez peu d'importance pour qu'ils méritent leur pardon; ils ont commis une grande violence, ils se sont même rendus coupables de trahison, en tuant le vicomte qui était ton corps (ton représentant) et le prêtre de Dieu. Si on leur pardonne cette fois, ils exécuteront une plus grande trahison; tes chevaliers, les imitant, te causeront beaucoup de mal. Condamne-les donc à une mort cruelle pour que les chevaliers prennent peur et ne te tuent pas un jour, comme ils ont fait pour feu ton père.»

Le roi alors nomma vicomte Jean de Neuville ou de Villeneuve, devant lequel il les cita comme coupables de meurtre et de trahison. On envoya les arrêter tous les quatre pendant la nuit et on les mit en prison. La cour les ayant interrogés, ils avouèrent le mal qu'ils avaient fait. Ils furent déclarés coupables, et on dit au roi : «Nous les abandonnons à ta clémence comme reconnus coupables.» Le roi s'en remit au vicomte et à sa cour pour décider le genre de mort qu'ils méritaient. Les juges arrêtèrent qu'ils seraient mis dans quatre chariots et placés droits sur une poutre clouée sur chaque chariot, les mains liées par derrière, en chemise, sans chaussures et la tête découverte; un sergent assis derrière chacun d'eux les tiendrait par les cheveux. Derrière le chariot un réchaud allumé, sur lequel des tenailles seraient chauffées pour brûler leurs chairs. C'est ce qui fut exécuté. Le crieur proclamait : «Seigneurs, petits et grands, n'essayez pas de faire violence à autrui, ne vous rendez pas coupables de meurtre ou de trahison, parce que voilà comment sont punis de pareils crimes par Dieu et par notre seigneur le roi de Jérusalem et de Chypre, dont Dieu veuille conserver la vie!» Les sergents les déchiraient avec des tenailles enflammées qui mettaient leur chair en lambeaux. Devant se trouvait Thibat le turcoplier, après lui Alexopoulo et, derrière, les deux Italiens. Quand ils arrivèrent à la cour du roi, ils prirent un peu de courage, dans la pensée qu'on leur pardonnerait. En passant auprès des chambres royales, Thibat pria le vicomte de faire arrêter les chariots. Ils jetèrent un grand cri : «Pitié, notre seigneur! Que ta pitié arrive jusqu'à nous et qu'elle pardonne aux coupables!» Alors la reine ouvrit la fenêtre et cria en colère au vicomte : «Emmenez loin d'ici ces assassins et ces traîtres!» Sire Thibat déshonora la reine en lui criant : «Vile courtisane, tu as eu le désir de coucher avec moi et je n'ai pas voulu causer un pareil déshonneur à mon seigneur; c'est pour cela que tu m'infliges une mort aussi cruelle, c'est là l'origine de la haine que j'avais pour toi. Tu fus toujours une méchante femme; tu as causé la mort de ton mari, afin d'épouser le comte de Rochas.»

Sachez par moi que telle est toujours la fin des hommes qui aiment les femmes et ajoutent foi à leurs paroles. Quand une femme aime passionnément, elle cherche toujours à se débarrasser de l'objet de son amour au moyen de philtres, de sorcelleries et autres mauvaises choses; elle simule une fausse affection et à la fin, pour une seule parole, le fait tuer. Les femmes agissent de même que l'ourse. Quand elle est surexcitée par l'amour, elle flatte l'homme ou le mâle, jusqu'à ce qu'elle ait assouvi sa passion; cette passion une fois satisfaite, l'ourse tue l'objet de son amour. L'amour de l'homme est très profond; il aime la femme petit à petit jusqu'à l'accomplissement de l'amour parfait, ou bien il la hait peu à peu jusqu'à l'oublier complètement. L'amour d'une femme n'a qu'un seul degré. Si elle t'aime, elle te causera tous les maux possibles, afin d'être plus aimée, et ces maux, pour la plupart, sont cause de ta mort; si elle te hait, elle aura recours à tous les moyens pour te faire disparaître de la terre.

Conduits ainsi au supplice, on fit passer sept poutres dans le corps de chacun d'eux; puis, arrivés au gibet des Lances, gibet construit par Thibat lui-même, ils y furent pendus le vendredi 10 avril 1376.

10 avril 1376.

Cependant, le roi ne licencia pas l'armée; il nomma un autre capitaine et turcoplier de Chypre, messire Jean de Brie. Sire Thibat avait des choses précieuses à offrir comme cadeaux à la reine Valentine qu'on attendait. Il y avait une belle selle toute couverte de perles et autres objets d'argent et d'or. On les confisqua et on les apporta au roi. Cette triste fin de Thibat arriva parce qu'il avait renoncé à l'espoir en Dieu; se confiant à son esprit et à la faveur du roi, et victime d'illusions mondaines, il avait renié la foi de ses pères pour se faire latin. Il a cru que le dieu des Latins est différent de celui des Grecs. Mais celui qui apprécie ainsi la religion n'est aimé de Dieu, ni dans ce monde, ni dans l'autre. Or, il est nécessaire que personne ne dédaigne la vraie religion. Je ne veux pas, par ces paroles, condamner les Latins, mais je ne vois pas la nécessité qu'un Grec devienne Latin; quand un Chrétien orthodoxe préfère un rit à un autre, il dédaigne l'orthodoxie. Si Thibat d'hérétique était devenu Chrétien, ce serait différent. Les Latins sont apostoliques et les Grecs catholiques.

1377. La reine Valentine arriva en Chypre en 1377; elle avait été mariée au mois de juin de la même année. Elle apporta avec elle de grandes richesses en or, en argent et en vêtements. Depuis le moment où les Latins ont pris possession de Chypre, on n'avait jamais vu de pareilles richesses. Elle était la nièce du seigneur Barnabo, duc de Milan, seigneur très sage qui soumit les Lombards avec une armée nombreuse. La justice de Dieu éclata aussitôt; le démon très rusé sema de la haine entre la belle-fille et la belle-mère. La reine était accompagnée d'hommes très sages et d'honorables demoiselles. L'une de ces dernières, Jeanne de Rauna, avait été mariée avec messire Jean de Soissons; une autre, Jacquemine, avec messire Jean Spinola, le fils de Lucas, qui l'emmena avec lui à Gênes; une autre, nommée Catherine, avec Simon Pilistrin; une autre avec messire Jean de Montolif, seigneur de Vavatzinia, et plusieurs autres. Le roi, voyant que sa femme haïssait sa mère, se rappela les paroles de sire Thibat; il se repentit de l'avoir perdu. Il dit à sa femme : «Madame, on m'a donné à entendre que ma mère cherche à m'empoisonner.» Valentine lui répondit : «Puisqu'elle a blessé ton cœur, pourquoi reste-t-elle ici? Envoie-la à son père en Aragon.» Le roi expédia alors un ambassadeur en Aragon, avec un navire qui devait prendre sa mère. Celle-ci nomma comme bailly de ses villages sire Thomas Chartophylacas. La même reine avait une belle-fille, nommée Marguerite, sœur du roi Pierre; après la mort de son frère, on avait obtenu la permission de la marier avec son cousin germain, le fils du prince d'Antioche, nommé Jacques de Lusignan. Le roi donna l'ordre de prendre sa mère à Cérines pour l'embarquer sur le navire qui devait la conduire dans son pays. Celle-ci resta plusieurs jours à Cérines, bien que le navire fût prêt. En regardant les femmes qui avaient des enfants, elle leur demandait : «Etes-vous contentes de mon fils le roi? Lui et sa femme seront pour vous une mauvaise compagnie. C'est pour cela que je manderai aux Génois de venir occuper le royaume, parce que ce sont des gens riches et qu'ils contenteront tout le monde.» Dans cette pensée, elle écrivait des lettres qu'elle mettait au pied de son lit. Sa femme de chambre, s'en étant aperçue, fit dire au roi: «Viens à l'improviste dans la chambre de ta mère sous prétexte de la voir et mets ta main au pied du lit et lis les lettres que tu y trouveras.» C'est ce qui eut lieu. Quand la reine vit son fils, elle fut fâchée et lui dit : «Que veux-tu pour venir à une pareille heure?» Son fils répondit : «J'ai appris que tu es malade et je suis venu pour te voir.» Pendant qu'il lui parlait, il chercha dans le lit et découvrit les lettres. En les lisant, il fut pris d'une violente haine pour elle. Il voulait la tuer, mais il en fut empêché par sa suite. Il la fit enlever de Chypre. Le 3 septembre 1378 se réunirent à Chypre les seize galères vénitiennes, le vaisseau catalan, les six galères catalanes, avec lesquelles sire Guy de Gunal avait accompagné la reine Valentine, et les trois galères de Zeno qui était entré de force dans le port de Famagouste.

Je vais vous expliquer comment les seize galères vénitiennes se trouvaient à Chypre. Depuis longtemps la guerre existait entre les Génois et les Vénitiens. Les

Génois avaient armé un grand vaisseau nommé Boconiula, qu'on croyait capable d'affronter sans crainte dix-huit galères. Cette nouvelle s'étant répandue partout, de nombreux négociants se réunirent pour le noliser, afin d'envoyer leurs marchandises en Orient; ils s'embarquèrent en effet et se rendirent en Orient. Les Vénitiens, en ayant été informés, armèrent seize galères dont ils donnèrent le commandement à un jeune homme nommé Charles Zeno. Ce dernier, rempli d'audace, se mit à la recherche du navire ennemi, et il arriva à Chypre dans l'espérance de le rencontrer à Famagouste ou dans un autre port de l'île. Le roi avait trois galères équipées, outre les six galères qui étaient venues de Catalogne pour enlever la reine, et six autres encore, très bonnes galères de Catalogne, avec lesquelles sire Guy de Gunal avait accompagné à Chypre la reine Valentine. Il pria Charles Zeno de se mettre à son service et de se tenir dans le port de Famagouste. La haine que ce Vénitien portait aux Génois lui fit accepter l'offre du roi. Ce dernier, ayant reçu son serment et approuvé les conditions de l'arrangement, envoya la paye des seize galères vénitiennes. Zeno captura les galères qu'il rencontra, entra de force dans le port et s'y empara d'un vaisseau que les Génois préparaient pour lui barrer le passage.

Les Génois, voyant le grand nombre des Vénitiens, craignirent que ceux-ci n'enlevassent Famagouste de leurs mains. Ils arrêtèrent en conseil qu'ils rendraient la ville au roi de Chypre et dans cette intention ils lui envoyèrent un ambassadeur. Celui-ci, s'étant mis à cheval, fut rencontré à la porte par un Génois qui lui dit : «Où vas-tu?» L'ambassadeur répondit : «Trouver le roi de Chypre pour lui dire d'envoyer prendre possession de Famagouste, avant que la ville ne soit prise par nos ennemis les Vénitiens; nous sommes assiégés par les armées du roi.» Le Génois reprit : «Ceci n'est pas juste. Vous êtes devenus si lâches que vous ne pouvez combattre même pendant une heure. Vous voulez perdre une si belle ville qui est entre nos mains. Je proteste, et je vous dénoncerai comme des parjures, si vous osez faire une pareille chose. Résistez jusqu'au matin, et si, en effet, le roi envoie ses armées contre la ville, alors vous mettrez votre projet à exécution. Dans le cas contraire, concentrez tous les hommes dans la forteresse de la mer pour combattre, en laissant trois ou quatre hommes pour surveiller les murailles du côté de la terre, et, avec les forces dont la ville dispose, vous serez en état de combattre nos ennemis.» Le conseil plut aux ambassadeurs. On éleva immédiatement quarante parois de bois avec des tours vers la tour du port; à trois heures de jour ces parois furent clouées et préparées. Voyant qu'aucune armée n'arrivait par terre, ils mirent quatorze hommes dans chaque paroi; puis, laissant une seule garde du côté de la terre, tous les autres se concentrèrent dans les parois et dans la tour du côté de la mer. Ils firent une guerre si acharnée aux Vénitiens que ceux-ci, épuisés, sortirent du port, avec plusieurs des leurs morts ou blessés. Après cela, les galères vénitiennes reprirent leur chemin pour l'Occident. Le vaisseau capturé avec les trois galères fut conduit à Cérines.

Vers cette époque, octobre 1380, la reine s'embarqua sur

le vaisseau et alla à Rhodes, accompagnée de deux galères du roi et de la galère catalane. Après y avoir séjourné assez longtemps, elle partit et se rendit avec sa suite en Catalogne.

Les galères (génoises), informées de ce qui s'était passé à Chypre, allèrent à Chioggia et s'en emparèrent. Zeno, voyant qu'il ne pouvait rien faire contre les Génois, parce que la flotte qui restait à Venise était peu nombreuse, retourna à Cérines.

Je vous dirai quel était le vaisseau qui emmena la reine Éléonore et comment il fut trouvé à Cérines.

Le roi Pierre, voyant que Famagouste restait aux mains des Génois, fit proclamer à Rhodes que tout commerçant qui voudrait trafiquer avec Chypre, pourrait aborder à Cérines sans payer des droits de douane. Sire François Casesantze, qui se trouvait alors à Rhodes, ayant entendu cette proclamation, se rendit à Cérines. Le roi lui remit sa mère pour la conduire en Catalogne.

Mais revenons aux Vénitiens. Voyant leur impuissance à résister aux Génois, ils envoyèrent des ambassadeurs pour demander la paix à tout prix. Ils leur adressèrent même un acte laissé en blanc, dans lequel les Génois pourraient, suivant leur bon plaisir, écrire toutes les conditions de la paix, avec la promesse que les Vénitiens les accepteraient. Les Génois demandèrent le droit de piller Venise pendant trois jours, avec d'autres conditions inacceptables. Les Vénitiens, voyant l'orgueil des Génois, ne consentirent pas à laisser saccager leur admirable ville. Ils avaient en prison un sage et habile vieillard, nommé Victor Pisani, condamné, suivant leurs lois, à y passer toute sa vie, à cause de quelque délit qu'il avait commis. Ils demandèrent tous son pardon, parce que, suivant le proverbe, «où la force domine, la loi change forcément». Or, grâce à la volonté de tous, cet homme, étant sorti de prison, fut conduit devant les sénateurs qui lui dirent : «Nous te donnons la liberté, parce que nous avons besoin de ton secours.» Il demanda qu'on lui remît toutes les galères qui se trouvaient à Venise. Il se rendit à Chioggia et coula à fond les deux navires que les Génois avaient capturés dans le port de cette île. Ces derniers, déjà certains d'occuper Venise, n'avaient pas de vivres à Chioggia; assiégés par Pisani, ils moururent de faim. Tous les vaisseaux des Génois furent pris par les Vénitiens qui tuaient tout Génois qui se risquait à sortir pour aller à la pêche. Ils furent ainsi assiégés jusqu'à l'arrivée de Charles Zeno. Quand les galères vénitiennes avaient quitté Chypre, elles avaient commencé la chasse au grand navire des Génois; après beaucoup de recherches, elles le rencontrèrent à Rhodes. Zeno lia aussitôt aux mâts des galères des parois pleines d'hommes, et le navire ennemi, ainsi combattu avec habileté et vigueur, fut forcé de se rendre; on lia l'équipage et on mit le feu au navire qui, ainsi brûlé, fut conduit à Rhodes. La partie qui touchait à l'eau était restée intacte; un seigneur frère de Rhodes demanda ces restes du navire génois. Zeno, ayant accédé à sa demande, alla en Crète. Les Crétois voulaient l'empêcher de retourner à Venise, en lui disant que la ville avait été prise par les Génois. Zeno, n'ajoutant pas foi à leurs paroles, prit le chemin de Venise. Il arma un navire pour le conduire à sa ville natale. Les Vénitiens, apercevant de loin la flotte de Zeno, crurent que c'était celle des Génois, et commencèrent à gémir, en disant : «Nous nous rappelons qu'autrefois arrivaient dans notre ville de riches marchands; nos femmes et nos enfants étaient comblés de richesses. Mais maintenant tous deviendront esclaves. Malheur à nous, les pauvres et les abandonnés! Que Dieu vienne à notre aide!» Quand le navire approcha, il mit la chaloupe à la mer; en arrivant celle-ci montra l'étendard de Saint-Marc; mais les Vénitiens disaient : «On nous trompe. Ce sont des Génois.» Cependant les barques approchèrent, et ceux qui les montaient crièrent à haute voix : «Vive Saint-Marc!» Le peuple de Venise, en entendant ce cri, répéta : «Vive Saint-Marc!» Alors ils se reconnurent. Sire Charles mit pied à terre et raconta comment il avait pris le navire génois. On lui dit que sire Victor était allé à Chioggia, mais on ne savait pas ce qu'il était devenu. Zeno, après avoir mis en prison les captifs, alla à Chioggia pour chercher son compatriote. Il le trouva assiégeant les Génois. Ceux-ci, apprenant que Charles était revenu avec les seize galères, s'éclipsèrent frappés de terreur. Comme le frère du comte de Savoie se trouvait là, les Génois le prièrent d'intervenir auprès des Vénitiens pour faire la paix. Cette paix fut conclue à la condition que Chioggia serait ruinée et qu'ils ne se feraient plus la guerre. Chaque Vénitien avait capturé trente Génois. C'était la justice divine abattant l'orgueil des Génois, qui auparavant avaient répondu avec tant de fierté aux prières des Vénitiens. Dieu les mit aux pieds de ces derniers, parce qu'il abat les orgueilleux et donne la victoire aux humbles.

Le roi chargea alors messire Jean de Brie le turcoplier et sire Renier de Scolar de gouverner la forteresse. Ils mirent dans l'intérieur des fortifications la porte de Sainte-Vénérande avec la cour royale nommée Contiatica; ils prirent pour cela une partie du jardin de Sire Pierre de Conches et chargèrent de ce travail Thadokis de Faulas et son frère, tous les deux maîtres maçons. Ils jetèrent à terre la cour du comte de Jaffa avec le château de La Marguerite et bâtirent l'enceinte en 1376. Ils démolirent aussi, pour prendre les pierres, les deux cours des Patefeli avec les logements supérieurs et inférieurs qui y étaient bâtis. Pour dédommager les propriétaires, le roi assigna des rentes aux héritiers, c'est-à-dire à sire Georges Patefeli cent hyperpères par an sur les rentes du village Petzopoulion (Marché aux Cuirs) et aux héritiers de messire Joseph Patefeli cent autres hyperpères prélevés sur les meilleures rentes de la trésorerie royale. On jeta aussi à terre deux maisons de pierre. Les seigneurs et les bourgeois, ainsi que le peuple, furent obligés de fournir des ouvriers et des pierres. Tous les murs vides de la ville furent renversés; les matériaux qui provenaient de ces ruines étaient transportés par des voitures, des chariots et des chevaux. On mit dix mois à bâtir cette partie des fortifications telle qu'on la voit aujourd'hui. Les rois Jacques et Janus en construisirent aussi une petite portion. Les Génois prisonniers furent obligés de travailler à creuser les fondations, avec les fers aux pieds et passés deux à deux dans un bois de traverse;

accompagnés par un sergent ils parcouraient la ville pour mendier. On avait pris contre eux de pareilles précautions, parce qu'ils avaient percé la prison du prince de Tyr pour s'enfuir. On les avait arrêtés et on les avait liés avec de petites chaînes de fer au lieu des bois de traverse qu'on avait employés d'abord. On mit une taxe sur les Leucosiotes Génois, afin de payer à la journée une partie des ouvriers. Ainsi maltraités plusieurs d'entre eux allèrent clandestinement à Famagouste, d'autres vendirent leurs biens pour payer cette taxe. Le roi, désirant établir cette fortification sur des fondements solides, était venu avec l'archevêque Palounger pour bénir les assises de la construction. Il avait agi ainsi, parce que plusieurs étaient morts pendant le travail et personne, pas même les maîtres maçons, ne pouvait deviner la cause de ce désastre; les uns l'expliquaient par la mauvaise pose de la première pierre, les autres par le mauvais œil ou la parole néfaste des maçons. Si ces derniers en avaient bien connu la cause, ils auraient mis leurs ennemis dans les fondations. Quoi qu'il en soit, il est certain que plusieurs moururent de cette façon. Le roi mit tant d'empressement à bâtir cette fortification qu'elle fut terminée en un an. Son oncle le roi Jacques et le roi Janus, fils de ce dernier, la rendirent célèbre par de nouvelles constructions.

C'est au même roi Pierre qu'on doit la construction de Potamia et de Cava; quant à Akaki, elle a été bâtie par le roi Henri, grand-père de ce dernier.

Ce roi Pierre avait une sœur que le roi Jacques, revenant de Gênes maria avec le fils du prince d'Antioche.

Pierre mourut le 3 octobre 1382 ; on l'enterra dans le tombeau de son père le roi Pierre et de son grand-père le roi Hugues.

Après la mort du roi, les chevaliers se réunirent pour nommer comme son successeur le connétable, c'est-à-dire Jacques de Lusignan qui en même temps portait le titre de sénéchal et qui se trouvait emprisonné à Gênes. Il était fils du roi Hugues et par conséquent héritier incontestable du royaume. Ils confièrent à Jean de Brie le turcoplier le gouvernement jusqu'à ce que le sénéchal-connétable fût revenu de l'exil et ils lui donnèrent comme conseillers douze chevaliers, savoir sire Jean Gorab, le frère du gouverneur, sire Jean de Neuville vicomte de Leucosie, sire Renier Scolar chevetain de la Secrète, sire Hugues de La Baume, son frère Guy, Pierre de Montolif le serviteur royal et son frère Glimot le chanoine qui a abandonné son canonicat pour les splendeurs du monde et devint chevalier, sire Amaury de Plessie, sire Arnaud de Montolif le Jaune, sire Thomas Parec, bourgeois grec qui était devenu chevalier latin, sire Thomas de Morpho et sire Pierre d'Antioche, le surintendant des sacs.

Sur ces entrefaites, les Génois indigènes qui étaient emprisonnés, brisèrent leurs fers et sortirent de prison par la fosse. La paix fut conclue avec Famagouste ; les Génois qui se trouvaient dans cette ville firent annoncer la nouvelle à Gênes. Les Génois armèrent deux galères sur lesquelles on embarqua le connétable sénéchal avec sa femme et on les conduisit à Chypre. Ils jetèrent l'ancre à Salines et annoncèrent leur arrivée au gouverneur et à son conseil qui gouvernaient le royaume au nom du connétable.

Perrot de Montolif était un brave serviteur; un bruit public en faisait l'amant de la reine Valentine. Il conseilla à la reine de garder le royaume pour son compte, à l'exemple de son père qui avait conquis de force Milan et la Lombardie. Le gouverneur et ses conseillers, informés de l'arrivée du connétable, convoquèrent un conseil. Après beaucoup de paroles et de contestations, ils dirent : «Il est vrai que Jacques est notre seigneur, mais si nous l'acceptons comme roi, il payera beaucoup de rentes aux Génois; si ces derniers consentent à le mettre à terre seul, nous l'accepterons en cette qualité.» Perrot de Montolif, qui pendant ces débats restait silencieux, leur dit : «Pourquoi ne pas donner le royaume à la fille du roi Pierre, sœur du petit roi Pierre, en la mariant avec un grand seigneur du pays qu'on couronnerait comme roi?» Il cita aux chevaliers plusieurs exemples pour prouver que cela était arrivé d'autres fois. Après avoir entendu Perrot, les chevaliers montrèrent qu'ils approuvaient sa proposition; ils l'envoyèrent à Salines pour répondre aux Génois, promettant par serment de confirmer ce qu'il ferait. En arrivant à Salines, Perrot dit aux Génois : «Si vous voulez le laisser seul, nous l'accepterons; dans le cas contraire, prenez-le avec vous et partez.»

Le roi Jacques implora leur pitié pour qu'on lui permît de mettre pied à terre; Perrot et Glimot ne se rendirent pas à sa prière, dans l'espérance qu'ils pourraient s'emparer du royaume et sous le prétexte d'exécuter la décision du conseil. Alors madame Héloïse de Brunswick pria humblement Perrot de les laisser par pitié à Chypre, pour qu'elle ne souffrît pas une seconde fois du mal de mer et en même temps pour qu'ils pûssent être délivrés des Génois. Perrot lui répondit : « Le mal est moins grand si tu souffres toi et ton mari, plutôt que tout le royaume. » Nous devons ajouter que Glimot et Perrot étaient au nombre des prisonniers qui avaient été conduits à Gênes. Quand les Chypriotes avaient demandé le roi à Gênes, on avait ouvert les prisons et il y avait eu un échange de prisonniers entre les Chypriotes et les Génois. Aussi les deux frères mis en liberté étaient arrivés à Chypre avant le connétable.

Les Génois, après avoir entendu cette réponse, prirent le connétable avec sa femme et les reconduisirent à Gênes. Après le départ de ce dernier, les chevaliers qui formaient le conseil furent pris de repentir et se réunirent deux fois, à deux jours différents, pour prendre une décision définitive; la première fois, le conseil se forma le vendredi de la troisième semaine du Saint-Carême dans la maison de sire Thomas Parec, bailli de la cour royale, maison située vis-à-vis de Saint-Georges le Sataliote; la seconde fois, il eut lieu le mercredi de la quatrième semaine du Saint-Carême dans la maison de sire Perrot de Montolif. Cette maison appartenait à Marguerite de Norès, femme de sire Barthelemy de Montolif, fille de sire Jean (Jacques?) de Norès le turcoplier et dame du village appelé Stefano Vatili; elle lui appartenait comme douaire, mais elle l'avait donnée en gage au susdit Perrot pour mille aspres de Chypre.

Au milieu de leurs débats, les conseillers firent appeler mon père Stavrinos Machéras, comme un homme savant, pour connaître son opinion, ainsi que celle du peuple. Versé dans les questions théologiques, mon père représenta devant tous ces chevaliers qui étaient distingués, qu'il valait mieux que le pays eût un roi. Il était très aimé des seigneurs, des bourgeois et surtout de sire Thomas Parec. Quand il eut parlé, on approuva son conseil. Il ajouta de plus qu'il n'était pas juste d'élire un autre roi que le connétable, le royaume lui appartenant à toute espèce de titres. Aussitôt les chevaliers se mirent à crier : «Vive le roi Jacques!» Quand les débats furent terminés, les dix conseillers proclamèrent Jacques en qualité de roi; Perrot et Glimot se retirèrent.

Le jeudi, 13 mars 1383, de la quatrième semaine du Saint-Carême, Pâques étant le 6 avril, les conseillers se réunirent dans la maison du gouverneur, et prirent la décision d'envoyer à Gênes demander le connétable. Dans le même temps, sire Renaud de Mimars était venu de Gênes et avait promis de la part du connétable des villages aux chevaliers qui travailleraient à le délivrer de l'esclavage. Tous étaient tombés d'accord, à l'exception des deux frères Perrot et Glimot. Sire Odet de La Baume, voyant que la décision du conseil ne leur plaisait pas, avait proposé de les faire arrêter et mettre en prison; mais un pareil évènement pouvant empêcher l'arrivée du connétable, ils en avaient remis l'exécution jusqu'au mois d'octobre 1382. Ils se réunirent dans un nouveau conseil. Perrot, en homme habile, mettait des entraves au projet de faire revenir le connétable; il eut même l'audace à la fin de défendre à qui que ce fût de sortir de Chypre pour demander le sénéchal. Sire Hugues de La Baume, irrité, dit à Perrot : «Il paraît que tous les arguments que tu nous proposes n'ont point d'autre but que de nous obliger d'obéir à ta seigneurie, ce qui n'aura jamais lieu; mais, « Vive le roi Jacques! » C'est lui qui est notre seigneur et tout ce que tu dis n'est qu'une méchante trahison. » Dans l'après-midi, on convoqua les deux frères au conseil, où tous les chevaliers avec les salariés et le peuple réunis se mirent à crier : « Vive le roi Jacques! » Les conseillers prirent leurs places, mais les deux frères ne voulurent pas venir. Alors on donna l'ordre de les conduire de force au logement de sire Jean de Brie le turcoplier de Chypre; de là ils furent transportés dans la prison de la forteresse de Léon[1]. Quand le roi Jacques arriva à Chypre, Perrot dit à son frère Glimot : « Mon frère, bravons le précipice pour aller à Cérines implorer le pardon du roi; nous l'obtiendrons suivant les coutumes du royaume. » Alors ils écartèrent les barreaux de fer de la fenêtre. Perrot sortit le premier par cet endroit, et prenant un mouchoir dans ses mains, il sauta et tomba sur les pieds dans les arbres; puis, à l'aide du mouchoir et de ses jambes, il réussit à descendre d'un arbre dans l'autre et il se trouva bientôt à terre. Comme dans sa chute il s'était donné des entorses, il avait besoin d'un cheval; ayant rencontré un serviteur de sire Guillaume de La Baume qui venait à cheval de Saint-Épictète, il le jeta à terre et prit son cheval. Le garçon alla à Cérines et avertit le connétable que Perrot de Montolif arrivait. Le connétable, soupçonnant quelque trahison de la part de cet homme dangereux, envoya à sa recherche. On le trouva dans l'église de Saint-Antoine et on l'arrêta dans le chœur. Il demanda instamment qu'on

---

[1] Buffavent.

le conduisît devant le connétable pour lui démontrer que les frères de La Baume étaient les seuls traîtres. Les hommes qui l'avaient arrêté voulaient exaucer sa prière, mais le connétable ne consentit pas à entendre sa justification. Il fut immédiatement reconduit dans la prison de Léon; on mit un bois de traverse aux pieds de chacun des deux frères prisonniers. Glimot, voyant les difficultés que son frère avait éprouvées pour descendre, n'avait pas voulu l'imiter; il s'était dit : «Si mon frère y va, il est capable d'arranger l'affaire», et il était resté dans la forteresse. Après son couronnement, le roi Jacques envoya l'ordre de décapiter les deux frères. Leurs têtes placées dans un baldaquin furent portées sur un mulet à Cava où, le mulet étant crevé, on enterra les deux têtes. On trancha aussi la tête de Pierre de Carzie, valeureux stradiote, et de trois de ses compagnons. L'exécution eut lieu sur la terrasse du Marché aux Pains, à côté du Pont des Juifs ; le sang coulant par le canal trempait le pain qui était exposé en bas. On pendit aussi au gibet le destrier de Perrot. Cela eut lieu en 1385.

Après l'arrestation des deux frères Perrot et Glimot de Montolif, sire Nicolas Bussat, informé que le roi Jacques avait été proclamé, était sorti de Leucosie et était allé trouver mon frère, sire Paul Machéras, qui était serviteur et secrétaire de sire Jean de Neuville vicomte de Leucosie, afin de lui demander des sauf-conduits pour aller en Occident. Mon frère lui en donna un pour le chevetain de Cérines, sire Louis d'Antiaume, qui l'autorisa à noliser une grippe pour aller à Rhodes. Là, prenant un navire, il arriva à Gênes et apporta la bonne nouvelle au sénéchal qui lui donna une rente perpétuelle de 1200 besants prélevée sur les meilleurs deniers de la trésorerie royale.

Les Génois firent alors des conventions avec le roi Jacques au grand détriment du royaume. A peine informés de la mort du roi Pierre et désirant obtenir quelques franchises pour leur commerce avec l'Orient, ils avaient pris le connétable et l'avaient conduit à Chypre; mais ce dernier n'ayant pas été accepté, ils l'avaient repris et étaient retournés à Gênes. Alors ils obtinrent de lui tous les privilèges qu'ils désiraient, à savoir posséder le port et la ville de Famagouste comme gage des 900 mille ducats d'or, être maîtres de la terre deux milles en dehors de Famagouste; le roi et les chevaliers seulement auraient leurs rentes sans jugement, toutes les autres devant être rendues à Famagouste; les vaisseaux ne pourraient aborder à aucun autre port qu'à Famagouste; les navires qui viendraient de la Turquie pourraient aborder à Cérines, c'est-à-dire tous les vaisseaux venant des ports de Lajasso et au-dessus n'auraient le droit d'aborder ni à Acrotiki, ni à Pendaïa, ni à Saint-Xife. A cause de la peur que les Génois avaient des Chypriotes, ils obtinrent aussi du roi que si, dans une querelle entre un Chypriote et un Génois, il y avait blessure, le coupable ne serait pas protégé par la franchise, mais ils seraient jugés, le Génois par le capitaine de Famagouste et le Chypriote par le roi. Le roi Jacques s'engagea aussi à verser d'avance 100,000 ducats entre les mains des Génois, en laissant pour gage son cher fils nommé Janus, né à Gênes et conçu par sa femme dans la prison. Alors le connétable retourna à Chypre, accompagné de sa femme nommée Héloïse, des deux fils de son frère le prince, des chevaliers et de tous les serviteurs qui se trouvaient à Gênes.

Les Génois, craignant que le connétable, pendant son voyage, ne fût enlevé de leurs mains par les Vénitiens, armèrent six galères qui le conduisirent à Cérines de Chypre en avril 1385. On le reçut avec une grande pompe et on le fit conduire à Leucosie, avec des processions, suivant la coutume. Quand le cortège arriva à la célèbre cour du palais de Leucosie, la reine, mère du roi, donna à son fils les villages de son douaire. Il fut ensuite conduit à Sainte-Sophie au moment où tombaient les têtes de Glimot et de Perrot de Montolif, comme nous l'avons raconté.

Le roi maria sa nièce, la fille de Pierre le Grand, avec Jacques de Lusignan, comte de Tripoli, le fils de son frère le prince; il nomma chevalier Janot de Lusignan, le fils naturel du prince, et, en l'élevant à la dignité de seigneur de Beyrouth, l'unit à la fille du comte de Rochas de Morpho. Après il fut couronné roi de Jérusalem le dimanche 1389.

Quelque temps après mourut Léon, roi d'Arménie, le dimanche 1395; il était Chypriote et s'intitulait roi d'Arménie, de Chypre et de Jérusalem.

Tous les Génois mirent des habits de couleur écarlate; ils portèrent trois couronnes de perles sur la manche de la main gauche; la couronne de dessus était plus grande que celle du milieu, et celle de dessous plus petite que les deux autres.

344 Le roi avait une grande passion pour la chasse. Il donna l'ordre que la dîme fût prélevée sur la rente des chevaliers,

des parèques, des affranchis, des chapelles et sur les loyers de toutes les maisons de Leucosie, sur les fours, les bains et les jardins qui étaient situés en dedans et en dehors de la ville, comme sur le loyer de toutes les fermes et assignations. Il obligea aussi toute personne, depuis le grand jusqu'au petit, tels que chevaliers, salariés, de payer une taxe suivant ses revenus; celui qui avait une rente annuelle de mille besants payait un besant, avec le droit de prendre un muids de sel des salines. Sous ce roi, chacun paya suivant ses moyens. C'est pour cela qu'on déposa tout le sel dans les magasins du Temple. Cet impôt avait pour but la délivrance du fils du roi retenu prisonnier à Gênes[1]. Il supprima l'office de la taille. Toutes ces taxes n'avaient d'autre but que de l'aider à payer les 100,000 ducats qu'il avait promis aux Génois.

Le roi envoya à Gênes comme gouverneur de son fils sire Jean Babin qui y resta jusqu'à ce que le roi Jacques y envoyât sire Pierre de Cafran. Ce dernier obtint des Génois la diminution de beaucoup de privilèges que le roi avait été obligé d'accorder lors de son départ. Après avoir payé 800,000 aspres de Chypre aux Génois, il obtint la délivrance de son fils Janus qui arriva à Famagouste en octobre 1392. Il récompensa de la manière suivante les chevaliers qui avaient été de son parti : il donna à sire Jean de Brie, turcoplier et prince de Galilée, le village d'Omodos; à sire Pierre de Cafran, amiral de Chypre, le village de

oct. 1392.

---

[1] Le manuscrit d'Oxford, dans quelques lignes supplémentaires, répète à peu près la même chose. Nous avons dû arranger ce passage un peu confus, de manière à le rendre intelligible.

Criti; au seigneur d'Antioche le village de Trimithia; à sire Hugues de La Baume, connétable de Chypre, le village de Piscopio; à sire Guy de La Baume, maréchal de Chypre et de Jérusalem, le village de Palurocampos; à sire Renaud de Mimars le village de Génagra; à sire Jean de Neuville le village de Xométochi; à messire Odet Césaro la paroisse de Potamia; à sire Jean Gorab, auditeur de Chypre, le village d'Akanthou; à sire Jean Sozomène le village de Critou; à sire Jean Babin le village d'Apalestra. Le même roi Jacques promit de rendre aux chevaliers les villages confisqués par le roi Pierre sous le prétexte qu'ils étaient compromis dans la trahison qui avait eu pour but le meurtre de son père. Il rétablit aussi le comte de Tripoli, en lui donnant une partie des villages qui appartenaient à son frère le seigneur de Beyrouth, c'est-à-dire Lophos, Palamida, Polémidia, Palatia, Chiton et une partie du village de Saint-Réginus. Il récompensa aussi par des assignations les maîtres guerriers de Cérines, François Perrot, Guy Bénafé, Pantéfli et beaucoup d'autres. Le susdit Perrot fit construire à Potamia un très beau jardin avec une jolie maison et une belle église de forme ronde, ce qui plut beaucoup au roi Jacques.

Disons maintenant de quelle manière le roi Jacques ordonna la taxe de la dîme. Dès le commencement du mois de mars 1388, il nomma des secrétaires aux douze départements de Chypre avec douze Génois; tous ces officiers exigeaient la taxe de chaque personne. Il nomma en même temps un chevalier et un chevetain accompagnés d'un secrétaire et d'un Génois qui percevaient la dîme sur les maisons. La taxe fut perçue ainsi jusqu'en février 1388. Plus tard, messire Jean d'Antioche ordonna que la taxe serait payée par tous, soit qu'on eût des rentes, soit qu'on n'en eût pas. Voilà ce que chacun payait.

En 1393 arriva la troisième maladie épidémique, et beaucoup moururent. Cependant le percepteur n'exempta personne de la taxe de la dîme. On excepta le vin de cette taxe pour dix ans, laquelle fut renouvelée encore pour cinq ans, et, pour la troisième fois, on imposa la même taxe pendant quelque temps; et elle est restée jusqu'à ce jour.

La maladie ayant sévi de 1392 à 1393, le roi Jacques fut effrayé et s'adressa à l'évêque de Leucosie qui envoya plusieurs prêtres avec le confesseur Menzis. L'évêque leur commanda de faire une procession des images autour de la ville dans l'espace de deux milles; une autre procession, commençant à la tour, alla jusqu'à Saint-Tharape. Là on célébra la messe, les prédicateurs firent des sermons, le comte de Tripoli, accompagné de tous les seigneurs, à l'exception du roi Jacques, toutes les dames avec la comtesse, descendirent sans chaussures et sanglotants. Cependant, comme le mal continuait de ravager la ville, le roi se dit : «Il est probable que Dieu est irrité contre nous, à cause de la dîme que nous avons imposée au peuple; je l'ai fait pour payer les Génois.» Au moment où la procession allait finir à Saint-Tharape, le roi remit la taille aux salariés; cette taxe ainsi nommée prélevait deux besants sur cent; on avait estimé les revenus des villages, les assignations et la taxe de la capitation. Cette dernière taxe regardait les affranchis qui payaient un besant par tête. Il faut savoir que cette taille était injuste, parce qu'elle obligeait chacun de payer quatre pour cent. On estimait le bien de chacun, et d'après cette estimation on percevait le quatre pour cent. Elle comprenait aussi tous les affranchis au-dessus de quinze ans, les parèques et les esclaves qui étaient obligés de payer un besant. Cette dernière taxe ensuite fut diminuée.

Le roi, effrayé de cette grande mortalité, emmena sa femme avec toute sa suite et alla se réfugier au couvent de Machiéra. Après y être restés quelques jours, comme le mal augmentait, le roi et la reine se dirent : « Si tout notre monde meurt, quel profit en retirerons-nous? Allons mourir avec eux. » Ils descendirent donc de Machiéra, et, ordonnant une grande procession, rentrèrent dans la ville; la reine marchait pieds nus, avec toute sa suite en larmes. Ils mandèrent à l'évêque de sortir et de venir à leur rencontre à la tête d'une autre procession. Après cette procession, le mal diminua peu à peu.

Le roi imposa d'autres taxes obligeant le peuple de payer un besant par tête, depuis le plus vieux jusqu'au plus jeune, y compris les moines et toute âme vivante. Chacun, en payant cette taxe, avait le droit de prendre un muids de sel. Tout le produit de cette taxe fut attribué comme rente à sa fille Echive[1]. Après la mort de cette demoiselle, c'est-à-dire quatre ans après, cette taxe fut supprimée. Maître Antoine le Bergame, médecin physicien, chef de l'office de la Chambre royale, étant mort, il fut remplacé par sire Jean Silvani qui vécut jusqu'au dimanche 25 août 1395. Ce Sil-

[1] Strambaldi la nomme Zaca.

vani mourut à cause des malédictions que le peuple lançait contre lui et contre le roi qui chaque année imposaient une ou deux taxes sur les Chrétiens.

En 1396, Xénos de Famagouste promit au roi Jacques de lui rendre la ville. Les Génois, informés à temps de la conspiration, arrêtèrent Xénos avec ses compagnons. On dépéça leur corps en quatre morceaux qu'on pendit à Famagouste. Le roi feignit de ne rien savoir de tout cela.

1396.

Le lundi, 9 septembre 1398, mourut ce roi Jacques; on l'enterra à Saint-Dominique vers la droite du chœur, vis-à-vis du roi Pierre.

9 sept. 1398.

Le lundi, 11 novembre 1399, le roi Janus fut couronné à Sainte-Sophie par la main du frère Matthieu, archevêque de Tarsos, de l'ordre de Saint-Dominique. Ce roi était sage et très instruit; cependant de grands maux ont affligé quelquefois son règne.

348
11 nov.
1399.

Le jeudi, 30 septembre 1400, mourut sire Guy de La Baume, maréchal de Jérusalem.

30 sept. 1400.

En 1402, le dimanche 26 mars, échoua un nouveau complot pour enlever Famagouste. Le capitaine de cette forteresse était sire Antoine de Guarco. Le frère Guy Cal, un sage moine, confesseur de ce capitaine, conçut le projet de le tuer et de rendre la ville au roi qui lui avait promis la candidature à l'archévêché. On fit faire à Leucosie par Gabrielo des clefs qu'on envoya avec Machéras et un jeune Catalan à Famagouste pour les essayer. Ces clefs ayant été reconnues bonnes, on attendit l'arrivée du roi pour lui ouvrir les portes, afin qu'il pût s'emparer de la ville. On prépara des échelles et des engins pour escalader les mu-

26 mars 1402.

railles. Au nombre des conjurés étaient sire Simon de Montolif et sire Georges Billi. En attendant ce dernier, on fit retarder l'exécution du complot, parce que sire Simon l'ayant expliqué à sa suite, le secret avait été divulgué. Sire Thomas de Campo Frégoso se trouvait alors à Cérines dans la maison de son beau-frère sire Jean, mari de sa sœur nommée dame Andréola de Campo Frégoso. Ayant appris la nouvelle, il se mit à cheval pour retourner à Famagouste. Les conjurés avertirent le roi que sire Thomas revenait à Famagouste pour dénoncer le complot au capitaine. Le roi envoya aussitôt deux de ses serviteurs, Doria Castrisio et Perrin Samson, qui devaient aller à la rencontre de ce Thomas et, s'ils le trouvaient, le détourner honnêtement du chemin de Famagouste. Ces derniers, l'ayant rencontré, lui demandèrent où il allait. Le rusé Génois les trompa, en leur disant : « Je vais au village de mon beau-frère à Stronghilo pour des affaires de ma sœur et je reviendrai tout à l'heure à Leucosie. » Ils le crurent et revinrent, pendant que celui-ci allait à Famagouste. Dieu voulut venir en aide à mon frère Perrin Machéras, serviteur du roi. Mon frère aîné et moi Léonce, nous étions secrétaires de sire Jean de Norès. Ce dernier qui était lié d'amitié avec ce Génois, envoya aussitôt prévenir mon frère qu'il devait sortir de Famagouste pour qu'il ne fût pas pendu au gibet. Sire Thomas informa alors le capitaine du complot. Quand, au moyen de la torture, ils eurent appris tous les détails de cette affaire, les Génois arrêtèrent les conjurés; on coupa les uns en morceaux et les autres furent pendus au gibet. Le nombre des tués monta à vingt-huit personnes. Les Famagoustains déplorèrent leur mort.

Le dimanche 23 octobre 1401[1], le roi envoya de Cérines sur les galères sa sœur la demoiselle Mariette à son mari le roi Ladislas. Elle mit pied à terre à Lapithos où le roi et sa mère la rejoignirent par terre; ils s'amusèrent là buvant et mangeant pendant plusieurs jours. Le 3 octobre[2] elle s'embarqua et continua son voyage.

Vers la même époque arriva de Cérines de Chypre un seigneur nommé Boucicaut avec une nombreuse suite. Mon neveu Georges Billi, le gouverneur de Chypre, l'accueillit et l'accompagna d'une manière si courtoise que ce seigneur, enchanté de s'être trouvé dans la compagnie de l'homme le plus sage qu'il eût jamais vu, lui offrit de précieux présents en le congédiant. Les Chypriotes firent alors la paix avec les Génois sur lesquels Boucicaut exerçait le commandement.

En l'an 1403, le roi recommença avec les Génois une grande guerre qui dura jusqu'en 1406 et pour laquelle il fit beaucoup de dépenses et chargea le peuple de taxes. Il fit battre une monnaie de six chalques, qui à cause de cela fut appelée sixini, et des petits chalques. Il nomma un receveur qui percevait deux chalques par besant pour chaque chose vendue; il nomma aussi d'autres receveurs qui amassèrent beaucoup d'argent. On amena des guerriers à cheval et à pied et des vaisseaux, mais de tout cela il

---

[1] Il place l'année 1401 après l'année 1402, à moins qu'il n'y ait une faute dans le texte. — [2] Probablement le 3 novembre puisqu'il parle du 23 octobre quelques lignes plus haut.

ne retira d'autre profit que d'accabler le peuple et les seigneurs qui ne furent jamais soulagés de corvées et de guerres continuelles. Je raconte cela brièvement parce que, si je voulais entrer dans les détails, je deviendrais fastidieux en m'étendant sur des choses aussi tristes.

1406. En 1406, le roi incendia les engins et renonça à son camp de Famagouste jusqu'en 1408. Les Génois, ayant fait une sortie de Famagouste, on tira une grande bombarde qui enleva la cuisse de Casaserta; ces bombardes avaient été apportées de Venise; le blessé en mourut. Les Génois sortirent une autre fois de Famagouste et se rendirent à Limisso avec une grande bombarde. La garnison de la forteresse, ne se trouvant pas prête, promit de se rendre au bout de deux mois; mais avant l'expiration de ce terme arrivèrent le sénéchal et Charles Zeno qui, ayant bien dirigé l'attaque, massacrèrent les Génois et enlevèrent
1409. la bombarde. La paix se fit en 1409.

351 Le même roi Janus avait dès l'an 1404 commencé la guerre contre les Sarrasins en pillant leurs terres. Le sultan avait supporté cela en silence parce que ses émirs ne s'entendaient pas avec lui.

1410. En 1410, l'île fut ravagée par une autre épidémie qui dura plus d'un an. Les seigneurs s'étaient enrichis en pillant les Sarrasins; cette guerre avait duré jusqu'en 1408. Le roi avait expédié près du sultan comme son ambassadeur sire Thomas Provost qui était revenu accompagné d'un ambassadeur sarrasin; le même jour, ce dernier avait été introduit dans Leucosie. Ayant la mission d'acheter tous les esclaves sarrasins, il avait fait l'acquisition de tous ceux qui n'étaient pas baptisés. On fit là paix, le roi ayant promis de ne pas accueillir les corsaires et de ne pas permettre le pillage de la Syrie, et, si des corsaires venaient à Chypre, le roi ne leur fournirait point de vivres et aucun de ses sujets n'aurait le droit d'acheter les objets pillés. L'ambassadeur retourna auprès du sultan.

Depuis le 10 juin 1409, une grande épidémie régnait dans Chypre, et de nombreuses sauterelles ravagèrent l'île pendant quatre ans, en dévorant toutes les semences, l'herbe des prés et les arbres. En 1410, ce fléau causa un grand mal dans toute l'île; il diminua en 1412. Le peuple moissonna l'orge avant l'apparition des sauterelles, mais tout le blé fut dévoré, ainsi que les vignes des Arméniens de Calamouli. L'année suivante, le roi fit prendre ces sauterelles, aussi firent-elles moins de mal.

Le 25 août 1411, le frère Corrin, prieur de Toulouse et commandeur de Chypre, et sire Etienne Piniol amenèrent de France à Chypre la jeune infante Charlotte de Bourbon qu'ils marièrent avec le roi Janus le même jour, 25 août. Dès son arrivée le fléau des sauterelles diminua et des biens innombrables arrivèrent Chypre, grâce à la bonne fortune de la reine. Les sauterelles, comme nous l'avons dit, étaient en grand nombre, mais elles ne causèrent pas autant de mal qu'en 1411. Dans cette dernière année, le fléau ravagea les champs, les jardins, les arbres, surtout les citronniers et les sycomores, les vignes. Pendant trois ans, les jardins de Calamouli furent entièrement ruinés, les arbres étant restés dénudés comme en hiver; les citronniers, les oliviers et les caroubiers se desséchèrent. Quand la reine arriva, la colère du fléau s'apaisa; les sauterelles mangeaient une partie et laissaient les autres intactes. Un prêtre, voyant le mal qu'elles causaient, se décida à lancer contre elles les malédictions, mais apprenez ce qui arriva. Pendant qu'il les maudissait, un essaim de sauterelles se jeta sur lui et elles le suffoquèrent au point de le faire mourir. Le fait eut lieu dans le village d'Achéra, avant l'arrivée de la reine. Après son arrivée, les sauterelles durèrent encore pendant deux ans, mais grâce aux processions, aux dévotions, aux prières, Dieu fit cesser ce fléau dans l'île.

Le 11 septembre 1413, monsieur Henri de Lusignan, prince de Galilée, frère du roi Janus, partit de Famagouste pour aller clandestinement en Occident. Il emmena Giustin de Cafran, Perrin Salahas et son fils sire Paul, un Italien nommé Zollou, Bertili de Savoie, Guiotin de La Gridia, Nicolas Calamouniote et son fauconnier, et prit avec lui 8,000 ducats. Le roi fut très irrité en apprenant cette nouvelle.

Le lundi 16 mai[1], la reine accoucha d'un fils appelé Jean; le roi le nomma prince d'Antioche, parce que le comte de Tripoli était encore vivant. Le samedi 24 septembre 1418, la reine accoucha d'une fille appelée Anne. Quelque temps après, elle accoucha de deux jumeaux qui moururent; puis elle accoucha d'une fille qui mourut aussi.

Cette reine amena avec elle une suite nombreuse, à savoir : Madame Isabelle de Lesparre, mariée avec le fils bâtard du père de la reine; madame Musette, mariée avec sire Simon de Morpho l'auditeur; madame Cécile, mariée

---

[1] Il ne dit pas de quelle année.

avec sire Marin[1] Villerbe; sa nourrice mariée avec Lussietto; mademoiselle Lucette, mariée avec Simon Frasses; madame Jeanne la veuve; Catherine, mariée avec Couratto son écuyer; une autre demoiselle Isabelle qui mourut vierge; Catherine de Paros qu'elle amena de Rhodes, fut mariée avec son frère le bâtard de Bourgogne, appelé Michel de la Beauté. La même reine amena avec elle soixante hommes : sire Ibrahim le maure de sa maison, écuyer de sire Abaïn Couratto, Irtanton le cuisinier de Pasquinet, Etienne de Vareha et sire Martin le Sage, surnommé Tziclouris. Elle amena comme chantre le prêtre Jean Morèse, sire Jean Maroche le prêtre, Jean Rondos, Jean Canelle, Jacques de Rasé, Gillet Veliout, sire Pierre Verniet le prêtre; ce dernier, à cause d'une faute qu'il avait commise, avait été excommunié, mais, étant allé trouver le Pape, il avait obtenu son pardon et était revenu avec la reine; Gillet le secrétaire; Jean Sellas, avec sa femme et son fils; Perinet l'orfèvre; Jean de Vene son frère et Coudray; Jean le Sourd et Metato le fils de sa nourrice, frère hospitalier. Cette reine fit beaucoup d'œuvres de charité; elle éleva l'hôpital de Saint-Augustin dont elle nomma Arnaud Guillaume surintendant, et fit des lits, des couvertures et des draps pour les étrangers, en ajoutant des dépenses journalières pour leur nourriture. Elle fit aussi beaucoup d'autres bonnes œuvres.

En 1419 et 1420 régna à Chypre une grande épidémie pendant laquelle mourut la femme du connétable de La Baume.

Le 20 février 1420, une grande rixe s'éleva entre le roi

---

[1] Plus loin, p. 374, il l'appelle Martin.

et les Génois, toutefois elle s'apaisa, mais difficilement. Or, nous ne voyons pas que les maux qui nous visitent, bien loin de nous amener au repentir, nous font agir plus mal encore et nous exposent à un plus grand châtiment. Le seigneur a dit : «Aime ton prochain», et nous allons contre ce commandement divin. Les Sarrasins souffraient beaucoup de maux de la part des Chypriotes, parce que les premiers étaient venus plusieurs fois saccager l'île, emmenant en esclavage des hommes et des femmes; ils avaient soumis toutes les forteresses de Chypre et y avaient répandu l'incendie à plusieurs reprises; une fois même l'incendie sévit tellement dans l'île qu'il n'y eut qu'une seule montagne qui échappa, et c'est pour cela qu'on l'a nommée Acamas (non brûlée).

Comme les corsaires ravageaient la Syrie, les Chypriotes les imitèrent au grand jour et sans honte. Les Sarrasins avaient coutume de souffrir beaucoup, ne voulant pas se venger avant d'avertir une, deux et même trois fois leurs ennemis, et cela afin de s'assurer la victoire. Or, ils firent présenter leurs griefs au roi Janus qui, en 1414, envoya en Syrie sire Thomas Provost. Le sultan le reçut avec de grands honneurs et lui fit de riches présents. Il envoya en Chypre comme ambassadeur Diotar qui, arrivant dans l'île en compagnie de Provost, fut accueilli avec honneur par le roi. On fit pour lui de grandes dépenses et il logea dans les maisons de sire Thomas Spinola.

Le dimanche 24 novembre 1414, on publia la paix avec la Syrie avec de grands honneurs et à la joie de tous. Toutefois le sot peuple et beaucoup de chevaliers disaient:

«Voyez, ils ont eu peur de nous et aussitôt ils ont cherché à nous flatter pour faire la paix.»

Le jeudi 15 janvier 1421 mourut notre reine madame Charlotte. Comme le roi se trouvait malade, on fit sortir clandestinement le cercueil de la cour royale pour qu'il n'eût pas connaissance de cet évènement. Il régnait alors une épidémie à Chypre. Quand le cercueil arriva à Caballikion (place des Ferrages), les prêtres commencèrent à réciter les prières des morts. On conduisit la reine au couvent de Saint-Dominique et on l'enterra à la gauche du grand chœur, vis-à-vis du tombeau de son beau-père le roi Jacques.

_{15 janv. 1421.}

Le jeudi, 15 janvier de la même année, mourut madame la reine Héloïse de Brunswick, mère du roi Janus; elle fut enterrée dans le tombeau de son mari le roi Jacques.

Le mercredi 25 mars 1425, on publia dans Leucosie et dans toute l'île de Chypre qu'il était défendu de vendre ou d'acheter, de faire quelque autre affaire, de faire venir du dehors dans la capitale aucune charge de marchandise pendant la journée du dimanche; celui qui serait découvert comme ayant contrevenu à cet ordre, serait emprisonné et déshonoré.

_{25 mars 1425.}

Les Azapides recommencèrent à piller la Syrie. Les objets pillés étaient achetés clandestinement par Philippe de Picquigny, le bailli de Famagouste, et par sire Jean Gazel, chevetain de la Saline. Comme il est vrai que Dieu est un juge équitable, n'attendant qu'une occasion pour punir les coupables, un esclave sarrasin s'échappa de Chypre et alla au Caire. Il dit au sultan que les corsaires pillaient les

Sarrasins et que les objets pillés étaient achetés par les Chypriotes qui les tourmentaient beaucoup. Le sultan, irrité, envoya le 26 septembre 1424 six galères qui vinrent à Limisso se plaindre au roi, en lui disant : « Voilà la paix et vos serments ? Laisser ainsi les corsaires nous saccager et acheter les choses volées ? » En apprenant cela, le roi envoya des guerriers commandés par Philippe Provost pour empêcher de faire du mal. Alors Philippe de Picquigny, bailli de Limisso, vint se joindre à Philippe Provost. Tous deux, laissant l'armée à la forteresse de Limisso et accompagnés seulement de leurs écuyers, allèrent à la découverte des Sarrasins. Syambac, qui tenait une flèche, la tira contre sire Philippe Provost qui tomba de son cheval à terre. Philippe de Picquigny prit la fuite avec l'écuyer de Provost, en laissant ce dernier par terre. Les Sarrasins, en arrivant, lui coupèrent la tête et enlevèrent la peau pour la porter au Caire. Alors notre armée s'en retourna. Les Sarrasins, en débarquant, trouvèrent beaucoup de marchandises de leurs compatriotes ; ils enlevèrent les robes des Vénitiens qui étaient à Limisso dans la maison d'Alphonse Santamaria, le baile des Vénitiens. Ils incendièrent à Limisso un vaisseau crétois et un autre de ceux des corsaires, qui se trouvaient tirés à terre. En revenant, ils rencontrèrent deux grippes de Gorhigos et y mirent le feu. Dans l'une de ces grippes se trouvait Andronic qui réussit à prendre terre ; l'autre capitaine fut conduit au Caire. Les Sarrasins allèrent à Couvouclia où ils firent beaucoup de mal. Là ils trouvèrent l'esclave sarrasin qui, ayant été baptisé, avait pris le nom de Thomas. Celui-ci, ayant renié le baptême, alla rejoindre ses anciens coreligionnaires. Les Chypriotes, l'ayant pris une seconde fois en 1429, le brûlèrent vif, parce qu'il avait renié le baptême.

Le roi fit armer deux galères et deux galéasses qui, commandées par sire Thomas Provost, allèrent piller la Syrie. On rencontra une galère de Lajasso, sur laquelle se trouvait un mamelouk, grand personnage, qui fut conduit à Leucosie pour y être emprisonné; on mit aussi en prison tous les Sarrasins qui avaient été sauvés de la mort.

Le vendredi 3 août 1425, on apporta au roi la nouvelle que les Sarrasins de la Syrie avaient armé 50 galères. Elles arrivèrent à Chélones vers Acrotiki, et le samedi, elles abordèrent à Famagouste. Alors le roi envoya son frère, le prince de Galilée, comme capitaine avec 500 guerriers à cheval et 2000 à pied, Syriens, Arméniens, paysans affranchis et artisans de Leucosie; ils allèrent à Sinta et à Trapeza. Une troupe de Sarrasins à cheval et à pied mit pied à terre et incendia Trapeza et Calopsida. Le prince vint à Sivouri, ne sachant où se trouvaient les galères et les hommes à pied; on l'informa pendant le dîner qu'ils étaient à Calopsida. Le prince vint chercher les Sarrasins à Saint-Serge pour leur livrer bataille, mais là il apprit qu'ils avaient quitté Sivouri pour se diriger vers Stylos. Dans ce dernier village, ils rencontrèrent sur une montagne vingt Sarrasins, huit à cheval et douze à pied; les troupes du prince s'élancèrent et tuèrent six des hommes à pied; ils en prirent un vivant; les autres s'échappèrent. Le même jour, il y eut une grande chaleur qui fit mourir onze hommes de l'armée du prince, Jean Poupi, Pierre de

Zallès, Mafiol de Saint-Antoine, Alexandre Teti, Gaspard de Vianè, Benoit de Vicence, Armand Tonquet, serviteur de sire Jean de Grinier, frère Jacques Pelestri Hospitalier, serviteur du cardinal, un maure Patzi et Jacques Cantah l'écuyer. Le mercredi 8 août, les Sarrasins avancèrent par la côte et le prince les suivit par terre. Ils arrivèrent à Salines devant le village de Pyla; un fourrier flamand mourut. Le prince alla avec toute son armée à Aradippo; la même nuit, il dormit dans les maisons de la Despotissa[1]. Jeudi 9 août, il envoya plusieurs de ses hommes à Salines; là ils rencontrèrent des Sarrasins à pied. On en vint aux mains; les Sarrasins nous tuèrent Strouthos le fauconnier, Jacques de Floury, Thomas Armaratti, le serviteur du prince, Jacques Kythriote, artisan chypriote et crieur public, et sire Toros de Constace, chevalier arménien. Vendredi 10 août, à midi, on apporta la nouvelle que les Sarrasins avaient incendié Kellia et Aradippo avec la cour de la Despotissa, le logement de la tour des Salines, Agrinon, Vromolachia et Kitti; ils promenaient l'incendie de pays en pays. Quelques esclaves sarrasins rachetés par l'ambassadeur du sultan, connaissant à la forteresse de Limisso un trou dans lequel ils avaient travaillé pendant leur esclavage, le montrèrent à leurs compatriotes. Ces derniers y entrèrent et prirent Limisso; ils tuèrent Étienne de Vicence, le bailli de cette ville, et firent prisonnier Recouniatos avec plusieurs autres Chypriotes.

Le roi, ne voulant pas confier l'armée aux caprices du

---

[1] Marguerite de Lusignan, femme de Manuel Cantacuzène, despote de Morée, petite-fille d'Amaury de Lusignan, prince de Tyr.

prince qui était très jeune, nomma près de lui des conseillers qui, par de bonnes manières, calmaient sa vivacité. Or, le samedi 11 août, le prince voulait livrer bataille aux Sarrasins; il en fut empêché par ces conseillers, nommés Jean de Grinier, sire Badin de Norès et sire Bès; ils eurent beaucoup de peine à le faire renoncer à l'exécution de son projet. Le 22 août il se rendit à Leucosie.

 Le roi remplaça le prince par Dominique de Palu, vicomte de Leucosie. Ce nouveau capitaine de l'armée prit le drapeau royal et vint à Limisso. Les Sarrasins, informés de l'arrivée de l'armée, préparèrent une embuscade; ils sortirent huit à cheval, afin d'attirer par de faux détours notre armée dans cette embuscade. Nos hommes se mirent à les chasser. Un paysan, placé sur une hauteur, l'ayant découverte, descendit et défendit aux soldats d'avancer jusque là et les fit rétrograder. Les Sarrasins, voyant que notre armée revenait, firent sortir de l'embuscade trente Mamelouks à cheval bien armés qui la suivirent à pas mesurés. Le vicomte la conduisit à Palamida où on dîna, et, après dîner, il alla à Limnati. Les Sarrasins se rendirent à Palamida, en incendiant tout sur leur passage. Enfin, voyant que notre armée était peu disposée à combattre, ils retournèrent à Limisso et, s'embarquant sur leurs vaisseaux, reprirent la route du Caire; ils avaient jeté en prison Recouniatos et Andronic le Gorhigiote. Quand le roi fut fait prisonnier, comme je vous le raconterai, les Sarrasins envoyèrent une petite compagnie de matelots pour annoncer au sultan cette triste nouvelle; alors Recouniatos et Andronic furent brûlés vifs. Tous les deux périrent pour le doux

Jésus, aimant mieux mourir en vrais Chrétiens que de vivre dans le mensonge, en devenant Musulmans. Ils insultèrent le sultan et ceux qui les torturaient. A la fin, le bourreau trancha leurs saintes têtes, et ils remirent ainsi
360 leurs âmes pieuses entre les mains du Dieu vivant. L'église les a canonisés comme des martyrs. Que leur mémoire soit éternelle!

Quand ces affreuses nouvelles arrivèrent aux oreilles du sultan, un brave homme de Damas, célèbre par sa sainteté parmi les Musulmans, ayant appris le mal et les ravages que ses coreligionnaires causaient à Chypre, en fut profondément affligé. Connaissant depuis longtemps les menaces que le roi avait adressées au sultan, ses forces de terre et de mer, ayant eu aussi par sire Thomas Provost, l'ambassadeur du roi, et sire Jean Apodochatoro, le négociant, des informations sur la vaillance et la bonté du roi, il prit ce dernier en affection comme son propre fils. Ce Musulman n'était pas guerrier. Il refusa les présents que Provost et Apodochatoro lui offraient, se contentant d'accepter seulement des choses à manger; car il était très riche et son bien suffisait à toutes ses dépenses. Or, cet homme envoya son propre fils auprès du roi pour le détourner du funeste projet qu'il nourrissait de déclarer la guerre au sultan et lui fit dire que le sultan était très puissant, ayant surtout la justice de son côté, car le roi et ses sujets lui avaient juré de ne fournir aux corsaires ni pain, ni vivres, de ne point leur acheter d'esclaves et ils avaient trahi leurs serments. Il lui dit encore que le sultan avait soumis tous les royaumes depuis Lajasso jusqu'à Alep, et de Damas à Tripoli, à Jérusalem et au Caire, et que le roi devait bien penser qu'un pareil seigneur pourrait facilement ruiner la malheureuse île de Chypre. Ce personnage, regardé comme un saint par les Sarrasins, appelait le roi son fils. Tout le monde, en effet, savait que le roi, ayant rompu les traités, fournissait des vivres aux corsaires et permettait la vente des esclaves. Le sultan, étonné de son arrogance, dit: «Je lui ai mandé deux fois avec mes vaisseaux d'envoyer des ambassadeurs pour conclure la paix, mais il ne s'y montre pas disposé. Ce roi me paraît ou très sage ou très fou. Aussi je promets à Dieu d'employer toutes mes forces pour voir si je viendrai à bout de cet homme, en incendiant son île détestable, et pour ne pas être tourmenté sans cesse par ces Chypriotes.»

Le scheik, ayant entendu tout cela, se rappela que plusieurs fois les Sarrasins avaient occupé les îles, qu'ils avaient incendié et ravagé surtout Chypre dans les temps anciens, et prit la décision d'écrire au roi, en lui envoyant son propre fils, porteur d'une lettre ainsi conçue:

«Seigneur plein de grâce, très honoré et très aimé, je fais savoir à ta Majesté que je sais parfaitement que le sultan est irrité contre toi. J'ai appris aussi qu'il prépare une grande flotte pour tomber sur toi, qui es la cause de cette guerre, et pour ruiner ton île. Il t'a mandé deux fois d'envoyer des ambassadeurs pour confirmer la paix, mais toi, tu ne t'es montré nullement disposé à te réconcilier avec lui. On dit aussi que toi et ton peuple, vous vous vantez de vouloir punir le sultan et faire la paix après cette punition, et cela dans le but de capturer des esclaves sarrasins et de piller leur bien. Mon enfant, j'ai appris les grâces dont Dieu t'a comblé; ne donne, je te prie, aucune importance aux paroles du peuple, en les regardant comme des vérités, tandis qu'elles ne sont que des mensonges. Le vrai sage est celui qui prête l'oreille aux sages, parce qu'ainsi il augmente ses connaissances et écarte le malheur. Pour toutes ces raisons, je te supplie instamment et je te conjure au nom de ton créateur de ne pas devenir la cause de tant de maux qui attendent ton peuple; son sang va couler. Ce seigneur sultan n'est pas comme ses devanciers; ces derniers retenaient l'empire au moyen de la force, chaque émir aspirant à usurper l'autorité du sultan, tandis que le nôtre est débarrassé de tous ses ennemis; les uns sont morts, les autres ont été tués ou se sont livrés à lui. Je t'assure que le sultan est en ce moment le monarque absolu de tout le monde musulman, beaucoup plus riche que toi, ayant dans son conseil des hommes très sages, et des armées plus expérimentées à la guerre que les tiennes; je ne te parle pas d'hommes armés, mais de guerriers valeureux et consommés dans la science militaire. Il a cinquante provinces qui sont plus fortes et plus riches que ton île. Si tu ne crois pas à mes paroles, fais-toi apporter la carte appelée mappe-monde et ouvre-la pour voir l'étendue de l'empire du sultan; comme grandeur ton île n'est qu'une pierre jetée au milieu de la mer. Crois à mes paroles qui sont les conseils d'un bon père à son fils. Je ne sais pas si Dieu est irrité contre toi, mais il a mis dans le cœur de tes conseillers la haine qui n'aura d'autre conséquence que ta ruine. Je te jure que depuis Meleza¹ et Barkos² Dieu n'a pas envoyé aux Musulmans un sultan aussi puissant; je te conjure, au nom du créateur du ciel et de la terre, d'abandonner un dessein aussi extravagant; tu seras vaincu, ruiné, exilé, et après, tu te repentiras, mais en vain. Mon fils, j'agis contre ma conscience et contre ma foi, en t'avisant contre mon seigneur l'orthodoxe; c'est la grande affection que je te porte qui m'engage à le faire. Connaissant par des étrangers et par tes sujets ta vaillance et tes bonnes actions, je te regarde comme mon cher enfant, ainsi que Dieu le sait, comme si je t'avais engendré moi-même; aussi je te recommande de ne pas mettre ta personne et ton royaume à une pareille épreuve, et je prie Dieu de te sauver des mains des Sarrasins. Eu égard à l'affection fidèle, vraie et complète que je te porte, je t'envoie mon cher fils auquel j'ai confié pour toi beaucoup de secrets; crois ce qu'il te dira. Je ne t'en écris pas plus; dispose de moi comme tu l'entendras, et que Dieu te donne une longue vie.»

Quand le fils du scheik fut arrivé à Famagouste avec cette lettre et de très bons présents, on en avertit le roi. Il convoqua son conseil; tous les chevaliers lui dirent de ne pas le faire venir en sa présence, dans la crainte qu'ils ne fussent ensorcelés, lui et son armée, parce que les Sarrasins aiment les enchantements et au moyen de l'astrologie peuvent nous faire beaucoup de mal. Le roi, ayant reçu l'avis de son

[1] Veut-il désigner le sultan Seldjoukide de Perse, Melik-Chah, fils et successeur d'Alps-Arslan, mort en 1092? Mais peut-être s'agit-il d'un sultan d'Égypte. — [2] Ce nom ne rappelle que le fondateur de la dynastie des sultans mamelouks d'Égypte ou mamelouks circassiens, Barkott, qui vivait vers la fin du XIVᵉ siècle, c'est-à-dire du temps de Bajazet Iᵉʳ et de Tamerlan.

conseil, s'y conforma et donna l'ordre de ne pas amener en sa présence le fils du scheik, mais de le conduire de Famagouste à Leuconico. Il envoya maître Jean Synclitique le médecin et Perrin Pilistrin son serviteur pour l'accompagner et pour le servir dans tous ses besoins. Il envoya aussi comme interprète sire Manuel David son écuyer avec sire Basile Sakis pour lui offrir des liqueurs blanches, du vin blanc de la table du roi, des mets délicats et autres bonnes choses. Mais tout cela n'était rien pour lui qui ne demandait qu'à être présenté au roi. Ceux qui l'entouraient ne pouvant pas exaucer sa prière, le fils du scheik, à la fin fatigué, dit à Pilistrin : «Je te donne cent ducats si tu veux me présenter au roi. Autrement sois toi-même mon ambassadeur, en lui disant que j'ai beaucoup de secrets à lui communiquer pour son bien.» Perrin alla trouver le roi et le pressa beaucoup de donner l'ordre qu'on le lui présentât; mais il s'épuisa en efforts inutiles, parce que les chevaliers s'y opposaient formellement, et il revint sans résultat. Le fils du scheik, voyant qu'il n'avait pas réussi à lui obtenir la présentation, lui dit : «Frère, j'ai une lettre secrète de mon père; prends-la pour la remettre au roi.» Quand ce papier fut apporté au roi, les chevaliers lui défendirent d'y toucher. Le roi le donna à sire Georges Hatip pour le traduire en français. Cette traduction ayant été lue devant le conseil, les conseillers dirent au roi : «Sache que le sultan, très tourmenté à cause de nous, a peur et désire la paix. C'est dans cette intention qu'il nous prie. Il a chargé le scheik d'envoyer cette lettre pour nous tromper et nous empêcher de marcher contre lui. Nous te promettons qu'en allant l'attaquer, nous rapporterons assez d'esclaves pour remplir l'île.» C'est ainsi que raisonnaient des conseillers sans expérience et n'ayant pas la moindre idée du monde! Le roi alors envoya sa réponse avec des présents au fils du scheik qui retourna très affligé auprès de son père.

Celui-ci, en le voyant si triste et en apprenant qu'il n'avait pas été admis en la présence du roi, éprouva un vif chagrin et dit : «Je devais envoyer mon fils dans l'intérêt des affaires du sultan, et moi, dans l'intention de faire du bien au roi, j'ai préféré l'envoyer à ce dernier qui nous regarde comme des chiens! Puisqu'il n'a pas voulu recevoir mon fils en sa présence, c'est que la volonté de Dieu est de jeter cet orgueilleux aux pieds de mon seigneur le sultan. Que le roi et ses conseillers deviennent donc les esclaves des Musulmans!»

Je vous raconterai aussi la vision qu'une femme d'Alexandrie a eue à propos de Chypre. Une chrétienne avait un fils nommé Georges, âgé de seize ans. Ce garçon fut pris du vif désir d'aller à Jérusalem pour visiter le tombeau du Christ et faire le pélerinage de toute la terre sainte. Il le demanda vivement à sa mère qui ne voulait pas y consentir, dans la crainte des Sarrasins. Elle lui disait : «Mon fils, tu vois combien les Sarrasins sont irrités et qu'ils sont en guerre avec les Chrétiens, et tu veux parcourir leur pays?» Son fils, garçon vertueux et d'une piété irréprochable, n'ayant jamais enfreint les commandements de Dieu, ne changeait pas d'opinion, mais pressait sa mère d'exaucer son vœu. Il lui dit un jour : «Ma chère mère, je te prie de me laisser y aller. Si les Sarrasins sont irrités

contre les Chrétiens, que devons-nous faire, nous serviteurs de Dieu, si ce n'est d'aller servir pour sauver notre âme?»
Il la pressait jour et nuit; enfin elle consentit à l'accompagner. Ils prirent quelques vivres avec eux et se mirent en route. Après trois jours de marche, ils rencontrèrent sur leur chemin une belle fontaine ombragée par un bel arbre. Le garçon, désirant vivement se reposer là, dit à sa mère : «Mère, restons dans ce charmant endroit.» A peine avaient-ils mis leurs bagages à terre qu'un serpent monta rapidement sur l'arbre. Le garçon effrayé dit à sa mère : «J'ai peur que, quand nous serons endormis, le serpent ne descende pour nous faire du mal.» La mère répondit : «Mon fils, Dieu qui sait tout, sachant où nous allons, enverra l'ange de paix pour nous garder.» Son fils avait un arc avec lui; il tire une flèche et tue le monstre. Quand il voulut s'asseoir, la moitié de son corps était paralysée; sa mère lui prépara un lit et le mit dessus pour qu'il pût dormir. Pendant son sommeil, il vit en songe trois beaux et jeunes stradiotes, montant l'un un cheval blanc, l'autre un noir et le troisième un de couleur baie. Ils lui dirent: «O Georges! — «A vos ordres», répondit-il. — «Quelle est ta maladie?» — «J'ai été pris en tuant un monstre.» — «N'aie pas peur.» Ils se mettent à terre et ils le prennent, l'un par les cheveux, l'autre par les mains et le troisième par les pieds; ils le tinrent dans cette position et le garçon guérit. «Mes seigneurs, leur dit-il, qui êtes-vous et que faites-vous?» Ils lui répondirent : «Nous allons au secours des Chypriotes contre les Sarrasins.» Il se leva et dit à sa mère : «Réjouis-toi, je suis guéri», et il lui raconta sa

vision, en remerciant Dieu. Ils restèrent dans le même endroit pendant deux jours et deux nuits, afin de voir quelque chose de plus particulier à Chypre. La troisième nuit, Georges, ayant vu les mêmes stradiotes, leur dit : « Avec la permission de Dieu, je vous demande pourquoi vous êtes revenus. » Ils répondirent : « Dieu nous a ordonné de fuir Chypre ; ils n'ont pas mis leur espérance en Dieu, mais dans leur armes inutiles ; c'est pour cela que nous sommes partis. » En entendant ces paroles, le garçon se mit à pleurer et raconta à sa mère sa nouvelle vision. Tous les deux, affligés, quittèrent le pays et, retournant à Alexandrie, racontèrent en secret la vision à plusieurs Chrétiens. Peu y ajoutèrent foi. La plupart se disaient : « Voilà que Dieu est descendu pour parler à ce garçon ! » Mais après ils disaient : « Il a justement parlé ; étant sans foi, nous sommes châtiés par Dieu. »

L'armée du sultan étant revenue, raconta que les mamelouks avaient défait les Chypriotes qui sont des hommes sans expérience militaire et sans courage. Le sultan fit alors préparer d'autres galères et des équipages. Les Génois qui se trouvaient là avec Benoit Palavicini excitaient sa colère en lui disant : « Quelle est la force du roi de Chypre pour qu'il puisse te combattre ? » Ils l'encourageaient à une guerre plus acharnée, dans l'espérance que le roi dépenserait son trésor et deviendrait pauvre, et alors qu'ils interviendraient entre les belligérants pour les concilier, et cela dans la pensée que la prolongation de la guerre pourrait mettre également en danger Famagouste. Aussi Barabak, le seigneur d'Allagia, qui se trouvait à

Alexandrie avec deux galères, pressait le sultan d'envoyer sa flotte contre Chypre.

juin 1426.

Au mois de juin 1426, le sultan envoya Takriver Mohammed avec 150 galères et navires bien équipés, 500 mamelouks, 2000 guerriers et 600 Arabes. Ils arrivèrent le 1er juillet à Lénidia auprès d'Avdimou. A peine débarqués, ils se dirigèrent contre la forteresse de Limisso, bâtie par le roi Janus. Le 3 du même mois, le roi, informé de la descente des Sarrasins, organisa une armée composée de 1600 chevaliers armés et de 4000 soldats à pied, recrutés parmi les habitants de Leucosie et des environs. Le même jour l'armée, ayant quitté la capitale, arriva à Potamia où elle dîna. Le roi fit demander du secours à Rhodes.

Les Sarrasins envoyèrent au roi comme ambassadeur un vieux mamelouk qui de Chrétien s'était fait Musulman. Avant son arrivée, le roi avait appris que Limisso avait succombé. Les chevaliers, fidèles à leur tactique, ne permirent pas au roi de donner audience à l'ambassadeur.

Le roi, pour empêcher les ennemis de tomber subitement sur lui, envoya en avant-garde Jacques de Pologne avec l'armée à pied. M'ayant nommé surintendant pour le vin, il me donna l'ordre d'accompagner l'avant-garde. Nous allâmes à Pyria et nous couchâmes dans les champs. Vendredi étant arrivé, nous partîmes de là et nous nous rendîmes à Cherokitia. Le jeudi nous rencontrâmes Sforza, qui se faisait fort de donner du courage à l'armée, parce qu'il avait capturé quelques Sarrasins. Nous rencontrâmes ensuite un des malheureux arbalétriers de Limisso. Il nous raconta comment la ville avait été prise et nous dit que les

Sarrasins envoyaient un ambassadeur au roi; cet ambassadeur était conduit par Philibous par une autre route, et par cette même route arrivait un jeune ambassadeur envoyé de Limisso avec l'arbalétrier. La populace apprenant que cette ville avait été prise par les Sarrasins, fut plongée dans la douleur.

Le matin du vendredi 5 juillet 1426, le roi arriva à Cherokitia avec toute l'armée; il logea dans la tour avec les chevaliers, les autres campèrent sous les tentes ou sous des cordes. L'espace occupé par l'armée était si long que quand le crieur allait publier un ordre, parce qu'ils n'avaient point de trompette, il partait le matin et à midi il n'avait pas encore fini sa tournée; s'il avait un autre ordre, il sortait à midi et à la nuit tombante il n'avait pas encore terminé.

5 juillet 1426.

Les Sarrasins écrivirent une lettre qu'ils envoyèrent au roi par un paysan; elle était ainsi conçue : « Vertueux seigneur, nous sommes venus ici, et toi, comme fils de notre seigneur le sultan, tu n'as pas envoyé quelqu'un de tes hommes pour nous demander la cause de notre arrivée. Nous te mandons maintenant de sortir et de venir nous trouver pour contracter avec nous un nouveau lien d'amitié et rédiger les articles du traité de paix, par lequel tu t'engageras à ne plus recevoir dans ton île les pillards et les corsaires qui peuvent nous faire du mal, à ne point permettre que ton pays leur donne l'hospitalité, mais à regarder nos amis comme tes amis et nos ennemis comme tes propres ennemis, ce que doivent faire de bons amis et de bons voisins. Notre seigneur le sultan nous a donné son tapis pour l'étendre sous toi et pour que tu puisses t'y asseoir. Quand tu viendras, nous confèrerons avec toi et tu seras content; nous te laisserons ensuite et nous retournerons auprès de notre seigneur. Sache que si tu ne viens pas à nous, c'est nous-mêmes qui irons te trouver, et sois sûr que dimanche ne se passera pas sans que nous nous soyons rencontrés.»

Quand les chevaliers eurent lu cette lettre, ils se moquèrent de la manière dont elle était rédigée; d'autres très irrités disaient : «Ils nous trompent!» On arrêta l'ambassadeur envoyé par Pikénis et on le mit à la torture à tel point qu'on le fit mourir d'une mort injuste et perfide, pareille chose n'étant jamais arrivée à un ambassadeur. Il y eut aussi un autre ambassadeur qui, arrêté par sire Thomas Provost, fut mis en prison et soumis à une grande surveillance dans la tour de l'arsenal de Leucosie. On persécuta les esclaves sarrasins baptisés, dans la pensée qu'en les effrayant on les empêcherait d'aller retrouver leurs anciens coreligionnaires. Il arriva précisément le contraire; car plusieurs Sarrasins baptisés prirent la fuite et se cachèrent dans les montagnes, justement afin de ne pas être pris par les Sarrasins. Parmi ces esclaves, je citerai Georges de Tamathiani qui faisait cuire la poudre pour fabriquer la colle servant à épurer le sucre, Théotokis, le maçon du roi, Nicolin de Lutraris, Mikellos le Taliouris, le Syrien affranchi, Paul, l'esclave de l'évêque, l'esclave du couvent de Machéra, l'esclave du couvent de la Grande-Croix, surnommé Stavrias à cause de cela, et beaucoup d'autres qui aimaient mieux s'exposer à la mort que de se rendre aux Sarrasins. Mais, comme Dieu voulut jeter le trouble dans la tête des officiers et des conseillers pour leur faire prendre les choses en sens contraire, ces mêmes hommes se conduisirent ainsi à l'égard des âmes des pauvres ambassadeurs et des pauvres baptisés.

Revenons au roi et à l'armée campés à Chérokitia. Nos vigies vinrent le samedi 6 juillet 1426 annoncer que les Sarrasins se préparaient à nous donner l'assaut. Le roi commanda alors à tous ses gens de venir dormir autour de la tour; ce qui fut exécuté. A minuit, un signe parut au ciel; une grande étoile, s'arrêtant dans le ciel pendant un moment, vint tomber sur la tour. L'armée s'effraya et dit: «Dieu! que ce signe tombe sur la tête des Sarrasins ou sur celle du prince, mais non sur notre seigneur le roi!» Pendant toute la nuit on surveilla le roi. Le vin commençait à manquer; il n'en restait plus que quatre charges; le roi se fâcha contre Apodochatoro de ce que celui-ci n'en avait pas fait une provision suffisante.

6 juillet 1426.

Quand apparut le dimanche bénit, 7 juillet 1426, le peuple vint chercher du vin; messire Badin de Norès, maréchal de Jérusalem, me commanda à moi, Léonce Machéras, de n'en donner à aucun des indigènes jusqu'à ce qu'on en apportât. Le peuple en exigea de force; à la fin ils saisirent, les uns une charge, les autres une outre, d'autres des veaux et de plus petits animaux; une grande querelle survint à cause de cet envahissement du magasin qui se trouvait dans la cour. Messire Badin de Norès, voyant cette rebellion dont le but était d'enlever le vin, descendit l'escalier de la tour et assaillit tellement le peuple qu'un garçon nommé Harion Scaramas lui dit: «Seigneur,

7 juillet 1426.

tu nous bats et tu nous chasses! Où donc alors trouver à boire pour tenir tête à nos ennemis?» Le maréchal irrité lui porta un coup sur la tête qui fit tomber le casque de ce Harion. D'autres allèrent dans les aires pour prendre de la paille et en firent manger en abondance à leurs chevaux. Tous se gorgèrent en se remplissant le ventre comme des porcs.

Le roi finissait de dîner quand on vint lui annoncer l'arrivée des Sarrasins. Il mit son casque et descendit pour monter à cheval. Sistros Grellios, qui devait porter le drapeau royal, n'étant pas présent, le roi commanda à Perrin David le Favas de tenir l'enseigne devant lui; Sistros parut immédiatement et prit le drapeau. Le roi fit donner l'ordre par son crieur que tout le monde s'armât. Comme l'armée se trouvait au milieu d'un champ, il commanda aux soldats à pied de mettre les armes les unes auprès des autres, de manière à en faire un mur. On forma ainsi cent grands pavois avec les armes. Sur ces entrefaites arrivèrent des hommes de l'avant-garde qui avaient été blessés par les Sarrasins; c'étaient Scarmoutzas et Constantin de Papas, le frère du père Livon, évêque des Arméniens; ce dernier, à peine arrivé, mourut. Douze de nos guerriers prirent un Sarrasin et trois des nôtres furent tués, Démétrius Lacas qui fut conduit à Togni et deux autres. Le roi quitta sa tente, avança et ne trouva personne; il fit former des escadrons de 100 et de 50 soldats qui devaient se tenir prêts à se jeter sur les ennemis. Il prit cette mesure à cause de la désobéissance de la populace, dont une partie ne voulait pas reconnaître comme capitaine Jean de Verni, nommé par le roi. Ce capitaine, d'humeur difficile, était détesté par le peuple qui criait : « Nous voulons rester sous les ordres de notre seigneur le roi et non de cet homme. » Leur exemple fut suivi par d'autres, de sorte que personne ne voulait se soumettre à aucun autre chef que le roi, et cela afin de n'avoir pas à obéir à plusieurs chefs.

Les Sarrasins arrivaient à pas lents; ils envoyèrent un corps pour entourer notre armée du côté de l'orient. Les Arméniens et les affranchis se rassemblèrent d'un côté en attendant l'assaut des Sarrasins. Le roi se trouvait justement au milieu de l'armée, ayant le prince à sa droite[1] et sire Jean de Grinier et sire Badin de Norès à sa gauche. Notre armée se tenait d'un côté, formant des pavois comme le roi l'avait commandé et ressemblant à une muraille d'armes. Les Sarrasins parurent alors au sommet d'un monticule vis-à-vis du champ; les Syriens et les soldats à pied, à la vue des ennemis, poussèrent un grand et terrible cri en battant leurs tambours; les Sarrasins en firent autant. Alors le roi dégaîna son sabre et toute l'armée se précipita sur eux. La mêlée eut lieu sur le sommet de la montagne. Plusieurs Sarrasins étant tombés, ils firent un détour et le roi se tourna de l'autre côté. Un jeune et vaillant Turc, salarié du roi, lui dit : « Seigneur, retournons contre eux une seconde fois pour les mettre en fuite, parce que leur trompette a sonné la retraite. » Personne ne voulait retourner; les soldats à pied, hommes sans expérience de la guerre, abandonnèrent les pavois formés de leurs armes et s'enfuirent de tous les côtés. Un guerrier à cheval,

---

[1] Il y a ici des répétitions dans le manuscrit d'Oxford.

373 voyant le fils de Tacca et le prenant pour un Sarrasin, lui porta un coup de sabre sur son bouclier; le sabre l'ayant traversé de part en part, lui donna la mort. Janot Castrisio, Georges Ibrahim et Nicolas Zandilier se distinguèrent aussi. Mais, l'armée s'étant mise en déroute, ces actes de bravoure furent inutiles. Beaucoup des nôtres furent tués, parce qu'ils n'avaient pas d'expérience et étaient mal dirigés.

Les Sarrasins, voyant notre déroute, conçurent le soupçon que le roi avait préparé quelque embuscade dans la tour de Cherokitia. « Ils font semblant de fuir, disaient-ils, pour que nous les suivions, et quand nous passerons la tour, ceux de l'embuscade nous prendront par devant et les autres par derrière pour nous massacrer. » Dans ce moment les Sarrasins prièrent Dieu de leur envoyer quelqu'un pour faire la paix, mais la fortune ne nous favorisa pas. Les Sarrasins, ainsi effrayés, venaient à pas lents, et rencontrant sur leur chemin des hommes fatigués par les armes, ne les tuaient pas.

Cependant le roi continuait sa route; son cheval avait déjà buté deux ou trois fois, lorsqu'il rencontra un chameau dans le même chemin; son cheval ne pouvant pas passer, il mit pied à terre et prit un cheval de course qui était monté par Antoine Marris. Les Sarrasins, étant arrivés devant la porte de la cour de Cherokitia, y trouvèrent le corps de leur ambassadeur qui, après avoir été torturé, avait été tué par le prince à son retour. La cour était déserte. Les Sarrasins, irrités à la vue du corps de leur ambassadeur, pressèrent le pas, et ayant rencontré le prince, le tuèrent. On s'approcha du roi; deux mamelouks l'assaillirent avec leurs lances mises en travers. Le roi, n'ayant pas de lance, tira son sabre. L'un des mamelouks lui porta un coup au visage; le roi se défendit et se mit à crier en langue arabe «Melek!», ce qui signifie roi. L'autre Sarrasin passa sans le toucher. Je tiens ces détails de la bouche du connétable de Chypre. Les Sarrasins, apprenant que c'était le roi, tombèrent sur lui et l'arrêtèrent. Il n'y avait personne avec lui pour le secourir. Ils arrêtèrent aussi un Catalan nommé Suarès et un pauvre boutiquier nommé Colis qui comprenait l'arabe. Ils s'en retournèrent ensuite en tuant les gens fatigués qu'ils avaient épargnés la première fois; ceux qu'ils trouvaient en route étaient passés au fil de l'épée. Un mamelouk, ayant rencontré un jeune chevalier, le mit à terre; mais celui-ci ayant sauté de nouveau sur son cheval, le mamelouk s'effraya et prit la fuite.

C'est ainsi que le roi, abandonné par son armée, fut pris et conduit à Salines. Le même jour, avant la nuit, la nouvelle arriva à Leucosie et fut transmise au cardinal.

Le nombre des guerriers tués sur le champ de la bataille montait à vingt. Je vous citerai leurs noms. Que Dieu leur accorde le repos! Le prince de la grande Antioche, frère du roi, sire Fermoun Babin, sire Caras de Montolif, sire Barthélemy de Navarre, sire Martin[1] de Villerbe, sire Jacques de Kiventes, chevalier du prince, huit chevaliers allemands, Jean Provost, fils de sire Thomas, Thomassin de la Gridia, chevetain de Sivouri, Janot d'Acre, serviteur du roi et maréchal de l'étable royale, Sistros Grellios,

---

[1] Voy. plus haut, p. 353, où il l'appelle Marin.

serviteur du roi, d'origine génoise, le seigneur Thomasel de Paradiso, Nicolin Zandilier, serviteur du roi, Janot, le fils de Doria Castrisio, Janot de Ramefort, le fils d'Amaury Galliart, chancelier du roi, Harion Scaramas, homme d'armes et génois de nation, Nicolin d'Acre, homme d'armes. Beaucoup d'hommes du peuple furent tués : sire Temé le Maktasip, Nicolas Primikyris le parfumeur, Georges le cordonnier, maître Ibrahim le négociant, Antoine le cordonnier, Sarrasin baptisé, Amirallios le sergent, Salahas, Fakelatos, Nicolas le cuisinier, le frère de Jean et plusieurs autres Syriens, Arméniens, affranchis, étrangers, ainsi que beaucoup de Moraïtes; des aides de camp, Nicolin Galliardo, Georges le cordier le borgne, Nicolas Safinis, boutiquier, Thomassin Bustron le tailleur.

Je vous signalerai aussi les forces de mer dont le roi disposait et qui n'arrivèrent pas à Limisso en temps convenable : sept galères royales, deux de Rhodes, deux catalanes, l'une de sire en Palol, et l'autre de sire Jean de Flenxer, une autre du frère Recanto, une galéasse de Matthieu Costa au nez mutilé, et sept navires, dont l'un de sire Georges de Camperen, le second de Cotzilio, le troisième du frère Prigoman, le quatrième de Carsemian Tonamat, un autre du roi, et deux petits. S'ils étaient arrivés à temps contre les Sarrasins, on n'eut pas éprouvé tant de malheurs et tant de pertes. Quand le roi fut arrivé, cette flotte parut à Salines; les Sarrasins, à sa vue, furent effrayés et forcèrent le roi d'écrire une lettre dans laquelle il lui donnait l'ordre de s'en retourner. Ainsi intimidée, la flotte partit après avoir reçu indûment la paye du roi.

Quand le seigneur cardinal apprit cette triste nouvelle, il fit aussitôt enlever de Leucosie pendant la nuit tout ce qu'il put des biens du roi et chargea sire Étienne Spinola de les transporter à Cérines, et il mit des gardiens aux portes de la ville, dans la crainte que les Sarrasins n'y arrivassent. Puis, après avoir pris dès l'aube du jour le prince d'Antioche, fils du roi, Jean, ses sœurs mesdemoiselles Anne et Agnès, et d'autres, le cardinal se rendit à Cérines. 376

Les Sarrasins avaient conduit le roi aux Salines avant l'apparition de la flotte dont je vous ai parlé. Au même moment parurent deux vaisseaux de pèlerins, allant en Terre Sainte; ils se querellaient avec la flotte pour savoir qui prendrait les devants à cause des Sarrasins. Enfin les malheureux pèlerins firent voile pour passer au milieu de ces derniers; les autres vaisseaux ne voulurent pas les imiter. Aussi les pèlerins, se trouvant seuls, furent pris par les Sarrasins; les uns furent tués et les autres mis aux fers. C'est par ordre du roi que la flotte retourna à Cérines, comme je l'ai dit. Ainsi les Sarrasins, débarrassés de la flotte royale, commencèrent à piller l'île, en transportant dans leurs vaisseaux des hommes, des animaux et des vêtements.

Les signes sont toujours de sûrs présages, telle est du moins l'opinion de ceux qui savent les interpréter. Depuis longtemps les chiens hurlaient, les corneilles et les chouettes criaient sur la cour et sur la forteresse, lorsque le roi fut fait prisonnier. Le même dimanche où eut lieu ce désastre, un épais brouillard couvrit l'île et chacun croyait que le monde allait finir.

Les Sarrasins firent mettre pied à terre aux pèlerins; ils les tiraient dans tous les sens, en les frappant avec des cailloux devant le roi pour s'amuser. Ils moururent ainsi le lundi.

L'armée ennemie marcha alors contre Leucosie et le roi fut mis aux galères. En arrivant à Potamia, ils incendièrent ce village et la cour qui en dépendait. Arrivés au village de Sainte-Marine de Connos, du côté de la porte de Paphos[1], ils n'osèrent pas entrer dans Leucosie, en voyant cette ville si grande. Le cardinal, en sortant de Leucosie pour aller à Cérines, avait laissé comme gouverneur de la ville Eustathe Pournellis. Tous les Vénitiens de Leucosie avec d'autres, au nombre de mille, se réfugièrent dans la maison du baile, en prenant avec eux tout leur bien en or et argent, outre leurs femmes et leurs enfants. Cette maison appartenait au maréchal de Chypre. Ils avaient pris ce parti croyant que les Sarrasins, comme amis des Vénitiens, les épargneraient; mais, «hélas! la toile fine tombera entre les griffes du chat», (comme dit le proverbe).

Les Vénitiens, voyant que les Sarrasins, arrivés à Sainte-Marine, n'osaient pas entrer dans la capitale, leur envoyèrent sire Joseph Audet avec son frère sire Bechna, sire Aboun, sire Chimis et tous les autres frères Audet avec sire Badin Gonème qui connaissaient la langue arabe. Ceux-ci les engagèrent à occuper la ville et les conduisirent avec des flambeaux. Alors ils demandèrent des emplois aux Sarrasins. Messire Jean Flatre, nommé secrétaire pour les

---

[1] Le manuscrit d'Oxford dit «Sainte-Marine de la Basse Porte»; Strambaldi traduit *della porta da Baffo*.

comptes des bailliages, indiqua aux envahisseurs les rentes de la trésorerie royale. Ils publièrent un ordre qui invitait tous les habitants à retourner à leurs affaires; ils donnèrent à quelques-uns des flèches comme gages de sûreté; mais ces flèches ne les protégèrent nullement. Alors l'envieux Manuel Ascas conseilla aux Sarrasins d'adresser une lettre écrite de la main de sire Badin Gonème à Eustache Goul pour l'inviter à prendre le poste de percepteur. Ainsi trompé, Goul vint de Saint-Onuphre où étaient ses vignobles, pour montrer seulement où se trouvaient les rentes de la trésorerie. La flotte des Sarrasins, voyant que les vaisseaux du roi revenaient après en avoir reçu l'ordre de s'en aller, fut effrayée et manda à l'armée qui se trouvait à Leucosie de s'en retourner le plus tôt possible; ce départ fut cause que la ville fut sauvée de l'incendie. Avant de quitter Leucosie, les Sarrasins allèrent à la maison du baile des Vénitiens où ils trouvèrent tant de monde et tant d'argent à enlever qu'ils en furent rassasiés. Ils mirent le feu à la célèbre cour du roi et au fondouc. La langue humaine ne pourrait décrire la grandeur et la beauté de ce marché. Pour en faire comprendre l'étendue, je vous dirai seulement qu'il y avait quatre églises pour servir aux travailleurs et au peuple qui restaient en dedans.

Le vendredi, ils pillèrent les maisons, les temples et les couvents, en enlevant beaucoup de trésors à des Chrétiens; ils pillèrent aussi le couvent de la Grande-Croix. Le feu commençait à se répandre lorsque heureusement Hannas de Damas et madame Pella la Mohroutina s'en rendirent maître et l'éteignirent, sans qu'il eût causé des dégâts considérables.

Le vendredi, les Sarrasins prirent les esclaves chrétiens et les biens pillés et allèrent au diable.

Quand l'armée des infidèles fut partie, la populace se souleva et pilla les maisons, en tuant beaucoup de monde. Un soldat au service du roi et nommé Sforza, pilla tant qu'il put; il chercha même, avec les Espagnols, à occuper Paphos, pour en devenir le seigneur. Les paysans révoltés nommèrent des capitaines à Leuca, Limisso, Orini, Peristerona, Morpho. A Leuconico, un Alexis s'intitula roi; tous les paysans se soumirent à lui. Ils ouvrirent de force les celliers des honnêtes gens et prirent les vins; d'autres enlevèrent le blé des aires; d'autres volèrent le sucre et d'autres récoltes des honnêtes personnes. Un chevalier arménien, pendant qu'il conduisait sa femme à Paphos, fut arrêté à la capitainerie de Leuca; sa femme fut violée et lui tué. L'évêque latin frère Salomon, allant à Famagouste, fut arrêté par l'armée du roi Alexis; il fut pillé, battu, déshonoré; il échappa cependant à la mort. Ils firent beaucoup de mal, ce que Dieu ne put pas supporter.

Le cardinal, informé de la révolte des paysans et des maux que ces loups causaient, nomma gouverneur sire Badin de Norès, maréchal de Jérusalem, qui, accompagné de sire Henri de Giblet et de Perrin Machéras, serviteur du roi, vint avec une armée occuper Leucosie. Il fit publier un ordre d'après lequel chacun devait rester tranquille et s'occuper de ses affaires, et personne, sous peine d'être décapité, ne devait causer le moindre mal. Il chargea frère Ange de l'Hôpital, qui était bailli de Paphos, d'aller avec Antoine de Milan supprimer les capitaineries des paysans.

Ils allèrent à Morpho et à Leuca; les capitaines furent pendus au gibet, d'autres eurent le nez mutilé, d'autres s'enfuirent. Ainsi cessèrent la révolte et la malice de ces maudits paysans. Sire Henri de Giblet et Perrin Machéras se rendirent à Limisso et établirent des cours martiales jusqu'à Morpho. Le roi Alexis, arrêté par ruse, fut conduit à Leucosie où il fut pendu au gibet le lundi 12 mai 1427.

Le dimanche, 23 novembre 1426, arriva un serviteur du Pape pour apporter le chapeau de cardinal au protonotaire, avec les bulles nécessaires pour l'élever à la dignité de cardinal. Le dimanche, 30 novembre, le protonotaire, accompagné de nombreux chevaliers, alla à l'église de Sainte-Sophie. Messire Hugues de Lusignan, nommé protapostolaire, ensuite candidat, puis protonotaire et évangéliste, fut le même jour élevé au cardinalat avec le titre de diacre de Saint-André; on lui mit la cape écarlate et le chapeau, suivant l'usage indiqué dans les privilèges du Pape.

Le dimanche, 23 novembre de la même année, arriva à Chypre le bon Suarès de la part du roi. Après ce dernier arriva de Rhodes frère Ange de l'ordre de Saint-Dominique, auquel le cardinal remit des chemises, des braies et d'autres vêtements pour les porter au Caire au roi. Il fit ensuite partir sur la galéasse de Matthieu Costa comme ambassadeurs auprès du sultan, sire Étienne Piniol, Janus de Montolif, Rizas Camius et François Piniol. Quelque temps après, sire Étienne Piniol revint apporter des lettres arrivées avec un navire sarrasin. Le cardinal[1] envoya

---

[1] Le manuscrit d'Oxford porte par erreur «amiral». Strambaldi écrit aussi *amiraglio*.

Carcéran Suarès sur la galère du roi; il expédia aussi le seigneur de Beyrouth, sire Matthieu Ramès, sire Thomassin de Pologne, Perrin Pilistrin, Jacques de Pologne, maître Thomassin Bibi, sire Cole de la Princesse, premier chantre de Sainte-Sophie, et Georges Coromilos, son cuisinier. Le même cardinal envoya sur la galéasse de Matthieu Costa, en compagnie de sire Étienne Piniol que j'ai déjà nommé, Feret, le trucheman du sultan, Biliguier Fiquerello, Frasses Spinoel et Alexis Giacoupis, serviteur du roi.

Le lundi, 12 mai 1427, on annonça la nouvelle que la galère qui portait le roi était apparue à Paphos. Le même jour, on pendit au gibet le roi Alexis, comme nous l'avons dit; il était surintendant du bétail royal, attaché à l'office de la chambre du roi, parèque originaire du village de Catomilia. Le mardi, 13 mai, arriva Janus de Montolif. Le mercredi, 14 mai, le cardinal alla à Cérines pour recevoir le roi. Comme on était au milieu de la Pentecôte, le cardinal fit faire une grande illumination dans les temples et dire les grandes prières. A minuit parurent les galères conduisant le roi.

Le 15 mai, pendant le dîner, arrivèrent deux galères royales et une rhodienne avec deux navires conduisant les esclaves chrétiens délivrés. Le roi mit pied à terre sur le pont de bois construit par le cardinal sur la mer; là le roi salua son frère le cardinal et son fils Jean. Le 18 mai, au moment du dîner, le roi entra à Leucosie, au milieu des processions des Chrétiens et des Juifs; tout le peuple sortit à sa rencontre jusqu'à Sainte-Vénérande. Le roi avait conclu avec les Sarrasins un traité d'échange d'esclaves et il en avait amené du Caire et d'Alexandrie plusieurs auxquels les Chrétiens qui y résidaient avaient fait de généreuses aumônes; on délivra aussi des esclaves de la Barbarie, d'Allagia et des autres pays de la Turquie.

Mort du roi Janus.

Le 10 juin 1432 fut pris d'une paralysie qui lui donna la mort, notre bon seigneur le roi Janus; il n'avait jamais ri depuis le premier jour de sa captivité. Paralysé des mains et des pieds, il garda le lit pendant un an. On disait qu'il avait été empoisonné par les Sarrasins. Il a construit de nombreux édifices; il a terminé la forteresse et les maisons où il demeurait, l'ancien palais royal ayant été incendié par les Sarrasins. Ce fut un homme savant, fort, beau et bon. Depuis la mort de sa femme, il n'en a pas connu une autre. Ce furent ses conseillers qui l'empêchèrent d'exécuter ses sages desseins. Ces derniers, voulant imposer de nouvelles taxes, estimèrent les biens du roi en argent, en or, en pierres précieuses, en joailleries, à la somme de 200,000 besants. Comme le roi, après le pillage que les Sarrasins avaient fait dans l'île, avait 2000 ducats d'or, les mêmes conseillers s'en emparèrent pour acheter les camelots destinés à la paye du sultan.

Avant que le bruit de sa mort ne se répandît, tous les seigneurs entrèrent et firent le serment à son fils le roi Jean qu'ils le regarderaient comme leur seigneur. On publia ensuite la mort du roi Janus et immédiatement on cria: «Vive le roi Jean!»

Le 30 juin, on enterra le bon roi Janus à Saint-Dominique. Des dignités furent données aux chevaliers ci-dessous nommés; ils formèrent un conseil de régence ainsi composé: sire Pierre de Lusignan, son oncle, comte de Tripoli et connétable de Chypre, gouverneur du royaume; le fils naturel de ce comte, nommé sire Philippe de Lusignan, promu à la dignité de maréchal d'Arménie; sire Carcéran Suarès, amiral de Chypre et seigneur de Césarée; sire Jacques de Cafran, maréchal de Chypre et percepteur; sire Jacques de Floury, auditeur de Chypre; sire Hugues Soudan, chambellan de Chypre; messire Jacques Gouri, juge, fils de Nicolas Gouri; sire Pierre Pilistrin, turcoplier de Chypre; sire Hector de Balion, juge de la secrète; Matthieu Ramès, chevalier; sire François Zarneri, juge; sire Jean Salahas, bourgeois et bailli de la secrète. Ces offices leur furent donnés par le roi Jean qui les nomma ses conseillers.

Sire Badin de Norès, maréchal de Chypre, se trouvait alors à Constantinople; il y avait porté une lettre relative au mariage du prince, fils du roi Janus. En allant à Constantinople, il avait trouvé la fiancée qu'il devait accompagner à Chypre, pour la marier au roi Jean; quelque temps après, en 1433, cette fille de l'empereur mourut. Quant au susdit messire Badin, revenu en Chypre, il fut nommé et adjoint aux autres quarante conseillers.

Le 24 août le roi Jean de Lusignan fut couronné à Sainte-Sophie par le frère Salomon, évêque de Tarsos, de l'ordre de Saint-Dominique. La même année parut un très grand nombre de sauterelles. Depuis le commencement de juillet 1438 régna une grande épidémie qui ravagea Leucosie et les villages; elle dura pendant dix-sept mois faisant mourir beaucoup de monde dans l'île[1].

Le dimanche, 3 juillet 1440, le roi Jean fut couronné à Sainte-Sophie pour la seconde fois avec sa femme Medée qui tirait son origine de la France. Le 13 septembre 1440 la susdite reine Medée mourut; elle fut enterrée à Saint-Dominique dans le tombeau de sa belle-mère.

Le dimanche, 2 février 1441, arriva à Saint-Xife madame Hélène Paléologue, fille du despote de la Morée.

Le mercredi, 3 février 1441, le prieur d'Antioche, le chanoine, fils de la dame Carbonna, alla à la rencontre de la susdite Hélène Paléologue qu'il maria au roi Jean.

Le 28 mai 1453 le Turc infidèle ayant conquis Constantinople, la susdite reine de Chypre fut très affligée. D'excellents seigneurs de Constantinople et de nombreux moines cherchèrent un asile en Chypre. Désirant bien traiter ces réfugiés la reine prit l'église de Saint-Georges surnommé Mangana, et la transforma en un monastère auquel elle donna assez de revenus pour que son nom fût mentionné dans les prières.

En 1458, mourut la susdite reine Hélène; elle fut enterrée dans Saint-Dominique.

Le mercredi[2], 24 juillet 1458, Dieu manifesta sa volonté sur notre seigneur le roi Jean de Lusignan qui, étant né un lundi, mourut le même jour après midi; il fut enterré dans

---

[1] Machéras s'arrêtait très probablement ici. Les notes qui suivent ne sont que des additions postérieures faites par des copistes. — [2] Peut-être « le lundi ». Car il dit immédiatement après que le roi Jean est mort un lundi. Il y a dans cette phrase quelque erreur de copiste.

Saint-Dominique. Dans le même couvent mourut aussi sa fille Charlotte, veuve de son mari le prince Jean de Coïmbre; le jour même de la mort de son père elle avait été proclamée reine, suivant la coutume. Sa mère était morte soixante-dix jours avant son père. Que Dieu donne le repos à tous les deux!

1458 de Jésus Christ.

Fin.

APPENDICE.

I.

Éloge de Hugues IV, roi de Chypre, par Nicéphore Grégoras.

Nous avons publié cet opuscule dans l'Appendice placé à la fin du volume[1] consacré au texte de la Chronique de Machéras. Il ressemble à la plupart des productions byzantines de la même époque; les faits intéressants y sont noyés dans des amplifications oratoires. Ainsi Nicéphore Grégoras emploie deux pages pour dire que l'île de Chypre est dans une position préférable à celle des pays situés près des colonnes d'Hercule. Comme les observations dont nous avons fait précéder cette pièce nous semblent suffisantes pour la faire connaître, nous croyons devoir renvoyer le lecteur à ces observations. Il peut d'ailleurs, dans le cas où il ne pourrait pas aborder l'original, recourir à la traduction latine publiée par Laurentius Normannus et reproduite dans l'édition de Migne en regard du texte grec.

[1] Page 387.

II.

Chanson[1] sur Arodaphnousa.

En haut, dans le voisinage, il y a trois sœurs; l'une s'appelle Krystallo, l'autre petite Hélène, et la troisième, la plus belle, on la nomme Arodaphnousa. Celle-ci l'empereur l'aime, celle-ci le roi l'aime, le roi du levant et l'empereur du couchant. Quand la reine en eut connaissance, elle en eut un bien vif chagrin. Elle envoie quatre messagers vers Arodaphnousa pour lui donner ordre de venir. Quand Arodaphnousa apprit cet ordre, son cœur battit dans sa poitrine; ses larmes commencèrent à couler, elle pleura de toute sincérité; elle se défend, elle dit aux serviteurs : «Que me veut la reine? Que signifie cet ordre? Veut-elle me prendre parmi ses esclaves, il faut que j'emporte mon métier; veut-elle que je danse, je prendrai mon écharpe.....» Les serviteurs lui répondent : «Nous irons comme vous voudrez; nous sommes pressés, nous avons faim, il faut que nous mangions.» Arodaphnousa rentre

---

[1] Voy. l'Appendice du volume grec, p. 395. Nous reproduisons ici la traduction de M. Gidel.

chez elle, pour changer de vêtements. Elle prend, dessous, des vêtements brodés, des vêtements dorés; enfin elle met sur le tout un vêtement de perles. Elle prend des parfums, elle lave son corps; elle croyait qu'elle allait près d'une compagne de son rang. Elle a pris une branche de romarin, pour se préserver du soleil, une pomme dans la main avec laquelle elle joue, et elle se met en marche. Elle va au palais, elle s'arrête et réfléchit en elle-même, elle s'arrête et réfléchit sur la manière dont elle saluera la reine. «Le giroflier, le giroflier a des rameaux», lui dira-t-elle; «la rose a des épines;» comment la saluera-t-elle, comme il lui convient d'être saluée. «Salut, reine, fille de roi, qui brilles sur le trône, comme une blanche colombe.» Quand la reine l'a vue, elle s'est levée pour venir au devant d'elle : «Tu as bien fait de venir, Arodaphnousa, pour boire et pour manger avec moi, pour manger les parties délicates d'un lièvre, pour manger une perdrix rôtie, pour boire de ce vin si doux dont boivent les braves; quand les malades en boivent, ils sont aussitôt guéris.»

Quand Arodaphnousa l'entend, son cœur s'en réjouit; elle a pris une chaise dorée, et elle s'est assise près d'elle. «Rose de pourpre, flèche toute d'or, ma reine, que me voulez-vous? Pourquoi m'avez-vous fait venir?» — «Je t'ai fait venir pour te voir, pour te faire asseoir auprès de moi, pour causer ensemble, et ensuite pour manger ensemble, et pour nous promener.»

Elle la prend par la main, et elles vont dans le jardin, et tous ceux qui les voient, les admirent. Elles ont passé ce jour comme des sœurs, elles ont joué ensemble, elles se sont promenées, les servantes malignes en rient de loin.

Le jour est fini, et le soleil va bientôt se coucher. Arodaphnousa commence à prendre congé de la reine : «Je vous souhaite une bonne santé, reine, branche de pommier d'or, qui avez le cou blanc comme une perle.» La reine ne l'entendit pas, et elle ne lui répondit pas. Arodaphnousa en conçoit de la colère, et elle reprend : «La voilà, cette femme au gros vilain front, édentée, ce petit coq enroué dont on me disait tant de belles choses!»

La reine n'entendit pas, mais ses servantes entendirent. «Ecoutez, Madame, écoutez Arodaphnousa, ce qu'elle dit de vous; elle vous a appelée femme au vilain front, édentée, petit coq enroué dont on dit tant de belles choses.»

Quand elle apprit cela, la reine en fut très mécontente; le lendemain, elle envoie à Arodaphnousa un cavalier. — «En route, Arodaphnousa, la reine veut vous voir, allons vite en route!» — «Hier, j'étais chez la reine, et elle veut maintenant me voir!» — «Allons, vite, cela ne me regarde pas.»

Quand elle entend ces mots, le cœur lui bat dans la poitrine; elle se rappelle alors les propos qu'elle a tenus. — «Attends un petit instant que je me reconnaisse et m'arrange; j'ai peur dans mon âme de ne plus revenir. Adieu, ma maison! et mon lit où je couchais, adieu ma chambre où je buvais mon café, cour où je me promenais; je te ferme, ô mon coffre, et je ne t'ouvrirai plus. Je t'endors, ô mon cher enfant, et tu t'éveilleras avec une autre; c'est moi qui t'ai donné le jour; il faudra qu'une autre te fasse grandir!»

Elle se mit en marche, elle fit le chemin tout entier, et Arodaphnousa arriva au palais. Pendant qu'elle montait l'escalier, son cœur tremblait. La reine était prête; elle la prend par les cheveux : «Il faut que je te tue, chienne de folle; tu vas le voir maintenant, parce que tu aimes mon mari, tu veux me séparer de lui. Je t'ai fait grâce de la vie, mais tu en es devenue insolente; sache aujourd'hui que tu vas perdre la vie!» — «Je t'en prie, laisse-moi, laisse-moi vivre une heure, afin que je puisse dire adieu à mon roi de si grande beauté!»

Elle commença alors à crier comme un bœuf, elle mugit, avec des larmes, avec des cris, et voici ce qu'elle dit : «Adieu, mes yeux, adieu, ma lumière, c'en est fait de moi, je quitte le monde. Mon roi, je te dis adieu avec larmes, avec affliction, je t'ai aimé et je t'aime, il y a maintenant huit ans; je t'ai aimé du fond de mon cœur, tu as enflammé mon âme, et ta femme cruelle maintenant me fait mourir!»

Elle jette un petit cri, elle jette un grand cri, et le roi qui était là-bas se sentit remuer sur son siège; aussitôt il se lève et dit à son serviteur : «Amène-moi mon coursier qui broie les pierres, qui broie le fer, qui boit l'écume.»

Il va et chevauche sur son coursier gris, et dans le temps qu'on met pour dire bonjour, il a fait un millier de milles; le temps de dire adieu, il en a fait cent cinquante autres. Il excite son cheval de la bride, il entre dans la ville.

Disons maintenant ce que la reine a fait à Arodaphnousa. Elle l'a prise par les cheveux, elle lui a coupé la tête, et l'âme de la malheureuse s'en est allée.

Le roi arrive, il frappe à la porte. Malheur, hélas! à la

malheureuse Arodaphnousa! Il a donné un coup de pied dans la porte, et la porte est sortie de ses gonds; quand il voit tant de sang, il perd connaissance et ne voit plus rien. Quand il eut repris ses sens et qu'il fut revenu à lui-même, il marche sur la reine, il tremble de colère : «Pourquoi as-tu mis à mort, chienne, cette jeune femme? J'anéantirai ton nom, je ruinerai ta fortune; va-t'en d'ici, punaise immonde; liez-la à l'écurie, comme une vieille ânesse. Les os d'Arodaphnousa, je les mettrai dans un coffre d'or, vieille ânesse, je donnerai les tiens aux chiens.»

Aussitôt il la pousse hors du palais; il prend dans ses mains le corps d'Arodaphnousa, il se lamente et il dit, il dit en se lamentant, et ses mains tremblent, et il se met à pleurer : «Arodaphnousa, mes yeux, ma lumière, ma consolation, il y a huit ans que je t'aime, que je t'ai dans mon cœur; je t'aimais, tu m'aimais d'un amour fidèle, mais voilà que cette femme trois fois maudite t'a mise à mort. Arodaphnousa, mes yeux, c'est pour moi que tu es morte; et moi, je vois que ma vie est finie; je t'aimais, chère amie, j'en avais un secret plaisir, et maintenant l'on t'a fait mourir, et je n'en ai rien su. Le soleil s'est couché, la lune a perdu sa lumière; un tel malheur ne s'éteint pas, qui peut le supporter? Les fers sont suspendus à la porte neuve, tout le monde aime, tout le monde se réjouit, et moi, j'ai perdu toute joie.»

Avec beaucoup de chagrin, avec beaucoup de douleur, il gémit profondément; il ordonne qu'on lui fasse des funérailles royales; on a enlevé le corps, et l'on va pour l'ensevelir; le roi a donné l'ordre aux grands et aux petits de pleurer. On a emporté le corps, on l'a enseveli, tous ses parents pleurent, et sa mère, ses sœurs et ses frères, et toute sa parenté.

Puissent vivre longtemps tous ceux qui liront ce chant, que tous ceux qui le liront donnent deux larmes; vous tous, qui le lisez, soyez heureux, et vous tous, qui êtes mariés, renoncez à l'amour!

Chanson de la reine et d'Arodaphnousa.

Quelque part l'éclair brille, quelque part la foudre gronde, la grêle tombe? Ni l'éclair ne brille, ni le tonnerre ne gronde, ni la grêle ne tombe : seulement c'est la reine qui demande à ses esclaves quelle est celle que le roi aime, et les esclaves lui répondent : «En haut, en haut dans le voisinage, il y a trois sœurs; l'une s'appelle Rose, l'autre Anthousa, la troisième et la plus belle est Arodaphnousa (Laurier Rose). Que Rose l'aime, qu'Anthousa lui donne des baisers; mais c'est la troisième, la plus belle, qui fait sa couche et la partage.» Quand le roi apprend ceci, il part et va auprès d'elle; et la reine, instruite de ce voyage, s'irrite et s'emporte. Elle envoie un message et des ordres à Arodaphnousa pour qu'elle vienne. «Levez-vous, Arodaphnousa, la reine vous demande.» — «La reine me demande, moi; elle ne m'a jamais vue, elle ne me connaît pas; si elle me veut pour la cuisine, je prendrai mes ustensiles. Si elle me veut pour la danse, je prendrai mon écharpe.» — «Allons, partons, Arodaphnousa, comme vous voudrez, partons.»

Elle rentra chez elle et changea les vêtements qu'elle

portait, ni longs, ni courts, justes à sa taille. Elle mit, en dessous, ses vêtements d'or, par dessus, un vêtement de cristal, enfin tout à fait par dessus, un vêtement garni de perles. Une pomme d'or dans la main, elle badine et s'avance; elle s'arrête, elle réfléchit à la manière dont elle saluera la reine : « Lui dirai-je, le giroflier, le giroflier prie; lui dirai-je, la vigne, la vigne a des nœuds; lui dirai-je, la rose, la rose a des épines? Je dois la saluer ainsi qu'il convient, ainsi qu'elle le mérite. » Elle se met en route et elle marche dans le sentier jusqu'au bout, dans le sentier qui la conduit à la demeure de la reine.

Elle monte un escalier; elle se balance et se plie; elle monte un autre escalier et elle fait la coquette; enfin, au bout de l'escalier, la reine l'aperçoit, elle crie à son esclave d'apporter une chaise. « Bonjour, reine. » — « Sois bien venue, ma perdrix, tu as bien fait de venir, Arodaphnousa, pour manger et pour boire avec nous. Pour manger les morceaux délicats d'un lièvre, pour manger une perdrix rôtie, pour manger l'asphodèle que mangent les braves, pour boire le doux vin que boivent les gens de noble renom; quand les malades en boivent, ils se trouvent guéris. » —
— « Je ne suis pas venue, reine, pour manger, pour me régaler; à ton commandement je suis venue, tu as envoyé me prendre. »

(La reine) l'interroge et lui demande quelle est celle que le roi aime. « O Madame ma reine, je n'en sais rien. »

Elle a descendu un escalier, elle s'est balancée et pliée, elle a descendu un autre escalier et elle a fait la coquette; enfin arrivée au bout de l'escalier de la reine, elle dit :

«Voilà cette femme au gros vilain front, ce petit coq enroué dont on me parle....» La reine n'entendit pas, son esclave entendit.

Elle envoie de nouveau des messagers avec ses ordres auprès d'Arodaphnousa. — «Allons en route, Arodaphnousa, la reine te réclame.» — «Tout à l'heure, j'étais près de la reine et la voilà qui me redemande.» — «Allons, partons, Arodaphnousa, la reine veut te voir.» Elle entre dans sa demeure, et prend des vêtements tout noirs; elle prend des vêtements d'or, elle se couvre tout entière de noir, elle couvre de noir sa pomme, elle joue et se met en marche.

Elle monte un escalier, se balance et se plie, elle monte un autre escalier et fait la coquette, elle monte un troisième escalier et elle dit : «Que me veux-tu, reine, quelle est ta volonté?» — «Allons, Arodaphnousa, le four chauffe.» — «Laisse-moi un instant, un tout petit moment, laisse-moi que je puisse faire entendre un petit cri, un grand cri, pour que le roi l'entende et qu'il vienne m'arracher.»

En haut, le roi est à manger, en haut, le roi est à boire; il l'entend. «Taisez-vous, toutes les violes et tous les luths; cette voix qui m'arrive est celle d'Arodaphnousa; qu'on m'amène mon cheval noir sellé et bridé!»

Il s'élance, il est en selle comme il sait le faire. En moins de temps qu'il n'en faut pour dire bonjour, il a fait un millier de milles; en aussi peu de temps qu'il en faut pour dire adieu, il a fait un autre millier de milles; il trouve la porte fermée; il pousse un grand cri : «Ouvrez-moi, reine, les Turcs sont à ma poursuite.» — «Attendez un instant, un petit instant, attendez, j'ai une femme sur le lit de douleur, il faut que je l'accouche. » Il a donné un coup de pied à la porte ; il était dehors et le voilà dedans ; il court et se dirige vers le four, il y voit Arodaphnousa ; il prend la reine et il la jette dans le four.

TABLE DES MATIÈRES.

TABLE DES MATIÈRES.

Aboun (sire), connaissait la langue arabe, page 377 [1].
Acamas, montagne, 354.
Achera, village, 19, 352.
Achlionta, village, 22.
Acre (Saint Jean d'), ville de Syrie, 205.
Acre (Janot d'), serviteur du roi, 374.
Acre (Nicolin d'), homme d'armes, 375.
Acrotiki, village, 21, 102, 248, 342, 357.
Adam, 225.
Adorno (Gabriel), ambassadeur génois, 80.
Agapius (Saint), 20.
Agaréniens, 20, 188.
Agiassi, voyez Lajasso.
Agrinou, village, 358.
Agro, bourg, 211.
Agulier ou Aguilier (Hugues d'), chevalier salarié, 33.
Agulier (Simon d'), fils du précédent, chevalier salarié, 33.

Aiguillon, v. Baudouin.
Akaki, village, 142, 145. — bâti par le roi Henri, 336.
Akanthou, village, 345.
Alaïa, v. Allagia.
Albanais, 7, etc.
Alectora, village, 19.
Aleman (Jeanne L'), femme de Jean de Montolif, 129. — maîtresse du roi Pierre, 127, 133. — maltraitée par la reine, 128. — Le roi entre dans sa cellule, 134.
Alep, ville de Syrie, 360.
Alexandre (Saint), 20.
Alexandrie, ville d'Égypte, 90, 93, 98, 119, 120, 160, etc., — prise par le roi Pierre, 91, 92, 97.
Alexis, évêque de Chypre, 18.
Alexis Ier Comnène, 11.
Alexis, surintendant du bétail royal, 380. — prend le titre de roi, 378, 379. — est pendu, 380.
Alexis ou Alexopoulo le Crétois, 319,

---

[1] Cette pagination répond à celle du texte grec qui est placée à la marge de la traduction française.

412 — TABLE DES MATIÈRES.

321, 322. — tue le prêtre Philippe, 323, 324, 325. — condamné et exécuté, 326.
Alfier (Jean de), patron de galère, 108.
Alfonso (Jean d'), juif catalan baptisé, ambassadeur au Caire, 96.
Alix, femme du roi Hugues, 41, 42. — après la mort du roi gouverne le royaume, 25.
Allagia ou Alaïa, ville de la Turquie d'Asie, 20, 61, 64, 77, 95, 200.
Allemagne, 71.
Allemands, 253.
Amar (Thomas), 307.
Amathonte, v. Leucara.
Amaury, v. Lusignan.
Amirallios le Sergent, 375.
Anastase (Saint) le Miraculeux, 19.
André (Saint), porte de Leucosie, 215, 239, 242, 243. — Tour de S. André à Leucosie, 232.
André (diacre de S.), v. Hugues de Lusignan.
Andronic le Gorhigiote, 356. — brûlé vif, 359.
Andronic (Saint) de Canacaria, village, 21.
Anemour, ville de la Turquie d'Asie, 74, 175.
Ange, dominicain, 380.
Ange de l'Hôpital, bailli de Paphos, 379.
Anglais, 315.
Angleterre, 15.
Anichia, village, 256.
Anseau, v. Brie et Kivides.
Antiaume (Hugues d'), capitaine de Cérines, 128.
Antiaume (Léon ou Luc ou Lucas d'), 318. — capitaine de Satalie, 77, 107. — a une querelle avec le Seigneur de Rochefort, 112. — reçoit la forteresse de Cérines, 287, 289, 292, 293, 300. — le roi lui écrit, 290, 291.
Antiaume (Louis d'), chevetain de Cérines, 342.
Antioche, 24. — Prince d'Antioche, titre donné au second fils du roi, 47. — Seigneurie d'Antioche, 344.
Antioche (Jacques d'), 318.
Antioche (Jean d'), fils de Thomas de Montolif, 34, 62, 87, 102, 108, 345. — commandant d'une flotille, 74, 101.
Antioche (Pierre d'), 116. — surintendant des sacs, 337.
Antioche (Simon d'), 135. — s'embarque avec le roi, 61.
Antioche (Thomas d'), 88, 105. — nommé chevalier, 91.
Antoine (Saint), 261. — Église de Saint Antoine, 341.
Antoine de Bergame, v. Bergame.
Antoine le cordonnier, sarrasin baptisé, 375.
Antoin (Mafiol de Saint), v. Mafiol.
Apalestra, village, 345.
Apodochatoro (Jean), négociant, 360, 370.
Apôtres (Pont des Saints), à Leucosie, 240, 242.
Ara, village, 282, 283, 285.
Ara (Thomas), chevalier, 92.
Arabes, 38.
Aradippo, village, 188, 358.
Aragon, 55. — Pierre d'Aragon, père de la reine Eléonore, 55, 107, 192, 193, v. Eléonore.

TABLE DES MATIÈRES.

Arcadius, évêque, 18.
Aristote, 271.
Armaratti (Thomas), tué dans un combat, 358.
Armeniaki, village, 58.
Arménie, 35, 59, 115.
Arméniens, 140, 206.
Aroda, village, 20.
Arsinoé, village, 18.
Arsouf ou Arsur (seigneurie d'), v. Jean d'Ibelin.
Ascas (Manuel), 377.
Aschia, village, 234, 236, 252.
Asie Mineure, v. Romanie.
Athanase (Saint) Pentaschinote, 22.
Athanase, évêque, 18.
Athienu, village, 21.
Attalie, v. Satalie.
Audet (Joseph), connaissait la langue arabe, 377.
Augustin (monastère de Saint), 195, 283. — Hôpital de Saint Augustin élevé par la reine, 352.
Auxibius, évêque, 18.
Auxive (Saint), v. Saint Xife.
Auxuthenius ou Auxentius, évêque, 19.
Avdimu, village, 20, 367.
Avignon, 68, 71, 86.
Axylu, village, 20.
Azapides, 355.
Azario (Thomas de), ambassadeur génois, 81.

Babin (Fermoun), tué dans un combat, 374.
Babin (Guy), 306.
Babin (Jean), fils de Raymond, chevalier salarié, 33, 196, 345. — sénéchal, 310. — envoyé à Gênes comme gouverneur du fils du roi, 344.
Babin (Jean), fils de Guy, 306.
Babin (Jean), fils de Resia, 306.
Babin (Jean) le Jeune, 318.
Babin (Raymond ou Ramond), bouteiller de Chypre, 53, 54, 62, 87, 127, 145, 306, 318. — fait partie de la flotte, 102, — ambassadeur, 212, 225, 226, 227. — père de Jean, 306.
Babylone, 125, 159.
Badin, v. Brie et Norès.
Bagi, génois, 309.
Baharides, v. Barsacides.
Balion (Hector de), juge de la secrète, 382.
Barabak, seigneur d'Allagia, 367.
Barbara (Sainte), 323.
Barcelone, 55, 192.
Bardalès (Georges), ambassadeur de Calojean Paléologue, 188.
Barkos, sultan, 362.
Barlaam (Saint), 20.
Barlais (Amaury), 25.
Barnabé (Saint), 19.
Barnabé, plusieurs évêques de ce nom, 18.
Barnabé le moine, 19.
Barnabo, duc de Milan, 191, 328.
Barsacides (Turcs), 106.
Basile, (Saint), 20.
Basile, évêque, 18.
Basset (Jean), 68.
Batroun, ville de Syrie, 160.
Baudouin Ier, 12, 29.
Baudouin d'Aiguillon, 12.
Baudouin le Jeune, 12.
Baudouin le Lépreux, 12.
Baudouin le Vieux, 12.

Baume (Guillaume de La), 341. — donné aux Génois comme otage, 306.

Baume (Guy de La), maréchal de Chypre et de Jérusalem, 345. — s'échappe, 310, 337. — meurt, 348.

Baume (Hugues de La), connétable de Chypre, 337, 340, 344. — envoyé auprès du sultan du Caire, 104. — mort de sa femme, 354.

Baume (Jean de La), 62. — fait partie de la flotte, 102.

Baume (Odet de La), 318, 340.

Baxis, serviteur d'un maître d'armes nommé Cosmas Machéras, 254.

Beaulieu de Leucosie, 20.

Beauté (Michel de la), v. Bourgogne (bâtard de).

Bechna, frère de Joseph Audet, 377.

Bédouin (Hugues), chevalier salarié, 33.

Bédouin (Jean), chevalier, 318. — fait partie de la flotte, 62, 101. — va au Caire, 168.

Bédouin (Jean) de la Chaîne de l'Ardrette, chevalier, 318.

Bédouin (Jean) Lachné, 166. — envoyé au Caire, 168, 170.

Bédouin (Jean) le Jeune, donné comme otage aux Génois, 202, 204.

Bédouin (Jean) Lusignan, commande une galère, 108.

Bédouin (Odet), fait partie de la flotte, 102.

Bédouin (Pierre), surintendant des sacs, 318.

Belonia (Jacques ou Paul de), catalan, notaire, 103. — ambassadeur au Caire, 96, 98.

Belpharage (Jean), le riche frère prieur, 313.

Belpharage, v. Thibat.

Bénafé (Guy), maître guerrier de Cérines, 345.

Bérenger (Raymond), grand-maître de Rhodes, 112.

Bergame (Antoine de), médecin physicien, chef de l'office de la chambre royale, 347.

Berline (la), 45. — Pont de la Berline à Leucosie, 232, 239, 241, 242, 286.

Bermond, v. Voulte (de la).

Bertili de Savoie, accompagne le fils du roi Janus, 352.

Bès, conseiller du roi, 359.

Bessan (Amaury de), 25.

Bessan (Enguerrand de), 34.

Bessan (Hugues de), 34.

Bethsan ou Bessan (Eustache de), capitaine de Satalie, 199.

Beyrouth, ville de Syrie, 94, 100, 159, 161. — seigneurie, 25, 380, v. Jean de Lusignan.

Bibi, génois-chypriotes d'origine syrienne, 204.

Bibi (Thomassin), 380.

Biliguier Fiquerello, 380.

Billi (Georges), neveu de Machéras, gouverneur de Chypre, 348, 350.

Blis ou Plessis (Marie de), élève une église à la sainte croix, 41.

Boconiula, nom d'un vaisseau, 330.

Boemond, fils du prince d'Antioche, 25.

Bœufs (île des), 197.

Bogha, v. Mengly.

Bon (Paul de), 77.

Bon (Pierre de), 318.

TABLE DES MATIÈRES.

Bon (Thomas de), 306, 310.
Bonacourt, archevêque de Tyr, 25.
Boucicaut, seigneur, 349.
Bouillon (Godefroy de), 7. — élu roi de Jérusalem, 11.
Bourbon (Charlotte de), épouse du roi Janus, 352.
Bourbon (Louis Ier, duc de), 223.
Bourbon (Marie de), fille de Louis Ier, 223.
Bourgogne (le bâtard de), frère de la reine, appelé Michel de la Beauté, époux de Catherine de Paros, 353.
Brie (Anseau de), chevalier salarié, 33.
Brie (Badin de), 62, 69, 70, 71. — capitaine de navire, 77, 78, 87, 101.
Brie (Jean de), turcoplier et prince de Galilée, 318, 327, 335, 344. — on lui confie le gouvernement du royaume, 336.
Brunswick (Héloïse de), fille de Philippe et femme du roi Jacques, 222, 308, 338, 343. — meurt en 1421, 355.
Brunswick (Héloïse de), femme de Louis de Norès, 46.
Brunswick (Hugues de), fait partie de la flotte, 87. — sur la galère du roi, 89.
Brunswick (Philippe comte de), beau-père du roi Jacques, 62, 105. — nommé sénéchal de Jérusalem, 55. — épouse la veuve du roi Hugues, 161.
Buffle (Jacques Le) le Tzasoulas, 306.
Bulgares, 206, 207.
Bunes (André de), lige Cériniote, 31.
Bussat (Nicolas), 341.
Bustron (Thomassin) le tailleur, 375.

Butumitès (Manuel), duc de Chypre, 22. — retourne à Constantinople, 23.

Caballikion, Place des Ferrages, à Leucosie, 355.
Cafran (Guistin de), part avec Henri de Lusignan, 352.
Cafran (Jacques de), maréchal de Chypre et percepteur, 382.
Cafran (Pierre de), amiral de Chypre, 306, 310, 344.
Caire (Le), 13, 74, 86, 98, etc.
Cal (Guy), moine, 348.
Calamouli, village, 38, 351.
Calamouniote (Nicolas), 352.
Callantius (Saint), 20.
Calopsida, village, 357.
Caloyeros, 235.
Calvaire, 12.
Came (Jean de), neveu du roi Henri, 33.
Camerdas ou Kmada (François), 92, 307.
Camius, v. Rizas.
Camperen (Georges de), 375.
Campo (Pierre de), envoyé auprès du sultan du Caire, 104.
Canacaria, v. Saint Andronic.
Canal (Pierre de), envoyé au Caire par les Génois, 106, 107.
Candoufle (Hugues de), 310.
Candoufle (Raymond), 307.
Canel (maître Pierre), 107. — est décapité à Satalie, 109.
Canelle (Jean), 353.
Cantacuzène (Manuel), frère de l'empereur de Constantinople, despote de Morée, 36, 188.
Cantah (Jacques) l'écuyer, 358.
Cantara, village, 230, 233, 290, 292.

Canteli (Antoine), envoyé auprès du roi, 315, 316, 317.
Capnon, espèce d'impôt, 7.
Carbebaï (Hélie de), évêque de Paphos, 178.
Carbonna (dame), 383.
Carcéran Suarès, amiral de Chypre et seigneur de Césarée, 380, 382.
Carmadin ou Carmain (Jean), chevalier chypriote d'origine génoise, 54, 62. — capitaine de Satalie, 67, 69, 71. — meurt à Rhodes, 70.
Carmadin (Thomas), capitaine de Satalie, 69.
Carmaï (Raf de), chevalier génois au service du roi, 195, 197. — fait partie de la flotte, 101.
Carpaso, village, 18, 36, 72, 102.
Carsemiau Tonamat, 375.
Carzie (Pierre de), stradiote décapité, 341.
Casa de Garri ou Casas Cicala, génois, commande une galère, 121, 122. — va au Caire, 123. — retourne en Chypre, 125. — porte des lettres au sultan du Caire, 158, 163.
Casale (Pambelus de), ambassadeur génois, 81.
Casaserta, meurt d'une blessure, 350.
Casco (Nicol da), capitaine, 234, v. Tangaro.
Casesantze (François), 332.
Cassi ou Cossie (Pierre de), 62. — fait partie de la flotte, 87, 102. — est envoyé au Caire, 161. — porte une lettre à Leucosie, 213. — gouverneur de Leucosie, 222, 238. — rassemble une armée, 248, 249, 250. — est fait prisonnier, 261.

Cassien (Saint) d'Avdimu, 20.
Cassien (Saint) de Glyphia, 19.
Castania (Antoine), patron de galère, 194.
Castel Roux (île de), 120.
Castia (Jean de), chambellan de Chypre, 116.
Castrisio (Doria), serviteur du roi, 349, 374.
Castrisio (Janot), 373.
Castro (Julien de), ambassadeur génois, 81.
Catalan, v. Lucas.
Catalans, 100, 103.
Catalogne, 15, 48, 330, 332.
Cataneo ou Cattaneo (Frasses), 55.
Catherine, mariée avec Couratto, écuyer de la reine, 353.
Catherine de Paros, mariée avec le bâtard de Bourgogne, frère de la reine, 353.
Catherine, mariée avec Simon Pilistrin, 328.
Catomilia, village, 381.
Cattaneo (Barnabo), patron de galère, 194.
Cattaneo (Daniel), capitaine de galères, 194, 280. — envoyé par les Génois à Famagouste, 212.
Cattaneo (Pierre), négociant génois, prisonnier, 165.
Cattaneo (Thomas), 293, 294, 296. — envoyé à Cérines par le roi, 286.
Cava (La), 277, 341. — bâtie par le roi Pierre, petit-fils du roi Henri, 336. — Porte de la Cava à Famagouste, 197, 210.
Cécile, épouse de sire Marin Villerbe, 353.

TABLE DES MATIÈRES. 417

Cérines ou Cérinie, ville, 18, 31, 36, 39, etc.

Cerni (Guillaume de), 318. — ambassadeur auprès du Pape, 187, 191.

Césarée, seigneurie, 382.

Césaro (Odet), 345.

Champagne, 25. — le comte de Champagne, 25. — le maréchal de Champagne, 89.

Chanzianis, sarrasin, 85.

Chariots (Place des), 247.

Chariton ou Chérétis (Saint), 20.

Charlotte, v. Lusignan.

Charlotte, reine de Chypre, meurt en 1421, 355.

Chartophylacas (Thomas), bailli de plusieurs villages, 329.

Chassan Damur ou Essen Dimour, grand émir du Caire, 106.

Chatillon, v. Leonte.

Chatte, nom d'un engin de guerre, 278.

Chélones, village près d'Akrotiki, 357.

Chérétis, v. Chariton.

Cherokitia, village, 368, 373.

Chimis, connaissait la langue arabe, 377.

Chio, île de l'archipel grec, 45, 75, 205, 306, 318.

Chioggia, île voisine de Venise, 332, 333, 334.

Chiton, village, 345.

Chorissa, v. Clirissia.

Choulou, seigneurie, v. Jean de Montolif.

Chouri, guerriers, 315.

Christophe (Saint) d'Aroda, 20.

Christophe (Saint) de Coffinu, 19.

Christophe (Saint) le Martyr, son portrait, 24.

Chypre, son éloge, 17. — ses évêques et ses archevêques, 18.

Cibo (Georges), fait partie de la flotte, 194.

Cibo (Luggier), génois tué dans une émeute, 181.

Cibo, v. Simbo.

Cicala (Casas), v. Casa de Garri.

Cicala (Thomas), 173. — tué dans une émeute, 180.

Cilisius, évêque, 18.

Cilliri (jardins de), 196.

Claire ou Photiné (Sainte), couvent où il n'y a pas de femmes, 21, 129, 134, 145.

Claire (île de Sainte), 197.

Claudie, village, 21.

Clirissia ou Chorissa ou Clorissa (Nicolas de), chambellan, 179, 318.

Clirou ou Clirou, seigneurie, v. Thomas de Montolif.

Clorissa, v. Clirissia.

Coffinu, village, 19.

Coïmbre (Jean prince de), 384.

Cole de la Princesse, premier chantre de Sainte Sophie, 380.

Colée (Roger de la), capitaine de galères, 78, 79.

Colies (Jean de), 120. — commande une galère, 159.

Colis, boutiquier sachant l'arabe, 374.

Collé (Guy de la), 306.

Collie (Amaury de la), 318.

Collie (André de la), 306.

Collie (Badin de la), 306.

Collie (Dame de), 318.

Collie (Jean de), 195, 196, 318.

Collies (Thomas de), 176.

27

Colota, village, 230, 251.
Comnène, v. Alexis et Isaac.
Conches (Pierre de), 44. — accompagne le fils du roi dans sa fuite, 306, 335.
Connos, v. Sainte Marine.
Constantin (Saint) le stratiote, 19.
Constantin le Grand, 3. — embrasse le christianisme, 4.
Constantinople, 6, 23, 99.
Contiatica, demeure des comtes de Tripoli, 47, 176. — nom de la cour royale, 335.
Conzémat (Conrad), 319.
Cormakiti, village, 36.
Cornalie (Gilet de), officier de service auprès du roi Pierre, 155.
Cornaro ou Corner (Jean), 296.
Cornaro (Marc ou Marin), fait partie de la flotte, 101, 108.
Cornaro (Janaki), vénitien, 180.
Cornutas (Saint), 19.
Coromilos, commandant, 235.
Coromilos (Georges), cuisinier du cardinal, 380.
Corrin (Frère), prieur de Toulouse et commandeur de Chypre, 351.
Corvaria (Thealdo de), ambassadeur génois, 81.
Corzana Fieschi (Marin), patron de galère, 194.
Cos (Philippe de), mari d'Alice de Giblet 298.
Cossie, v. Cassi.
Costa (Matthieu) au nez mutilé, 375, 380.
Costa (Philippe), 306, 310.
Cotzilio, maître d'un navire, 375.
Coudray, amené par la reine, 353.

Couratto, écuyer de la reine, 353.
Couratto (Abaïn), amené par la reine, 353.
Couri (Barthélemy), baile des Vénitiens, 165.
Couria, monnaie frappée par Thibat, 319.
Couronne (Henri de la), 72, 73.
Couvouclia, village, 356.
Crambouse, village, 90.
Crète (île de), 334.
Crétois, 315, 334.
Criti, village, 344.
Critou, village, 345.
Croix Retrouvée (église de la), 42.
Croix (couvent de la Grande), 370, 378.
Cuirs (Marché aux), v. Petzopoulion.
Cuisinier (Jean le), 135.
Cuzzuventi, village, 19.
Cyprien (Saint), 24.
Cyriaque (Saint), 4.
Cythrée, évêché, 18, 19.

Dadas (Saint Georges de), 103.
Damar (Jean), 90, 108.
Damas, 85, 360.
Damiette, ville d'Égypte, 121.
Damila (Julian), 184.
Dampierre (Galio de), chevalier latin, 57, 218.
Dampierre (Jean de), cousin du roi, 26. — prête serment au prince de Tyr, 34.
Dampierre (Philippe), 108.
Damur, v. Chassan.
Daniel, génois-chypriote, d'origine syrienne, 205.
Danolane, archevêque de Limisso, 28.
Daparié (André), 318.

TABLE DES MATIÈRES.

Daparié (Nicolas), 318.
Daverne, ambassadeur du Pape, 166.
David (Manuel), 363.
Dechente (Bernard), vénitien, sort des prisons du Caire, 165.
Delort (Lucien), en turc Nasar Eltin, 110.
Démétrianos (Saint), 19.
Demetrianus, évêque, 18.
Démétrius (Saint), 20.
Diava, passage, 259, 260.
Dicomo, village, 259.
Dietar, ambassadeur du sultan du Caire, 354.
Dimitri (Daniel), secrétaire de la reine, 235, 236, 237, 238, 256. — va porter une lettre à Leucosie, 282, 283. — va chercher des chevaux, 284. — ses appointements augmentés, 285.
Dimour, v. Chassan.
Dinegro (Antoine), podestat des Génois, 180, 185.
Dinegro (Grigon), 289.
Dinegro (Hugues), fait partie de la flotte, 194.
Diomède (Saint), 21.
Domenico (Nicolas), génois, 173.
Dométius (Saint), 42.
Dométius, évêque, 18.
Dominicains, 32.
Dominique (couvent de Saint) à Leucosie, 36, 47, 234, 313, 355. — Pont de S. Dominique, 323.
Doria (Alafran), 286.
Doria (Alphonse), fait partie de la flotte, 194.
Doria (Cattaneo), 167.
Doria (Dominique), tué dans une émeute, 180.

Doria (François), 289.
Doria (Galtier), ambassadeur au Caire, 166, 167.
Doria (Jean), 289.
Doria (Louis), amiral de Neapolis, 265.
Doukises (Philippe), fait partie de la flotte, 101.
Ducat, valait quatre hyperpères de Chypre, 7.
Eglia, village dans le voisinage de Petra, 319, 320, 322.
Eglise (Jean de l'), 62.
Egrime, vicomte de Famagouste, 306.
Éléonore, fille de Pierre d'Aragon, reine de Chypre, 53, 68, 117, 127, 192. — emmenée en Catalogne, 332.
Eleuthère (Saint), 222.
Eleuthère, v. Euthymius.
Eloi (église de Saint), v. Eunomène.
Elpidius (Saint), 19.
Elpisi (Martel), ambassadeur florentin, 195.
Emba, village près de Paphos, 67.
Enebès (Hugues), ou plutôt Ommebon ou Nimbé, médecin chancelier, 53, 127.
Englistra, village, 23.
Enguerrand, v. Bessan.
Ephèse, v. Saint Jean.
Epictète (Saint), 19.
Epictète (Saint), nom d'une localité, 341.
Epiphane (Saint), vers Kythrée, 19.
Epiphane (Saint) de Curdaca, 20.
Epiphane, évêque, 18.
Epiphane, archevêque, 43.
Epiphane, village, 19, 22.
Erat, évêque de Famagouste, 113.

Erlant (Pierre d'), évêque de Limisso, 28.
Esaïe, évêque, 18.
Esaïe, moine, 22, 23.
Escafasse (Barthélemy), notaire, va annoncer au Pape la mort du roi Pierre, 171.
Espagnols, 378.
Essen Dimour, v. Chassan.
Eulalius, évêque, 18.
Eunomène (église de Saint) ou de Saint Eloi, 293.
Euphémius (Saint), 19.
Eustathe, évêque, 18.
Euthyme (Saint), du couvent des Prêtres, 43.
Euthymius ou Eleuthère, évêque, 18.
Eve, 225.

Fakelatos, 375.
Famagouste, ville, 21, 36, 40, 45, etc.
Fanentes (Saints), 22.
Fardin (Estien), ambassadeur au Caire, 166.
Farrand (Alphonse), négociant catalan, 108, 187, 280. — fait partie de la flotte, 102.
Faucon, nom d'un engin de guerre, 278.
Faulas (Thadokis de), maître maçon, 335.
Favas, v. Perrin.
Fenio, v. Finiou.
Feret, truchman du sultan, 380.
Fernand de Majorque, mari d'Echive fille du roi Hugues, 43.
Ferrand (Jean), capitaine de forteresse, 31,
Ferté (Jean de la), 62, 87.

Fieschi (Martin de), 289.
Filitzis (Costas) 59.
Finiou ou Finié ou Fenio (Jean de), 67, 289, 318.
Fiquerello, v. Biliguier.
Flatre (Jean), secrétaire pour les comptes des bailliages, 377.
Flenzer, 375.
Florence, 48.
Florimont, v. Lesparre.
Flourin (Pierre de), 306.
Floury (Jacques de), auditeur de Chypre, 358, 382.
Flussia (Engadefié de), négociant génois, 180.
Foïa ou Phocée, archevêché, 171.
Fondone, marché, 378.
Fontanegio (Jean de), notaire, 81.
Fort (Guillaume), 306.
Foulques, roi de Jérusalem, 12.
Four (Hugues du), chevalier salarié, 30.
Four (Simon du), 318.
France, 15, 59.
Franciscis (Jacobo de), ambassadeur génois, 80.
Frasefigo (François), 184.
Frasses (Barthélemy de), 31.
Frasses, v. Cataneo et Saturno.
Frasses (Simon), mari de Lucette, 353.
Frazes, v. Lachas.
Fregoso (Andréola de Campo), sœur de Thomas, 348.
Fregoso (Dominique de Campo), doge, 193.
Fregoso (Pierre de Campo), frère du doge, amiral de la flotte, 194, 227, 233, 242, 272, 306. — arme 2000 guerriers, 259. — passe un acte avec

le roi de Chypre, 289. — se rend à Famagouste, 295.

Fregoso (Thomas de Campo), beau-frère de sire Jean, 348, 349.

Frontefrassia (Nicole de), génois mort dans une émeute, 181.

Gabriel, v. Georges.
Gabrielo, 348.
Galata, village, 130, 205.
Galeutiras, cuisinier du prince, 229, 230.
Galliardo (Nicolin), aide de camp, 375.
Galliart (Amaury), 374.
Ganiaz, v. Haïton.
Garri, v. Casa.
Gaurel ou Gaurelle (Guillaume de), donné comme otage aux Génois, 306.
Gaurelle (Jacques ou Jean de), 67, 156. — décapité, 232.
Gazel (Jean), chevetain de la Saline, 355.
Génagra ou Ienagra, village, 345.
Gênes, 48, 52, etc.
Génois, 42, 71, etc.
Georges (Saint), son étendard, 194.
Georges (Saint) de la Dada, 103.
Georges (Saint) l'Empoignardé, 22.
Georges (église de Saint), surnommée Mangana, 183, 383.
Georges (église de Saint) des Poulains, à Leucosie, 30, 37, 150, 152.
Georges (Saint) le Sataliote, 339.
Georges le cordier le borgne, 375.
Georges le cordonnier, 375.
Georges, esclave devenu moine sous le nom de Gabriel, 39, 41, 42.
Georges, jeune garçon voulant aller à Jérusalem, 365.

Gerakiès (les), nom d'une localité, 70.
Germain, évêque, 18.
Ghorigos, v. Gorhigos.
Giacoupis (Alexis), serviteur du roi, 380.
Giafouni, marchand, 151.
Giblet, village, 159, 205.
Giblet (Alice de), femme de Philippe de Cos, 298.
Giblet (Guy de), 25.
Giblet (Henri de) le Menikiote, 62, 86, 90, 130, 142, 144, 146, 147, 152. — envoyé à Gênes pour confirmer la paix, 88, 89. — donne des chiens de chasse à son fils Jacques, 143. — envoyé à la garde de Paphos, 145. — participe au meurtre du roi, 156. — est décapité, 232.
Giblet (Henri de), va occuper Leucosie avec une armée, 379.
Giblet (Jacques de), fils aîné de Henri, 142, 143, 144. — mis aux fers, 145, 146.
Giblet (Jean de), 88, 183, 213. — fait partie de la flotte, 101. — pris comme otage par les Génois, 306.
Giblet (Louise de), fille naturelle de Jacques, 142.
Giblet (Marie de), fille de Henri et veuve de Guy de Verny, 142, 145, 146, 152.
Giblet (Odet de), 88.
Giblet (Pierre de), 33.
Gillet le secrétaire, 353.
Gillet, v. Veliout.
Giplin (Gefran), receveur, 291.
Giustiniani (Nicolas), ambassadeur à Chypre, 123.
Giustiniani (Pierre), ambassadeur vé-

nitien au Caire, 166. — mis en prison, 168.

Glimot, frère de Perrot, v. Montolif.

Glyacas, prêtre arrêté et pendu, 245.

Glyphia, près du village d'Alectora, 19.

Gondefra (la tour de), à Gênes, 308.

Gonème, v. Gounème.

Gorab (Jean), génois, bailli de la cour, 156, 161, 183, 215, 222, 318, 337. — auditeur de Chypre, 345.

Gorhigiotissa (Vierge), 60.

Gorhigos ou Ghorigos, ville, 60, 104, 105, 106, 114, 160. — sa forteresse et son île, 58. — seigneurie, v. Haïton.

Goul (Eustache), percepteur, 377.

Gouli, génois-chypriote, d'origine syrienne, 205.

Gounème ou Gonème (Badin), 377.

Gounème (Jean), appelé Georges, 77. — sa désobéissance, 78.

Gouri (Jacques), fils de Nicolas, candidat, 382.

Gouri (Nicolas), 382.

Gourri, génois-chypriote, d'origine syrienne, 204.

Grammadi, patron de galère, 160.

Gras (Henri Ier dit), v. Henri de Lusignan.

Grégeois (feu), 207.

Grégoire, évêque, 18.

Grellios, v. Sistros.

Gridia (Guiotin de La), 352.

Gridia (Thomassin de La), chevetain de Sivouri, 374.

Grigon, v. Dinegro.

Grillo (Jacques), 194.

Grimande ou Grimante (Jean de), chevalier du roi d'Aragon, 113, 116. — fait partie de la flotte, 102. — va à Alexandrie, 119.

Grimande (Pierre de), frère de Jean, 116. — va à Alexandrie, 119.

Grimani (Marc), fils de Pierre, est arrêté, 172, 173, 174.

Grimani (Pierre), 90. — fait partie de la flotte, 102.

Grinier (Jean de), 357, 359, 372.

Guarco (Antoine de), capitaine de Famagouste, 348.

Guillaume (Arnaud), surintendant de l'hôpital de S. Augustin, 354.

Guiotin, v. Gridia.

Gunal de Lige (Guy), 196. — accompagne la reine Valentine de Milan, 330.

Guy, médecin, envoyé à Gênes, 80,

Haïthon, roi d'Arménie, 35.

Haïton Ganiaz, seigneur de Gorhigos, 35.

Hannas de Damas, 378.

Haréri, prétendu père de Simonin et de Marie de Pissologos, 318.

Harion, v. Scaramas.

Hatip (Georges), interprète, 364.

Hebréka, nom d'une localité, 58.

Hélène (Sainte), femme de Constantin Ier, va chercher la vraie croix à Jérusalem, 4. — la retrouve, 5. — retourne à Constantinople, 6. — avait fait plusieurs croix avec la véritable, 24. — construit plusieurs églises dans l'île de Chypre, 37.

Héliophotos (Saint), 19.

Héraclidius (Saint), 43.

Héraclidius, évêque, 18.

Héraclius (Saint), évêque, 19.

Hilarion (Saint), 19.
Hilarion, évêque, 18.
Hilarion (Saint), ville fortifiée, 19, 233, 248, 250, 252, 259, 260, 261, 267, 268.
Hodégétrie, nom d'une localité, 21.
Hôpital (commandeur de l'), 33. — le maître de l'Hôpital, 10, 31. — on lui donne les biens des Templiers, 11. — demande aux rois de France et d'Angleterre qu'on lui remette l'île de Chypre, 12. — galères de l'Hôpital, 90, 102.
Hormidia, village, 19.
Hospitaliers (ordre des), expédie des vaisseaux au roi Pierre, 101.
Hypatius, amené à Leucosie, 319.
Hypatius, v. Thibat.
Hyperpère ou perpre, 7.

Ibelin (Alix d'), mère d'Héloïse de Brunswick, 46.
Ibelin (Balian d'), frère de Henri de Lusignan et prince de Galilée, 27, 30, 34.
Ibelin (Balian d') le Malgarni, 33.
Ibelin (Baudouin d'), 29, 34.
Ibelin (Guy d'), évêque de Limisso, 48.
Ibelin (Hugues d'), 29, 30. — deux personnages de ce nom, 34.
Ibelin (Jacques d'), connétable de Jérusalem, fait partie de la flotte, 61.
Ibelin (Jean d'), fils de Philippe, seigneur d'Arsouf, 34, 232. — nommé connétable de Jérusalem, 55. — sénéchal de Jérusalem, 99. — fait partie de la flotte, 101, 105, 108. — tue le roi Pierre, 156. — réclame justice contre Jean de Monstri, 157.

Ibelin (Jean d'), comte de Jaffa, fait partie de la flotte, 101, 108.
Ibelin (Nicolas d'), 306. — accompagne le roi en Occident, 67. — retourne en Chypre, 75. — ambassadeur près des Génois, 280.
Ibelin (Philippe d'), père de Jean, prince d'Antioche, seigneur d'Arsouf, oncle du roi Henri, 26, 33, 34, 55, 61, 101, 105.
Ibelin (Philippe d') le Jeune, 34.
Ibelin (Thomas), seigneur d'Arsouf, sénéchal du royaume, 53, 127.
Ibrahim (Georges), 373.
Ibrahim le Maure, de la maison de la reine, 353.
Ibrahim (maître) le négociant, 375.
Iconium, ville de Turquie, 104.
Ienagra, v. Genagra.
Ignace, patriarche d'Antioche, 24, 42.
Ilbogha el Azizu, v. Pechna.
Innocent VI, pape, 68.
Irénique (Saint), 19.
Irtanton, cuisinier, 353.
Isaac Comnène, duc de Chypre, 7.
Isabelle, de la suite de la reine, 353.
Italie, 71.
Italie (Julien), négociant génois, 180.

Jacquemine, mariée avec Jean Spinola, 328.
Jacques (frère), dominicain, 142.
Jacques Kitriote, crieur public, 358.
Jaffa (comtes de), v. Jean d'Ibelin et Sibylle. — Contiatica, leur habitation, 47. — Peristerona, leur fief, 19. — La cour du comte de Jaffa abattue, 335.
Janot, fils de Doria Castrisio, 374.

Jean, évêque, 18.
Jean (Saint), seigneurie, Ephèse, 89.
Jean (Saint), hôpital de Leucosie, 258.
Jean (Saint) d'Acre, v. Acre.
Jean Lampadistis, v. Lampadistis.
Jean, capitaine de Satalie, 175. — envoyé au roi pour qu'on lui remette la forteresse de S. Hilarion, 298.
Jean, mari d'Andreola de Campo Frégoso, 348.
Jeanne, reine de Naples, 117.
Jérusalem, 4, 5, 11, 15, etc.
Judas, 227.
Juifs (Pont des), 341.
Julie (Sainte), mot d'ordre, 253.
Justine (Sainte), 24.

Karaman (le Grand), père de Mahomed Pacha, 60, 104. — est blessé, 105.
Kellia, village, 358.
Kilani, village, 19.
Kintamar (François), génois tué dans une émeute, 181.
Kitti ou Kiti, village, 18, 113, 358.
Kiventes (Jacques de), 374.
Kivides (Anseau), 62.
Kmada, v. Camerdas.
Kouka, v. Psocas.
Kourdaka, village, 20.
Kykos, village, 22.

Lacas (Démétrius), 371.
Lachanopoli pour Lachas, 48.
Lachas (Frazès) le Nestorien, personnage très riche, 49, 50, 51, 252.
Lachas (Nicolas), frère du précédent, 48, 51.

Ladislas, époux de Mariette, sœur du roi de Chypre, 349.
La Gridia, v. Gridia.
Lajasso ou Agiassi, ville, 115, 142, 160, 357, 360.
L'Aleman, v. Aleman.
Lalivière (Jean de), fait partie de la flotte, 101.
Lampadistis (Saint-Jean), 22.
Lancelot, 181.
Laodicée, ville de Syrie, 115, 160.
Lapine (Jean de), 289.
Lapithos, ville, 18, 349.
Larnaca, ville, 22.
La Roche (Alfonse de), 72.
Lascaris (Jean), chevalier grec de Constantinople, 89, 105, 108, 318. — fait partie de la flotte, 101.
Lases (Jacques), 62, 318.
Lases (Nicolas), 62, 70, 77, 78, 241. — fait partie de la flotte, 102.
Lases (Pierre de), 62, 306, 310.
Laurent (Saint), 19.
Lavier (Jean de), 93, 108.
La Ville, v. Ville.
Lazare, évêque, 18.
Laze (Louis), 195.
Legos (André), 318.
Lemente, v. Montolif.
Le Moine, v. Moine.
Lenidia, village, 367.
Lenseigny (Renaud de), 306.
Léon VI, roi d'Arménie, 188. — sa mort, 343.
Léon, forteresse, 290, 292.
Léonte ou Léon (Chatillon de), 140.
Leordo (Lauro), prieur Jacques de Franceschi, ambassadeur génois, 80.
Lepan, v. Montgezart.

TABLE DES MATIÈRES. 425

Le Pas, v. Pas.
Le Petit, v. Petit.
Lermi (Guillaume de), 75, 194. — ambassadeur auprès du roi, 202.
Le Sourd, v. Sourd.
Lesparre (Florimont de), 99, 105, 108. — fait partie de la flotte, 102. — saccage Tripoli, 103. — quitte le roi et retourne en Occident, 112. — cite le roi devant le Pape, 116. — demande raison au roi, 117. — se réconcilie avec lui, 118.
Lesparre (Isabelle de), mariée avec le fils bâtard du père de la reine, 353.
Lestorne (Olivier de), ambassadeur florentin, 194.
Le Tor (Jean), chevalier salarié, 30.
Leuca, village, 378.
Leucara, anciennement Amathonte, 23, 24, 39.
Leucomiati, village, 21.
Leuconicon, village, 19, 363, 378.
Leucosie ou Nicosie, 17, 18, 21, etc.
Levat (Pierre de), envoyé à Constantinople, 99.
Ligier Sunta et son frère, 318, v. Sunta.
Limisso, ville, 4, 21, 31, 36, etc. — sa forteresse bâtie par le roi Janus, 367. V. Neapole.
Limnat (Henri de), 306.
Limnat (Jean de), 306.
Limnat (Pierre de), 306.
Limnati, village, 359.
Livon, évêque des Arméniens, 59.
Livon, roi d'Arménie, 59.
Lombard (Jean), 44, 45.
Lombardie, 57.
Lombards, 12, 25, etc.

Longue-Epée (Guillaume), 12.
Lophos, village, 345.
Losé, nourrice des filles de Simon d'Antioche, 135.
Luc (Saint), a peint une image, 23.
Lucas le Catalan, corsaire, 54.
Lucette, épouse de Simon Frasses, 353.
Luggier, v. Cibo.
Lusas (Robert de), chevalier anglais, 59.
Lusignan (Agnès de), fille du roi Janus, 376.
Lusignan (Amaury de), roi de Chypre, 12, 25.
Lusignan (Amaury de), fils du roi Hugues III, prince de Tyr et connétable de Jérusalem, est nommé gouverneur de Chypre, 26. — entre dans un complot pour renverser le roi Henri II, 27. — tué dans des lieux d'aisances, 35.
Lusignan (Aymeri ou Camerin de), connétable de Chypre, frère du précédent, entre aussi dans le complot, 27.
Lusignan (Anne de), fille du roi Janus, 353, 376.
Lusignan (Charlotte de), fille du roi Jean III, 384.
Lusignan (Echive de), fille du roi Hugues IV, mariée avec Fernand de Majorque, 43, 70.
Lusignan (Echive ou Zaca de), fille du roi Jacques, 347.
Lusignan (Guy de), roi de Jérusalem, père de Hugues Ier, 12, 56.
Lusignan (Henri Ier de), dit le Gras, appelé à tort Runeclis, roi de Chypre, 25.

Lusignan (Henri II de), roi de Chypre, frère du roi Jean Ier, couronné en 1285, 25, 26. — détrôné, 27, 29, 30, 34, 35. — fait remettre sa fortune aux frères Dominicains, 32. — son acte d'abdication, 33. — son fils roi d'Arménie, 36.

Lusignan (Henri de), connétable de Chypre, 33.

Lusignan (Henri de), frère du roi Janus, part clandestinement pour l'Occident, 352.

Lusignan (Hugues Ier de), roi de Chypre et de Jérusalem, frère d'Amaury, 24. — achète l'île de Chypre, 13. — couronné en 1219, 25. — ses dettes, 32.

Lusignan (Hugues II), roi de Chypre, 25.

Lusignan (Hugues III), roi de Chypre, 25.

Lusignan (Hugues IV), roi de Chypre, père de Pierre Ier, 40, 41, 48, 56, 59. — son couronnement, 36. — la liste de ses enfants, 43. — fait couronner son fils Pierre, 47. — ses armements contre les Turcs, 84. — sa veuve épouse de Philippe de Brunswick, 161. — son fils Guy, 223.

Lusignan (Hugues de), prince de Galilée, fils de Guy et petit-fils du roi Hugues IV, 56, 108, 116, 225, 226. — ses démêlés avec son oncle le roi Pierre Ier, 68, 223.

Lusignan (Hugues de), reçoit le titre de prince d'Antioche, 92.

Lusignan (Hugues de), fils du roi Jacques Ier, nommé cardinal avec le titre de diacre de Saint André, 380.

Lusignan (Jacques Ier de), roi de Chypre, frère de Pierre Ier, connétable et sénéchal de Jérusalem, 43, 47, 53, 61, 77, 91, 147, 179, 197, 313. — va trouver le roi, 78. — ses exploits divers contre les Génois, 208 et suiv. — son couronnement, 127. — donne le titre de comte à son neveu Jacques, 52. — bâtit une partie des fortifications, 355. — nommé roi après la mort de son neveu Pierre II, 336. — ordonne la taxe de la dîme, 345. — sa mort, 347. — enterré à Saint Dominique, 355.

Lusignan (Jacques de), fils de Jean, prince d'Antioche, 298, 306, 343. — marié avec sa cousine Marguerite de Lusignan, 329.

Lusignan (Janot ou Jeannot de), fils naturel du prince d'Antioche, chevalier et seigneur de Beyrouth, 298, 306. — uni à la fille du comte de Rochas, 343.

Lusignan (Jean Ier), roi de Chypre, couronné en 1284, 25.

Lusignan (Jean II ou Janus de), roi de Chypre, fils du roi Jacques Ier, 38, 52, 343. — bâtit une partie des fortifications, 335. — délivré en 1392, 344. — couronné à Sainte Sophie en 1399, 348. — sa guerre contre les Sarrasins, 351. — épouse l'infante Charlotte de Bourbon, 352. — envoie en Syrie Thomas Provost, 354. — sa mort, 380, 381.

Lusignan (Jean de), frère de Pierre Ier, 43, 47, 306. — nommé prince d'Antioche, 53. — commandant de la flotte, 87. — connétable de Chypre, 127, 205. — prend part au meurtre de Pierre Ier, 156, 157. — se rend à Paphos, 208. — occupait la citadelle de Saint Hilarion pendant la guerre contre les Génois, 253, 264 et suiv. — lettres que le roi lui écrit, 291, 297. — est tué par la reine mère, 312, 313.

Lusignan (Jean II de), fils de Janus, roi de Chypre, 352, 381. — prince d'Antioche, 376. — succède à son père, 382. — couronné à Sainte Sophie, 383. — sa mort, 384.

Lusignan (Léon de), sénéchal, 179.

Lusignan (Livon de), roi d'Arménie, fils du roi Henri, 36.

Lusignan (Marguerite de) sœur du roi Pierre, mariée avec son cousin germain, Jacques de Lusignan, fils du prince d'Antioche, 329.

Lusignan (Marie ou plutôt Marguerite de), petite fille du prince de Tyr et femme de Manuel Cantacuzène, 188, 191, 358.

Lusignan (Mariette de), sœur du roi Janus, femme du roi Ladislas, 349.

Lusignan (Philippe de), maréchal d'Arménie, fils naturel de Pierre Ier et oncle de Janus, 382.

Lusignan (Pierre Ier de), roi de Chypre, fils du roi Hugues IV, 24, 43, 47, 56, 59, 60, 61, 68, 71, 99, 101, 116, 169, 176. — couronné à Sainte Sophie, 48, 49, 53. — couronné roi de Jérusalem, 55. — le Pape lui écrit, 57. — Gorhigos se rend à lui, 58. — prend Satalie, 64. — s'embarque pour l'Occident, 67. — aimait beaucoup sa femme Eléonore d'Aragon, 68. — va à Gênes, 80. — quitte Chypre, 83. — moyen qu'il emploie pour ses armements, 84. — quitte Avignon pour se rendre à Venise, 87. — équippe une flotte contre le sultan du Caire, 101. — sa querelle avec le sire de Lesparre, 112—118. — ses démêlés avec son neveu Hugues de Lusignan, 223. — est assassiné, 156, 157, 171.

Lusignan (Pierre II ou Perrin de), roi de Chypre, fils de Pierre Ier, 116, 143, 157, 172, 258, 259, etc. — couronné à Leucosie, 178. — ses démêlés avec sa mère, 329, 330. — la fait emmener en Catalogne, 332. — couronné roi de Jérusalem, 343.

Lusignan, v. Bédouin et Savoie.

Lusignans (les), font la conquête de l'île de Chypre, 85.

Lusietto, mari de la nourrice de la reine, 353.

Lutraris (Nicolin de), 369.

Macédonius, évêque, 18.

Machera, v. Machiera.

Machéras (Cosmas), devenu chrétien sous le nom d'Antoine, 254.

Machéras (Léonce), 370.

Machéras (Nicolas), habile arbalétrier, 264, 277.

Machéras (Paul), frère de Léonce, serviteur et secrétaire de Jean de Mur, 342, 348. — mis à la question se tue, 324.

Machéras (Perrin), secrétaire du roi, 349, 379.

Machéras (Stavrinos), père de l'auteur, 320, 339.
Machiéra ou Machéra (couvent de), 41, 347, 370.
Machiérotissa (Vierge), 41.
Mafiol de Saint Antoine, 357.
Mahé (Thomas), 318.
Mahès ou Mahio (Barthélemy) le Vicomte, 318, 323.
Mahomet Reïs, 71, 74.
Mahone, société, 181.
Maizières (Philippe de), chancelier de Chypre, envoyé à Gênes, 80.
Maktasip, v. Temé.
Malembec (Guy), 307.
Malipier (Marin), vénitien, 180.
Malipiero, v. Rivière.
Malo, village, 115.
Malo (Barthélemy), négociant génois, 164, 167.
Malosel (Paul ou Pierre), chambellan de Chypre, 53, 108, 161, 181. — s'embarque avec le roi, 62, 89. — fait partie de la flotte, 101. — manque d'être tué, 181.
Malplago, prison de Gênes, 308, 309.
Mamas (Saint), 20.
Mamas (couvent de Saint), 323. — rue ainsi nommée, 236.
Mandraki, port de Rhodes, 301.
Mangana, v. Saint Georges.
Mansel (Nicole), capitaine de galère, 78.
Manuel, v. Butumitès et Cantacuzène.
Manzas, prêtre converti de force, 54.
Marathasa (la), village, 22, 23.
Marc (Saint) de Venise, 334.
Marc, évêque de Famagouste, 40.
Marché (Porte du), 232, 239, 242, 286.

Marguerite, princesse d'Antioche, comtesse de Tripoli et princesse de Tyr, 32.
Marguerite, prison, 141, 142, 145. — château de la Marguerite, démoli, 335.
Marguerite, nom de la mule du roi Pierre Ier, 255.
Marine (église de Sainte), près de Satalie, 158.
Marine (Sainte) de Connos, village, 376, 377.
Mariza (Paul), bailli de la cour de la reine, 257.
Maroche (Jean) le Prêtre, 353.
Marris (Antoine), 373.
Marseille, 71.
Martin le Sage, 353.
Matthieu, archevêque de Tarse, dominicain, 348.
Mechli Bechna (Mengly Bogha), émir, 123.
Médée de France, femme du roi Janus, meurt en 1440, 383.
Mekentam Daoud, capitaine turc, 102.
Melek, émir de Tripoli, 74.
Melek Pechna, émir seigneur de Damas, 86.
Melek (grand émir), 168.
Meleza, 362.
Mengly Bechna, v. Mechli Bechna.
Ménico, village, 24, 142.
Menzis, confesseur, 346.
Mesaria ou Messaria, v. Peristerona.
Metato, frère hospitalier, fils de la nourrice de la reine, 353.
Michel (Jacques de Saint), chevetain de la maréchaussée, 76, 183, 184, 212, 280, 289, 294.

Michel le Hongrois, 319.
Mikellos le Taliouris, 370.
Milan, 118.
Milan (Antoine de), 379.
Milan (Jacques de), maître de l'Hôpital, 28.
Milet, v. Palatia.
Mimars, évêque de Limisso, 178.
Mimars (Amaury de), 33.
Mimars (Arnaud de), 307.
Mimars (Arnaud de) le Jeune, chevalier, 280.
Mimars (Guy de), amiral de Chypre, 62, 88, 213. — fait partie de la flotte, 102.
Mimars (Henri de), fils de Jean, 310.
Mimars (Hugues ou Huguet de), amiral de Chypre et sénéchal, 83, 310. — fait partie de la flotte, 102.
Mimars (Jean de), sénéchal, père de Henri et de Pierre, 306, 310. — a écrit un livre sur l'histoire de Chypre, 310.
Mimars (Odet de), maréchal de Chypre, 306.
Mimars (Pierre de), fils de Jean, 310.
Mimars (Renaud de), 339, 345.
Mineurs (couvent des Frères), 161, 181.
Mistachiel (Badin), bourgeois de Famagouste, 198, 199. — fait prisonnier, 200.
Mitre (Jacques ou Jean), 72, 73.
Mnason, évêque, 18.
Moine (Amaury Le), 306, 310.
Molin (Jean de), 136.
Monomaque (Georges), chevalier constantinopolitain, 196, 318. — chef de Cérines, 247.
Monovgatis, fleuve, 64, 95.

Monovgatis (le seigneur), 61, 64.
Monstri (Jean de), amiral, 105, 108, 116. — fait partie de la flotte, 101. — capitaine de l'armement pour Satalie, 107. — a une querelle avec Guillaume d'Antiaume, 112. — cherche à empêcher le complot contre Pierre Ier, 149. — le roi lui fait porter beaucoup de pièces de monnaies, 134. — amant de la femme de Philippe d'Ibelin, est mis en prison, 157. — s'échappe et meurt, 158.
Monstri (Pierre de), 78. — capitaine de la flotte, 95.
Monte (Pierre de), 78.
Montfort (Jean de), 20.
Montfort (demoiselles de), filles du prince de Tyr, 32.
Montfort (Rupin de), 34.
Montgezart (Ameri de), 88.
Montgezart (Henri de), fait partie de la flotte, 102, 108.
Montgezart (Jacques de), 62, 88, 108, 306. — fait partie de la flotte, 101.
Montgezart (Jean de), 105.
Montgezart (Lepan de), 88.
Montgezart (Nicolas de), 306.
Montolif (Amaury de), 306.
Montolif (Arnaud de), 62.
Montolif le Jaune (Arnaud de), 337.
Montolif (Barthélemy de), époux de Marguerite de Norès, 339.
Montolif (Caras de), 374.
Montolif (Glimot de), chanoine, frère de Perrot, 337. — s'oppose au débarquement du connétable, 338. — opposé à son retour, 339. — mis en prison, 340. — décapité, 343.

430   TABLE DES MATIÈRES.

Montolif le Jeune (Guillaume de), 307.
Montolif (Hugues de), vicomte de Famagouste, 62, 87, 306.
Montolif (Janus de), ambassadeur au Caire, 381, 382.
Montolif (Jean de), chambellan du royaume de Jérusalem et amiral, 55, 62, 103. — fait partie de la flotte, 101. — seigneur de Choulou, 127.
Montolif (Odet de), 194.
Montolif (Perrot de), serviteur du roi, 213, 337. — s'oppose au débarquement du connétable, 338. — opposé à son retour, 339. — mis en prison, 340. — décapité, 343.
Montolif (Pierre de), chevalier salarié, 196, 306, 337.
Montolif (Pierre de Lemente), marié à Marguerite de Norès, 323. — nommé ailleurs Barthélemy, 339.
Montolif (Priam de), 306.
Montolif (Rogier de), 87, 108. — fait partie de la flotte, 101.
Montolif (Simon de), 35, 306, 348.
Montolif (Thomas de), auditeur de Chypre, seigneur de Clirou, 45, 57, 62, 76, 87, 108, 175. — fait partie de la flotte, 102. — nommé capitaine de Satalie, 109. — demande le royaume pour son neveu, 176, 177. — nommé bouteiller, 179.
Montolif, seigneur de Vavatzinia, 328.
Montolif de Verny, 215, 216, 221. — envoyé par le connétable à l'amiral des Génois, 295, 296, 298. — chargé d'acheter des vivres garde l'argent, 247, 293.
Montpulsa (Dominique de), baile génois, 207.

Monze (Henri), 195.
Mora (Nicolas), 318.
Moraïtes, 375.
Morèse (Jean), chantre, 353.
Morpho, village, 19, 20, 247, 248, 378.
Morpho (Badin de), chevetain, 79.
Morpho (Jean de), maréchal de Chypre, 57, 61, 76, 87, 108, 116, 181, 306. — fait comte de Rochas, 91. — fait partie de la flotte, 101. — amoureux de la reine, 130, 131, 327. — en souci à cause de l'arrivée du roi, 133, 135. — capitaine d'une galère, 159. — jaloux de Jacques de Norès, 190. — nommé ambassadeur, 212, 224, 227.
Morpho (Marie de), fille de Jean, mariée avec le prince de Galilée, 116.
Morpho (Simon de), auditeur, épouse madame Musette, 353.
Morpho (Thomas de), fils de Jean, chevalier salarié, 196, 307, 337. — envoyé aux Génois, 201.
Mouflé (Philippe de), 307.
Moubroutina, v. Pella.
Moulins (les), 62, 63, 67, 78, 95.
Mouris (Jean de), 239. — fait partie de la flotte, 102.
Musette, mariée avec Simon de Morpho, 353.
Myra, village, 59, 62, 66.

Naou (Nicolas de), secrétaire de la chancellerie, 171. — accusé d'avoir écrit au Pape au nom de la reine, 172. — mis à la torture, 173. — condamné et pendu, 174.
Napa (Sainte), 92, 310.

Naples, 117.
Naples (Jeanne reine de) 193.
Napolitains, 312.
Nasar Eltin, v. Delort.
Nasaris, se tue avec deux Génois, 244.
Navarre (Barthélemy de), 374.
Navarre (Jacques de), 306.
Néapole Limisso, 18.
Néophyte (Saint), 23.
Néophyte, évêque, 18.
Nesines (Zevos de), 195.
Nestoriens (église des), bâtie par les frères Lachas, 51.
Neuville ou Villeneuve (Jean de), vicomte de Leucosie, 145, 217, 222, 318, 325, 337, 342, 345. — prend en mariage Marie de Giblet, 146. — remplace le roi à Leucosie, 210. — va de la part de la reine trouver le connétable, 241.
Nicétas, évêque, 13.
Nicolas (Saint), 76. — son corps à Myra, 66. — son église à Famagouste, 55, 66, 178, 227.
Nicolas, évêque, 18.
Nicolas le cuisinier, 375.
Nicosie, v. Leucosie.
Nigrono (Pierre de), ambassadeur génois, 80.
Nilus, évêque, 18.
Nimbé (Hugues), v. Enebès.
Norès (Antoine de), envoyé vers le Pape, 45. — reçoit une rente perpétuelle de cent besants par an, 46.
Norès (Badin de), maréchal de Chypre et de Jérusalem, 62, 306, 310, 359, 370, 371, 372, 382, 383. — nommé gouverneur de Leucosie, 379.
Norès (Balian de), 88.

Norès (Gautier de), 306.
Norès (Jacques de), turcoplier de Chypre, 323, 339. — nommé gouverneur du royaume, 87. — fait partie de la flotte, 101. — envoyé auprès du sultan du Caire, 104. — coupe la tête de Pierre Ier, 157. — jaloux de Jean de Morpho, 190.
Norès (Janot de), 306.
Norès (Jean de), turcoplier de Chypre, 62, 64, 76, 88, 109, 116, 349.
Norès (Louis de), chevalier salarié, 33. — envoyé vers le Pape, 45. — reçoit une rente annuelle de cent besants, 46. — fait partie de la flotte, 88.
Norès (Marguerite de), fille de Jacques qui veut lui faire épouser le roi, 190. — mariée à Barthélemy de Montolif, 323, 339.
Norès (Simon de), 105.
Notre-Dame de Chypre, son image peinte par Saint Luc, 200.
Nauzé (Marie de), belle-mère de Georges fauconnier de Henry de Giblet, 130.

Olbien (couvent de Saint), 22.
Oliva (Amaury de), 306.
Olympe ou Olympia, montagne, 6, 24, 38.
Olympius, nom du bon larron, 6.
Ommebon, v. Enebès.
Omodos, village, 344.
Onuphre (Saint), village, 377.
Oreste (Saint), 19.
Orini, village, 378.
Ornitharion, nom d'une tour de Gorhigos, 105.

Pac (Jacques de), fils de Jean, 319.
Pac (Jean de), gendre de Practoras, 319.
Pac (Nicolas de), 319.
Pacha (Mahomet) fils du Grand Karaman, 60.
Pains (Marché aux), 341.
Palamida, village, 345, 359.
Palatia, village, 89, 345.
Palavicini (Benoit), 367.
Palek (Thomas), 318.
Paleologue (Calojean), envoie une galère à Famagouste pour négocier le mariage de sa fille, 187.
Paléologue (Hélène), fille du despote de Morée, 383.
Paleomassara, village, 313.
Palestine, 58.
Palokythro, village, 24.
Palol (sire en), 375.
Palestri (Jacques), hospitalier, serviteur du cardinal, 357.
Palounger, archevêque, 336.
Palu (Dominique de), vicomte de Leucosie, 359.
Palurocampos, village, 345.
Pammégiste (Saint), 19.
Pamphodote (Saint), 19.
Pantéfli, maître guerrier, 345.
Papas (Constantin de), frère de Livon, évêque des Arméniens, 371.
Paphnutius (Saint), 19.
Paphos (Baffo), ville, 18, 31, 36, 67, etc. — Porte de Paphos, 376.
Pappus, évêque, 18.
Paradiso (Thomasel de), 374.
Parec (Thomas), bailli de la cour royale, 337, 339.
Paris (Chambre de), 312.

Pas (Le), 268.
Pasquinet, de la maison de la reine, 353.
Passanto (Eustache), chevalier chypriote d'origine génoise, 176.
Passel (Jean), va à la recherche de Jean de Monstri, 158.
Passes (le seigneur de), 61.
Patefeli (Georges), 335.
Patefeli (Joseph), 335.
Patzi, maure, 358.
Paul, esclave de l'évêque, 370.
Pechna Ellazezi, grand émir du Caire, massacré, 106.
Pechna, v. Melek.
Pélisson de la Pélissonnière, 218.
Pella la Mouhroutina (madame), 378.
Pendaïa, village, 71, 205, 235, 247, 248, 342.
Penefi (Pierre), 306.
Pentaschino, village, 22.
Pera, village, 20.
Peristeron (sire de), 27.
Peristerona de la Messaria, fief du comte de Jaffa, 19, 378.
Perrin David le Favas, 371.
Perrin, v. Pilistrin et Sahalas.
Perrinet l'Orfèvre, 353.
Perrot (François), 345.
Perrot (Jean), 260, 268.
Petit (Daniel Le), 318.
Petit (Eustache Le), 307.
Petit (Jacques Le), 62, 68. — envoyé au Caire, 104.
Petit (Nicolas ou Pierre Le), ambassadeur auprès du Pape, 187, 191.
Petit (Niel Le), 87. — fait partie de la flotte, 101.
Petit (Pierre Le), v. Nicolas.

Petit (Renier Le), 62. — commande une galère, 159.
Petra, village, 320, 322. — appartenait à Thibat, 319.
Petras (frère), commandeur de l'Hôpital, 212.
Petré (Demes), bourgeois de Famagouste, 180.
Petzopoulion (Marché aux Cuirs), 335.
Philibous, 368.
Philippe II, roi de France, 11, 12.
Philippe, prince de Tyr, 32.
Philippe, prêtre, 24.
Philippe, prêtre latin, maître de Pierre II, 319, 321, 322. — est tué, 323.
Philon ou Simon, évêque, 18.
Phocée, v. Foïa.
Phœnicas, village, 160.
Photiné (Sainte), v. Sainte Claire.
Photis (Saint), village, 21.
Photius (Saint), 21.
Photolampe, v. Triphyllius.
Phylarius ou Phylarion, évêque, 18.
Pialève, village, 284.
Picquigny (Philippe de), bailli de Famagouste, 355, 356.
Pie (Jean de), 318.
Pierre de Rome, confesseur du roi, 324.
Pigon ou Pion (Saint), 20.
Pikenis, sarrasin, 369.
Pilergia, village, 58.
Pili (Nicolas), 319.
Pilistrin (Perrin), serviteur du roi, 363, 364, 380.
Pilistrin (Pierre), turcoplier, 382.
Pilistrin (Simon), marié à Catherine, 328.
Piniol (Etienne), vient de France, 351. — ambassadeur au Caire, 380.

Piniol (François), ambassadeur au Caire, 380.
Pion, v. Pigon.
Pisani (Pierre), 318.
Pisani (Victor), 333, 334.
Piscopio, village, 344.
Pise, 48.
Pisans, 76.
Pissologos (Georges) Leucosiote, 198, 199.
Pissologos (Marie de), 318.
Placutudiu, village, 22.
Plaisance d'Antioche, épouse Runeclis, 25.
Plessie (Amaury de), 306, 310, 337.
Plessie (Balian de), 88.
Plessie (Jean de), 62. — ambassadeur auprès des Génois, 280.
Plessis ou Blis (Marie de), 41.
Plissie (Matthieu de), bouteiller, 55.
Plutarque, évêque, 18.
Poitiers (Jean de), 318.
Polémidia, village, 345.
Polémius (Saint), 19.
Pologne (Jacques de), 368.
Pons (Hugues de), 70.
Pons (Jean de), commande une galère, 120. — est mis en prison, 121.
Pons (Louis), serviteur du roi, 312.
Ponte (Jacques de), 81.
Porphyre, évêque, 18.
Portal, 160.
Portonari (Barthélemy), ambassadeur génois, 80.
Potamia, village, 19, 376. — sa paroisse donnée à Odet Césaro, 345. — construit par Pierre II, 336.
Poulains, v. Saint Georges.
Pounous (Jean), 318.

Poupi (Jean), 357.
Pournellis (Eustathe), gouverneur de Leucosie, 377.
Practoras et les membres de sa famille, 318, 319.
Prémeran, qui soignait les chevaux du roi, est pendu, 284.
Prêtres (couvent des), 43.
Prévost, v. Provost.
Prigoman (frère), 375.
Primikyris (Nicolas) le parfumeur, 375.
Primon de la Bote, 102.
Princesse, v. Cole.
Priuli (Marc), négociant vénitien, 164, 167.
Profetta, femme de chambre de la reine mère, 236, 237.
Protot (Guy), 306.
Protot (Jean), 318.
Provost ou Prévost (Jean), fils de Thomas, 374.
Provost le Grand (Jean), 318.
Provost (Philippe), 306. — un sarrasin lui coupe la tête, 356.
Provost (Thomas), 318, 360, 369. — ambassadeur au Caire, 351. — envoyé en Syrie, 354. — pour piller, 357.
Psararis (Michel), 59.
Psokas, surnommé Kouka, 24.
Psychidis, surveille le connétable, 217. — arrêté et pendu, 245.
Putzurello, écuyer de la reine, 256.
Pyla, village, 358.
Pyria, village, 368.

Rafier (Jean de), 102. — fait partie de la flotte, 101.
Ramefort (Janot de), 374.

Ramès (Matthieu), chevalier, 380, 382.
Ras (Guillaume ou Thomas de), envoyé au Caire comme ambassadeur, 98, 166.
Rasé (Jacques de), 353.
Rasour (Badin), va à la recherche de l'amiral Jean de Monstri, 158.
Rauna (Jeanne de), mariée avec Jean de Soissons, 328.
Recanto (frère), 375.
Recouniatos, 358. — brûlé vif, 359.
Réginus (Saint), village, 345.
Reïs, v. Mahomet.
Reliques (Saintes) de la passion, 15.
Renier le Comte, 34.
Resia, père de Jean Babin, 306.
Rhodes, 61, 68, 70, 71, etc.
Rhodon, évêque, 18.
Richard, roi d'Angleterre, vend l'île de Chypre à Hugues, 12.
Riou (Thomas de), chevalier génois au service du roi, 195, 197.
Rivière (Laurent Malipiero de la), 289.
Rizas Camius, ambassadeur au Caire, 380.
Rizzo (Barnabo), 180.
Roche, v. La Roche.
Rochefort (seigneur de), 89. — fait partie de la flotte, 101. — a une querelle avec Guillaume d'Antiaume, 112. — se joint au sire de Lesparre pour assigner le roi devant le Pape, 116.
Roïnelis, prieur de Saint Dominique, 215.
Romanie (Asie-Mineure), 97, 267.
Romanites, 285.
Rome, 4, 46, 57.
Rondos (Jean), 353.

TABLE DES MATIÈRES. 435

Rosé (Marcé), 318.
Rosette (île de), près d'Alexandrie, 161.
Runeclis (Henri), fils d'Alix veuve de Raoul de Soissons, 25.
Rupin, v. Montfort.

Sabentète (sire), 72.
Safinis (Nicolas), boutiquier, 375.
Sage (Martin le), surnommé Tziclouris, 353.
Sakis (Basile), 363.
Salahas, homme du peuple tué, 375.
Salahas (Jean), bourgeois et bailli de la secrète, 382.
Salahas (Paul), fils de Perrin, 352.
Salahas (Perrin), 352.
Salases (Jean de), 306.
Saline (la), 355.
Salines, ville, 62, 88, 205, 208, 358.
Salomon (frère), évêque latin de Tarse, 378, 383.
Salvago (Jacques), podestat des Génois, 83, 88.
Samson (Perrin), serviteur du roi, 349.
Santamaria (Alphonse), baile des Vénitiens, 356.
Santamarin (Jean), 37.
Sardaigne, 162.
Sarfent, village, 120.
Sarrasins, 6, 7, 11, 18, etc.
Satalie (Attalie), 62, 63, 64, etc.
Saturno (Frasses) le Catalan, serviteur du roi, 219, 312.
Sauterelles, font des ravages, 24, 351, 352.
Savoie (Amédée VI comte de), va en Romanie au secours de l'empereur de Constantinople, 97. — est prié de venir aider Pierre Ier, 99. — son frère, 334.
Savoie (Jacques, comte de), beau-fils du comte de Brunswick, 62. — se prépare à partir à la tête d'une nombreuse armée, 93.
Savoyards, 315.
Scandelion (Echive de), 133. — maîtresse de Pierre Ier, 155. — était couchée avec lui quand il fut assassiné, 156.
Scandelion (Jacques de), 289.
Scaramas (Harion), homme d'armes et génois de nation, 371, 374.
Scarmoutzas, 371.
Scarzafugho (Antonio), patron de galère, 300.
Scolar (Daniel de), 318.
Scolar (Renier de), chevetain de la secrète, 335, 337.
Scoutella (fosse de), 140.
Sebaste, ville, 43.
Seleucie, ville de Syrie, 58.
Sellas (Jean), 353.
Sénéchal (pont du), 37.
Serge (Saint), évêque, 18.
Serge (Saint), où était l'entrée principale de Famagouste, 249, 357.
Sforza, 368.
Sforza, soldat au service du roi, 378.
Sibylle, comtesse de Jaffa, 12.
Sidon, ville de Phénicie, 116, 159, 161.
Silvani (Jean), chef de l'office de la chambre royale, 347.
Simbo ou Cibo (Parceval), génois, 173.
Simbo (Ticio), 234, 239, 289, 306.
Simintiri, village, 242.
Simonin, fils de Marie de Pissologos, 318.

28*

Sinon, v. Philon.
Sinta, v. Synta.
Sistros Grellios, serviteur du roi, 374. — chargé de porter le drapeau royal, 371.
Sis, ville de Cilicie, 74.
Sitiva (Georges), catalan, envoyé en ambassade au Caire, 96.
Sivouri, village, 252, 357.
Socrate, v. Sosicrate.
Soissons (Arnaud de), pris comme otage par les Génois, 306.
Soissons (Balian de), 318.
Soissons (Jean de), 62, 76, 83. — tombe malade et meurt, 93. — époux de Jeanne de Rauna, 328.
Soissons (Odet de), 310.
Soissons (Philippe de), 307, 310.
Soissons (Raoul de), épouse Alix veuve de Boémond, 25.
Soissons (Renaud de), 33.
Soli, ville, 18, 247.
Sophie (Sainte), église de Leucosie, 17, 48, 53, 171, 322, 343, 348.
Sophronius, évêque, 18.
Sosicrate ou Socrate, évêque, 18.
Sosious (Arnaud), fait partie de la flotte, 102.
Soudan (Hugues), chambellan de Chypre, 382.
Sourd (Jean le), 353.
Sozomène (Saint), 19.
Sozomène (Saint), évêque de Potamia, 43.
Sozomène (Jean), 318, 345.
Sozon (Saint), 22.
Spinoel (Frasses), 380.
Spinola (Etienne), 375.
Spinola (François), 54, 72, 73.

Spinola (Jean), fils de Lucas, marié avec Jacquemine, 328.
Spinola (Léon), 108.
Spinola (Lucas), 328. — fait partie de la flotte, 194.
Spinola (Robert), 289.
Spinola (Thomas), 354.
Spyridion, évêque, 18.
Stampinello (Nicolas), génois mort dans une émeute, 181.
Stathia (Jean de), chambellan du royaume, 83.
Stavrias, esclave, 370.
Stefano Vatili, village, 323, 329.
Stenon, localité près de Satalie, 63.
Stiléria, v. Stylaria.
Stratia, nom d'un impôt, 7.
Stratiotes, soldats albanais, 7.
Stronghilo, village, 349.
Strouthos le fauconnier, 358.
Strovilo, village, 34, 36.
Stylaria ou Stiléria, village, 44, 197.
Stylos, village, 357.
Suar (Vidal), 318.
Suarès Catalan, 374, 380.
Suarès, v. Carcéran.
Sunta (Ligier), 318.
Sunta (Nicolas), 318.
Sur (Jean de), 61, 69, 74, 76, 87, 92, 113. — débarque le premier à Alexandrie, 91. — arme deux galères 120.
Sur (Pierre de), fils de Jean, 68. — commande une galère, 159. — entre à Alexandrie, 160. — meurt, 187.
Susi, ville d'Arménie, 58.
Syambac, sarrasin, 356.
Synclitique (Jean), médecin, 363.
Synésius, évêque, 18.

TABLE DES MATIÈRES.

Synta ou Sinta, village, 19, 253, 357.
Syrie, 11, 22, 24, 25, etc.
Syriens, 15, 212, 224, etc.

Tacca, émir de Satalie, 63, 69, 70, 112, 158, 198. — assiège Satalie et est repoussé, 65, 66. — a une entrevue avec le roi, 113. — cherche à reprendre Satalie, 174. — échoue, 175. — recouvre Satalie, 199.
Tacca (le fils de) est tué, 372.
Tagas (Thomas), génois, 194. — veut escalader Cérines, 277.
Takriver Mohammed, envoyé en Chypre avec 150 galères, 367.
Taliouris, v. Mikellos.
Tamachi (François), génois au service du roi, 312.
Tamasie, évêché, 18, 20.
Tamathiani (Georges), 369.
Tangaro (Nicol), capitaine, 239. — appelé ailleurs Nicol da Casco, 294.
Tarase (Saint), patriarche de Constantinople, 24.
Tarsos (Tarse), évêché, 58, 348, 383.
Tatares, 208, 285.
Tefar (Hugues), 30.
Temé le Maktasip, 375.
Templiers, 7, 10, 13, 15. — élection d'un templier, 8. — ils sont tous tués, 11. — ont vendu l'île de Chypre, 297.
Tenouri, v. Thenouri.
Terra (Guillaume), 98.
Terre Neuve, en Lombardie, 223.
Teti (Alexandre), 357.
Tetramili, village, 63.
Thadokis, v. Faulas.

Tharape (Saint), nom d'une localité, 346.
Thenouri ou Tenouri (Jean), 67.
Thenouri (Pierre), 54, 67.
Thenouri (Simon), 44, 89, 116. — envoyé à Gênes, 80. — fait partie de la flotte, 101. — maréchal de Jérusalem, 208.
Théodore, deux évêques de ce nom, 18.
Théodose (Saint), 19.
Théodote ou Théodore, évêque, 18.
Théotokis, maçon du roi, 369.
Thérapon (Saint), à Kilani, 19.
Thérapon (Saint), à Synta, 19.
Thibat Belpharage, fils de Jean Belpharage, 116, 220, 221, 314, 328, 329. — envoyé à Venise enrôle 800 hommes, 315. — se prépare à combattre les Génois, 316. — nommé Hypatius par Machéras, 314. — assiége Famagouste, 319. — fait battre une monnaie appelée couria, 320. — demande au roi Gorhigos, 321, 322, 323, 327. — tue le prêtre Philippe, 324, 325. — condamné et exécuté, 326.
Thomas (Pierre de), carme légat du Pape, 53. — couronne le roi Pierre Ier, 55.
Thomas, sarrasin baptisé, brûlé vif, 356.
Thomassin de Pologne, 380.
Thoros de Constance, chevalier arménien, 358.
Togni, village, 6, 37, 39, 371.
Tonamat, v. Carsemian.
Tor, v. Le Tor.
Toron (seigneur de), frère de Haï-

thon roi d'Arménie, 35, v. Philippe, prince de Tyr.

Tortose, ville de Syrie, 114, 160. — couvent de Tortose, 145. — Notre Dame de Tortose, 211.

Touquet (Armand), 357.

Trachonas, village, 242, 284. — tour de Trachonas, 286.

Trapeza, village, 357.

Trare (Barthélemy), florentin, 57.

Tricomitis, maître des bergers du roi, 237.

Tricomon, village, 102.

Tricukiotissa (Vierge), 23.

Trimithia, village, 320, 322, 344.

Trimithoute, 18.

Trinité (église de la Sainte), 58.

Tripas, près de la chambre du roi, 29.

Triphylle (Saint), 21.

Triphylle, évêque de Leucosie, 43.

Triphyllius le Photolampe, évêque, 18.

Tripoli, 74, 102, 103, 113, 114, 119, 360.

Tripoli (comte de), frère du seigneur du Beyrouth, 345.

Truie, nom d'un engin de guerre, 277.

Tryphon (Saint), 24.

Trypimeni, village, 254.

Turenne (vicomte de), 89.

Turno (Antonio de la), génois patron de galère, 300.

Turquie, 63, 142, 381.

Tychicus, évêque, 18.

Tychon, évêque, 18.

Tyr, 25.

Tyr (maison des princes de Tyr), 96, 115. — prison dans cette maison, 217.

Tzasoulas (le), v. Buffle.

Tzetzios (Georges), fils de Frasses Lachas, 51.

Tziclouris, v. le Sage.

Urbain II, Pape, 11.

Urbain V, Pape, 71.

Urbin (comte d'), au service des Génois, 282, 283. — va pour s'emparer de Leucosie, 285. — est pris et pendu, 286.

Valena, village, 114.

Valentine de Milan, épouse du roi de Chypre, 191, 327, 328, 329, 330.

Valois (Louis de), 56.

Vareha (Etienne de), 353.

Vasilopotamo, village, 5.

Vassa, seigneurie, 19, 89.

Vatili, v. Stefano.

Vavatzinia, seigneurie, 328.

Veliout (Gillet), 353.

Vene (Jean de), 353.

Vénérande (Sainte), à Leucosie, 240, 381. — porte de Sainte Vénérande, 215, 223, 243, 335.

Venise, 68, 93.

Vénitiens, 99, 103, etc.

Verni, seigneurie, 318.

Verny (Guy de), épouse de Marie de Giblet, 145, 152.

Verny (Jean de), 57.

Verny (Thomas de), 87, 108. — fait partie de la flotte, 101.

Vialis (Barthélemy de), ambassadeur génois, 81.

Viane (Gaspard de), 357.

Vicence (Benoit de), 357.

Vicence (Etienne de), bailli de Limisso, est tué, 358.

TABLE DES MATIÈRES.

Vicenzo (Hector), ambassadeur génois, 80.

Vicomte (Guillaume Le), 88, 108. — fait partie de la flotte, 101.

Vicomte (Guy Le), s'échappe des mains des Génois, 310.

Vicomte (Jean Le), maréchal, 55, 62, 267. — gouverneur de la maison du roi, 116, 130. — insulté par la reine, 135. — sa lettre au roi, 131, 139. — jeté dans la fosse de Scoutella, où il meurt, 140.

Vicomte (Louis Le), 306.

Vicomte (Raymond Le), 306. — fait partie de la flotte, 101.

Vicomte (Renaud Le), frère de Guy, s'échappe des mains des Génois, 310.

Vicomte (habitation du), 21.

Victor (Saint), monastère à Marseille, 71.

Vidal, v. Suar.

Vignia (Antoine de la), podestat des Génois, 73.

Viliers (Jean de), 318.

Viliers (Matthieu de), pris pour capitaine par le peuple, 240.

Ville (Balian de La), 318.

Villerbe (Marin ou Martin de), épouse madame Cécile, 358, 374.

Virginelle, femme brûlée, 246.

Vis (Odet de), 31.

Voniates, 242.

Voulte (Bermond de la), 99, 108. — fait partie de la flotte, 102.

Vromolachia, village, 358.

Xénos, promet au roi de rendre Famagouste, 347.

Xife ou Auxive (Saint), village, 205, 342, 383.

Xométochi, village, 345.

Ysaq (Amaury), 306.

Zacharia (Nicolas) le Vénitien, devient maréchal, 313.

Zallés (Pierre de), 357.

Zandilier (Nicolas ou Nicolin), serviteur du roi, 373, 374.

Zapp (Jacques), 196, 318.

Zarneri (François), 382.

Zeno (Charles), vénitien, commande seize galères, 330. — s'empare d'un vaisseau génois, 331. — retourne à Cérines, 332. — va à Chioggia, 333. — puis à Venise après avoir triomphé des Génois, 334. — remporte sur eux une autre victoire, 350.

Zénon, évêque, 18.

Zilampa (Raphael de), patron de galère, 194.

Zolès (Joseph), fils de Frasse, 51.

Zollou, italien, 352.

Zotia, village, 19.

Zurnigi (Guillaume de), ambassadeur auprès du Pape, 171.

ERRATA.

Page 3, ligne 9, mourrions — *lisez* mourions.
» 33, » 13, de l'empereur — *l.* du roi.
» 36, » 21, et le prince — *enlevez* et le.
» 40, » 27, et la robe — *l.* et sa robe.
» 44, » 14, pour quelques-uns — *l.* pour que quelques-uns.
» 45, » 9, en égard — *l.* eu égard.
» 49, » 24, et sa mère — *l.* dont la mère.
» 54, » 20, ne croyais — *l.* ne croyais pas.
» 58, » 26, ce dernier — *l.* Philippe (d'Ibelin).
» 60, » 6, droits — *l.* droit.
» 153, » 1, n'aies pas — *l.* n'aie pas.
» 160, » 17, etc. bailly — *l.* bailli.
» 405, cette chanson doit être placée avant la précédente.

www.ingramcontent.com/pod-product-compliance
Lightning Source LLC
Chambersburg PA
CBHW051817230426
43671CB00008B/744